Mittelpunkt C1

Deutsch als Fremdsprache für Fortgeschrittene

Albert Daniels
Stefanie Dengler
Christian Estermann
Renate Köhl-Kuhn
Monika Lanz
Ilse Sander
Wolfram Schlenker
Ulrike Tallowitz

Ernst Klett Sprachen
Barcelona Belgrad Budapest Ljubljana
London Posen Prag Sofia Stuttgart Zagreb

Unterrichtssymbole in Mittelpunkt C1

1, 2-4   Verweis auf CD und Tracknummer

→GI   prüfungsrelevanter Aufgabentyp: Goethe-Zertifikat C1

→TELC   prüfungsrelevanter Aufgabentyp: telc Deutsch C1

→TestDaF   prüfungsrelevanter Aufgabentyp: TestDaF

→DSH   prüfungsrelevanter Aufgabentyp: DSH

Mittelpunkt C1
Deutsch als Fremdsprache für Fortgeschrittene
Lehrbuch

von Albert Daniels, Stefanie Dengler, Christian Estermann, Renate Köhl-Kuhn, Monika Lanz, Ilse Sander, Wolfram Schlenker; Ulrike Tallowitz (Referenzgrammatik)

1. Auflage   1 ⁵ ⁴ ³ ² | 2012 2011 2010 2009 2008

Alle Drucke dieser Auflage können nebeneinander benutzt werden, sie sind untereinander unverändert. Die letzte Zahl bezeichnet das Jahr des Druckes.

Internet: www.klett.de, www.klett.de/mittelpunkt

Redaktion: Angela Fitz, Iris Korte-Klimach
Layout und Herstellung: Katja Schüch, Jasmina Car, Claudia Stumpfe
Illustrationen: Jani Spennhoff
Satz: Jasmina Car, Nürtingen
Druck: W. Kohlhammer Druckerei GmbH + Co. KG, Stuttgart • Printed in Germany

ISBN: 978-3-12-676610-4

9 783126 766104

Arbeiten mit **Mittelpunkt C1**

Mittelpunkt C1 ist der Beginn einer neuen Lehrwerksgeneration. Alle Lernziele und Inhalte leiten sich konsequent aus den Kannbeschreibungen (Niveau C1) des Gemeinsamen Europäischen Referenzrahmens für Sprachen ab. Das führt zu Transparenz im Lernprozess und zu internationaler Vergleichbarkeit der Ergebnisse. Mit diesem neuen Ansatz sollen sich die Neugier auf die andere Kultur und das persönliche Einbringen der eigenen Werte und Vorstellungen verbinden.

Mittelpunkt C1 ist in zwölf Lektionen mit Themen aus Alltag, Beruf, Kultur und Wissenschaft gegliedert. Jede Lektion ist wiederum in sechs Lerneinheiten (jeweils eine Doppelseite) aufgeteilt. Diese übersichtliche Portionierung der Lernsequenzen fördert Ihre Motivation als Lernende und erleichtert die Unterrichtsplanung.

Die Ableitung der Inhalte aus dem Referenzrahmen sehen Sie gleich auf den ersten Blick:

- Auf der ersten Doppelseite jeder Lektion finden Sie die Rubrik „Was Sie in dieser Lektion lernen können".

- Die Lernziele jeder Lerneinheit werden zudem auf der jeweiligen Doppelseite rechts oben in der Orientierungsleiste aufgeführt. Diese Form der Transparenz bietet Ihnen und den Kursleiter/innen eine schnelle Orientierung und einfache Zuordnung der Aufgaben zu den Kannbeschreibungen.

- Zu jeder Aufgabe finden Sie außerdem in der Marginalspalte Hinweise auf die trainierten Fertigkeiten, also z. B. Lesen und Sprechen.

- Bei den Aufgaben zur Grammatik oder Wortbildung erhalten Sie unter dem Stichwort „Formen und Strukturen" einen Seitenverweis auf die entsprechende Erklärung in der Referenzgrammatik im Anhang des Lehrbuchs.

- Bei Hörtexten ist die passende CD samt Tracknummer angegeben, z. B. CD 1, Track 2 bis 4.

Lesen
Sprechen

Formen und
Strukturen
S. 160

Hören ● 1, 2-4

Beispiel:
In Lektion 1 finden Sie in der Lerneinheit „Netzwerken, was bringt das?" (S. 12/13) folgende Orientierungsleiste:

mündliche Berichte verstehen; ein Interview führen und auf Aussagen reagieren; in einem Interview flüssig antworten und reagieren

In Aufgabe 1 finden Sie Informationen zu drei Netzwerken. Diese Leseaufgabe dient als Vorentlastung zu Aufgabe 2, wo Sie in einem Radiogespräch hören, welche Erfahrungen drei junge Leute mit eben diesen Netzwerken gemacht haben. Damit erfüllen Sie das Lernziel „mündliche Berichte verstehen". Im Anschluss führen Sie in Form eines Rollenspiels eine Pressekonferenz durch, in der ein Teil der Lerngruppe das Konzept eines Netzwerks vorstellt und der andere Teil der Lerngruppe in der Rolle von Journalisten Fragen stellt. Dadurch lernen Sie, ein Interview zu führen, indem Sie in der Rolle der Journalisten Fragen stellen und auf Aussagen reagieren und in der Rolle der Netzwerkgründer auf Fragen antworten. Aufgabe 3 nimmt wiederum Bezug auf die Informationstexte in Aufgabe 1 und die für solche Textsorten typische Verwendung des Genitivs.

> **Lernziel**
> mündliche Berichte
> verstehen

> **Lernziel**
> ein Interview führen und
> auf Aussagen reagieren;
> in einem Interview flüssig
> antworten und reagieren

Ein weiteres Plus: Wenn Sie mit **Mittelpunkt C1** lernen, werden Sie auch mit den Aufgabenformaten der C1-Prüfung des Goethe-Instituts („Goethe-Zertifikat C1") und von TELC („telc Deutsch C1") sowie von „TestDaF" und „DSH" vertraut gemacht: Die prüfungsrelevanten Aufgabentypen finden Sie immer wieder eingestreut, sodass Sie sie wiederholt trainieren können. Um Ihnen die Übersicht hierzu zu erleichtern, haben wir solche Aufgaben mit einem Symbol versehen.

→GI →TELC →TestDaF →DSH

Viel Spaß und Erfolg bei der Arbeit mit **Mittelpunkt C1** wünschen Ihnen der Verlag und das Autorenteam!

Inhalt

1 Netzwerke

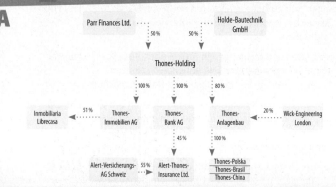

A

B

C

D

Studierende

Dozenten,
Tutoren

1 Starke Netze

Sprechen

a Betrachten Sie die Bilder. Was haben sie gemeinsam? Welches Bild finden Sie besonders interessant, warum? Sprechen Sie darüber im Kurs.

b Wählen Sie zu zweit ein Bild aus und beschreiben Sie, worum es auf dem Bild geht und welche Gedanken und Gefühle Sie damit verbinden. Besprechen Sie die Ergebnisse im Kurs.

> **Inhalt:** Auf dem Bild ist … dargestellt / sieht man / befindet sich …
>
> **Gedanken beim Betrachten:** Wenn ich das Schaubild / Bild betrachte, dann … | Oberflächlich gesehen, … | Mit dem Bild verbinde ich / assoziiere ich … | Das Foto erinnert mich an …

BILDBESCHREIBUNG:
Weitere Redemittel für die Bildbeschreibung finden Sie in Mittelpunkt B2, Lektion 4.

2 Mein persönliches Netzwerk

Schreiben
Sprechen

Zeichnen Sie Ihr (engeres / weiteres) Netzwerk und stellen Sie es im Kurs vor.

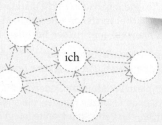

ich

3 Gut vernetzt?

Lesen
Sprechen

a Lesen Sie die folgenden Aussagen. Welcher würden Sie zustimmen, welcher eher nicht, warum? Sprechen Sie zu zweit darüber. Tauschen Sie sich dann im Kurs aus.

Ich liebe das Risiko. Manchmal bin ich schon zu wagemutig. Aber ich habe ja mein ganz privates Sicherheitsnetz: meine Familie. (Jörg, 20)

Zu den wirklich guten Jobs kommt, wer die richtigen Leute kennt und nicht, wer am besten für den Job geeignet ist. (Judith, 18)

Bei meinem Online-Kurs merke ich, wie wichtig die Präsenzphasen sind. Der persönliche Kontakt ist einfach unersetzlich. (Maria, 42)

In einer neuen Umgebung Kontakte zu knüpfen, ist fast unmöglich, wenn man den ganzen Tag arbeitet. (Beate, 38)

Ich halte die Verbindung zu meinen Studienkollegen immer noch aufrecht, sie können mir einmal nützen. (Tom, 34)

Freundschaften schließen im Netz, superleicht! Leichter als im „wirklichen" Leben. (Sven, 17)

Sprechen

b Wo gibt es Verbindungen zwischen den Aussagen und den Bildern in Aufgabe 1?

false bottom ?!

4 Ohne Netz und doppelten Boden

Hören 🔘 1, 1
Schreiben

a Kerstin lebt seit Kurzem in einer neuen Stadt. Hören Sie, was sie von ihrer ersten Zeit in der neuen Umgebung erzählt. Machen Sie sich Notizen zu folgenden Fragen und vergleichen Sie sie untereinander.

1. Warum ist sie umgezogen?
2. Warum ist sie aufs Land gezogen?
3. Welche Schwierigkeiten hatte sie am Anfang?
4. Welche Lösung hat sie gefunden?

Sprechen

b Kennen Sie ähnliche Situationen – persönlich oder aus Erzählungen?

5 Gleichgesinnte gesucht

Lesen
Sprechen

appraise   *selection.*

a Lesen Sie die Zeitungsanzeigen, bewerten Sie sie und begründen Sie Ihre Auswahl im Kurs.

0 = lässt mich kalt
1 = interessiert mich weniger
2 = nicht schlecht
3 = kommt in die engere Wahl
4 = gefällt mir, da antworte ich

A
Freizeit mit Stil!
Interessante Menschen kennen lernen.
Kultur, Sport, Lifestyle
www.firstclasstime.de

B
Die Katzenfreunde,
donnerstags 19 Uhr in
„Die Glocke", Hansastr. 9b

C
ENERGIEQUELLE
Finde deine Mitte! Yogagruppe, 0122/5987

D
VOGELLIEBHABER,
CLUBTREFF UND
WANDERUNGEN
0174/547098

E
Diskussionskreis: Akademiker, alle Themen,
✉ 178906, Diskussionsfreunde

F
Gemeinsam malen. Provencefreunde
treffen sich wöchentlich. ✉ 11976
Chiffredienst Köln

G
🚶 Lauftreff. Di und Fr. 18 Uhr,
gr. Parkplatz Südbrücke

H
„Unter-30-After-Work-Party",
jd. Mi. 18.30, Bistro am Marktplatz

I
Gemeinsam singen. Von Rock bis Klassik.
✉ 178906, Rundschau 🎵

J
Sprachcafé Fremdsprachen
auffrischen in geselliger Runde. 0221/56790

nicht gerne information

touch up / socialte

Schreiben
Lesen

b Verfassen Sie zu zweit eine Suchanzeige. Hängen Sie sie an die Wand. Lesen Sie dann die Anzeigen der anderen und antworten Sie auf die, die Ihnen am besten gefällt. Die Tipps im Arbeitsbuch zur Gestaltung von Anzeigen können Ihnen helfen.

Was Sie in dieser Lektion lernen können:

Gedanken und Einstellungen klar ausdrücken und argumentativ unterstützen *support*

in langen, komplexen allgemeinen Texten und Sachtexten rasch wichtige Einzelinformationen finden

Berichte, Kommentare verstehen, in denen Zusammenhänge, Meinungen, Standpunkte erörtert werden *context*

ein Interview führen, differenzierte Fragen stellen und auf Aussagen anderer reagieren *discuss / carry out objections*

in einem Interview Fragen flüssig beantworten, eigene Gedanken ausführen sowie auf Einwürfe reagieren

Fachtexten aus dem eigenen Gebiet Informationen, Gedanken und Meinungen entnehmen *gather.*

Argumente aus verschiedenen Quellen in einem Text aufgreifen und gegeneinander abwägen *weigh*

in einem Kommentar eigene Standpunkte darstellen, dabei die Hauptpunkte hervorheben *emphasise*

Radiosendungen verstehen, auch wenn nicht Standardsprache gesprochen wird

in informellen Diskussionen überzeugend argumentieren und auf Argumente anderer reagieren

ohne große Anstrengung zeitgenössische literarische Texte verstehen

in einer Erzählung Informationen zum sozialen, historischen oder politischen Hintergrund verstehen

Lesen

1 Neu in der Stadt

a Ergänzen Sie im folgenden Text die fehlenden Informationen. Lesen Sie dazu den Artikel „Netzgebundenes Marketing".

Volker Piepenkötter war als Berater für [1] _____ tätig und musste häufig in ihm unbekannten Städten übernachten. Oft vertrieb er sich die [2] _Zeit_ damit, an der Hotelbar zu sitzen und sich mit fremden Leuten zu langweilen. Da kam er auf die Idee, eine Internetseite [3] _entwerfen_ zu lassen: Jeder hat dort die Möglichkeit, kostenlos und in der ganzen [4] _Umgeb..._ für sich passende Freizeitangebote zu finden oder von sich aus [5] _anbieten_ Diese Internetseite war sofort sehr erfolgreich und ihr Wert für das [6] _____ wurde schnell erkannt. Zum einen können die Kunden so gut individuell [7] _____ werden, zum anderen gelingt es leichter, sie an bestimmte Produkte zu binden. Oft wird als [8] _Einwand_ vorgebracht, andere Anbieter würden auch Daten sammeln. Allerdings sind diese oft nicht zuverlässig. Bei new-in-town.de hingegen melden sich die Mitglieder unter dem Motto an: „Log' dich ein, dann gehst du aus!" Sie sind daher sehr [9] _motiviert_, ihre Daten sauber zu halten. Das Erfolgsrezept von new-in-town.de liegt also darin begründet, dass die Mitglieder eine [10] _____ zwischen der virtuellen und der realen Welt herstellen können.	1 _Informationstechnologie_ 2 _Zeit_ 3 _____ 4 _Umgebung_ 5 _anbieten zu_ 6 _Online-Marketing_ 7 _betreuut (care)_ 8 _____ 9 _motivieren_ 10 _Verbindung_

Netzgebundenes Marketing – die Zukunft für die Werbebranche

Als IT-Berater war Volker Piepenkötter häufig auf Dienstreise und musste oft in Städten übernachten, wo er logischerweise niemanden kannte. Außer dass er sich an die Hotelbar setzen konnte, um mit wild-
5 fremden Menschen Smalltalk zu machen, fand er abends keinen anregenden Zeitvertreib. Da kam er auf eine einfache und geniale Idee: Er ließ eine Internetseite entwerfen, über die sich Menschen mit gemeinsamen Interessen finden könnten. Je nach-
10 dem, wofür man sich interessiert, hat man die Möglichkeit, kostenlos und bundesweit, also auch direkt in seiner Umgebung, passende Freizeitaktivitäten zu finden beziehungsweise selbst anzubieten. So entstand die Seite www.new-in-town.de, und die Adres-
15 se schlug ein wie eine Bombe. Verständlich: Denn egal ob man an Kultur oder Sport interessiert ist, gern Ausflüge macht oder heimwerkt, hier kann man Gleichgesinnte finden. Jedes Mitglied kann mit seinem individuell festgelegten Profil (Persönliches,
20 Ort, Interessen) nach den passenden Freizeitpart- nern („Friends") suchen und von anderen gefunden werden. Durch die detaillierten Suchmöglichkeiten (Alter, Können / Häufigkeit, Entfernung) findet man leicht die zum eigenen Profil passenden Personen
25 und aufgrund der hohen Mitgliederzahl (2007: ca. 220 000) gibt es häufig auch viele Treffer in der Nähe mit exakter Entfernungsangabe, Alter und Ge- schlecht der Mitglieder. Menschen, die ein spezielles Hobby haben oder be-
30 sonderen Interessen nachgehen, sind zudem meist auch empfänglich für Werbebotschaften in diesem Bereich. So bildet www.new-in-town.de eine opti- male Grundlage für das Online-Marketing, denn die Internet-Gemeinschaft wächst immer schneller und

lässt sich gut für individuelle Kundenbetreuung nutzen. Schließlich kann man die ursprüngliche Idee, Kon- takte in einer fremden Umgebung her-
40 zustellen, sehr gut mit Verkaufsangeboten verbin- den, die das jeweilige Hobby bedienen. Was eignet sich dazu z. B. besser als Bücher? Wer sich für Berg- wandern interessiert, ist auch nicht abgeneigt, Bü- cher über die Alpen anzuschauen oder einen Katalog
45 mit Wanderausrüstung durchzublättern. Nicht die Masse an Informationen, die das Internet bietet, ist wichtig, sondern vielmehr die auf die einzelnen Per- sonen zugeschnittenen Inhalte und Angebote. Eine Grundvoraussetzung für das Funktionieren ei-
50 ner Internet-Gemeinde als Marketing-Instrument ist das Einverständnis der Mitglieder, dass ihre Daten gespeichert und weiterverwendet werden. Nun mag man an dieser Stelle einwenden, andere Anbieter sammeln ebenfalls benutzerspezifische Daten. Aber
55 wie zuverlässig sind diese? Denn auch wenn im Inter- net vielerorts Daten gesammelt und verwaltet wer- den, so bedeutet dies doch nicht, dass sie für die Schaffung von Kundenkontakten beziehungsweise Kundenbindung geeignet sind, weil sie häufig nicht
60 zielgruppenspezifisch oder aktuell genug sind. Dem- gegenüber bietet die New-in-town-Datenbank eine optimale Grundlage für moderne Marketingstrategi- en. Modernes Marketing heißt in diesem Kontext: Der Kunde folgt im Idealfall einer Strategie, nur dass
65 ihm das Gefühl vermittelt wird, er habe sich vorher kundig gemacht und entscheide aus freien Stücken. Wie dringend die Aufforderung auch klingen mag, Formulare mit Angaben zu persönlichen Daten aus-

new-in-town
:log in to go out!

35

zufüllen, ein Internet-Surfer wird nicht ohne Weite-
70 res sein Geschlecht, sein Alter oder ganz private
Neigungen preisgeben, nur um ein kostenloses E-
Mail-Konto zu eröffnen; es sei denn, er erkennt hier
ein ureigenes Interesse für sich. Bei www.new-in-
town.de ist dies offensichtlich, und zwar derge-
75 stalt, dass die Surf-Mitglieder sich sozusagen unter

dem Motto anmelden: „Log' dich ein, dann gehst du
aus!" Sie können zwar anonym bleiben, haben aber
ein ganz starke persönliche Motivation, ihre sonsti-
gen Daten „sauber" zu halten beziehungsweise immer wieder auf den neuesten Stand zu bringen. Sie
80 verbinden so gleichsam die virtuelle und die reale
Welt miteinander.

**Lesen
Sprechen**

b Sammeln Sie in Stichworten Informationen zu folgenden Punkten und besprechen Sie sie anschließend im Kurs.

– Persönliche Erfahrungen von Herrn Piepenkötter
– Positive Aspekte von www.new-in-town.de für die Surfer / für die Marketingbranche

2 Sprache im Mittelpunkt: Konnektoren

**Formen und
Strukturen
S. 160**

a Erschließen Sie die Bedeutung der Konnektoren aus dem Kontext.

1. außer dass (Z. 3)
   a. Mit Ausnahme von Smalltalk an der Hotelbar gab es nichts zu tun.
   b. Außerdem konnte er sich an die Hotelbar setzen und smalltalken.

2. je nachdem (Z. 9 / 10)
   a. Nachdem man sein Interesse angezeigt hat, …
   b. Es hängt davon ab, wofür man sich interessiert.

3. vielmehr (Z. 47)
   a. Sowohl die Masse an Informationen ist wichtig, als auch die auf die einzelnen Personen zugeschnittenen Inhalte und Angebote.
   b. Weniger die Masse an Informationen ist wichtig als die auf die einzelnen Personen zugeschnittenen Inhalte und Angebote.

4. beziehungs-weise (Z. 58)
   a. Im Internet gesammelte Daten dienen der Kundengewinnung und der Kundenbindung.
   b. Im Internet gesammelte Daten dienen entweder der Kundengewinnung oder der Kundenbindung.

5. demgegen-über (Z. 60 / 61)
   a. Im Unterschied dazu bietet die New-in-town-Datenbank eine optimale Grundlage für moderne Marketingstrategien.
   b. Im Vergleich dazu bietet die New-in-town-Datenbank eine optimale Grundlage für moderne Marketingstrategien.

6. nur dass (Z. 64)
   a. Der Kunde folgt der Marketingstrategie, obwohl ihm das Gefühl vermittelt wird, er habe sich vorher kundig gemacht.
   b. Der Kunde folgt der Marketingstrategie, hat aber das Gefühl, er habe sich vorher kundig gemacht.

7. wie … auch (Z. 67)
   a. Unabhängig davon, wie dringend die Aufforderung ist, …
   b. Alles hängt davon ab, wie dringend die Aufforderung ist.

8. es sei denn (Z. 72)
   a. Der Kunde ist auch dann bereit, Angaben zur Person zu machen, wenn das eigene Interesse nicht erkennbar ist.
   b. Der Kunde ist nur dann bereit, Angaben zur Person zu machen, wenn er einen eigenen Nutzen sieht.

b Setzen Sie die Konnektoren aus Aufgabenteil a an die passende Stelle.

New-in town will Menschen nicht nur virtuell vernetzen, [1] _vielmehr_ ist ihr Ziel, sie im realen Leben zusammenzubringen. [2] _je nachdem_ wie viel Zeit der Nutzer hat, kann er auch von new-in-town organisierte Veranstaltungen besuchen. Alles ist ganz einfach: Man meldet sich an [3] _beziehungsweise_ loggt sich ein. Dann beschreibt man sich und seine Interessen. [4] _Nur dass_ man keine Gebühren zahlen muss, gibt es noch einen Vorteil: Die Suchfunktion ist sehr einfach aufgebaut. [5] _Demgegenüber_ ist die Suche nach Freizeitangeboten in Tageszeitungen viel aufwändiger. New-in-town garantiert, dass keine persönlichen Daten weitergegeben werden, [6] _nur dass_ man stimmt ausdrücklich zu. Zwar wird dies oft behauptet, [7] _es sei denn_ man dem nicht immer Vertrauen schenken kann, [8a] _wie_ sehr man es [8b] _auch_ möchte.

1 Gemeinsam sind wir stark

Sprechen

a Warum schließen Menschen sich zusammen? Sammeln Sie in Gruppen Beispiele. Diskutieren Sie dann über die positiven Aspekte und die möglichen Nachteile solcher Zusammenschlüsse.

*Lesen
Sprechen*

b Lesen Sie die Texte über drei Netzwerke aus einem Handbuch über modernes Networking. Was haben sie gemeinsam? Welches sind die Hauptunterschiede? Vergleichen Sie die Ergebnisse auch mit Ihren Überlegungen aus Aufgabenteil a.

A

Tönissteiner Kreis (gemeinnütziger Verein)

Gesprächskreis von Führungskräften aus Wissenschaft, Wirtschaft und Politik mit Auslandserfahrung. Interdisziplinäres Netzwerk, alle Generationen, ehrenamtliches Engagement der Mitglieder.

Ziele: Stärkere Einbindung deutscher Führungskräfte in die internationale Zusammenarbeit; Vermittlung der internationalen Diskussion nach innen, um Deutschland weltoffener und reformfähiger zu machen.

Aktivitäten: Förderung der internationalen Ausrichtung von Führungsnachwuchs in Politik, Wissenschaft und Gesellschaft; Organisation von Gesprächsforen, Seminaren, Studienreisen zur Förderung des fachübergreifenden und grenzüberschreitenden Dialogs und zur Überwindung kultureller Barrieren.

www.toenissteiner-kreis.de

B

Xing (AG)

Internetbasiertes Netzwerk für Geschäfts- und Fachleute, auf das Mitglieder weltweit zugreifen können, 2006 Börsengang, 2007: 3,5 Mio. Mitglieder.

Ziele: Förderung von Geschäftsbeziehungen, die auf Vertrauen basieren.

Aktivitäten: Praktische Umsetzung der Theorie „Jeder kennt jeden über sechs Ecken": Die Hamburger Online-Networking-Plattform zeigt ihren Mitgliedern die Kontakte ihrer Kontakte an und ermöglicht ihnen den Ausbau und die Pflege ihres persönlichen Netzwerkes. Als Mitglied kann man:

– Entscheidungsträger und Experten finden,
– Ansprechpartner von Unternehmen in aller Welt erreichen,
– neue Vertriebswege erschließen,
– ehemalige Kollegen und Kommilitonen finden,
– selbst gefunden werden.

www.xing.com

C

ASA (gemeinnütziges, politisch unabhängiges Netzwerk)

Weltweite Verbindung von Menschen, Projekten und Initiativen; Förderung nachhaltiger und sozial gerechter Entwicklung. Zielgruppe: Studierende und junge Berufstätige zwischen 21 und 30.

Ziel: Entwicklungspolitisches Lernen auf der Basis von Austausch und gleichberechtigter Zusammenarbeit.

Aktivitäten: Stipendien für dreimonatige Arbeits- und Studienaufenthalte in Afrika, Asien, Lateinamerika und Südosteuropa.

Der ASA-Alumni-Bereich richtet sich an ehemalige ASA-TeilnehmerInnen, die alte Kontakte auffrischen, Freunde wieder finden oder Networking betreiben wollen.

Es werden u. a. Arbeitsgruppen zu programm- und entwicklungspolitischen Themen, Regionalgruppen und Seminare angeboten.

www.asa-programm.de

c Würden Sie sich persönlich für eines dieser Netzwerke interessieren? Kennen Sie ähnliche Initiativen, z. B. aus Ihrer Heimat? Tauschen Sie sich im Kurs aus.

2 Einstiegshilfe Netzwerk

*Hören ○ 1, 2-4
Schreiben*

a Hören Sie ein Gespräch in „Radio-Uni". Drei junge Leute berichten, wie Sie mithilfe der in Aufgabe 1b beschriebenen Netzwerke einen Job gefunden haben. Machen Sie sich Notizen zu folgenden Punkten.

Name	Beruf / Tätigkeit	Wie hat das Netzwerk geholfen?
Thomas Weizel		
Maria Blecher		
Anne Streng		

b Hören Sie das Gespräch noch einmal und notieren Sie Einzelheiten zu den Meinungen und Standpunkten, die im Zusammenhang mit „Netzwerken" geäußert werden.

| Thomas Weizel | Maria Blecher | Anne Streng |

Sprechen
Schreiben

c Teilen Sie sich in zwei Gruppen auf und führen Sie eine Pressekonferenz durch.

Deliberate

– Gruppe 1: Sie wollen ein neues Netzwerk gründen. Überlegen Sie zuerst in der Gruppe: Was möchten Sie vermitteln (Freizeitaktivitäten, berufliche Informationen, …)? Wer gestaltet und wer betreut die Internetseiten? Sammeln Sie Stichpunkte zu allen Ihnen wichtig erscheinenden Fragen und bereiten Sie eine Pressekonferenz vor, auf der Sie Ihr Konzept vorstellen. *advance, show* *shape*

– Gruppe 2: Sie sind Journalisten und sollen einen Artikel über die Gründung dieses neuen Netzwerks schreiben. Erstellen Sie hierzu einen Fragenkatalog. Sie dürfen auch knifflige oder gemeine Fragen stellen. *der Kniff = tweak*

– Spielen Sie die Pressekonferenz. Zwei Personen aus jeder Gruppe sind Beobachter, die zuhören und sich Notizen machen, wenn ihnen etwas inhaltlich oder sprachlich auffällt.

– Tauschen Sie sich am Ende der Konferenz aus. Waren die Fragen und die Antworten klar? Sind die Partner aufeinander eingegangen? Haben Sie zugehört? Wurde nachgefragt? Wurde mit Beispielen erläutert? Spielen Sie ggf. noch einmal. Die Redemittel unten können Ihnen helfen.

> **Fragen einleiten:** Könnten Sie mir kurz erläutern / erklären, wie … | Ich würde gern noch etwas darüber wissen, … | Ich hätte noch ein paar Fragen: … | Ich wüsste gern noch etwas mehr über … | Darf ich fragen, …
>
> *ask about* **nachfragen:** Was ich nicht so ganz verstanden habe, ist Folgendes:… | Also, Sie haben gesagt, … Das ist mir allerdings nicht ganz klar. Könnten Sie das noch einmal näher / an einem Beispiel erläutern? | Wie soll man das verstehen? | Wie ist das Verfahren im Einzelnen? *procedure*
>
> **Verständnis bestätigen:** Ach so! | Ah, so war / ist / geht das also. | Jetzt ist es mir klar. | Das kann ich jetzt (in etwa / gut) nachvollziehen. | Das leuchtet mir ein. | Jetzt ist der Zusammenhang klar.

two nouns – one a genitive

3 Sprache im Mittelpunkt: Das Genitivattribut

Formen und
Strukturen
S. 170

a Entscheiden Sie, welche Sätze jeweils die Bedeutung des Genitivs richtig wiedergeben.

1. ehrenamtliches Engagement der Mitglieder *honary*
   a. Die Mitglieder engagieren sich ehrenamtlich.
   b. Die Mitglieder werden ehrenamtlich engagiert.

2. stärkere Einbindung deutscher Führungskräfte in die internationale Zusammenarbeit
   a. Die deutschen Führungskräfte binden sich in die internationale Zusammenarbeit ein.
   b. Die deutschen Führungskräfte sollen in die internationale Zusammenarbeit eingebunden werden. *Ziel*

   einbinden – integration *demand*

3. Förderung der internationalen Ausrichtung von Führungsnachwuchs *orientation*
   a. Die internationale Ausrichtung des Führungsnachwuchses wird gefördert. *passive*
   b. Der Führungsnachwuchs fördert die internationale Ausrichtung.

4. praktische Umsetzung der Theorie „Jeder kennt jeden über sechs Ecken"
   a. Die Theorie „Jeder kennt jeden über sechs Ecken" umzusetzen, ist praktisch.
   b. Die Theorie „Jeder kennt jeden über sechs Ecken" wird in die Praxis umgesetzt. *implemented*

b Unterstreichen Sie in den Texten in Aufgabe 1b alle Ausdrücke mit Genitiv und bilden Sie dann Sätze wie in Aufgabenteil a.

transfer?

1 Netzwelten

1 **Spielen im Netz**

Sprechen

a Was halten Sie von Computerspielen im Netz? Sprechen Sie darüber im Kurs.

Lesen
Schreiben

b Lesen Sie die beiden Texte. Finden Sie heraus, welche Einstellung die Autoren zu Computerspielen im Netz haben? Ordnen Sie nach positiven und negativen Aspekten.

Online-Spiel als Lebensinhalt?

Langeweile in der freien Zeit? Kein Problem: Für viele junge Menschen sind Online-Computerspiele das Mittel der Wahl für die Freizeitgestaltung. Im Rahmen einer Studie über Videospiele gaben 60 % der befragten
5 13- bis 15-Jährigen an, mehr als 30 Stunden wöchentlich im Internet zu spielen. Doch dachte man bisher, dass es hauptsächlich Jugendliche sind, die Online-Spiele lieben, stellte sich nun heraus, dass auch immer mehr über 30-Jährige stundenlang am PC sitzen und spielen. Über
10 30 % dieser Gruppe verbringen sogar mehr als vier Stunden pro Tag damit, obwohl die meisten berufstätig sind.
Die Studie ergab zudem, dass auch die Anzahl weiblicher Dauerzockerinnen zunimmt. 80 % der befragten Frauen spielen mehr als drei Stunden am Tag, 10 % sogar über
15 zehn Stunden täglich. Vier von fünf Befragten sind Mitglieder von Zusammenschlüssen wie Clans oder Gilden, die ihre Spielstrategien gemeinsam verfolgen. Und jede Dritte betreibt die Online-Spiele wettkampfmäßig, indem sie in einer Liga gegen andere Spieler antritt.
20 Schon allein daraus und natürlich auch aus der hohen Anzahl von Spielern sowie dem ungeheuren Zeitaufwand sieht man, wie erheblich die Suchtgefahr ist, die solche Spiele mit sich bringen können.
Bei vielen Spielern, die in eine solche virtuelle Gemeinschaft eintreten, beherrscht diese nach und nach ihr ganzes Denken 25 und Fühlen und die reale Welt verliert dadurch immer mehr an Bedeutung. Dies kann so weit gehen, dass sie ihren Tagesablauf total dem Spielen unterordnen. Besonders gefährlich wird es natürlich, wenn es sich dabei auch noch um aggressive oder gar gewalttätige Spiele handelt. 30
Deshalb werden von vielen Seiten Verbote solcher Spiele gefordert. Dem halten betroffene Eltern und Pädagogen jedoch entgegen, dass ein Verbot nichts bringe. Es sei wichtig, den Jugendlichen andere attraktive Freizeitangebote zu machen. Verbote würden die Sache nur umso interessanter 35 machen, außerdem hätten Online-Spiele ja auch positive Effekte, indem sie z. B. wie bei den sogenannten Lan-Partys, bei denen sich Jugendliche mit ihren PCs vernetzen und Online-Spiele machen, den Gemeinschaftssinn stärkten.

Computerspiele schulen kognitive Fähigkeiten
Trendforscher Horx lobt Komplexität

„Computerspiele sind in einer unglaublichen Art und Weise differenziert geworden, in einer Komplexität, dagegen ist jedes Schachspiel langweilig und dumm", meinte Horx, Vater des Zukunftsinstituts in Kelkheim am Taunus
5 in einem dpa-Gespräch in Frankfurt. Viele glaubten zu Unrecht, Lesen sei dem Spielen am Computer überlegen. „Da wird Kulturdünkel aufrechterhalten. Man möchte immer die alten Kulturtechniken behalten und deshalb definiert man alle neuen erstmal negativ." Das umstrittene
10 tene Computerspiel ‚World of Warcraft' zum Beispiel werde weltweit von sieben Millionen Menschen, darunter rund einer halben Million in Deutschland, gespielt. Dabei ließen sich „Kooperation, Kampf um Konkurrenz, strategisches und taktisches Denken" lernen. So wie viele
15 Menschen heute Computerspiele für gefährlich hielten, habe das Lesen von Romanen im 16. bis 18. Jahrhundert als dekadent gegolten. „Zu Beginn der Kinofilme hat man ebenfalls behauptet, die Menschen verschwänden in Scheinwelten und könnten danach mit der Wirklichkeit nicht umgehen." „Die Bedenkenträger sind vor allem 20 die Medien. Und dann gibt es immer eine Menge von Leuten, die ihre alten Privilegien gegen die ‚Newcomer' verteidigen wollen. Das ist eine unselige Tradition von der Kirche bis heute", sagte Horx. „Die Kirche hat ebenfalls versucht, Kulturtechniken zu dominieren – die Leute 25 sollten Latein lesen und die Bibel studieren, alles andere galt als abwegig. Dabei entwickeln sich neue Medien immer durch eine Art Verdauungsprozess. Es kommt eine neue Technologie auf, man experimentiert damit und dann lernen Menschen langsam, sinnvoll damit umzuge- 30 hen." Chatten ist nach Ansicht des Trendforschers eine „Erweiterung unseres kommunikativen Kosmos". Es sei „ein tiefes menschliches Bedürfnis, in Netzwerken und zunächst einmal auf Distanz zu kommunizieren – und erst dann auszuwählen, mit wem man sich näher und 35 intimer beschäftigen möchte".

Positive Argumente	Negative Argumente

| 14

Sprechen

c Vergleichen Sie Ihre Resultate im Kurs. Welche Ihrer Argumente aus Aufgabenteil a finden Sie wieder. Was ist neu für Sie?

2 Kommentare und ihr Stil

Lesen
Schreiben

a Lesen Sie die Beschreibung der Kommentarstile A, B und C und ordnen Sie die Sätze 1 bis 5 zu.

Je nach dem Anteil von reiner Meinungsäußerung oder sachlicher Argumentation unterscheidet man zwischen:

A Argumentations-Kommentar (Einerseits-Andererseits-Kommentar): Er erörtert das Für und Wider ausführlich, ohne unbedingt zu einem Ergebnis zu gelangen.

B Pro-und-Contra-Kommentar: Er erörtert das Problem von allen Seiten, bleibt aber nicht dabei stehen, sondern zieht eine Schlussfolgerung.

C Geradeaus-Kommentar (auch Pamphletkommentar oder Kurzkommentar): Es geht nicht um Argumentation, sondern nur um die positive oder negative Meinung des Kommentators.

1. Online-Spiele stärken den Gemeinschaftssinn. _C_
2. Während die einen meinen, dass ein Verbot weiterhilft, vertreten die anderen die Auffassung, ein Verbot würde die Spiele nur um so interessanter machen. _a_
3. Online-Spiele sind auf jeden Fall schädlich. Verbieten ist die einzige Lösung! _C_
4. Befürworter von Online-Spielen meinen, sie stärkten die kognitiven Fähigkeiten, Gegner vertreten die Auffassung, dies werde überschätzt. Ich kann mich dieser Ansicht nur voll anschließen, da einschlägige Tests ergeben haben, dass … _b_
5. Die Wichtigkeit virtueller Welten wird immer mehr zunehmen, argumentieren die einen, die anderen halten das ganze für eine vorübergehende Erscheinung. Die Entwicklungen im Web 2.0 werden zeigen, wer Recht hat. _a_

b Welche Redemittel passen zu welchem Punkt auf dem Spickzettel? Manchmal gibt es mehrere Lösungen.

A In diesem Text handelt es sich um … _1_
B Viele halten es vielmehr für abwegig, … _2 (3)_
C Dieses Argument lässt sich leicht entkräften. _2 4_
D Wie auch immer man die Sache sieht, … _3, (3) (4)_
E Ich halte es demgegenüber für richtig, dass … _4 3_
F Pessimisten sagen voraus, dass … _1, 2 (3)_
G Man muss auch bedenken, dass … _2_
H Meiner Ansicht nach sollte man … unbedingt mit … verbinden. _4_
I In naher Zukunft … _5_
J Während die einen … meinen, entgegnen die anderen … _2, 3_
K Der Artikel … behandelt / setzt sich auseinander mit … _1_
L Mittelfristig wird … _5, 4_
M Dem kann ich nur zustimmen, dem anderen Argument hingegen muss ich widersprechen. _4, 3,_

STRATEGIEN IM MITTELPUNKT: DER KOMMENTAR:
1. Er beginnt mit einer kurzen Einleitung.
2. Er bringt Argumente und Meinungen geordnet zum Ausdruck.
3. Er nimmt zu Aussagen anderer Stellung.
4. Er endet mit einem persönlichen Fazit.
5. Er macht ggf. Vorhersagen.

c Schreiben Sie jetzt einen Kommentar zu den Texten in Aufgaben 1. Wählen Sie eine der Kommentarformen aus Aufgabenteil a. Die folgenden Redemittel, der Tipp im Arbeitsbuch sowie die Übungen in Mittelpunkt B2, Arbeitsbuch, Lektion 3 können Ihnen helfen.

eigene Standpunkte darstellen und begründen: Ich sehe das wie folgt: … | Meine Ansicht dazu ist folgende: … | Meine Bewertung / Mein (persönliches) Fazit sieht wie folgt aus: … | Ich beurteile … positiv / negativ, (ganz besonders) weil … | Für … / gegen … sprechen insbesondere folgende Gründe: … | Ich vertrete da einen dezidierten Standpunkt, denn … | Dafür / Dagegen spricht besonders, dass … | Angeblich ist …, aber …

Hauptpunkte hervorheben: Besonders wichtig dabei ist, dass … | Das Hauptargument ist, dass … | Das Allerwichtigste ist … | Meines Erachtens sollte man besonders bedenken, dass … | Das überzeugendste Argument ist, dass … | Am stichhaltigsten finde ich: … | Das Unglaublichste ist, dass … | Besonders kritikwürdig ist, dass …

Sprechen

1 Tauschring

a Überlegen Sie sich Antworten zu folgenden Punkten. Sammeln Sie Ideen und halten Sie sie in einem Mind-Map fest.

- Was könnte ein Tauschring sein?
- Wer tauscht dort was?

Hören ● 1, 5-7

→TestDaF

b Hören Sie jetzt ein Radiointerview zum Thema Tauschringe. Notieren Sie Stichworte.

1. Was versteht man unter einer Tauschbörse?
2. Was versteht man unter einem klassischen Tauschring?
3. Wie hat Frau Heuser von dem Tauschring gehört?
4. Wer macht bei ihrem Tauschring mit?
5. Was bekommt jedes Tauschringmitglied?
6. Wie werden die Tauschgeschäfte verrechnet?
7. Was kann Frau Heuser bei ihrer Tauschorganisation tauschen?
8. Welche Erfahrungen macht Frau Heuser bei ihrem ersten Tauschversuch?
9. Welche Voraussetzungen sollte man fürs Tauschen in einem Tauschring mitbringen?

> 1. Bei einer Tauschbörse werden Sachen bargeldlos getauscht.

Hören ● 1, 5-7
Schreiben

c Hören Sie das Radiointerview noch einmal und notieren Sie, welche Vorteile eines Tauschrings genannt werden. Vergleichen Sie Ihre Notizen mit denen der anderen.

2 Pro und contra Tauschringe

Sprechen

→TELC

a Formulieren Sie die Pro-Argumente aus, die Sie in Aufgabe 1c gehört haben, und überlegen Sie sich mögliche Contra-Argumente. Tauschen Sie sich im Kurs aus.

b Führen Sie zu viert eine Diskussion über folgende Aussage: „Tauschringe sind eine moderne Form der Nachbarschaftshilfe." Gehen Sie dabei folgendermaßen vor.

- Sagen Sie, inwieweit Sie der Aussage zustimmen bzw. sie ablehnen.
- Führen Sie Gründe und Beispiele an.
- Gehen Sie auch auf die Argumente der anderen ein.
- Die Redemittel auf der nächsten Seiten können Ihnen helfen.

Gedanken und Meinungen ausdrücken: *express* Meiner Auffassung nach … | In Bezug auf … würde ich sagen, dass … | Ich bin der festen Überzeugung, dass … | Diesen Punkt würde ich gern noch einmal genauer beleuchten: …

Argumente einsetzen: In Bezug auf … möchte ich zwei/drei/folgende Argumente anführen: … | Diesen Standpunkt möchte ich wie folgt erläutern: … | Dies möchte ich noch einmal besonders begründen: … | Meines Erachtens sollte man berücksichtigen, dass …

Argumenten anderer zustimmen: Dein Argument leuchtet mir ein. | Ergänzend dazu möchte ich sagen, dass … | Ich möchte Ihre Aussage noch folgendermaßen untermauern: … | Das ist wirklich ein schlagendes Argument.

Argumente ablehnen/korrigieren: Das kann ich (nun) überhaupt nicht nachvollziehen, weil … | Dem kann ich überhaupt nicht zustimmen, weil … | Das stimmt doch nicht! | Da haben Sie nicht Recht! | Da irren Sie sich! | Nicht …, sondern…

Einwände geltend machen: Dem kann ich nur teilweise zustimmen, denn … | Das klingt zwar im ersten Moment überzeugend, aber … | Ich glaube nicht, dass man so argumentieren kann, denn … | Ich frage mich, ob … | Man könnte einwenden, dass …

3 Planspiel Tauschring

Sprechen
Schreiben

a Gründen Sie einen Tauschring. Bilden Sie dazu zwei Arbeitsgruppen. Präsentieren und diskutieren Sie anschließend die Ergebnisse im Kurs.

Gruppe 1: Erarbeiten Sie die Spielregeln (z. B. Was darf getauscht werden bzw. was nicht? An wen kann man sich bei Schwierigkeiten wenden?) und notieren Sie sie auf einem Plakat.
Gruppe 2: Legen Sie ein Verrechnungssystem fest (z. B. Wie wird der Wert der Dinge oder Dienstleistungen, die getauscht werden, gerecht erfasst?) und entwerfen Sie ein Scheckheft.

b Schreiben Sie je ein Angebot und ein Gesuch auf ein Kärtchen und versehen Sie es mit Ihrem Namen. Heften Sie die Kärtchen in die entsprechende Rubrik der Suche-/Biete-Liste an der Tafel.

Suche
Wer hilft mir beim Vokabelnlernen?
Vladimir

Biete
Einführung in japanisches Kochen
Mitsouko

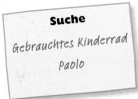

Suche
Gebrauchtes Kinderrad
Paolo

c Gehen Sie nun an die Tafel und wählen Sie ein bestimmtes Angebot oder Gesuch aus. Gehen Sie auf den/die potentiellen Tauschpartner zu. Nun kann der Tauschhandel beginnen.

d Werten Sie die Tauschbeziehung aus. Was hat gut bzw. nicht gut geklappt? Machen Sie Verbesserungsvorschläge.

4 Sprache im Mittelpunkt: Nomen-Verb-Verbindungen

Formen und
Strukturen
S. 166

Welche Verben passen zu welchem Nomen? Es passen immer mehrere. Ordnen Sie sie zu und ergänzen Sie die passenden Präpositionen.

| kommen pflegen *cultivate* bleiben aufrecht erhalten *preserve* abbrechen suchen |
| herstellen aufnehmen *follow up* knüpfen sich setzen haben treten |

come into contact

treten bleiben

sich in Kontakt setzen

1. in Kontakt _kommen mit,_ _sich setzen_
2. (den) Kontakt _abbrechen suchen pflegen_ _(aufnehmen herstellen) usw_
3. Kontakte _suchen, haben_

4. in Verbindung _sich setzen, treten, bleiben_
5. (eine) Verbindung _knüpfen, haben aufrecht erhalten_
6. Beziehungen _suchen, herstellen_ _pflegen (geschäftspartner)_

Lesen
Schreiben

1 Böses Erwachen

a Lesen Sie den Textausschnitt aus Sven Regeners Roman „Neue Vahr Süd"
und fassen Sie ihn mithilfe der W-Fragen zusammen.

Wo?	Wann?	Wer?	Was?	Warum?

Die Geschichte spielt in Deutschland ...

Als Frank zwei Tage später erwachte, sah es nicht gut aus. Das war auch sein erster Gedanke, das sieht nicht gut aus, dachte er, das wird kein guter Tag. Das Geschrei, das sie wohl wecken sollte und das es in seinem Fall auch sofort getan hatte, kam von draußen, vom Flur, und es wurde ab und zu vom Geräusch einer Trillerpfeife unterbrochen, (…). Dann sprang die Tür auf, und ein Mann

5   stürmte herein und brüllte, dass sie aufstehen und das Sportzeug anziehen sollten. Das Geschrei und Getrillere ging auf dem Flur derweil weiter. Es sind viele, dachte Frank. Dann war der Mann wieder weg. Frank hatte nur seine Beine gesehen, denn er lag zuunterst in einem dreistöckigen Bett, und als er sich aufsetzte, um die Situation zu überdenken, schlugen Leppert und Schmidt, zwei Männer, die jetzt seine Kameraden waren und über ihm schliefen, vor ihm auf dem Fußboden auf. Frank hatte die beiden

10 am Vortag zum ersten Mal getroffen, so wie die anderen Leute in der Stube auch, sie hatten zusammen dort gehockt und gewartet, was wohl passieren würde, um drei Uhr hatten alle da sein müssen, und dann hatte es auch Punkt drei Uhr angefangen mit dem Geschrei, und seitdem hatte es damit nicht mehr aufgehört. Zuerst hatte Frank gedacht, dass da wohl irgendetwas nicht stimmen könne auf dem Flur, da ist einer verrückt geworden, hatte er gedacht, irgendein Notstand ist ausgebrochen, hatte er vermutet, und

15 die anderen in seiner Stube hatten auch ziemlich verwirrt aus der Wäsche geschaut, und da war Frank sicher, sie taten genau das allesamt immer noch, obwohl es für Verwirrung eigentlich keinen Grund mehr gab. Nach einem halben Tag und einer Nacht in der Kaserne musste eigentlich jedem klar sein, dass das Schreien immer und ausnahmslos ihnen, den Rekruten, galt. (…)
„Wenn es heißt ‚3. Zug raustreten', dann treten Sie aus den Stuben heraus und stellen sich auf dem Flur

20 auf. Die Fußspitzen berühren genau die zweite Fuge der Steinplatten. Ist das klar?"
Fahnenjunker Tietz stand direkt vor Frank, als er das brüllte, und dann schaute er triumphierend nach links und nach rechts in den Flur hinunter.
„Fahnenjunker Heitmann und Pilz werden jetzt Ihre Stuben inspizieren", fuhr er brüllend fort. „Wenn Ihr Name gerufen wird, ist das schlecht für Sie. Dann rennen Sie in die Stube und tun, was man Ihnen

25 sagt."
Die beiden genannten Männer stürmten eine Stube, erste Namen wurden gerufen.
Frank befürchtete das Schlimmste, und nur um irgendetwas zu tun, schaute er hinunter, ob seine Fußspitzen auch wirklich an der zweiten Fuge der Steinplatten waren. Dann schaute er wieder hoch, und sein Blick traf den des Fahnenjunkers.

30 „Ist was? Haben Sie noch Fragen?"
„Nein."
„Nein, Herr Fahnenjunker, heißt das."
„Nein, Herr Fahnenjunker."
„Also gleich nochmal: Wie heißt das?"

35 Das ist ihnen wichtig, dachte Frank, dass man genauso redet wie sie es wollen. Er fand das eigenartig. Noch eigenartiger aber fand er die unglaubliche Unfreundlichkeit, mit der ihm und seinen Leidensgenossen hier begegnet wurde.
„Wie heißt das?" brüllte Fahnenjunker Tietz mit überschnappender Stimme.
Das ist doch seltsam, dachte Frank, eigentlich müssten sie doch froh sein, dass man nicht verweigert hat.

40 „Was jetzt?" fragte er zerstreut.
„Was jetzt, Herr Fahnenjunker! Sie sagen immer am Ende Herr Fahnenjunker, wenn Sie mit mir sprechen, haben Sie das verstanden."
Ich meine, wer ist schon so blöd und geht zum Bund, dachte Frank, da müssten sie doch eigentlich über jeden froh sein, der kommt, und ihn nett behandeln, wie ein rohes Ei eigentlich, dachte er.

45 „Haben Sie das verstanden?!"
„Ja."

„Jawohl, Herr Fahnenjunker, jawohl Herr Fahnenjunker heißt das. Ja ist was für Zivilisten, Sie sagen jawohl, wenn Sie einen Befehl empfangen oder eine Frage bejahen." (…)

„Pionier Lehmann!" rief es aus Franks Stube. (…) Dort waren auch schon Schmidt und Hoppe, Hoppe
50 stand vor seinem Spind, hob Hemden vom Boden auf und faltete sie neu zusammen, und Schmidt hing oben an dem dreistöckigen Bett und zupfte an seiner Bettdecke herum. Im Raum stand Fahnenjunker Heitmann, hatte die Hände in die Hüften gestemmt und wartete auf ihn. (…)

„Ist das Ihr Bett, oder ist das nicht Ihr Bett? Ist das Ihr Name da auf dem Schild, oder ist das nicht Ihr Name."
55 „Ja."

„Jawohl, Herr Fahnenjunker."

„Jawohl, Herr Fahnenjunker."

„Na also. Da sind Falten drin, machen Sie das glatt, aber ganz schnell, gleich ist Antreten."

Frank trat ans Bett und beugte sich runter. Da waren keine Falten zu sehen. Er zupfte trotzdem ein
60 wenig an der Wolldecke herum, wodurch überhaupt erst Falten entstanden. Er versuchte, sie wieder wegzumachen, aber das war schwierig, denn er musste sich, um nicht vorn überzufallen, am Bettpfosten festhalten, außerdem wackelte der ganze Bettenturm, weil Schmidt ganz oben mit ähnlichen Problemen kämpfte. (…)

Dass die beiden Fahnenjunker hinter ihm standen, während er da unten herumfummelte, machte Frank
65 aggressiv. Außerdem wurde es mit den Falten durch sein Gezupfe und Gezerre immer schlimmer. Besser wäre es gewesen, er hätte sich gekniet, dann hätte er beide Hände frei gehabt, aber das wollte er auf keinen Fall, nicht mit den beiden Fahnenjunkern im Rücken.

„Das kann man ja nicht mit ansehen", höhnte Tietz. „Nun machen Sie mal hin, gleich ist Antreten."

Frank verlor den Halt, ließ den Pfosten los und fiel aufs Bett. Vor lauter Ärger und Nervosität musste er
70 lachen.

„Was lacht der?"

„(…) Lehmann, wenn Sie so weitermachen, üben wir das am Wochenende."

„Sie sollen mit dem Lachen aufhören!"

Frank lachte immer weiter. Es ist kein fröhliches Lachen, es ist eher hysterisch, dachte er, und es ist nicht
75 das Klügste, was man tun kann, aber es füttert sich selbst, dachte er, erst lacht man, weil alles so absurd ist, und dann muss man weiterlachen, weil die Lacherei auch absurd ist, so geht das nicht, dachte er, das ist nicht klug, so was nehmen die persönlich. Er versuchte hochzukommen. Hinter ihm plumpste Schmidt auf den Boden. Aus der Ferne waren Rufe zu hören.

„Aufhören, das ist der Befehl zum Antreten," brüllte Fahnenjunker Tietz.
80 Frank lachte und lachte. Mühsam kam er hoch. Erst als er aufrecht vor Fahnenjunker Tietz und Fahnenjunker Heitmann stand und in ihre Gesichter blickte, konnte er mit dem Lachen aufhören. Das ist auch höchste Zeit, dachte er. Schmidt stand mit dabei und starrte ihn entgeistert an. (…)

„Wir sprechen uns noch", schrie Fahnenjunker Tietz. (…)

Lesen
Sprechen

b Charakterisieren Sie die Hauptperson Frank Lehmann. Berücksichtigen Sie dabei folgende Aspekte: Lebenssituation, Verhalten, Gefühle, Einstellungen.

c Wie empfinden Sie die Situation im Roman? Wie hätten Sie reagiert?

2 Komik

Lesen
Sprechen

a Markieren Sie die Textstellen, die Sie komisch finden. Vergleichen Sie Ihre Ergebnisse im Kurs. Wo gibt es Unterschiede, wo Gemeinsamkeiten?

b Überlegen Sie, warum manche Passagen in Sven Regeners Roman komisch sind. Welche Funktion könnte die Komik haben? Folgende Begriffe können Ihnen dabei helfen. Diskutieren Sie Ihre Ergebnisse im Kurs.

> Übertreibung Widerspruch Satire Wiederholung
> Perspektive Situationskomik Kontrast Spott Parodie

3 Projektvorschlag

Lesen
Sprechen

Informieren Sie sich ggf. mithilfe Ihres Lehrers / Ihrer Lehrerin über das Thema Wehrdienst und Wehrdienstverweigerung in der heutigen Bundesrepublik Deutschland. Gibt es Unterschiede zur Situation im Roman? Halten Sie darüber einen Minivortrag (ca. 3 Minuten) im Kurs.

1 Alles Kunst?

Sprechen

a Sprechen Sie über die Abbildungen. Was ist Ihrer Meinung nach Kunst? Was nicht? Begründen Sie Ihre Meinung.

> Unter (den Begriff) Kunst fasse ich (nicht) … | Unter Kunst verstehe ich (nicht) … |
> Bei einer Kinderzeichnung denke ich (nicht) an … | Das Gemälde halte ich (nicht) für … |
> Das Grafitti spricht mich (nicht) an, weil … | Die Landschaft erinnert mich an … |
> Die Szene interpretiere ich folgendermaßen … | Mit dem Kunstobjekt assoziiere ich … |
> Die Skulptur bedeutet für mich … | Das Gemälde erweckt den Eindruck, als ob … |
> Die Installation ruft bei mir … hervor, denn … | Den Zeichner halte ich für … |
> Das Kunstwerk gefällt mir (nicht), weil … | Die Szene auf dem Bild verbinde ich mit …

b Welche Kunstgattungen kennen Sie? Sammeln Sie im Kurs.

2 Was ist eigentlich Kunst?

Lesen
Schreiben

a Vergleichen Sie die beiden Artikel und notieren Sie Gemeinsamkeiten und Unterschiede.

Kunst (althochdeutsch: zu können), 1) im weitesten Sinn jede auf Wissen und Übung gegründete Tätigkeit (z. B. Reitkunst, Kochkunst); 2) in einem engeren Sinn die Gesamtheit des vom Menschen Hervorbrachten (Gegensatz: Natur), das nicht durch eine Funktion eindeutig festgelegt ist oder sich darin erschöpft (Gegensatz: Technik). Der Gegensatz der Kunst zum Handwerk und zur Wissenschaft bildete sich erst im Übergang vom 18. ins 19. Jahrhundert aus. Im heutigen Verständnis ist die Kunst in die Teilbereiche Literatur, Musik, darstellende Kunst sowie bildende Kunst gegliedert (in der Moderne sind Grenzüberscheitungen häufig); 3) im engsten Sinn steht Kunst, v. a. im alltäglichen Sprachgebrauch, für bildende Kunst.

(Der Brockhaus multimedial. Brockhaus AG 2005)

Kunst (von können), im allgemeinen jede Fertigkeit (z. B. Schreib-, Koch-, Schwimmkunst etc.); insbesondere die Fähigkeit des Menschen, Dinge hervorzubringen, welche den Eindruck des Schönen machen oder machen sollen (K.werke), sowie die Gesamtheit der letzteren. Je nach dem natürlichen Stoff, dessen sich die K. dabei bedient, unterscheidet man *tönende Künste* (Poesie, Tonkunst) und *bildende Künste* (Baukunst, Bildhauerkunst, Malerei), denen noch in gewissem Sinn als Künste anschließen: einerseits die sogen. *darstellenden Künste* (Tanz- und Schauspielkunst), Gartenkunst; andererseits die *nachbildenden Künste*: Kupferstech-, Holzschneidekunst, Lithographie. Vgl. Riegel, „Grundriss der bildenden Künste" (3. Aufl. 1876), A. Schulz, „Einführung in das Studium der neuen Kunstgeschichte" (1887). Die Darstellung der Entwicklung der K., insbesondere der bildenden Künste, je nach den verschiedenen Völkern ist Gegenstand der Kunstgeschichte eines Zweiges der Kulturgeschichte; Begründer derselben Winckelmann, der in der K. der Alten zuerst die Perioden unterschied und mit der Weltgeschichte in Zusammenhang brachte.

(Meyers Kleines Konversations-Lexikon, 2. Bd., Bibliographisches Institut 1892)

(handwritten annotations: Putzleute, der Leindruck, mundartliche, vorrohen, begabt)

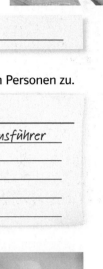

Sprechen

b Diskutieren Sie in Kleingruppen, welche der Definitionen in Aufgabenteil a eher Ihrem Kunstverständnis entspricht. Was würden Sie evtl. ergänzen? Tauschen Sie sich anschließend im Kurs aus.

3 Eine Museumsführung im „Block Beuys"

Hören 1, 8
Schreiben

a Sie sind im Museum und hören den Beginn einer Führung mit. Wer nimmt an der Führung teil, was erfahren Sie über die Personen?

> Museumsführer: Beuys-Experte

Hören 1, 9-11
Schreiben

b Hören Sie nun, wie es in der Führung weitergeht, und ordnen Sie die Aussagen den Personen zu.

Aussagen	Person
1. Meine Aufgabe ist es, auf die Interessen der Besucher einzugehen.	Museumsführer
2. Mich interessiert der Mensch Beuys am meisten.	
3. Der Name Beuys sagt mir nichts.	
4. Ich finde einfach keinen Zugang zu dem Werk von Beuys.	
5. Bei Beuys lassen sich Kunst und Politik nicht trennen.	

c Hören Sie die Führung noch einmal und machen Sie sich Notizen zur Biografie von Joseph Beuys und zu seinem Kunstverständnis.

Sprechen

d Was halten Sie vom Beuysschen Kunstbegriff? Diskutieren Sie im Kurs.

4 Was bedeutet Kunst für Sie persönlich? – Ein Interview

Sprechen
Schreiben

a Bereiten Sie für ein Interview zum Thema „Individuelle Kunsterfahrung" zu zweit mindestens fünf Fragen vor. Berücksichtigen Sie dabei auch die folgenden Aspekte.

– Kunst in der Kindheit (z.B. Märchen, Musik, Bilder)   – eigene künstlerische Erfahrung
– Kunst im heutigen Leben   – Ihr Lieblingskunstwerk

b Führen Sie ein Interview mit einem neuen Partner / einer neuen Partnerin.

– Stellen Sie auch spontan weitere Fragen, um das Thema zu vertiefen.
– Notieren Sie die Antworten in Stichpunkten.
– Tauschen Sie am Ende die Rollen und lassen Sie sich interviewen.

> Redemittel für Interviews finden Sie in Lektion 1 und in Mittelpunkt B2, Lektion 7.

Was Sie in dieser Lektion lernen können:

Gespräche über komplexe Themen verstehen, auch wenn Einzelheiten unklar bleiben

ein Interview führen, differenzierte Fragen stellen und auf Aussagen anderer reagieren

in informellen Diskussionen überzeugend argumentieren und auf Argumente anderer reagieren

lange, anspruchsvolle Texte mündlich zusammenfassen

längere, anspruchsvolle Texte verstehen und deren Inhalt zusammenfassen

Filme und Theaterstücke in Umgangssprache und mit idiomatischen Redewendungen verstehen   *(handwritten: popular speech, fathom)*

komplexe Texte im Detail verstehen, dabei implizit angesprochene Einstellungen und Meinungen erfassen   *(handwritten: outlook)*

zu einem komplexen Thema leserfreundliche, gut strukturierte Texte schreiben

in privater Korrespondenz saloppe Umgangssprache, idiomatische Wendungen und Scherze verstehen

in persönlichen Briefen von Erfahrungen, Gefühlen, Geschehnissen berichten und Bezug auf Partner nehmen   *(handwritten: bearing)*

1 Die Hauptstadt

Sprechen

Welche Vorstellungen und / oder Erfahrungen verbinden Sie mit Berlin? Tauschen Sie sich im Kurs aus.

2 Die Stadt der Künstler

Lesen

a Lesen Sie die Texte A bis D. Zu welchen der vier Texte gibt es Aussagen zu den Aspekten 1 bis 6? Notieren Sie Stichpunkte zu den Aspekten.

		Text A	Text B	Text C	Text D
1.	Herkunft	Hamburg	—	Warschau	Kopenhagen
2.	Beruf	Installations	Maler & Galerist	bildende Kunst	Modesschöpferin
3.	Nebenjob	auf dem Bau	kein mehr	zur Zeit keine	
4.	Erfolge	Atelier	PT	Stipendium, Preise	Laden
5.	Arbeitsplatz	"	Galerie	Atelier?	Laden
6.	Gründe für ihr Leben in Berlin	Kontakte und Inspiration	So viele Künstler	permanent in Bewegung ist	

A

Olaf Küster, 27, Installationskünstler

Obwohl ich schon während meines Studiums wusste, dass es für mich nicht leicht sein würde, mich auf dem freien Kunstmarkt zu behaupten, hatte ich es mir doch ein wenig leichter vorgestellt. Ich habe meine Installationen schon auf mehr als fünfzehn Ausstellungen präsentiert, aber finanziell zahlt sich das nicht aus. Man kann glücklich sein, wenn man überhaupt ausgestellt wird. Um mir einen Namen zu machen, versuche ich nun verstärkt an Wettbewerben teilzunehmen. Leider kann ich noch nicht von meiner Kunst leben. Meinen Lebensunterhalt und die Miete für mein Atelier verdiene ich auf dem Bau. Zum Glück sind die Mieten hier noch billig, sodass ich mir sogar ein 100 m² großes Atelier leisten kann. Dies gibt es nur in Berlin. Außerdem leben hier viele Menschen, die kreativ arbeiten. Da findet man schnell Kontakte und Inspiration. Deshalb bin ich ja auch von Hamburg hierher gekommen.

B

Achim Münster, 39, Maler und Galerist

Ich habe zwar hier Malerei studiert, doch ich komme zurzeit gar nicht zum Arbeiten. Ich habe nämlich im Sommer zusammen mit zehn Künstlern eine Produzentengalerie eröffnet. Hier in Berlin gibt es viele Künstler, die solche Projekte wagen. Alles ist hier so unkonventionell und im Aufbruch. Unser Galerie-Projekt läuft zwei Jahre, wobei jeder Künstler eine Einzelausstellung bekommen soll. Ich habe den Job des Galeristen übernommen. Jetzt brauche ich endlich keinen Nebenjob mehr. Da habe ich einen echten Perspektivenwechsel vollzogen: vom Künstler zum Kunsthändler. Die Arbeit macht mir auch richtig Spaß. Ich kümmere mich gerne um meine Künstler, auch wenn es manchmal harte Konflikte gibt. Etwa, wenn ich die Preisvorstellung der Künstler auf ein realistisches Niveau absenken muss. Meine Erfahrungen als Künstler helfen mir sehr bei solchen Auseinandersetzungen.

C

Agatha Kowalski, 25, bildende Künstlerin

Bis vor einem Jahr habe ich jeden Abend in einer Kneipe gejobbt und nur tagsüber im Atelier in der alten Fabrikhalle gearbeitet. Aber seit einem Jahr habe ich ein Stipendium. Als ich dann zu meiner Überraschung einen der ersten Preise bei einem Kunstwettbewerb gewann, da folgten die Einladungen zu Ausstellungen. Ich muss sagen, mein Weg von Warschau nach Berlin hat sich gelohnt. Meine Grafiken werden in verschiedenen kleinen Berliner Galerien ausgestellt und an Kunstliebhaber verkauft, die Freude an meinen Arbeiten haben und sie nicht als Investition betrachten. Im Augenblick genieße ich es, ohne finanziellen Druck arbeiten zu können, und lasse mich mitreißen von Berlin, einer Stadt, die permanent in Bewegung ist.

D

Kirsten Hansen, 33, Modeschöpferin

Ich kann es selbst kaum glauben: meinen ersten eigenen Laden mit selbst kreierten Kleidern. Und das hier in Berlin und nicht zu Hause in Kopenhagen. Hier entstehen auch die Ideen für meine Kollektionen, die in Paris, Mailand und New York auf den Laufstegen zu sehen sind. Ich habe selbst eine Weile als Designerin in großen Modehäusern in Paris und New York gearbeitet, einen Laden konnte ich mir dort aber nicht leisten. In unserer Branche ist dort alles so kommerziell. Und hier in Berlin da reizt mich einfach der kaputte Charme der Stadt, dieser ewig unfertige Zustand, den versuche ich dann auch in meine Entwürfe zu übertragen. Ich kann zwar gerade so von meinen Kleidern leben und sitze oft auch selbst noch nachts an der Nähmaschine, aber dafür bin ich mitten drin in der Künstlerszene und daraus schöpfe ich sehr viel Energie und Kreativität.

Sprechen

b Portraitieren Sie die einzelnen Künstler anhand der Stichworte aus Aufgabenteil a.

3 Die Stadt der Museen

Lesen
Sprechen

a Sie möchten mit Ihrem Kurs nach Berlin reisen. Lesen Sie die Beschreibungen und überlegen Sie in Kleingruppen, welches dieser Museen Sie gern besuchen würden? Begründen Sie Ihre Meinung.

A

Deutsches Historisches Museum

Auf rund 7.500 Quadratmetern und zwei Stockwerken haben Realien zur Geschichte ihren Platz, die in möglichst vielfältigen Zusammenhängen gesehen werden können. Die ausführliche Darstellung und Demonstration der politischen, sozialen und wirtschaftlichen Aspekte der deutschen Geschichte im europäischen Kontext beginnt mit dem 1. Jahrhundert n. Chr. Den Kern der Dauerausstellung bilden die Epochenräume. Sie laden die Besucher zu einer Wanderung von den Anfängen der deutschen Geschichte bis in die Gegenwart ein. Die Attraktivität der Ausstellung für die Besucher liegt in ihrer klaren Konzeption und überdurchschnittlichen Qualität.

B

Pergamonmuseum

Die Dreiflügelanlage beherbergt heute drei Museen: die Antikensammlung mit den Architektursälen und dem Skulpturentrakt, das Vorderasiatische Museum und das Museum für Islamische Kunst. Durch die imposanten Rekonstruktionen archäologischer Bauensembles – Pergamonaltar, Markttor von Milet, Ischtar-Tor mit Prozessionsstraße von Babylon, die Mschatta-Fassade - und das kompetente Arrangement der Exponate, das sich durch Raffinesse und Variation auszeichnet, ist das Museum weltweit bekannt geworden. Die außerordentliche Schönheit der Sammlung lockt Jahr für Jahr Millionen von Besuchern an.

C

→ Haus am Checkpoint Charlie

Hier war der bekannteste Grenzübergang in Berlin, der lediglich für Ausländer, Diplomaten sowie Angehörige der alliierten Streitkräfte *Relativ* offen war. 1963 eröffnete hier das Museum mit einer Ausstellung über die Mauer. Diese wurde seither laufend erweitert, vor allem durch Dokumentationen ge- und missglückter Fluchtversuche und von Fluchtobjekten unterschiedlichster Art, vom Mini-U-Boot bis zum Heißluftballon. Zudem wird die Geschichte der Befreiungsbewegungen Mittel- und Osteuropas bis hin zur DDR-Opposition und zum Mauerfall dokumentiert und dargestellt. Die Ausstellung regt die Besucher zu einer Auseinandersetzung mit dieser Thematik an.

argument
Haises

D

Neue Nationalgalerie: Das Museum beherbergt europäische Malerei und Plastik des 20. Jahrhunderts von der klassischen Moderne bis zur Kunst der 60er-Jahre. Unter ihnen befinden sich Arbeiten von Künstlern wie Kirchner, Picasso, Klee, Dix und Kokoschka. Schwerpunkte der Sammlung bilden die Werke des Kubismus, Expressionismus, Bauhaus und des Surrealismus. Werke von Picasso, Gris, Léger und Laurens zeigen die Entwicklung der kubistischen Kunst. Einen der Höhepunkte bildet die starke Repräsentanz der amerikanischen Malerei der Sechziger- und Siebzigerjahre mit den abstrakten Farbfeldern und -räumen von Frank Stella und Ellsworth Kelly. Sowohl die Berühmtheit als auch die Einzigartigkeit der Sammlung begeistert die Besucher.

b Stellen Sie Ihren Favoriten im Kurs vor. Ergänzen Sie Ihre Präsentation ggf. mit Informationen und / oder Bildern aus anderen Quellen (Internet, Reiseführer, etc.).

Weitere Redemittel finden Sie in Mittelpunkt B2, Lektion 9, 12, jeweils im Arbeitsbuch.

c Diskutieren Sie die Vorschläge und kommen Sie zu einer gemeinsamen Entscheidung.

Gedanken und Meinungen ausdrücken: Wir haben uns nach einer längeren Diskussion auf … geeinigt. | Uns scheint in diesem Fall … am geeignetsten. | Natürlich gibt es auch hier ein Für und Wider, dennoch würden wir … vorschlagen. | Auch wenn es auf den ersten Blick überraschend scheint, ist für uns … die beste Wahl.

Argumente einsetzen: Wir halten einen Besuch bei … für besonders wichtig, weil … | Wenn man bedenkt dass …, dann … | Man sollte auf alle Fälle bedenken: … | Wir sollten auf alle Fälle berücksichtigen, dass … | … scheint uns nicht ganz unerheblich. | Ausschlaggebend für unsere Wahl war …

Argumenten anderer zustimmen: Da habt ihr natürlich Recht. | Dem kann ich nur noch eine Kleinigkeit hinzufügen: … | Das klingt einleuchtend / überzeugend.

Argumente ablehnen / korrigieren: Na ja, das stimmt zwar schon, aber an … muss man doch auch denken. | Meint ihr nicht, dass … auch eine Rolle spielt. | Wenn man sich das jetzt aber konkret vorstellt, dann … | Man sollte auch in Betracht ziehen, dass …

sich auf eine Lösung einigen: Wägt man das Für und Wider ab, so kommt man zu dem Ergebnis … | Alles in allem zeigt sich, dass … | Betrachtet man die Argumente, so muss man zum Schluss kommen, dass …

2 Kunst als Therapie

▮1 Wahnsinnig schön

Sprechen

a Sehen Sie sich das Bild an. Wie wirkt es auf Sie?

Lesen

b Lesen Sie den Artikel und markieren Sie die Schlüsselwörter, also Wörter oder Ausdrücke, die für die Bedeutung des Textes wichtig sind.

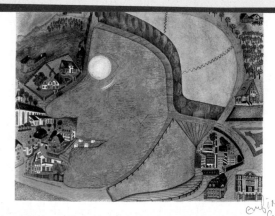

Eine Bilderflut von gigantischem Ausmaß ergoss sich über die Dächer von Stuttgart, breitete sich über den ganzen Himmel aus und schien auch August Natterer selbst zu überschwemmen. Doch dieses beeindruckende Spektakel spielte sich einzig in seinem Kopf ab. 1911, erst vier Jahre nach diesem tiefgreifenden halluzinatorischen Erlebnis, war der Elektrotechniker in der Lage, seine überirdischen Bilder aufs Papier zu bringen. Seine Werke gehören wohl zu den berühmtesten Beiträgen der Sammlung Prinzhorn. August Natterer (1868–1933) war kein weltfremder Träumer, sondern ein äußerst ehrgeiziger, weltmännischer Elektromechaniker und ausbildender Meister in der eigenen Würzburger Firma, die vor allem die Universität belieferte. Als die Universität einen eigenen Mechaniker anstellte, war Natterers Betrieb schnell ruiniert. Wie besessen stürzte er sich in seine Erfindungen und bemühte sich erfolglos um eine Anstellung an einer Fachschule. 1907 mündete die Krise schließlich in einem psychotischen Zusammenbruch mit Einweisung in die Psychiatrie.

Seine Werke, wie auch die Bilder von Else Blankenhorn, Franz Karl Bühler oder Paul Goesch gehören zu der Sammlung Prinzhorn, die Exponate von mehr als 5 000 Künstlern beherbergt. Der Psychiater und Kunsthistoriker Hans Prinzhorn (1886–1933) nahm sich 1919 der nach ihm benannten Sammlung an. Die weltweit berühmteste und einzigartige Sammlung enthält Zeichnungen, Gemälde, Collagen, Textilien, Skulpturen und eine Fülle unterschiedlicher Texte, die zwischen 1880 und 1920 in vorwiegend deutschen psychiatrischen Einrichtungen entstanden sind. Die Werke der häufig langjährig internierten Männer und Frauen offenbaren oft in bruchstückhafter Form nicht nur ihre unterschiedliche soziale Herkunft und Bildung, sondern auch das individuelle Leben vor der Erkrankung und in der Anstalt. Die Zeitgeschichte und ihre Ideologien lassen sich ebenso daran ablesen.

Nur wenige der häufig als schizophren geltenden Patienten hatten eine professionelle künstlerische Ausbildung. Die meisten von ihnen waren im Kunstgewerbe, in der Architektur, in handwerklichen oder technischen Berufen tätig. Der Umgang mit diesen „Vorkenntnissen" ist unterschiedlich und reicht von der sorgfältigen Anwendung des Erlernten bis hin zur freien Variation oder vollständigen Ablösung davon. Ein kleinerer, aber bedeutender Teil der Sammlung fasziniert durch die Verwendung eigenwilliger künstlerischer Mittel.

Diese Werke gehören in den engeren Bereich der Kunst. Sie vermitteln ein Wissen um extreme menschliche Empfindungen und Erfahrungen, wie sie etwa in der Psychose durchlebt werden.

Hans Prinzhorn – als Kunsthistoriker und Arzt mit beiden Fachgebieten vertraut – gilt heute als Pionier einer interdisziplinären Sichtweise. Ihn interessierten kulturanthropologische Fragen, vor allem die nach dem Ursprung künstlerischer Gestaltung. Er hoffte, in den Werken der Patienten einen unverstellten, elementaren Zugang zur Kunst zu finden. Nach dem Ersten Weltkrieg baute er, von Karl Wilmanns, dem Leiter der Heidelberger Psychiatrischen Klinik, unterstützt, eine einzigartige Sammlung von Werken aus psychiatrischen Anstalten auf. In seinem Buch „Bildnerei der Geisteskranken" (Berlin 1922) hat er Teile der Sammlung sowohl dokumentiert als auch interpretiert und dabei auch kulturkritische Überlegungen miteinbezogen, die den Bildern die diagnostische Beweiskraft absprechen und stattdessen ihren ästhetischen Wert hervorheben. Indem er aber die psychologische Gleichwertigkeit aller gestalterischen Phänomene betont und bestimmten Werken sogar künstlerische Qualität attestiert hat, bewertete er die verachtete „Irrenkunst" und damit auch ihre Schöpfer neu. Es war ein mutiger Schritt, der – langfristig gesehen – dazu beitrug, über eine angemessene Anerkennung kreativer gestalterischer Leistungen der Patienten ihre gesellschaftliche Reintegration zu fördern.

Nach Prinzhorns Tod betreute die Sammlung ein Kollege. Seit 1938 wurden einige Bilder in der nationalsozialistischen Propagandaausstellung „Entartete Kunst" die seit Sommer 1937 in verschiedenen Städten gezeigt wurde, präsentiert, um Werke moderner Künstler im Vergleich zu diffamieren. Im Dritten Reich sind einige Künstler der Sammlung Prinzhorn, wie etwa der Kunstschmiededozent Franz Karl Bühler, der Architekt und Maler Paul Goesch oder die Malerin Elfriede Lohse-Wächtler der sogenannten Euthanasie zum Opfer gefallen. Harald Szeemann entdeckte die Werke 1963 neu und zeigte erstmals wieder eine Auswahl in der Kunsthalle Bern. 2001 bezog die Ausstellung in Heidelberg endlich ihr eigenes Museum.

Dort wurde August Natterer 2003, also rund 70 Jahre nach seinem Tod, eine Gesamtschau gewidmet. Der Künstler hätte sicherlich voller Stolz gestrahlt, hätte er dies zu Lebzeiten auch nur geahnt.

Sprechen

c Vergleichen Sie die Anzahl und die Auswahl Ihrer Schlüsselwörter im Kurs.

Sprechen

Weitere Redemittel für eine Zusammenfassung finden Sie in Mittelpunkt B2, Lektion 6 und 8.

d Fassen Sie den Inhalt mithilfe der Schlüsselwörter mündlich zusammen.

> **Einleitung:** Im Text geht es um das Thema … | Der Text behandelt folgendes Thema: … | Der Autor / Die Autorin befasst sich mit dem Thema …
>
> **zentrale Informationen darstellen:** Die zentrale Aussage des Textes ist: … | Der Autor / Die Autorin beschreibt / legt dar / folgert / fasst zusammen …
>
> **Beispiele anführen:** Am Beispiel von … legt der Autor / die Autorin dar, dass … | Als Beispiel führt er / sie Folgendes an: … | Er / Sie erörtert dies an folgendem Beispiel: … *illustriert*
>
> **die Zusammenfassung strukturieren:** Zunächst legt der Autor / die Autorin dar, dass … | Dann erläutert er / sie … | Ausgehend vom Beispiel … führt er / sie vor, dass … | Am Schluss / Als Fazit …

Schreiben

2 Strategien im Mittelpunkt: Einen Text schriftlich zusammenfassen

Fassen Sie den Text von Aufgabe 1 in ca. 10 bis 12 Sätzen schriftlich zusammen. Gehen Sie in folgenden Schritten vor.

- Formulieren Sie das Thema des Textes.
- Finden Sie Überschriften zu den einzelnen Abschnitten.
- Erarbeiten Sie sich mithilfe der in Aufgabe 1 markierten Schlüsselwörter ein Textgerüst.
- Schreiben Sie die Zusammenfassung, nutzen Sie dabei die Redemittel aus Aufgabe 1.

3 Sprache im Mittelpunkt: Konnektoren

Formen und Strukturen
S. 158

care
relatives
judge
feelings

a Lesen Sie den Text und markieren Sie die Konnektoren.

Kunsttherapie

Seit Anfang 2000 ist die Kunsttherapie in das psychosoziale Gesamtkonzept der Betreuung von schwerkranken Kindern und Erwachsenen in vielen deutschen Kliniken integriert. Die Kunsttherapie unterstützt dabei Akutpatienten, Patienten in Rehabilitation und Nachsorge, wobei das Betreuungsteam auf die individuellen Bedürfnisse des jeweiligen Patienten eingeht. Folglich ist es auch möglich, die Angehörigen in die Therapie zu integrieren. Besonders wichtig ist es, dem Patienten zu verdeutlichen: Er muss keine künstlerischen Leistungen erbringen, sein Werk wird nicht beurteilt, sondern es soll Ausdruck einer spontanen Empfindung sein. Insbesondere in der Maltherapie, z.B. beim Ausdrucksmalen, geht es nämlich darum, aus der aktuellen Gemütslage heraus zu malen, damit man Zugang zu verborgenen Gefühlen bekommt. Das Ausdrucksmalen ist ein freies, intuitives Malen in einfacher Technik. Dadurch, dass der Patient in einem bestimmten Zeitraum in Ruhe malen kann, werden Gefühle wie Freude, Trauer, Wut, Ängste und Verletzungen, aber auch Kräfte freigesetzt. Eine Betroffene berichtet: „Es erwarteten mich Malwände, Farben, Pinsel, Wasser, Papier. Zuerst malte ich mit einem Pinsel, aber das strengte mich sehr an. Dann malte ich einfach mit den Händen drauf los. Während ich malte, vergaß ich alles um mich herum. Nachdem ich mir das fertige Bild angeschaut hatte, war ich völlig überrascht von meiner Farbauswahl: Ich hatte lauter kräftige, leuchtende Farben gewählt. Sie symbolisieren die positive Energie in mir. Das gibt mir auch an schlechten Tagen Kraft, deshalb habe ich das Bild so aufgehängt, dass ich es vom Bett aus sehen kann." Der kreative Prozess setzt oft eine konstruktive Reflexion der eigenen Situation in Gang. Der schwer kranke Patient beginnt sich zu öffnen, vorausgesetzt natürlich, dass er liebevoll betreut wird. Er ist dann bereit, sich mit sich und seiner Krankheit auseinanderzusetzen. Die Grundhaltung der Kunsttherapie ist ressourcenorientiert. Das heißt, der Therapeut geht auf die Stärken und kreativen Kräfte des Patienten ein und nicht auf die Probleme.

b Tragen Sie die Konnektoren in die Tabelle ein und bestimmen Sie deren Bedeutung.

damit
Zweck,
Ziel

Konnektor	folglich,	aber / sondern	dass Dadurch	voraus / dass	während nachdem dann	Nachdem	deshalb / nämlich
Bedeutung	Folge	gegen satz	Art und Weise	Bedingung	Zeit	Zeit	grund an

4 Projekt: Ausdrucksmalen

Sprechen

Malen Sie, ohne lange zu überlegen, und tauschen Sie sich anschließend im Kurs über Ihre Erfahrungen aus. Was meinen Sie, was sagt Ihr Bild aus?

Sprechen
Schreiben

1 Kunst und Geld

Gestalten Sie in Kleingruppen ein Mind-Map zu dem Themenkomplex „Kunst und Geld" und vergleichen Sie die Ergebnisse im Kurs.

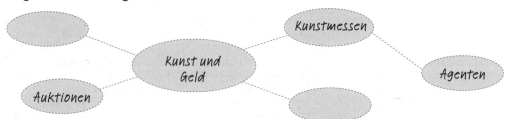

Hören ⊙ 1, 12-13
Schreiben

2 Yasmina Reza: Kunst

a Hören Sie die erste Szene und die letzte Szene des Theaterstücks „Kunst" und sammeln Sie Informationen zu den folgenden Punkten.

– Personen
– Ort
– Zeit
– Handlung
– Thema

Sprechen
Schreiben

b Was könnte zwischen der ersten und letzten Szene geschehen sein? Stellen Sie in Kleingruppen Vermutungen an.

c Arbeiten Sie Ihre Vermutungen zu einer Szene aus. Denken Sie auch an die Regieanweisungen.

d Spielen Sie Ihre Szenen im Kurs vor.

3 Original oder Fälschung?

Sprechen

Beschreiben Sie die beiden Bilder und markieren Sie die Unterschiede. Welches ist wohl das Original von Otto Dix, welches die Fälschung?

4 Der Mann mit den goldenen Händen

Lesen
Sprechen

a Lesen Sie den Text und markieren Sie die Informationen zum Werdegang des Mannes mit den goldenen Händen.

Dies ist die wundersame Geschichte des Mannes mit den goldenen Händen. Sie nimmt ihren Anfang in Berlin. Dort wurde er 1938 geboren. In den dunklen Nachkriegsjahren verdingte er sich in vielen Berufen, wie z. B. Heizer, Preisboxer, Kohle-, Öl- oder Zeitungsfahrer. Er war sehr arm und handelte mit allem, womit man auf irgendeine Weise Geld verdienen konnte. 1968 gründete er eine Entrümpelungsfirma und einen Trödelladen.

5 Da er aber aufgrund seiner äußerst bescheidenen Schulbildung den Wert von Kunstgegenständen nicht einschätzen konnte, geschah es, dass er einem Kunsthändler ohne sein Wissen einen echten Caspar David Friedrich für 50 DM verkaufte. Als dieser später in einem Auktionshaus für 70 000 DM zum Verkauf stand, fasste er einen folgenschweren Entschluss: Nie wieder sollte ihm ein solches Missgeschick widerfahren, daher wollte er sich ab sofort mit Malen und Restaurierung beschäftigen. Der geschickte Trödelhändler begann,

10 die Werke und Techniken der großen Meister zu studieren und zu kopieren. Schnell brachte er es trotz seiner nur autodidaktischen Bildung zur Perfektion. Bis zu 3 500 Fälschungen stellte er her. Kunsthändler nahmen sie ihm ab und verkauften sie als echte Meisterwerke an Sammler und Museen. Nach und nach wurden die Fälschungen allerdings erkannt. Eines schönen Tages wurde auch im berühmten Pariser Louvre eine seiner Fälschungen enttarnt. Statt eines lauten Wutausbruchs aber verfiel die Kuratorin in tiefe Schwärmerei und

15 urteilte, der Mann habe Goldhände. Nach 13 harten Arbeitsjahren wurde dem König der Fälscher das Handwerk gelegt. Er wurde wegen Urheberrechtsverletzung und Beihilfe zum Betrug festgenommen. Weil er aber während der Ermittlungen fleißig bei der Enttarnung seiner Fälschungen mithalf, wurde er zu nur zwei Jahren auf Bewährung verurteilt. Heute kopiert der Mann mit den Goldhänden immer noch. Infolge der Prozesse gegen ihn signiert er jetzt seine Werke mit seinem eigenen Namen. Unter der Voraussetzung

20 der Einhaltung des deutschen Urhebergesetzes darf er jetzt alle die Meister kopieren, die mindestens 70 Jahre tot sind. Der berühmteste Kunstfälscher der Welt lebt heute glücklich und zufrieden an der Nordsee. Durch den Verkauf seiner Bilder konnte er eine Galerie eröffnen. Er gibt außerdem Malkurse und ist damit beschäftigt, seinen eigenen Stil zu finden. Und zum Spaß, aber auch für seinen Lebensunterhalt kopiert er weiter, denn im Gegensatz zu vielen anderen Fälschern kann er seine Kopien inzwischen zu ansehnlichen

25 Preisen verkaufen, schließlich ist ja die außergewöhnlich gute Qualität seiner Fälschungen sogar gerichtlich anerkannt worden. Diese legalen Kopien waren schon in vielen Galerien oder Hotel-Foyers zu sehen. Wenn Sie eines seiner eigenen Werke sehen wollen, dann fahren Sie nach Büsum. Dort erfahren Sie auch, wie der König der Fälscher mit Namen heißt.

Edgar Mrugalla

b Ist der König der Fälscher genial oder kriminell? Diskutieren Sie im Kurs.

5 Sprache im Mittelpunkt: Entsprechung von Konnektoren und Präpositionen

Formen und
Strukturen
S. 158

a Ordnen Sie die markierten Präpositionen aus Aufgabe 4 den entsprechenden Konnektoren zu.

Art der Angabe	Konnektoren	Präpositionen
Grund	denn, weil, da, deshalb, daher, aus diesem Grund, …	aufgrund,
Gegengrund	obwohl, obgleich, trotzdem, dennoch, zwar – aber, …	
Gegensatz	sondern, während, jedoch, dagegen, zwar – aber, …	
Alternative	stattdessen, (an)statt, entweder – oder, …	
Ziel / Zweck	damit, um … zu, …	
Bedingung	wenn, falls, vorausgesetzt, dass, angenommen, dass, …	
Art und Weise	indem, dadurch dass, dadurch, …	
Folge	sodass, folglich, also, infolgedessen, …	
Zeit (gleichzeitig)	während(dessen), solange, wenn, als, gleichzeitig, …	
Zeit (vorzeitig)	als, seit(dem), nachdem, sobald, dann, …	

Formen und
Strukturen

→DSH

b Drücken Sie die Sätze mit den markierten Präpositionen mithilfe der Konnektoren verbal aus. Vergleichen Sie beide Fassungen. Was passt hier besser: der verbale oder der nominale Stil?

Er konnte den Wert von Kunstgegenständen nicht einschätzen, weil er eine äußerst bescheidene Schulbildung hatte.

1 Künstlerleben

Sprechen

Wie stellen Sie sich das Leben eines Künstlers vor. Diskutieren Sie im Kurs.

2 Bruno Paoletti – Aktionskünstler

Lesen
Sprechen

a Lesen Sie den Text. Welche Haltung (neutral, positiv, negativ) hat der Autor zu dem Künstler? Belegen Sie Ihre Meinung mit den entsprechenden Textstellen.

Bruno Paoletti ist bekannt in Marburg. Viele Bürger kennen zwar nicht seinen Namen, aber seine Aufsehen erregende Aktionskunst allemal. Mal humpelt er schwerfällig als bucklige Marburgerin in Tracht durch die Gassen. Mal tritt er als selbst verschnürtes Weihnachtspaket auf oder er setzt sich als Kleinstadtindianer in Szene. Ein anderes Mal steigt er zur Überraschung der Passanten als Müllmann aus den Abfalltonnen der Oberstadt. Oder er begegnet den Marburgern als Schüler mit schwarzem Hemd, weißem Kragen, Kniestrümpfen und Baskenmütze. In dieser Verkleidung bittet er seine Mitbürger, seine politischen Forderungen korrekt in ein Schulheft zu schreiben: „Die Welt gehört allen Lebewesen, darum Toleranz und Respekt". „Das haben Sie richtig geschrieben", lobt er dann mit seinem italienschen Akzent und schenkt den Mitspielern zur Belohnung ein Bonbon. Die Marburger machen durchaus bereitwillig bei den Aktionen mit. Die Universitätsstadt sei das „El Dorado" der Performance, erklärt Bruno.

Der inzwischen 62-Jährige liebt die Aktionskunst, aber nicht nur um der Kunst willen. Er möchte sich nicht als abgehobener Weltverbesserer verstanden wissen, sondern das langjährige Gewerkschaftsmitglied möchte seinen sozialpolitischen Forderungen, wie z. B. der Rente für alle ab 60, mit seinen ungewöhnlichen Aktionen besondere Ausdruckskraft verleihen. Herkömmliche Protestformen seien seiner Meinung nach nicht mehr ausreichend, um auf wichtige gesellschaftliche Themen aufmerksam zu machen. Seine ausgeprägte Lust an der Verwandlung lebt der engagierte Künstler auch als „Fotomodell" aus. Zusammen mit seinem Freund, dem Fotografen Roberto Kusterle, hat er vor einigen Jahren eine interessante Fotoserie erarbeitet, die als Ausstellung so erfolgreich war, dass sie sogar einen Kunstpreis bekam und in allen großen italienischen Städten und einigen deutschen Städten gezeigt wurde. Zu sehen war einzig und allein Bruno in verschiedenen Maskeraden und Posen: Bruno mit Ziegenbockhörnern, mit Weinlaub bekränzt, unter dem Abtropfsieb, mit Schnecken im Gesicht, unter Stacheldraht und mit Lehm beschmiert.

Aber Bruno Paoletti ist nicht nur ein lebendes Kunstwerk, sondern auch ein wirklicher Lebenskünstler. Der gebürtige Norditaliener lebt bescheiden in einem fünf Quadratmeter großen Dachzimmer. Ein Klappbett, ein Waschbecken, zwei Kochplatten und eine alte Stereoanlage sind sein einziger Komfort. Materielle Dinge bedeuten ihm nicht viel. Er besitzt weder Fernseher, Waschmaschine noch Telefon, von einem Handy ganz zu schweigen. Ein Auto findet er überflüssig. Dafür, dass er in sein Zimmer durch das Dach einsteigen muss, wird er mit einem einzigartigen Blick über die Dächer der Stadt belohnt. Zu seinem Geburtstag hat er alle seine Freunde auf den Marktplatz eingeladen, der zu seinem geräumigen Wohnzimmer wurde. Gewundert hat er sich dann sehr, als die Polizei sich erkundigte, ob er eine Genehmigung für seinen mit Speisen beladenen Tisch habe.

Immer wieder betont der Lebenskünstler, er sei ein glücklicher Mensch. Dabei waren die ersten 20 Jahre seines Lebens alles andere als glücklich. Nach dem frühen Tod seiner beiden Eltern lebte er lange Zeit in Waisenhäusern. Auch Lesen und Schreiben hat er nach eigenen Angaben nie richtig gelernt. 1969 kam er als Gastarbeiter nach Marburg, half in einem Eiscafé aus, wo er seine spätere Ehefrau kennen lernte. Sie bekamen einen Sohn, doch die Ehe hielt nicht lange. Aber Bruno blieb in Marburg. Wie viele Künstler, so kann auch Bruno von der Kunst allein nicht leben, deshalb arbeitet er seit 20 Jahren in der Druckerei einer Lokalzeitung. Sobald er im Ruhestand ist, möchte er mit seiner Kunst in die europäischen Hauptstädte wie London, Paris, Athen oder Madrid reisen und dort einige Zeit leben, um die Kulturen Europas kennen zu lernen. Gute Reise, Bruno! Deine Aktionen werden die Marburger sicher sehr vermissen.

Schreiben

b Schreiben Sie ein Kurzporträt des Künstlers. Wählen Sie einen der folgenden thematischen Schwerpunkte und überlegen Sie, welche Haltung Sie beim Schreiben zum Künstler einnehmen möchten.

- kurze Biografie   • Paoletti als Lebenskünstler   • Paoletti als Künstler

> Im Mittelpunkt / Im Zentrum steht … | Eine zentrale / besondere Bedeutung hat … |
> Charakteristisch / Typisch für … ist … | … kennzeichnen / charakterisieren seine Haltung
> zu … | Zu seinen wichtigsten Eigenschaften / Kompetenzen / Kennzeichen gehören … |
> Seine Haltung zu … / Einstellung gegenüber … / Meinung über … spiegelt sich in …

3 Luis Borda – Musiker

Hören 1, 14
Sprechen

a Hören Sie die Musik von Luis Borda. Welche Gedanken und Gefühle weckt die Musik bei Ihnen? Sprechen Sie im Kurs darüber.

Hören 1, 15-17

b Hören Sie nun ein Gespräch mit dem Künstler und markieren Sie, welche Aussage jeweils passt.

1. Was erfährt man über die Kindheit von Luis Borda?
   a. In seiner Kindheit wurde nur selten musiziert.
   b. In seiner Kindheit wurde er von seinem Onkel musikalisch ausgebildet.
   c. In seiner Kindheit hat er oft bei Proben zugehört. *(rehearsal / listened)*

2. Luis Borda war sehr früh von der Musik begeistert, denn …
   a. schon als kleiner Junge war er ein fantastischer Musiker.
   b. er durfte schon früh Trommel spielen.
   c. schon früh war seine Leidenschaft für Tango erwacht.

3. Mit welcher Musik wurde Luis Borda in Argentinien bereits mit 17 Jahren erfolgreich?
   a. Er war mit einer Rockgruppe erfolgreich.
   b. Er war mit eigenen Jazz-Kompositionen erfolgreich.
   c. Er war mit einem Tango-Ensemble erfolgreich.

4. Wie sieht der Alltag des Berufsmusikers Borda aus?
   a. Er arbeitet die meiste Zeit nur am Computer.
   b. Er sitzt den ganzen Tag am Schreibtisch und organisiert Konzerte.
   c. Er reist viel, spielt täglich Gitarre und hat häufig lange Proben.

5. Das Familienleben ist manchmal schwierig, weil …
   a. seine Frau ebenfalls berufstätig ist.
   b. seine Familie immer mit zu den Konzerten kommt.
   c. Luis sich nur selten um seine Tochter kümmern kann.

6. Wie komponiert der Musiker meistens?
   a. Er komponiert direkt am Computer.
   b. Er spielt seine Ideen auf der Gitarre und schreibt sie dann auf.
   c. Er improvisiert mit anderen Musikern über eine Melodie.

7. Luis Borda definiert den Tango …
   a. als Ausdruck von tiefen zwischenmenschlichen Gefühlen.
   b. als eine Modeerscheinung, die sich gut vermarkten lässt.
   c. als eine emotionale und etwas kitschige Musik. *(commercial)*

8. Welches war sein schönstes Konzerterlebnis?
   a. Als die Menschen von seiner Musik tief bewegt waren.
   b. Als alle seine Fans während eines Konzertes getanzt haben.
   c. Als er in Buenos Aires überraschenderweise ein Zusatzkonzert geben musste. *(extra)*

4 Zwei Künstler in Deutschland

Sprechen

a Vergleichen Sie die Lebensentwürfe der beiden Künstler Paoletti und Borda anhand der Aspekte im Schüttelkasten.

> Kindheit   Kunstrichtung   Alltag   Herkunft   Familienstand   Ausbildung
> Beruf   Erfolge   soziales Engagement   Ziele   Intention   Kunstverständnis

b Welcher Lebensentwurf entspricht eher Ihren Vorstellungen vom Künstlerleben? Begründen Sie Ihre Ansicht.

2 Lebenskunst

**Lesen
Sprechen**

1 Was nicht ist, kann noch werden.

In einer deutschen Zeitung erscheint wöchentlich eine Kolumne zum Thema
„Lebenskunst". Lesen Sie einige der Titel unten. Was verbinden Sie mit dem
Thema Lebenskunst? Ergänzen Sie die Titelliste.

> **Lebenskunst ist …**
>
> – seinen Perfektionismus zu zügeln.
> – jedem Tag ein Ziel zu schenken.
> – sich weniger aufzuregen.
> – …

**Lesen
Sprechen**

2 Ein neues Lebensgefühl

a Lesen Sie die Kolumne zum Thema „Lebenskunst ist, Unangenehmes schneller zu erledigen" und
beschreiben Sie in Kleingruppen, was in den einzelnen Textteilen steht.

> Wir erleben es regelmäßig. Wir müssen etwas tun, das uns unangenehm ist und das wir
> am liebsten vermeiden würden. Ein Telefonat mit ungewissem Ausgang. Eine Arbeit, die
> nicht in die Planung passt. Die Auseinandersetzung mit einem Thema, das lästig ist oder gar
> Befürchtungen auslöst.
>
> 5 Was es auch ist …? Je länger man eine unangenehme Aufgabe aufschiebt, desto schwerer macht
> man sich das Leben. Zum einen gibt man seiner Abneigung Zeit zu wachsen. Das „gefühlte"
> Gewicht der Angelegenheit nimmt nämlich ständig zu. Am Morgen liegt noch ein Stein im Weg,
> am Abend schon ein Felsstück. Wartet man noch länger, scheint man vor einem riesigen Berg
> zu stehen. Wenn Sie also dem Problem ausweichen, dann wird es immer größer. Zum anderen
> 10 steigt die innere Unruhe. Die Gedanken treiben immer stärker in Richtung der Tätigkeit, die
> man mit allen Mitteln zu umgehen sucht und der man doch nicht ausweichen kann. Irgendwann
> ist die Besetztheit so groß, dass man auch mit nichts anderem mehr vorankommt.
> Erledigen Sie unangenehme Aufgaben deshalb so schnell wie möglich! Zögern und zaudern Sie
> nicht. Vermeiden Sie Ausflüchte und Ersatzbeschäftigungen. Die Angelegenheit löst sich da-
> 15 durch ja nicht in Luft auf. Gehen Sie vielmehr zügig an das, was Sie belastet. Schaffen Sie es aus
> der Welt und aus Ihrem Gehirn. Und sollte es Ihnen einmal wirklich schwer fallen, sich zu über-
> winden, dann denken Sie daran, was Sie gewinnen: Sie sind schneller am Ziel. Sie bekommen
> den Kopf frei.
> Nun schaffen Sie sich Raum für Ihre anderen Projekte. Jetzt gewinnen Sie ein neues Lebensge-
> 20 fühl! Kaum etwas liefert so viel Zufriedenheit und Selbstvertrauen wie das schnelle Überspringen
> einer Hürde, die man zuvor als großes Hindernis betrachtet hat!

**Sprechen
Schreiben**

b Besprechen Sie in Kleingruppen, wie der Text aufgebaut ist und welche sprachlichen Mittel
verwendet werden. Markieren Sie auch gelungene Überleitungen.

Einleitung	Hauptteil 1	Hauptteil 2	Schluss
Thema, Problem direkter Einstieg, Leser fühlt sich durch „wir" angesprochen, …			

Sprechen

c Besprechen Sie den Text im Kurs: Ist der Text leserfreundlich? Ist er klar strukturiert?

Schreiben

d Wählen Sie ein Thema zum Bereich Lebenskunst und schreiben Sie einen Tipp wie in Aufgabenteil a.
Verwenden Sie auch die Notizen aus Aufgabenteil b. Sie können neben Imperativformen auch
folgende Formulierungen verwenden.

> Sie sollten … | Eine Alternative wäre … | Anstatt das zu machen, könnten Sie … |
> Vielleicht würde es sich lohnen, … | … würde sicher eine Verbesserung bringen. |
> Um das zu erreichen, sollten Sie … | Abhilfe bringen könnte da, … | Wie wäre es,
> wenn Sie …?

3 Alles nur Theater?

Lesen
Sprechen

Lesen Sie den Brief, markieren Sie alle umgangssprachlichen Ausdrücke und klären Sie deren Bedeutung im Kurs.

Liebes Schwesterherz,

leider konnten wir auf Mamas Geburtstag kaum miteinander quatschen. Aber da ist was, was ich unbedingt mit dir besprechen will.

Seit einem Jahr bin ich ja nun schon hier in Hamburg und endlich habe ich hier richtig Fuß gefasst. Ich lerne dauernd neue Leute kennen und ich bin sehr viel auf Tour. Einen coolen Job habe ich jetzt auch gefunden, um mein Budget aufzubessern. Alles klar, könnte man denken, aber dem ist nicht so. Ich habe Probleme mit dem Studium. Nein, nicht was du denkst! Ich komme gut mit und mache meine Scheine. Es ist bloß – ich hab wirklich überhaupt keinen Bock mehr! Und jetzt bin ich kurz vor dem Vordiplom, aber ich kann mich überhaupt nicht zum Lernen aufraffen. Es ist mir total egal geworden, ob ich durchfalle oder nicht. Bisher habe ich noch mit niemandem darüber gesprochen, aber ich denke ununterbrochen darüber nach, ob ich nicht alles hinschmeißen soll. Wenn ich das Papa erzähle, dann flippt er aus. Tja, was ich stattdessen tun will, willst du sicher wissen. Ich wage es kaum zu schreiben, denn dann hältst du mich für völlig durchgeknallt: Ich möchte Theater spielen und sonst nichts auf der Welt! Seit mich eine Studienkollegin zu den Proben des Studententheaters mitgenommen hat, bin ich mir sicher, das ist es! Wie es der Zufall will, ist ein Schauspieler vom Studententheater ausgefallen und ich habe seine Rolle übernommen. Es ist nur eine kleine Rolle, aber ich bin so irre glücklich auf der Bühne. Weißt du noch, in der Schule habe ich auch immer gern bei Theaterstücken mitgemacht und damals sogar die Hauptrolle in einem Musical gespielt. Eine echt abgefahrene Zeit war das. Aber nach dem Abi war halt Schluss mit der Schauspielerei, denn ich sollte ja was Vernünftiges lernen. Und jetzt studiere ich also Elektrotechnik mit den besten Zukunftsaussichten und doch möchte ich nichts lieber als auf eine Schauspielschule gehen. Dann denke ich wieder: Schauspieler gibt's doch wie Sand am Meer. Da habe ich nie genug Kohle und lebe oft von der Hand in den Mund. Ich sollte vielleicht erst das Studium beenden. Und nun sitze ich den ganzen Tag hier herum, zerbreche mir den Kopf und warte ab. Vielleicht arbeitet ja die Zeit für mich und es ergibt sich was Neues? Könntest du deinem kleinen Bruder nicht einen Rat geben? Es ist noch nicht lange her, da warst du doch in einer ähnlichen Situation. Aber bitte tu mir einen Gefallen: Sprich nicht mit Mama und Papa darüber. Die enterben mich sonst! Sollte bloß ein Scherz sein, ich möchte nämlich selbst mit ihnen sprechen. Ich bin gespannt auf deine Antwort. Ich hoffe, bei dir ist alles im grünen Bereich. Lass es dir gut gehen,

dein Tom

P.S.: Anbei schicke ich dir das Programmheft zum Theaterstück mit den Aufführungsterminen. Vielleicht hast du ja Lust und Zeit zu kommen?!

4 Strategien im Mittelpunkt: Ausführlich auf einen persönlichen Brief antworten

Schreiben

a Machen Sie sich Notizen zu den folgenden Aspekten.

- Unterstreichen Sie die Aussagen im Brief, auf die Sie direkt antworten wollen.
- Reagieren Sie auf den Brief: Was spricht für bzw. gegen den Berufswunsch?
- Überlegen Sie, wann Sie in einer vergleichbaren (Umbruch-)Situation waren. Welche Erfahrungen und Gefühle hatten Sie in dieser Situation? Wie haben Sie damals reagiert? Haben Sie es bereut?
- Überlegen Sie, wie Sie den Brief aufbauen möchten: Gehen Sie zu Beginn auf Toms Äußerungen ein und schildern dann Ihre eigenen Erfahrungen? Oder antworten Sie auf den Inhalt von Toms Brief lieber an passenden Stellen in Ihrer Schilderung?
- Wählen Sie eine sinnvolle Reihenfolge. Vermeiden Sie sprunghafte Äußerungen und unnötige Wiederholungen.
- Denken Sie auch daran, die einzelnen Ideen und Abschnitte gut miteinander zu verbinden.
- Wählen Sie eine passende Begrüßung und Verabschiedung.
- Sie können für die Antwort auch die Redemittel aus Aufgabe 2 in angepasster Form nutzen.

b Antworten Sie anhand Ihrer Notizen aus Aufgabenteil a auf den Brief von Tom und übernehmen Sie dabei die Rolle der älteren Schwester.

A

B

C

D

E

Bewerbermarkt

F

Sprechen

1 Endlich Arbeit!

Was assoziieren Sie mit der Überschrift? Was haben die Fotos damit zu tun? Sprechen Sie zunächst zu zweit darüber. Berichten Sie dann im Kurs.

Sprechen
Schreiben

2 Arbeitsalltag

Wie sieht für Sie ein typischer, idealer bzw. langweiliger Arbeitstag aus? Arbeiten Sie in Gruppen, die jeweils einen der Aspekte wählen. Machen Sie Stichpunkte zum Ablauf eines solchen Arbeitstages und tauschen Sie sich dann im Kurs aus.

Lesen
Sprechen

3 Was ist am Arbeitsplatz wichtig?

a Die Kriterien unten stammen aus einer Umfrage zum Thema. Wo würden Sie sie auf einer Skala von 1 bis 10 einordnen? Einigen Sie sich im Kurs auf eine Reihenfolge.

A Freude an der Arbeit
B sicherer Arbeitsplatz
C Anerkennung / Kritik
D festes Einkommen
E Verantwortung

F Nichtraucherschutz
G Analyse von Arbeitsfehlern
H kein Leistungswettbewerb
I Kollegialität
J unbefristeter Vertrag

> Gewichtung darstellen / begründen: ... steht für mich an erster Stelle, weil ... | An zweiter steht ..., danach kommt ... | Als Nächstes / Drittes / Viertes ist für mich ... entscheidend / wichtig / bedeutend, denn ... | Am unwichtigsten ist ..., weil ... | An letzter Stelle steht ...

b Welche Kriterien sind am wichtigsten?

- Stellen Sie in Kleingruppen eine Liste weiterer Kriterien zusammen, die Sie für wichtig erachten, und sprechen Sie darüber, was diese Kriterien beinhalten und wo Sie sie in die Reihenfolge aus Aufgabenteil a einordnen würden.
- Einigen Sie sich pro Gruppe auf die fünf wichtigsten Kriterien und schreiben Sie eine Kurzdefinition jedes Kriteriums auf je eine Karte.
- Hängen Sie die Karten in der Klasse auf und gruppieren Sie sie im Kurs nach ihrer Wichtigkeit.
- Vergleichen Sie dann Ihre Ergebnisse mit der Originalgrafik im Arbeitsbuch.

Kriterien vergleichen: In der Grafik steht … an der ersten Stelle; für mich/uns ist … am wichtigsten … | Während in der Grafik/bei uns … an erster/zweiter/… Stelle steht, … | Die fünf wichtigsten Kriterien der Befragung sind …, bei uns hingegen sind es …

4 Mehr als 100 Bewerbungen und …

application

Hören ● 1, 18-19

P ✓

→TestDaF

a Hören Sie das Gespräch zwischen Herrn Döring und der Bewerbungsberaterin und entscheiden Sie, ob die folgenden Aussagen richtig oder falsch sind.

layout

cover letter

1. Herr Döring weiß nicht genau, wie oft er sich beworben hat.   r ✗ f
2. Bei den Bewerbungsunterlagen ist die grafische Gestaltung besonders gut.   r   f ✗   *arrangement*
3. Die Beraterin lobt die Objektivität in Herrn Dörings Bewerbungsbriefen.   r   f ✗
4. Das „Motivationsschreiben" ist das Anschreiben an die Firma.   r ✗ f →
5. Herr Döring hat sich nicht genügend Gedanken über seine Stärken gemacht.   r ✓ f
6. Herr Döring kann auf die anderen Personen in einem Team eingehen.   ← r   f ✗
7. Bei der Bewerbung um eine leitende Stelle sind „weiche Fähigkeiten" besonders wichtig.   r ✗ f
8. Herrn Dörings Eltern haben ihm von einem geisteswissenschaftlichen Studium abgeraten.   r ✗ f
9. Herr Döring möchte keine Referenzen angeben, weil er nicht zu denen gehören will, die über Beziehungen eine Stelle bekommen.   r ✗ f
10. Ehrenamtliche Tätigkeiten sind positiv, spielen aber keine wichtige Rolle.   r ✗ f →

honorary   *eine große Rolle*

Sprechen

b Welchen Eindruck haben Sie von Holger Döring? Versuchen Sie, sein Verhalten zu beschreiben. Wie finden Sie seine Einstellung?

> Ich habe den Eindruck, dass … | Er/Sie scheint …, weil … | Ich bin der Meinung, dass … | Ich finde/denke, dass …

REDEMITTEL ZUM ARGUMENTIEREN:

In Lektion 1 finden Sie weitere Redemittel, die man beim Argumentieren verwenden kann.

c Diskutieren Sie in Gruppen über folgende Fragen.

– Sollte man sich bei der Studien- oder Ausbildungswahl an den Erfordernissen des Arbeitsmarktes orientieren oder sollte man das wählen, wofür man begabt ist oder was einem Spaß macht? Versuchen Sie dabei, Ihre Meinung mit praktischen Beispielen zu untermauern.
– Was halten Sie von einem Motivationsschreiben und der Angabe von Referenzen? Ist das in Ihrem Land auch üblich?

Was Sie in dieser Lektion lernen können:

Gedanken und Einstellungen klar ausdrücken und argumentativ unterstützen

Gespräche über komplexe Themen verstehen, auch wenn Einzelheiten unklar bleiben

Anzeigen und öffentliche Ankündigungen verfassen

die meisten Vorträge, Diskussionen und Debatten relativ leicht verstehen

Sachverhalte ausführlich beschreiben, dabei Punkte ausführen und die Darstellung abrunden

ein Interview führen, differenzierte Fragen stellen und auf Aussagen anderer reagieren

in einem Interview Fragen flüssig beantworten, eigene Gedanken ausführen sowie auf Einwürfe reagieren

alltägliche Verträge im privaten oder beruflichen Bereich verstehen

komplexe Informationen, Anweisungen und Richtlinien verstehen

unterschiedlichste Informationen präzise notieren und weitergeben

Diskussion oder Besprechung leiten, dabei das Gespräch eröffnen, moderieren und zum Abschluss bringen

an formellen Diskussionen und Verhandlungen teilnehmen, dabei auf Fragen, Äußerungen eingehen

Lesen

P ✓
→TestDaF

1 Personalchefs prüfen Stellengesuche

a Welcher Arbeitgeber wird fündig? Ordnen Sie die passenden Buchstaben zu. Gibt es für eine Person kein passendes Angebot, schreiben Sie „n".

1. Kindertagesstätte sucht baldmöglichst neue/n Mitarbeiter/in halbtags. ☐
2. Fitness-Center sucht erfahrene/n Trainer/in für Rückenschule. ☑
3. Spezialist/in in Maklerangelegenheiten gesucht, der/die neben der fachlichen auch juristische Erfahrung mitbringt. ☐ H ? E
4. Anwaltskanzlei sucht Sekretär/in mit Kenntnissen in Englisch und Französisch für Festanstellung. ☑
5. Stadtbekanntes Immobilienunternehmen sucht für Konzeption, Planung und Umsetzung Wohnungsbauingenieur/in. Berufserfahrung nicht Bedingung. ☑ condition D
6. Schweizer Versicherungsunternehmen sucht Jurist/in (Promotion erwünscht). ☑
7. Führendes Unternehmen der Automobilindustrie sucht erfahrene/n Ingenieur/in zum Aufbau einer Fabrik in Russland. ☑
8. Aero-Flugbau AG sucht wegen expandierender Geschäftslage erfahrene/n Mitarbeiter/in für die Personalabteilung. Einschlägige Kenntnisse in der Branche erwünscht. ☑

A **Mitarbeiter im Management gesucht?**

Untypischer Angestellter, 53, 25-jährige Berufserfahrung in der Luft- und Raumfahrtindustrie, freut sich auf Angebote für eine Stelle im Dienstleistungsbereich. Gerne im Aufbau befindlich und mit internat. Bezug.

B Engpass im Büro?

Freiberuflich tätige Fremdsprachenkorrespondentin (engl., span., frz.) schafft schnell und kompetent, diskret und loyal Abhilfe!

C **Suche** Vollzeitstelle als Kindergärtner. Bin 33, habe sehr gute Kenntnisse in Pädagogik und Leitung eines Kindergartens. Gute Kunst- und Musikkenntnisse.

E **Immobilienfachmann**, 49, langjähriger Sachverständiger am Gericht, top motiviert, sucht neuen Tätigkeitsbereich und neue Herausforderung auf hohem Niveau im Raum Berlin.

F **Reha / Gymnastik**

Trainer (28), abgeschlossenes Sportstudium sucht in Teilzeit oder freiberuflich Tätigkeit in Rehabilitations-Einrichtung oder Sport-Center, zeitlich flexibel.

D **Architektin mit sehr gutem Hochschulabschluss**, 28, ledig, sucht Erstanstellung und interessante Herausforderung vorzugsw. in der Projektplanung und -steuerung von Neubausiedlungen; ortsungebunden.

G **Maschinenbauingenieur** (49) mit langjähriger Erfahrung in der Entwicklungsabteilung eines bekannten Kraftwagenherstellers sucht neue Aufgabe im Ausland.

H **Junge Rechtsanwältin,** promoviert, sucht Anstellung in Kanzlei in München oder Umgebung.

Sprechen

b Vergleichen und begründen Sie Ihre Antworten im Kurs.

2 Ein Stellengesuch verfassen – wie geht das?

Lesen
Sprechen

a Lesen Sie, was über den Bedarf der Firma Fischer-Maschinenbau gesagt wird. Analysieren Sie dann in Kleingruppen die beiden Stellengesuche. Mit welchem Bewerber wird die Firma Kontakt aufnehmen. Begründen Sie.

Die Firma Fischer Maschinenbau AG ist international engagiert. Sie sucht eine/n Diplom-Informatiker/in mit umfassenden Fachkenntnissen für ihre Entwicklungsabteilung. Er / Sie sollte zumindest eine gewisse Berufserfahrung haben, über Auslandserfahrung verfügen, Einsatzbereitschaft und Teamgeist zeigen. Verhandlungssicheres Englisch ist unabdingbar, außerdem sind eine oder zwei weitere Fremdsprachen erwünscht.

Diplominformatiker (25), Absolvent der RWTH Aachen sucht berufliche Herausforderung (Ganztagsstelle) im IT-Bereich, gern in der Entwicklung von Hard- und Software. Guter Abschluss, erste Berufserfahrungen durch Auslandspraktika in Frankreich, Kanada und Brasilien (Exchange, SQL, Virenschutz, Firewall, Netzwerke, Mobilfunk). Hoch motiviert, flexibel, zuverlässig, entscheidungsstark und einsatzbereit, bewährter Teamarbeiter, örtlich ungebunden. Englisch verhandlungssicher, Französisch sehr gut in Wort und Schrift.
Kontakt: it-angebot@kmx.de

Informatiker, Master of Science, Absolvent der TU Berlin mit sehr gutem Abschluss, sucht (Teilzeit-/Vollzeit-)Stelle in Industrie, Wirtschaft oder Verwaltung im Bereich Entwicklung von Hard- und Softwaresystemen. Auch Tätigkeit in Wissenschaft und Forschung wäre von Interesse. Ich würde gern in einem kooperativen Team arbeiten, in dem ich meine Leistungsbereitschaft unter Beweis stellen und mich weiterentwickeln kann. Flexibilität, Ideenreichtum, Teamgeist und Durchhaltevermögen sind meine Stärken. Ich verfüge über Verwaltungserfahrung durch ehrenamtliche Tätigkeit in der Jugendarbeit. Durch ein Auslandssemester in den USA und Ferienaufenthalte in Frankreich spreche ich fließend Englisch und sehr gut Französisch.
Angebote bitte an Chiffre: TZ 2389666

b Tauschen Sie Ihre Ergebnisse im Kurs aus.

Sprechen
Schreiben

c Betrachten Sie die Annoncen in Aufgabenteil a. Welche Punkte sollte ein gutes Stellengesuch Ihrer Meinung nach beinhalten? Sammeln Sie im Kurs und notieren Sie.

Beruf oder Ausbildung, ...

Lesen
Schreiben

d Unterstreichen Sie die Wörter und Wendungen in den Anzeigen von Aufgabenteil a, die Sie für das Verfassen einer Stellenanzeige nützlich finden.

Absolvent,

Sprechen

e Wie formuliert man Stellengesuche in Ihren Ländern? Gibt es Unterschiede: inhaltlich, formal, Sonstiges? Vergleichen Sie.

3 Mein persönliches Stellengesuch

Schreiben
Lesen

Schreiben Sie ein persönliches, fiktives Stellengesuch für Ihre Traumstelle.

- Lesen Sie zur Vorbereitung die Tipps zum Verfassen eines Stellengesuchs im Arbeitsbuch und machen Sie die entsprechenden Übungen.
- Hängen Sie Ihr Gesuch in der Klasse auf.
- Lesen Sie dann die anderen Gesuche und versuchen Sie zu erraten, wer welches geschrieben hat.

Sprechen
Lesen

1 Was erfordert die Arbeitswelt von morgen?

a Schauen Sie sich zu zweit folgendes Schaubild an und ordnen Sie die Definitionen 1 bis 4 den Kompetenzen zu. Welche Kompetenz ist nicht definiert?

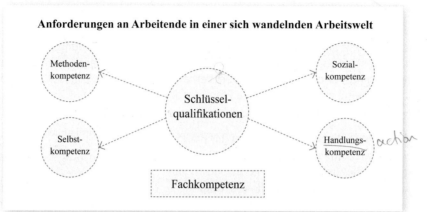

Anforderungen an Arbeitende in einer sich wandelnden Arbeitswelt

Methoden-kompetenz — Schlüssel-qualifikationen — Sozial-kompetenz
Selbst-kompetenz — Handlungs-kompetenz *action*
Fachkompetenz

1. Fähigkeit, soziale Beziehungen aufzubauen, zu gestalten und zu erhalten. _soziale_
2. Fähigkeit, sich sachgerecht, durchdacht und verantwortlich zu verhalten. _responsibility_ _____
3. Fähigkeit, das eigene Tun zu reflektieren und Motivation und Leistungsbereitschaft zu entfalten. _Handlung_
4. Fähigkeit, Strategien und Techniken einsetzen zu können, um Ziele effektiv und umfassend zu erreichen. _selbst_   _method_

b Finden Sie Beispiele für die im Schaubild genannten Kompetenzen.

2 Schlüsselqualifikationen

Hören ◉ 1, 20
Sprechen

a Hören Sie den ersten Teil des Vortrags und entscheiden Sie, welche Aussagen richtig (r) oder falsch (f) sind.

1. Die Komplexität in der Arbeitswelt wird immer größer — r̶ f
2. Es werden in immer kürzeren Abständen neue Produkte entwickelt. — r f
3. Der Anteil der Dienstleistungsjobs ist im Handel um 20 % gestiegen. — r f
4. Wissensmanagement wird in jeder Firma großgeschrieben. — r f
5. Durch die schnellen Veränderungen bleibt man länger beschäftigungsfähig. — r f
6. Auf der Tagung sollen Veränderungen der Ausbildungskonzepte diskutiert werden. — r f

Hören ◉ 1, 21-23
Schreiben

b Hören Sie jetzt den zweiten Teil des Vortrags und machen Sie sich Notizen zu „Methoden-", „Selbst-" und „Sozialkompetenz". Besprechen Sie dann Ihre Notizen im Kurs und vergleichen Sie sie mit Ihren Ergebnissen von Aufgabe 1a und b.

Hören ◉ 1, 21-23

→DSH

c Schreiben Sie zu viert eine Zusammenfassung zu einer der drei Kompetenzen.

- Hören Sie den Vortrag noch einmal und ergänzen Sie Ihre Notizen so, dass Sie eine Zusammenfassung der Inhalte schreiben können.
- Vergleichen Sie Ihre Notizen und formulieren Sie gemeinsam eine Zusammenfassung.
- Überlegen Sie sich dann praktische Beispiele aus dem Arbeitsleben, in dem die jeweiligen Fähigkeiten gefragt sind, und fügen Sie sie in die Zusammenfassung ein.
- Wählen Sie jemanden aus der Gruppe aus, der Ihren Text im Kurs vorträgt.

STRATEGIEN IM MITTELPUNKT:
TIPPS ZUM NOTIZEN MACHEN:

1. Leserlich schreiben.
2. Formulieren Sie so kurz wie möglich, so ausführlich wie nötig. Raum für nachträgliche Ergänzungen lassen.
3. In eigenen Worten formulieren, dadurch können Sie sich Ihre Gedanken über das Thema besser merken und können später Ihre Notizen noch verstehen.
4. Mit verschiedenen Notiztechniken experimentieren, um die beste(n) zu finden, z. B. Schlagwörter, Mind-Maps.
5. Nicht nur Wörter benutzen: Symbole, kleine Zeichnungen oder Mind-Maps helfen dem Gehirn, die Informationen besser zu verarbeiten.

3 Sprache im Mittelpunkt: Genus von internationalen Nomen

Formen und
Strukturen
S. 172

a In dem Vortrag von Aufgabe 2 haben Sie die folgenden Nomen gehört. Ordnen Sie die passenden Artikel zu.

1. *die* Qualifikation
2. _ Experte
3. _ Produktzyklus
4. _ Rekorder
5. _ Sensibilität

6. _ Management *das*
7. _ Kompetenz
8. _ Interesse *das*
9. _ Element *das*
10. _ Technik

11. _ Publikum
12. _ Strategie
13. _ Marketing
14. _ Branche
15. _ Toleranz *die*

16. _ Kultur
17. _ Reflexion
18. _ Kritik
19. _ Autonomie
20. _ Chance

b Ordnen Sie die Endungen der Nomen aus Aufgabenteil a den Artikeln zu.

der	das	die
		-tion,

4 Personalchefs sagen: „Erzählen Sie doch mal was über sich ..."

Lesen
Sprechen

a Lesen Sie den folgenden Text und unterstreichen Sie dabei acht Schlüsselwörter bzw. die acht wichtigsten Informationen, die Sie bei der Vorbereitung einer Selbstpräsentation berücksichtigen wollen. Besprechen Sie diese im Kurs.

Eine Selbstpräsentation ist ein Kurzvortrag, der der Vorstellung der eigenen Person dient. Zur guten Vorbereitung auf ein Vorstellungsgespräch gehört es, einen entsprechenden Kurzvortrag auszuarbeiten, der in ca. fünf Minuten die wichtigsten Argumente zusammenfasst, warum Sie die am besten geeignete Person für diese Stelle sind. Die Personalchefs bewerten dabei neben den Inhalten u. a. auch, ob die Vorstellungen des Vortragenden über die zu besetzende Position realistisch sind, die Körpersprache (Haltung, Gestik, Mimik, Blickkontakt), die Kommunikationsfähigkeit und die Belastbarkeit, d. h., wie sich der Bewerber in der konkreten Stresssituation verhält.

Schreiben
Sprechen

b Halten Sie eine fünfminütige Selbstpräsentation.

1. Zunächst bereitet jeder eine eigene Präsentation vor.
   - Stellen Sie sich eine Firma oder einen Arbeitsplatz vor, wo Sie gern arbeiten würden. Sie können sich auch auf eine konkrete Anzeige in der Zeitung oder im Internet beziehen.
   - Machen Sie alle wichtigen Angaben zu Ihrer Person: Abschluss, Berufserfahrung, sonstige für die Stelle wichtige Fertigkeiten etc.
   - Verschaffen Sie Ihrer Zuhörergruppe einen Eindruck über Ihre Stärken. Finden Sie dafür aussagekräftige Beispiele.
   - Verdeutlichen Sie mit guten Argumenten, warum Sie sich gerade für diese Stelle interessieren und warum gerade Sie der / die geeignete Bewerber/in dafür sind.
   - Runden Sie Ihren Vortrag mit einem angemessenen Schluss ab.
2. Üben Sie die Selbstpräsentation (vgl. auch Mittelpunkt B2, Lektion 4 und 8).
   - Überlegen Sie dabei, mit welchen Hilfsmitteln (Folie, PowerPoint, Flipchart, Karten, Grafik etc.) Sie Ihre Präsentation unterstützen können.
   - Achten Sie beim Vortrag auf Mimik, Gestik, Blickkontakt etc.
3. Schließen Sie sich nun in Gruppen zu fünft zusammen und tragen Sie sich gegenseitig Ihre Präsentationen vor.
   - Die anderen Gruppenmitglieder übernehmen die Rolle der Jury: Ein Gruppenmitglied achtet auf den Inhalt, eins auf die Sprache, eins auf die Visualisierung, eins auf die Körpersprache.
   - Zuletzt gibt die Jury Rückmeldung: Was war gut? Was hätte man wie besser machen können?

> Zunächst möchte ich mich kurz vorstellen: ... | Ich interessiere mich für Ihre Stelle, weil ... | Ich glaube, dass ich für diese Stelle besonders geeignet bin, weil ... | Ich könnte mir vorstellen, dass ... | Ich bin besonders gut in ... | Meine Stärken sind ... | Ich habe viel Erfahrung in ... | Ich habe festgestellt, dass ... mir besonders liegt, daher ... | Mir fällt ... leicht, daher ... | Abschließend möchte ich noch sagen/hervorheben, dass ...

Im Assessment-Center

Lesen
Sprechen

1 Tipps für ein Interview im Assessment-Center

Lesen Sie die Tipps. Sprechen Sie in der Gruppe darüber, welche Sie nützlich finden und welche eher nicht.

1. **Besorgen Sie sich Informationen zum Unternehmen:**
   Geschäftsfelder, wichtige Produkte, Geschäftsbericht, Umsatz der letzten Jahre, Mitarbeiter etc.
2. **Erstellen Sie eine Liste mit den während des Gesprächs zu klärenden Fragen:**
   Nicht aus dem Geschäftsbericht zu beantwortende Fragen, Beschreibung des zukünftigen Arbeitsplatzes, besondere Anforderungen an Sie, Leistungen: Gehalt, Fortbildung, Urlaub etc.
3. **Bereiten Sie sich gut auf vorherzusehende Fragen des Arbeitgebers vor:**
   Erläuterung des Lebenslaufs, Ihre herausragenden Erfolge, Ihre Stärken und Schwächen, Warum haben Sie sich bei uns beworben? Warum sollen wir Sie einstellen? Wo wollen Sie in zehn Jahren stehen? Was sind für Sie nicht zu verzeihende Fehler? Was lesen Sie zur Weiterbildung? etc.
4. **Versetzen Sie sich in möglicherweise auftretende Stresssituationen:**
   Unfaire Fragen können gestellt werden: Wer hat denn dieses Kostüm / diesen Anzug für Sie ausgesucht? Meinen Sie, dass Sie mit diesen Unterlagen eine Stelle finden werden? Warum sind Sie so unruhig? Was sind die am meisten zu kritisierenden Eigenschaften eines Vorgesetzten?
5. **Zu vermeidende Fehler:**
   Zu auffällige Kleidung, Unpünktlichkeit, wildes Gestikulieren, Barriere aufbauen (durch verschränkte Arme, Aufbau von Kaffeetasse, Schreibblock und anderen Utensilien vor sich), auf dem Stuhl wippen, potentielle künftige Kollegen nicht beachten (nicht grüßen, nicht lächeln etc.)

Formen und
Strukturen
S. 165

2 Sprache im Mittelpunkt: Eine schwer zu bestehende Prüfung

a Lesen Sie die Sätze und markieren Sie, welche zwei Alternativen die jeweilige Bedeutung richtig wiedergeben.

Birgit nimmt an einem Assessment-Center teil. Sie muss ganz unterschiedliche Aufgaben bewältigen:

1. Einen Postkorb mit zu bearbeitenden Dokumenten nach Wichtigkeit sortieren.
   - a. Einen Postkorb mit Dokumenten, die bearbeitet werden müssen, nach Wichtigkeit sortieren.
   - b. Einen Postkorb mit Dokumenten, die zu bearbeiten sind, nach Wichtigkeit sortieren.
   - c. Einen Postkorb mit Dokumenten, die bearbeitet werden können, nach Wichtigkeit sortieren.
2. Einen in kürzester Zeit zu memorierenden Text im Gespräch verwenden.
   - a. Einen Text, der in kürzester Zeit memorierbar ist, im Gespräch verwenden.
   - b. Einen Text, den sie in kürzester Zeit memorieren muss, im Gespräch verwenden.
   - c. Einen Text, der in kürzester Zeit memoriert werden muss, im Gespräch verwenden.
3. Einen in 30 Minuten zu verfassenden Aufsatz über ein komplexes Thema schreiben.
   - a. Einen Aufsatz, der in 30 Minuten verfasst werden muss, über ein komplexes Thema schreiben.
   - b. Einen Aufsatz über ein komplexes Thema schreiben, der in 30 Minuten zu verfassen ist.
   - c. Einen Aufsatz über ein komplexes Thema schreiben, der in 30 Minuten verfasst wird.
4. Ihre kaum zu überwindende Nervosität bekämpfen.
   - a. Ihre Nervosität, die sie kaum überwinden kann, bekämpfen.
   - b. Ihre Nervosität, die sie überwinden muss, bekämpfen.
   - c. Ihre kaum überwindbare Nervosität bekämpfen.

b Lesen Sie die „Tipps für ein Interview" in Aufgabe 1 noch einmal und unterstreichen Sie alle Partizipialkonstruktionen mit „zu" wie im Beispiel.

c Sie wollen nun die Tipps einer Freundin mündlich weitergeben. Formulieren Sie dazu die Partizipialkonstruktionen wie in Aufgabenteil a um.

> Erstellen Sie eine Liste mit während des Gesprächs zu klärenden Fragen → Man sollte
> eine Liste mit Fragen erstellen, die während des Gesprächs zu klären sind / die während
> des Gesprächs geklärt werden sollen.

3 Checkliste für ein Interview

Lesen
Sprechen

a Lesen Sie die Fragen und tauschen Sie sich im Kurs aus. Welche finden Sie leicht, welche eher schwer zu beantworten? Warum? Stellt man solche Fragen auch in Ihrem Heimatland?

Fragen zum Einstieg:
1. Könnten Sie uns etwas über Ihren bisherigen Werdegang erzählen?
2. Warum haben Sie sich gerade bei uns beworben?

Fragen zur Familiensituation:
3. Familienstand, Kinder, Partner berufstätig, ortsgebunden?

Fragen zur beruflichen Entwicklung:
4. Weshalb haben Sie gerade diesen Weg für Ihre berufliche Karriere gewählt?
5. Wo wollen Sie in fünf Jahren stehen?
6. Welches war bisher die größte Aufgabe, die Sie mit Erfolg bewältigt haben?
7. Wie haben Sie es geschafft, dass es ein Erfolg wurde?
8. In welchem Tätigkeitsbereich waren Sie am erfolgreichsten?
9. Wo würden Sie bei uns am liebsten arbeiten?
10. Machen Sie gern Reisen?

Fragen zur Persönlichkeit und zum Arbeitsstil:
11. Wie verläuft Ihr Arbeitstag in der Regel?
12. Nehmen Sie auch mal Arbeit mit nach Hause?
13. Wie planen Sie Ihre Zeit?
14. Wie würden Sie Ihre Mitarbeiter motivieren?
15. Was tun Sie für Ihre professionelle Fortbildung?
16. Wie ist Ihre Reaktion auf unsachliche Argumente?
17. Was sind Ihre Stärken, was Ihre Schwächen?
18. Warum sollten wir Sie einstellen?
19. Haben Sie eher viele oder eher wenige Bekannte?
20. Wie gestalten Sie Ihre Freizeit?

Abschlussfragen:
21. Was ist Ihnen wichtiger: die Höhe des Gehalts oder die Art der Tätigkeit?
22. Wie sind Ihre Gehaltsvorstellungen?
23. Wären Sie zu Überstunden bereit?
24. Wann könnten Sie die Stelle antreten?
25. Wie hat Ihnen unser Gespräch gefallen?

Lesen
Schreiben

b Wählen Sie zehn Fragen aus, die Sie beantworten möchten, und notieren Sie dazu Stichworte. Bedenken Sie dabei, dass bei einem Interview zu allen Punkten Fragen gestellt werden können. Wählen Sie also klug aus!

Sprechen

c Spielen Sie nun in Fünfergruppen ein Interview im Assessment-Center.

- Verteilen Sie fünf Rollen: Personalchef/in; Abteilungsleiter/in; Psychologe/in (für sehr persönliche Fragen, vgl. Aufgabe 1a, Punkt 4); Bewerber/in; Beobachter/in.
- Spielen Sie das Interview: Die Interviewenden nutzen die Fragen oben, der Bewerber/die Bewerberin schaut sich seine/ihre Notizen vor dem Spiel noch einmal an.
- Fragen Sie nach, versuchen Sie vielleicht auch mit zusätzlichen Fragen zu provozieren (vgl. Aufgabe 1a, Punkt 4) oder auch zu beruhigen, reagieren Sie auf Aussagen des Bewerbers/der Bewerberin, möglichst auch mit unterschiedlichen Emotionen.
- Achten Sie auf Ihre Körpersprache.
- Am Ende des Rollenspiele gibt der/die Beobachter/in Feedback: Wie ist das Interview gelaufen? Wie wurde es geführt? Wie hat sich der Bewerber/die Bewerberin präsentiert? Wie war es sprachlich (auf Seiten der Interviewenden und auf Seiten des Interviewten)?

Fragen / Bitten einleiten: Könnten Sie etwas von / über ... erzählen? | Wir würden gern wissen, warum ... | Wir würden gern etwas über ... hören. | Beschreiben Sie uns doch bitte kurz ... | Könnten Sie sich vorstellen, ...? | Es wäre schön, wenn Sie jetzt ...

Zeit (zum Nachdenken) gewinnen: Das ist eine interessante Frage. | Da muss ich kurz überlegen. | Wenn ich mir Gedanken über ... mache, dann ... | Wo ich in fünf Jahren stehen möchte? | Wo ich am erfolgreichsten war? | Ob ich Arbeit mit nach Hause nehme?

Positive Rückmeldung geben: Natürlich gern. | Das kann ich Ihnen genau sagen. | Ja, das könnte ich mir gut vorstellen. | Das ist für mich selbstverständlich.

Wichtigkeit hervorheben: Für mich ist besonders wichtig, ... | Das ist mir ein besonderes Anliegen, weil ... | Besondere Bedeutung hat ... | Von besonderer Bedeutung ist für mich, ...

d Teilen Sie sich in neue Gruppen auf, verteilen Sie die Rollen neu und spielen Sie die Interviews im Kurs vor. Die anderen geben jeweils Feedback.

Der erste Arbeitstag

1 Arbeitsvertrag studieren

Lesen Sie den Arbeitsvertrag und entscheiden Sie bei jeder Aussage zwischen „stimmt mit Text überein" (j), „stimmt nicht mit Text überein" (n) und „Text gibt keine Auskunft darüber" (?).

1. Frau Traub ist verantwortlich für eine Abteilung. [j] n ?
2. Überstunden und Mehrarbeit werden zusätzlich vergütet. j [n] ?
3. Die Angestellte erhält zu ihrem Gehalt eine Jahrestantieme von 10% ihres Bruttogehalts. j [n] ?
4. Ehrenamtliche Tätigkeiten sind nicht erlaubt. j n [?]
5. Frau Traub hat insgesamt vier Wochen Urlaub. j [n] ?
6. Wenn Frau Traub nicht den gesamten Jahresurlaub nehmen kann, kann er nach dem Stichtag nicht übertragen werden. [j] n ?
7. Bei Krankheit wird das Gehalt drei Monate weitergezahlt. [j] n ?
8. Reparaturen am Dienstfahrzeug übernimmt die Sensa GmbH. j n [?]
9. In der Probezeit kann jede Seite kündigen, muss es aber begründen. j [n] ?
10. Wenn Frau Traub über zwei Jahre bei der Sensa GmbH bleibt, muss man ein Jahr im Voraus kündigen. [j] n ?

Arbeitsvertrag

zwischen der Firma **Sensa GmbH** und **Frau Anja Traub**, wohnhaft: Poststraße 108, 21614 Buxtehude – im Folgenden „Angestellte" genannt – wird vorliegender Arbeitsvertrag geschlossen:

§ 1 Aufgabengebiet und Zuständigkeit
(1) Die Angestellte tritt ab 1. März dieses Jahres bei der Sensa GmbH folgende Stelle an:
Leiterin der Abteilung „Visuelle Verkaufsförderung"
Koordination der Verkaufsförderung, Steuerung der Präsentation von Waren, Produkten und Dienstleistungen, Betreuung von IT-Anwendungen im Bereich Grafik- und Bildbearbeitungsprogramme.
(2) Die Angestellte hat die in Abs. 1 beschriebenen Aufgaben eigenverantwortlich und selbstständig wahrzunehmen. Die Angestellte ist Vorgesetzte der Abteilung.
(3) Die Angestellte ist leitende Angestellte gem. § 5 Abs. 3 BetrVG. und wird ihre ganze Arbeitskraft dem Unternehmen zur Verfügung stellen. Über die betriebsüblichen Arbeitszeiten hinausgehende Arbeitsleistungen werden erwartet und sind in der in Paragraph 2 vereinbarten Vergütung enthalten.

§ 2 Vergütung
Die Angestellte erhält ein Jahresbruttogehalt von 42.000 € und zusätzlich eine Tantieme von 10% des Jahresgewinns, mindestens jedoch 1.000 €.

§ 3 Nebentätigkeit
Der Angestellten ist die Übernahme einer den Interessen des Unternehmens zuwiderlaufende Tätigkeit untersagt.

§ 4 Urlaub
Die Angestellte erhält einen jährlichen Urlaub von 28 Arbeitstagen. Nicht rechtzeitig genommener Urlaub entfällt mit dem 31. März des Folgejahres.

§ 5 Krankheit
Bei Arbeitsunfähigkeit infolge Krankheit oder Unfall wird die jeweils gültige und im Vertrag festgelegte Vergütung für die Dauer von drei Monaten weitergewährt.

§ 6 Dienstreisen
Der Angestellten steht ein Dienstwagen zur Verfügung, der auch privat genutzt werden darf. Bei Urlaub oder Erkrankung trägt die Angestellte sämtliche in diesem Zeitraum anfallenden Benzin- und Ölkosten.

§ 7 Dauer des Vertrages, Kündigung
(1) Die Probezeit beträgt 3 Monate; während der Probezeit können beide Vertragspartner das Anstellungsverhältnis mit einer Kündigungsfrist von zwei Wochen ohne Angabe von Gründen beenden.
(2) Nach bestandener Probezeit kann das Vertragsverhältnis von beiden Seiten mit einer Frist von sechs Monaten gekündigt werden. Nach einer Vertragsdauer von zwei Jahren verlängert sich die Kündigungsfrist auf zwölf Monate.

§ 8 Schlussbestimmungen
Änderungen und Ergänzungen dieses Vertrages bedürfen der Schriftform.

2 Sprache im Mittelpunkt: Der gerade abgeschlossene Arbeitsvertrag

Formen und Strukturen S. 165

a Unterstreichen Sie im Vertrag in Aufgabe 1 die Ausdrücke mit erweiterten Partizipien.

b Was bedeuten diese Ausdrücke genau? Formen Sie sie in Relativsätze um.

> die in Abs. 1 beschriebenen Aufgaben → die Aufgaben, die in Abs. 1 beschrieben sind / werden

3 Sprache im Mittelpunkt: Wie kann man's knapper formulieren?

Formen und Strukturen →DSH

Verkürzen Sie die Sätze, indem Sie erweiterte Partizipien benutzen.

1. Der Vertrag, der von beiden Seiten unterschrieben ~~worden ist~~, ist nun gültig.
   Der von beiden Seiten unterschriebene Vertrag ist nun gültig.

2. Die Unterlagen, die im Assessment-Center verwendet wurden, sind Firmeneigentum.
   Die verwendeten Unterlagen, sind Firmeneigentum [zu] [verwendendeten]

3. Die Eigenschaften, die im Interview angesprochen wurden, sind unverzichtbar.
   Die im Interview angesprochenen Eigenschaften, sind unverzichtbar,

4. Die Tests, die von zwei Prüfenden ausgewertet worden sind, können Sie einsehen.
   Die von zwei Prüfenden ausgewerteten Tests, können Sie einsehen

4 Der erste Arbeitstag und leider krank

Hören 2, 1-2 Schreiben

a Sie und eine Studienkollegin haben eine Stelle als Trainee in einer Bundesbehörde bekommen. Ausgerechnet heute, am ersten Arbeitstag, an dem der Personalchef Ihnen wichtige Richtlinien erklären wird, ist Ihre Kollegin krank geworden.

- Arbeiten Sie zu viert: Hören Sie die Erklärungen und machen Sie sich Notizen, sodass Sie Ihre Kollegin informieren können.
- Ein Paar macht sich Notizen zu den Punkten a und b, das andere Paar zu den Punkten c bis f.
- Informieren Sie sich dann gegenseitig.

a. Zeiterfassung
1. Zeiterfassungssystem
2. _____
3. _____

b. Organisation der Arbeitszeit
1. _____
2. _____
3. _____
4. _____
5. _____
6. _____
7. _____

c. Kunden
1. _____

d. Telefonieren
1. _____
2. _____
3. _____

e. Büromaterial
1. _____
2. _____

f. Kopieren
1. _____
2. _____

Sprechen

b Arbeiten Sie zu zweit. Erklären Sie Ihrem Partner einige Richtlinien und Anweisungen, die Sie von einer Arbeitsstelle in Ihrem Heimatland kennen.

Eine heiße Mitarbeiterversammlung

1 Bitte den Aushang lesen!

Stellen Sie Vermutungen zu den Tagesordnungspunkten auf dem Aushang an.

An alle Mitarbeiterinnen und Mitarbeiter

Die nächste Mitarbeiterversammlung findet statt am: Freitag, 11.4.

Beginn: 10:00 Uhr, Ende: 12:30 Uhr

Ort: Großer Besprechungssaal
(Geschäftsführung wird anwesend sein.)   *present*

gez. *Schmitt*

Tagesordnung

1. Neue Urlaubsregelung
2. Überstunden
3. Frühstückspause
4. Fortbildung
5. Vergütung nach Leistung
6. Rauchverbot
7. Sonstiges

gezeichnet

2 Was steckt dahinter?

a Lesen Sie, was sich hinter den einzelnen Tagesordnungspunkten verbirgt. Vergleichen Sie das Ergebnis auch mit Ihren Vermutungen in Aufgabe 1.

Mitteilung der Geschäftsführung an alle Mitarbeiterinnen und Mitarbeiter:

1. Ab sofort kann man nur maximal 10 Tage Urlaub am Stück nehmen; die Firma hat sehr viele Aufträge und will im Sinne maximaler Kundenzufriedenheit alles schnell erledigen.
2. Überstunden können nur noch „abgefeiert" werden.
3. Die Frühstückspause entfällt ab 1. Mai.   *abolished*
4. Alle erhalten eine Woche Fortbildung pro Jahr. Die Teilnahme ist Pflicht.
5. Die Arbeit wird ab dem nächsten Quartal zu 20% nach Leistung bezahlt. 80% Grundgehalt bleibt.
6. Schon ab nächsten Montag darf in der Firma nicht mehr geraucht werden.

Tantieme

b Überlegen Sie in Gruppen: Was spricht für die Argumente der Geschäftsleitung, was dagegen? Machen Sie (Gegen)vorschläge.

pro	contra / Vorschläge
1.Neue Urlaubsregelung: Gut, dass Firma so viele Aufträge hat, Kundenzufriedenheit an 1. Stelle. 2. Überstunden: ...	1. Ausnahmen für ältere Mitarbeiter, für Mitarbeiter, die zuletzt viel Stress hatten bzw. nicht sehr gesund sind. Rücksicht auf Eltern mit Kindern

c Falls möglich recherchieren Sie im Internet und suchen Sie Informationen darüber, wie die einzelnen Punkte in Deutschland, Österreich und der Schweiz in der Regel gehandhabt werden. Wie ist es in Ihrem Heimatland?

3 Die Sitzung wird verschoben

Verfassen Sie eine Rundmail an alle Mitarbeiter/innen.

- Teilen Sie Folgendes mit: Sitzung verschoben – wg. Terminproblemen der Geschäftsführung – auf Montag, den 14., 14:00–16:30 Uhr; Sitzungssaal; Themen für TOP „Sonstiges" per Mail anmelden.
- Schicken Sie im Anhang eine etwas ausführlichere Tagesordnung als in Aufgabe 1a.

Betreff: Mitarbeiterversammlung

Liebe Kolleginnen und Kollegen,

...

Tagesordnungspunkte (TOP)
1. Neue Urlaubsregelung
a. bisherige Urlaubsregelung
b. momentane Auftragslage → vorübergehende Änderung bei Urlaubsregelung
2. ...

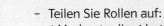

session, meeting

4 Die Sitzung findet statt

Sprechen

a Wählen Sie in Fünfergruppen einen oder zwei der Tagesordnungspunkte, über den / die Sie diskutieren wollen und bereiten Sie die Sitzung vor.

- Teilen Sie Rollen auf:
  1 Moderator/in, 1 betroffener Mitarbeiter/in (z. B. alleinstehende/r Mutter/Vater mit zwei Kindern / älterer, nicht sehr gesunder Mitarbeiter / starker Raucher), 1 Betriebsratsmitglied; 1 Geschäftsführer/in; 1 Beobachter/in
- Überlegen Sie sich zusätzliche Argumente zu denen aus Aufgabe 2b für Ihre spezifische Rolle.

> **DISKUSSIONEN FÜHREN:**
> Weitere Redemittel finden Sie in Lektion 1 sowie in Mittelpunkt B2, Lektion 4 und 5.

b Spielen Sie dann die Sitzung. Verhandeln Sie hart. Die Redemittel unten können Ihnen helfen.

Moderation:

Begrüßung: Liebe Kolleginnen, liebe Kollegen, ich begrüße Sie herzlich zu unserer heutigen Sitzung. Als Gast darf ich ... willkommen heißen.

Vorstellung der zu behandelnden Themen: Wir möchten / werden uns heute mit einigen wichtigen / heiklen Fragen auseinandersetzen / beschäftigen, ...

Vorgehensweise / Verfahrensfragen: Wer schreibt Protokoll? | Wäre es möglich, es so zu machen, dass ...? | Ich darf Sie bitten, die Redezeit von ... Minuten einzuhalten.

Stellungnahme: Möchten Sie direkt dazu Stellung nehmen? | Wer möchte sich dazu äußern? | Es ist vorgeschlagen worden, dass ... Teilen Sie diese Ansicht?   _result_

Nachfragen: Ich möchte noch einmal nachfragen: Was verstehen Sie unter ...? | Sie meinen also, dass ...? | Verstehe ich Sie richtig? Sie plädieren für ...

Strukturierung des Gesprächsablaufs: Ich glaube, wir kommen vom Thema ab. |

Das sollten wir vielleicht lieber zurückstellen / später noch einmal aufgreifen.

Einbringen neuer Aspekte / Übergang zur nächsten Teilfrage: Ich würde jetzt gern auf das Thema ... zu sprechen kommen / zu dem zweiten Punkt der Tagesordnung kommen. | Dies leitet (direkt) über zu der Frage, wie / ob ... | Ich möchte die Anregung von Herrn / Frau ... aufgreifen und an alle die Frage richten, ...

Hinweis auf die Zeit: Wir müssen langsam zum Ende kommen. | Die Zeit drängt. Bitte nur noch je eine Wortmeldung. Wer möchte beginnen?   _press, push_

Diskussionsergebnis: Ich darf nun die Ergebnisse der Diskussion kurz zusammenfassen: ... | Das Fazit der Diskussion könnte also lauten: ... | Wir halten für das Protokoll fest, dass ...

Verabschiedung: Hiermit ist unsere Sitzung beendet. Ich bedanke mich bei allen für die konstruktive Beteiligung. Wir sind wieder ein Stück weitergekommen.

Diskutanten:

Zwischenfragen stellen: Eine kurze Zwischenfrage, bitte. | Könnte ich eine kurze Zwischenfrage stellen? | Dürfte ich eine kurze Verständnisfrage stellen? | Ganz kurz: ... | Da muss ich kurz einhaken: ...

Sich auf Vorredner beziehen: Wie Herr / Frau ... bereits ausgeführt / kommentiert / kritisiert hat ... | Ich möchte die Argumente von Herrn /

Frau ... noch einmal aufnehmen und ... | Ich kann mich Frau / Herrn ... nur anschließen. | Herr / Frau ... hat vorhin erwähnt, dass ...

Lösungsvorschläge machen: Ich finde, wir sollten ... | Wäre es nicht besser, wenn ...? | Eine gute Lösung / Ein guter Kompromiss wäre ... | Wie wäre es, wenn wir ...?

c Besprechen Sie in Ihrer Arbeitsgruppe, wie Sie die Diskussion empfunden haben (inhaltlich / sprachlich). Was könnte man verbessern?

d Spielen Sie die Sitzung noch einmal im Kurs vor und geben Sie sich gegenseitig Feedback.

Ausreißer *Ehrenamtlich* *Wohltätigkeit*

Er pfeift fremde Kinder an.

Sie bringt 90-Jährige um die Ecke.

Er erledigt die Drecks- arbeit.

engagement-macht-stark.de

1 Engagement

Sprechen
Lesen

a Sehen Sie sich oben die Motive und Sprüche einer Werbekampagne für soziales Engagement an und sprechen Sie über folgende Punkte.

- Wie wirken die Personen auf Sie?
- Was könnten die Sprüche auf den Fotos bedeuten?

b Stellen Sie in Kleingruppen Mutmaßungen darüber an, wo und wie sich die einzelnen Personen engagieren. Die folgenden Redemittel können Ihnen helfen.

assumption

> Es könnte sein, dass er/sie … | Auf mich macht er/sie den Eindruck, als ob … | Vermutlich … | Ich vermute, dass … | Der Mann/ Die Frau dürfte … | In Wirklichkeit ist er/sie voraussichtlich … | Die Annahme liegt nah, dass … | … lässt darauf schließen, dass … | Damit könnte gemeint sein, dass … | Der Spruch steht wahrscheinlich für … | Ganz konkret bedeutet das möglicherweise/vielleicht/wahrscheinlich …

c Welche Aufgabenbeschreibung passt zu welchem Foto oben. Stimmt das mit Ihren Vermutungen überein?

1. Melanie geht montags mit einem pflegebedürftigen Nachbarn zum Einkaufen um die Ecke. Eine von 23 Millionen, die aus einer Ich-Gesellschaft eine Wir-AG machen. ☐
2. Klaus trägt in einem Umweltprojekt massenweise Abfall zusammen, damit unser Wald sauber bleibt. Einer von 23 Millionen, die beim Weltverbessern Erfahrungen sammeln und Freunde finden. ☐ *rubbish*
3. Andrej organisiert in seiner Freizeit ein Fußball-Turnier mit Kindern aus acht Nationen. Einer von 23 Millionen, die für ein faires Miteinander aktiv werden. ☐

d Welche weiteren Formen von Engagement kennen Sie? Wofür engagieren Sie sich oder würden sich gern engagieren?

2 Es ist nicht das Engagement allein

Lesen
Schreiben

a Was sind für Sie Gründe, ehrenamtlich tätig zu werden? Ordnen Sie die Aspekte nach ihrer Bedeutung für Sie persönlich in die Tabelle unten ein.

acquire

> nette, engagierte Leute treffen   etwas Sinnvolles tun   eigene Fähigkeiten entdecken
> Herausforderungen annehmen   beruflich nutzbare Fähigkeiten erwerben   Spaß haben
> Lebenserfahrung sammeln   in einem Team arbeiten   gemeinsam Erfolge feiern
> Ausgleich zu Alltag und Arbeit   mit Gleichgesinnten Ziele verfolgen   Freiräume ausfüllen

balance

wichtig	weniger wichtig	unwichtig

Selbstverwirklichung - self-realisation

Sprechen

b Tauschen Sie sich in Kleingruppen über Ihre Zuordnungen aus. Begründen Sie dabei Ihre Entscheidungen.

3 So halte ich es

Hören 🔊 2, 3-10

→TELC

a Hören Sie die Statements von acht Personen. Welche Aussage A bis C passt zu welchen Personen?

A Für ihn / sie ist ehrenamtliches soziales Engagement ein wichtiger Teil des Lebens.

_____

B Er / Sie findet es zwar auf jeden Fall gut, sich ehrenamtlich sozial zu engagieren, macht es aber selber nicht (mehr). _1,_____

C Er / Sie hat kein Interesse, sich ehrenamtlich sozial zu engagieren. _____

b Hören Sie die Statements der Personen noch einmal. Welche Aussage A bis J passt zu welcher Person? Zwei Aussagen bleiben übrig.

A Wenn man sich dem Engagement widmet, dann wird das ganze Leben davon beeinflusst – im Guten wie auch manchmal im Schlechten. ☐

B Engagement ist nur möglich, wenn man gut befreundet ist. ☐

C Von einer ehrenamtlichen Tätigkeit profitieren am meisten die, die sie ausüben. ☐

D Um sinnvoll helfen zu können, braucht man besondere Fähigkeiten. ☐1

E Manche hören schnell mit ihrem Engagement auf, weil sie falsche Vorstellungen hatten. ☐

F Auch die finanzielle Unterstützung von sozialem Engagement ist ein wichtiger Aspekt. ☐

G Es kann genauso sinnvoll sein, sich beruflich für andere einzusetzen, wie sich in der Freizeit zu engagieren. ☐

H Engagement ist eine tolle Sache, insbesondere wenn man es noch mit anderen Dingen wie Reisen verbinden kann. ☐

I Wenn alle Menschen sich gegenseitig helfen würden, dann wäre soziales Engagement unnötig. ☐

J Um Ärger in der Arbeit zu vermeiden, sollte das Engagement nicht zu Lasten der Arbeitszeit gehen. ☐

Sprechen

c Welcher der Aussagen A bis J stimmen Sie eher zu, welcher weniger. Warum? Sprechen Sie im Kurs darüber.

Was Sie in dieser Lektion lernen können:

Berichte, Kommentare verstehen, in denen Zusammenhänge, Meinungen, Standpunkte erörtert werden

unter gelegentlicher Zuhilfenahme des Wörterbuchs jegliche Korrespondenz verstehen

in persönlichen Briefen von Erfahrungen, Gefühlen, Geschehnissen berichten und Bezug auf Partner nehmen

komplexes Thema gut strukturiert vortragen, den eigenen Standpunkt darstellen und sinnvoll untermauern

in langen, komplexen allgemeinen Texten und Sachtexten rasch wichtige Einzelinformationen finden

in Behörden- oder Dienstleistungsgesprächen Informationen zu außergewöhnlichen Themen austauschen

komplexe Informationen und Ratschläge verstehen und austauschen

formelle Briefe schreiben, darin Vereinbarungen aufgreifen oder einfordern

in informellen Diskussionen überzeugend argumentieren und auf Argumente anderer reagieren

während eines Vortrags detaillierte Notizen machen, die auch anderen nützen

Gedanken und Einstellungen klar ausdrücken und argumentativ unterstützen

4 Freiwilliges Soziales Jahr

Ein Freiwilliges Soziales Jahr ist für mich wie ...

„… ein Kaktus, weil man die Erfahrungen, die man macht, in sich aufsaugt und speichert und sicher irgendwann nutzen kann." (Carola, 19 Jahre)

„… eine Lupe, weil ich jetzt vieles deutlicher sehe als vorher." (Michael, 18 Jahre)

„… ein Spiegel, in dem ich meine Person betrachte und mich dadurch besser kennen lerne." (Bianca, 19 Jahre)

„… ein Pfeil, weil er weiß, in welche Richtung er will, und i⟨ weiß es jetzt auch." (Erec, 20 Jahre)

1 Erfahrungen

Sprechen

a Sprechen Sie zu zweit über die Aussagen von Carola, Bianca, Michael und Erec. Welche Aspekte sprechen die jungen Menschen an?

b In Deutschland kann man ein Freiwilliges Soziales Jahr in Einrichtungen für Kinder und Jugendliche, ältere Menschen oder Behinderte machen, im Sport, in der Denkmalpflege oder im Kulturbereich. Gibt es in Ihrem Heimatland etwas Vergleichbares? Was halten Sie davon?

2 Ein Erfahrungsbericht

Lesen
Sprechen

a Lesen Sie den Brief von Natascha über ihr Freiwilliges Soziales Jahr in einem Altenheim und beschreiben Sie kurz ihre Erfahrungen und ihre Situation.

Hallo Andrea,

wir haben ja schon lange nichts von einander gehört, deswegen ergreife ich heute mal die Initiative in der Hoffnung, dass du mir dann auch ausführlich von deinem Leben berichten wirst. Wie geht es dir denn, was machst du so?

Wie ich dir ja bei unserem letzten Treffen erzählt habe, mache ich gerade ein Freiwilliges Soziales Jahr im Altenheim. Mittlerweile sind schon fast fünf Monate rum, also fast Halbzeit, und es gefällt mir eigentlich von Tag zu Tag besser.

Am besten erzähle ich dir erstmal von meinen Tagen im Altenheim, vielleicht kannst du dir dann meinen Alltag etwas vorstellen. Mein Arbeitstag beginnt morgens um halb sieben mit Routinearbeit wie Frühstück herrichten. Ab sieben und den ganzen Tag über (also bis um halb fünf) bin ich dann mit den „Alten" zusammen – ich helfe ihnen beim Anziehen, Betten machen, erinnere sie an wichtige Termine. Besonders aufpassen muss man, dass sie ihre Tabletten rechtzeitig nehmen und auch ausreichend essen und trinken. Nachmittags steht das „Unterhaltungsprogramm" an – dann bin ich im Aufenthaltsraum und rede oder spiele etwas mit denen, die Lust dazu haben. Insgesamt ist es eine spannende Mischung aus Routine und Abwechslung, schließlich ist jeder von ihnen anders. Inzwischen sind mir auch alle ans Herz gewachsen. Auch wenn ich natürlich ein paar Lieblinge unter ihnen habe, z. B. Herrn Reichart, ein echter Gentleman der alten Schule, immer charmant und gepflegt – du solltest mal seine Komplimente hören, da könnten sich die Männer heutzutage ruhig eine Scheibe von abschneiden!

Und besonders freue ich mich immer auf die Zeiten bei Frau Brinkmann, einer 77-jährigen Dame, die früher viel in der Welt herumgekommen ist und sehr spannend erzählen kann. Sie hat nie ihren Humor verloren und auch wenn sie öfters Schmerzen hat, lässt sie sich nicht unterkriegen. Besonders gefällt mir an ihr, dass sie nicht ihre Begeisterungsfähigkeit und Offenheit verloren hat.

Meine fest angestellten Kollegen machen sich schon manchmal lustig über meinen Enthusiasmus, aber mittlerweile respektieren sie mich auch. Ich muss zugeben, dass ich mich am Anfang manchmal echt dumm angestellt habe und sie daher oft nicht weniger, sondern mehr zu tun hatten. Als Abiturientin musste ich auch erst einmal beweisen, dass ich kein Mimöschen und mir für bestimmte Arbeiten nicht zu schade bin. All das Putzen, Waschen und einfach „Befehle" auszuführen ist mir schon schwer gefallen. Als sie dann aber gesehen haben, dass ich nicht so schnell aufgebe und wirklich Spaß an der Arbeit im Altenheim habe, haben sie mir nach und nach auch andere Aufgaben übertragen – und jetzt hat sich die Aufgabenverteilung gut eingependelt.

reduce

Der Austausch mit den Kollegen ist für mich aber immer noch sehr wichtig, denn manchmal stoße ich doch push *an meine Grenzen und brauche seelische Unterstützung. Ich finde es schrecklich zu sehen, wie manche Alten körperlich und geistig langsam abbauen oder was für unterschiedliche Phasen sie haben können. An einem Tag plaudere ich lange und nett mit jemandem, am anderen Tag weiß der oder die nicht mehr, wer ich bin — oder noch schlimmer, wo er selbst ist. Ich würde so gern helfen, aber da kann man nichts machen — das ist manchmal sehr frustrierend! Meine Kollegen meinen zwar, damit würde ich mich mit der Zeit abfinden, aber* put off *im Moment kann ich mir das kaum vorstellen. Auf der anderen Seite motiviert es mich, täglich etwas Gutes für andere zu tun, eine sinnvolle Arbeit auszuüben! Und jetzt hat mir der Leiter vom Altenheim auch noch einen Ausbildungsplatz zur Altenpflegerin angeboten. Ich habe mich über sein Angebot riesig gefreut, das bedeutet schließlich, dass sie meine Arbeit wirklich zu schätzen wissen. Und jetzt überlege ich, ob der Pflegeberuf nicht doch das Richtige für mich ist. Was denkst du? Du kennst mich schließlich schon so lange!*

Und wie sieht es mit deinen beruflichen Plänen aus? Ich bin ja ganz neugierig, ob sich bei dir etwas Neues ergeben hat ...

Sei ganz lieb gegrüßt — Natascha

Schreiben

b Schreiben Sie einen Antwortbrief, in dem Sie auf folgende Punkte eingehen.

- Wie Sie die Arbeit von Natascha im Altenheim finden.
- Was Sie von einem Freiwilligen Sozialen Jahr halten.
- Ob Sie sich selber engagieren oder engagieren würden.
- Was sie von Nataschas Berufsplänen halten und was für Sie bei der Berufswahl ausschlaggebend ist.
- Was Sie zurzeit machen und was die Beweggründe dafür sind.

3 Kurzvortrag

Sprechen

→GI/TELC

a Lesen Sie die Themenstellung, machen Sie sich zu zweit zu folgenden Stichpunkten Notizen und bringen Sie die Punkte in eine passende Reihenfolge. Die Redemittel unten helfen Ihnen.

Das Freiwillige Soziale Jahr nimmt an Bedeutung in Deutschland zu. Immer mehr junge Menschen entscheiden sich, vor Ausbildung oder Studium ein Jahr soziale Arbeit abzuleisten. serve, one's Es gibt sogar Diskussionen, ob es für alle Jugendlichen als Pflicht eingeführt werden soll. time

- Motivation für die Teilnahme an einem Freiwilligen Sozialen Jahr
- Argumente, die für ein Freiwilliges Soziales Jahr sprechen
- Argumente, die gegen ein Freiwilliges Soziales Jahr sprechen
- Bedeutung freiwilliger sozialer Dienste in Ihrem Heimatland
- Ihre persönliche Meinung

Einleitung: In meinem Kurzvortrag werde ich über ... sprechen / befasse ich mich mit .../ geht es um ... | Ich möchte kurz folgendes Thema darstellen: ...

Motivation beschreiben: Dafür könnten verschiedene Aspekte eine Rolle spielen. | Von Bedeutung / Reizvoll / Interessant ist dabei für viele sicher, ... | Für andere ist wohl eher ausschlaggebend, dass ... | Lassen Sie mich dazu noch einige Gründe / Beispiele anführen: ...

Argumente anführen: Dafür / Dagegen spricht ... | ... ist ein wichtiger Grund dafür. |

Dagegen lässt sich anführen, dass ... | Dabei sollte man nicht vergessen, ... | Dafür sprechen verschiedene Argumente: ... | Viele entscheiden sich dafür / dagegen, weil ...

Vergleich mit Heimat: Verglichen mit der Situation in meinem Heimatland, ... | In meinem Heimatland stellt sich das ganz anders dar: ... | In meinem Heimatland gibt es einen vergleichbaren Dienst: ...

Persönliche Meinung: Schließlich ... | Wie Sie meiner Argumentation entnehmen konnten, bin ich für / gegen ... | So wie ich das sehe, ... | Ich würde jedem raten, ..., weil ...

b Tragen Sie Ihren Vortrag im Plenum vor. Welcher Vortrag hat Ihnen am besten gefallen? Warum?

Gemeinsam stärker

1 Engagement in Deutschland

a Lesen Sie den folgenden Artikel und geben Sie seine Hauptaussage wieder.

Von der Kraft des Gemeinsinns

Für Jahrzehnte schien das Engagement der Bürger in Deutschland kaum der Rede wert. Ausbildung, Kinder, Krankheit, Altern, Pflegen, Sterben – für alles war der Wohlfahrtsstaat zuständig, kümmerte sich um uns in sämtlichen Lebenslagen mit Profis auf Planstellen. [1] _____, er hat sie höchstens verdeckt. Wer die Zivilgesellschaft heute betrachtet, der findet sie vielleicht zersplitterter, aber auch vielfältiger denn je, und bemerkt dabei ein Mosaik guter Taten, das tief beeindruckt. Die düsteren Prophezeiungen einer selbstsüchtigen Spaßgesellschaft aus „Ichlingen" halten die meisten Sozialwissenschaften inzwischen für unzutreffend. Das Gegenteil scheint zu stimmen: [2] _____.

Allein 32 000 Helfer sind zum Beispiel jede Woche in den über 700 Vereinen der „Tafel" im Einsatz, sie sammeln in Supermärkten Lebensmittel kurz vor dem Verfallsdatum ein, die sonst entsorgt würden, und verteilen sie an Bedürftige. „Alle reden von sozialer Kälte. Aber wir erleben jeden Tag das Gegenteil", berichtet Bundesvorstand Matthias Mente. „In Deutschland ist das Wir-Gefühl auf dem Vormarsch. Vielleicht das erste Zeichen für einen gesellschaftlichen Konsens: Dass man die Ärmsten nicht allein lässt, wenn ihnen der Staat nicht mehr helfen kann."

[3] _____: Der „Gießen-Test", mit dem der Psychologe Horst-Eberhard Richter seit Jahren die Seelenlage der Deutschen ergründet, verzeichnete nämlich im Jahre 1999 einen Trend zu mehr Verantwortung und Sorge um andere Menschen – erstmals seit den 1970er-Jahren. Die Entwicklung ist ungebrochen, wie der große „Freiwilligen-Survey" 2005 im Auftrag des Familienministeriums erstellt, bestätigte: 36 % der Deutschen ab 14 Jahren, so ermittelten Forscher von TNS Infratest, arbeiten freiwillig für das Gemeinwohl und haben Funktionen, Aufgaben oder Ehrenämter inne. Im Vergleich zu 1999 legte diese „Engagement-Quote" sogar um zwei Prozentpunkte zu. Besonders aktiv sind dabei die Mitglieder großer Familien, regelmäßige Kirchgänger und Pendler, die am Rande der Großstädte ihre oft neu gewachsene Nachbarschaft gestalten. [4] _____. Doch auch die Jugend zeigt mit dem Freiwilligen Sozialen Jahr viel soziales Engagement: Allein im Jahr 2007 entschieden sich über 18 000 junge Leute für einen Dienst in Altersheimen, Sportvereinen und Naturschutzgruppen – häufig der Einstieg in eine lebenslange Bereitschaft zum unbezahlten Engagement. Und sie alle machen das einfach so. Weil sie Nächstenliebe empfinden und Verantwortung tragen wollen. Weil sie Lust haben, Gutes zu tun. Und Zeit. Viel Zeit: Forscher der Universität Stuttgart-Hohenheim haben berechnet, dass Ehrenamtliche und Freiwillige in Deutschland jedes Jahr rund fünf Milliarden Arbeitsstunden dem Gemeinwohl widmen. [5] _____.

Mehr als 30 dieser Arbeitsstunden verrichtet z. B. jede Woche Helga König von der Zwickauer Tafel. Montagmittags verteilt sie mit ihren Helfern in der Begegnungsstätte Piusheim im sächsischen Crimmitschau tütenweise Semmeln und Cabanossi, Frischkäse, Brokkoli und Trauben an Bedürftige. Die Lebensmittel sind nicht zerdrückt oder zermatscht, alles hat noch gute Qualität. An diesem Tag stehen 115 Hilfesuchende vor dem rötlichen Gebäude. Alte Damen mit sauber geknoteten grauen Haaren und frisch gebügelten Blusen ziehen Wartemarken aus Metall. Ernst blickende Ehepaare kommen Hand in Hand und haben Plastiktüten für die Lebensmittel mitgebracht. Männer mit schlechten Zähnen und aufgesetzter Fröhlichkeit stehen in Grüppchen rauchend neben der Schlange.

Welche Kraft der Gemeinsinn auf Basis eines so einfachen Systems entfalten kann, verdeutlichen die bundesweiten Zahlen: Mehr als 120 000 Tonnen Lebensmittel werden pro Jahr verteilt, jede Woche wird Nahrung an rund 700 000 Menschen in Not geliefert. Eine Sozialleistung im Wert von schätzungsweise 100 Millionen Euro, die fast nichts kostet. Außer Zeit und gutem Willen.

[6] _____. Ralf Hutschenreuter z. B., einer der Engagierten in Zwickau, hat sich bei der Tafel gemeldet, nachdem ihm selbst etwas missglückte – er verlor seinen Job als Qualitätskontrolleur in einem Werk für Autobatterien. „Ich bin 40 Jahre alt", sagt er und hievt eine Kiste aus dem Lieferwagen. „Ich kann doch etwas Sinnvolles tun, bis ich einen neuen Job finde." Wenn er die Leute sieht, die zur Tafel kommen, setzt das die eigenen Probleme wieder ins richtige Verhältnis: „So schlecht geht es einem ja gar nicht. Man kann anderen immer noch helfen." Hutschenreuters Ehrenamts-Kollegin Heike Nawroth, Pfarrsekretärin im Hauptberuf, muss immer wieder an ein Erlebnis denken, das sie ganz zu Anfang ihrer Tafel-Mitarbeit hatte: „Ich habe einem großen, stattlichen Mann seine Tüte mit Brot und Gemüse in die Hand gedrückt. Da hat er angefangen zu weinen. Vielleicht, weil er sich gefreut hat. Aber vielleicht auch, weil es ihm peinlich war, dass er diese Hilfe in Anspruch nehmen musste."

Lesen

→TELC

b Welche der Sätze A bis H gehören in die Lücken 1 bis 6 im Artikel „Von der Kraft des Gemeinsinns"? Zwei Sätze können nicht zugeordnet werden.

A Den größten Zuwachs verzeichneten die Forscher aber bei der Einsatzfreude von Arbeitslosen und Rentnern.

B Es ist aber auch eine Hilfe, die nicht nur den Empfängern Freude macht.

C Soziales Engagement gibt es kontinuierlich schon seit den 50er-Jahren, wie Wissenschaftler feststellten.

D Doch der Sozialstaat hat die private Initiative nie komplett verdrängt

E Forscher haben den Abschied von der Ich-Gesellschaft schon zur Jahrtausendwende nachweisen können.

F Nur dank dem Engagement von Ehrenamtlichen spart der Staat viel Geld im sozialen Bereich.

G Das sind fast 10 % mehr, als im gesamten bezahlten öffentlichen Dienst geleistet werden.

H Die Bereitschaft zum Engagement wächst nämlich in allen Bevölkerungsschichten.

Lesen

→DSH

c Erklären Sie die Bedeutung der folgenden Wortgruppen mit eigenen Worten.

1. Z. 11/12: selbstsüchtige Spaßgesellschaft aus „Ichlingen" → _____
2. Z. 22/23: auf dem Vormarsch sein → _____
3. Z. 29–31: einen Trend zu mehr Verantwortung verzeichnen → _____
4. Z. 49/50: eine lebenslange Bereitschaft zum unbezahlten Engagement → _____
5. Z. 72: aufgesetzte Fröhlichkeit → _____
6. Z. 90/91: setzt das die eigenen Probleme wieder ins richtige Verhältnis → _____

Lesen
Sprechen

d Lesen Sie den Artikel noch einmal und beantworten Sie in Kleingruppen folgende Fragen.

1. In welchem Zustand befindet sich die Zivilgesellschaft laut vieler Sozialwissenschaftler heute?
2. Was sagen wissenschaftliche Studien über die Bereitschaft zum sozialen Engagement aus?
3. Welche Bevölkerungsgruppen sind freiwillig besonders engagiert?
4. Wodurch werden für Ralf Hutschenreuter seine Probleme relativiert?

Sprechen

e Sprechen Sie im Kurs über folgende Fragen.

– Halten Sie die Studienergebnisse für realistisch?
– Haben Sie schon von anderen sozialen Projekten in Deutschland gehört?
– Ist das steigende Freiwilligen-Engagement eine weltweite Entwicklung?
– Welche Erfahrungen haben Sie gemacht bzw. wie schätzen Sie die Bereitschaft zu sozialem Engagement in Deutschland ein?
– Inwieweit ist der Staat zuständig für das Wohlergehen seiner Bürger?

2 Sprache im Mittelpunkt: Verben mit nicht-trennbaren Vorsilben

Formen und
Strukturen
S. 167

a Markieren Sie im Text alle Verben mit nicht-trennbaren Vorsilben und ordnen Sie sie in die Tabelle ein.

be-	ent-	er-	miss-	ver-	zer-
betrachten	entsorgen	ergründen	missglücken	verdecken	zersplittern
bemerken	entscheiden	erstellen		verteilen	zerdrückt
beeindrucken		ermitteln		verzeichnen	zermatscht

b Klären Sie zu zweit, welche Bedeutung die Vorsilben haben könnten. Die Stichpunkte unten und die Übungen im Arbeitsbuch helfen Ihnen weiter.

etw. ändern, etw. zu Ende bringen   Gegenteil der ursprünglichen Bedeutung
etw. „wegmachen"/wegnehmen   etw. erfolgreich tun, oft im Sinne, dass etwas erreicht wird
etw. bewirken, kann Verb/Ausdruck mit Präposition ersetzen   etw. klein/kaputt machen

1   Spender gesucht

Lesen
Sprechen

a Lesen Sie die Äußerung einer Mitarbeiterin der Münchner Tafel über die Arbeit des Vereins und geben Sie kurz die Hauptinformationen wieder.

> *Die Münchner Tafel versorgt 80 soziale Einrichtungen.*

Tag für Tag treffen sich Dutzende von Helfern, um die Spenden von Lebensmittelherstellern aus München und Umgebung und vom Großmarkt einzusammeln. Damit das logistische Kunststück gelingt und die Lebensmittel möglichst frisch und schnell 80 soziale Einrichtungen erreichen, stehen unserem Verein inzwischen zehn Lieferfahrzeuge und viele private Pkws zur Verfügung. Mit unseren 21 sogenannten Busstationen als Verteilstellen im ganzen Stadtgebiet erreichen wir die versteckte Armut in München. Rentner, Arbeitslose, Obdachlose, Drogen- und Alkoholkranke, sozial überforderte Menschen, kinderreiche Familien, Alleinerziehende und Kranke – sie alle nehmen gern unsere unbürokratische und schnelle Hilfe an.

Sprechen
Schreiben

b Sie planen eine „Tafel" an Ihrem Kursort, machen Sie hierfür in Kleingruppen zu folgenden Aspekten Notizen.

- Wer am Kursort könnte als Spender auftreten (z. B. Geschäft, Restaurant, Firma)?
- Wie könnten Sie sich persönlich einbringen?
- Mit welchen Maßnahmen könnte man Werbung für die „Tafel" machen?

c Bilden Sie neue Kleingruppen mit jeweils einem Mitglied aus den vorherigen Gruppen. Berichten Sie einander von Ihren Ergebnissen und ergänzen Sie so gegenseitig Ihre Notizen.

d Sammeln Sie im Kurs Ihre Vorschläge und besprechen Sie sie.

2   Tipps für die Vereinsgründung

Sprechen

a Sie möchten einen Verein gründen und gehen zum Bürgerbüro, um sich nach den Formalitäten zu erkundigen. Führen Sie zu zweit ein Gespräch, verwenden Sie dabei die Informationen auf den Kärtchen rechts und die Redemittel unten.

Partner A (Vereinsgründer): Fragen
- Vereinsformen?
- Unterschied?
- gemeinnütziger Verein?
- Zahl der Mitglieder?
- Vereinsregeln?
- Gründungstreffen?
- Protokoll über die Gründung?

Informationen erfragen: Ich würde mich gern nach … erkundigen. | Könnten Sie das bitte näher erläutern? | Wie sieht es denn mit … aus? | Eine Frage hätte ich noch zu … | Ich habe von … gehört. Wie soll das denn genau aussehen? | Könnten Sie mir noch Informationen zu … geben? | Was für Vorschriften gibt es denn bezüglich …? | Was muss man bei … berücksichtigen? | Wie geht man vor bei …?

Partner B (Bürgerbüro): Antworten
- zwei Vereinsformen: eingetragen und nicht eingetragen
- eingetragener Verein ist rechtsfähig; Mitglieder haften nur mit Vereinsvermögen
- Tätigkeit nützt Allgemeinheit, z. B. soziales Engagement oder Förderung von Kunst, Sport etc., Finanzierung über Mitgliedsbeiträge, Spenden; zahlt keine Gewerbesteuer
- Mindestzahl 7 Mitglieder für Eintrag in das Vereinsregister
- Vereinsregeln in Satzung festgehalten und von 7 Mitgliedern unterschrieben
- Gründungstreffen: Satzung annehmen, Vorstand wählen, Protokoll führen
- Protokoll: Angaben zu Zeit, Ort, Personen, Beschlüsse, Annahme der Satzung und Vorstandswahl

Sprechen

b Sie möchten noch weitere Tipps zur Vereinsgründung. Sie sprechen mit einem / einer Bekannten, der / die seit Jahren Vereinsvorstand ist. Stellen Sie Fragen zu den folgenden Stichwörtern. Ihr/e Gesprächspartner/in findet die Ratschläge rechts.

Sponsoren finden?   neue Mitglieder werben?
Mitgliedsbeitrag?   Versammlungen: wie oft?
Räumlichkeiten?   weitere Veranstaltungen?

Eine gute Möglichkeit wäre … | Es bietet sich an
… | An deiner / Ihrer Stelle würde ich … | Es hat
sich bewährt, … | Hast du / Haben Sie schon an …
gedacht? | Erfolgversprechend ist oft … | Es ist
einen Versuch wert, … | Warum macht ihr. / machen
Sie nicht …?

Ratschläge:
- *Lokale Geschäfte und Firmen ansprechen*
- *Presseartikel, Infostand bei Veranstaltungen, Flyer auslegen*
- *Gestaffelt nach Einkommen, nicht mehr als 50,- € jährlich*
- *Versammlung einmal monatlich zu festem Termin für aktive Gruppe, für alle Mitglieder einmal im Jahr*
- *Kirche und Gemeinde bieten kostengünstig Räume, evtl. auch in Gaststätten mit Nebenraum*
- *Weihnachtsfeier, Ausflug oder Grillfest im Sommer*

3 Spender gefunden

Lesen
Schreiben

a Lesen Sie den Brief und markieren Sie die für formelle Briefe typischen Redemittel.

Isabell Finck | Steinstr. 98 | 23456 Neustadt

Bäckerei Hansen
Herrn Herbert Hansen
Am Deich 73
23456 Neustadt   Neustadt, 18.02.2008

Unser Gespräch am 14.02.2008: Spenden für die Neustädter Tafel

Sehr geehrter Herr Hansen,

vielen Dank für unser interessantes Gespräch letzte Woche. Wie ich Ihnen bereits mitteilte, ist die Gründung der „Neustädter Tafel" abgeschlossen, sodass wir ab dem 1. April unsere Arbeit aufnehmen können.

Wir freuen uns sehr, dass Sie uns Ihre Unterstützung als Förderer zugesagt haben. Um Missverständnisse zu vermeiden, möchte ich die Ergebnisse unseres Gesprächs kurz zusammenfassen:
– Jeden Dienstag spenden Sie der „Neustädter Tafel" Backwaren und Brote.
– Die Spende erfolgt das ganze Jahr über. Können Sie uns keine Ware zur Verfügung stellen, geben Sie uns mindestens zwei Tage vorher Bescheid.

Wir unsererseits garantieren Ihnen, dass
– wir die von Ihnen gespendete Ware nur an Bedürftige von Neustadt verteilen;
– wir Sie als Förderer der „Neustädter Tafel" aufführen und Sie eine Spendenbescheinigung erhalten.
Falls Sie noch Korrekturbedarf bei den angeführten Punkten sehen, setzen Sie sich bitte umgehend mit uns in Verbindung. Ansonsten werden wir am 1. April das erste Mal die Backwaren bei Ihnen abholen.
Wir sind Ihnen sehr dankbar, dass Sie als Förderer die „Neustädter Tafel" unterstützen werden. Nur dank unserer Förderer ist eine ausreichende Versorgung der bedürftigen Mitbürgerinnen und Mitbürger möglich.

Mit freundlichen Grüßen

Isabell Finck
Isabell Finck

b Sie sind Mitarbeiter/in bei einer Tafel. Schreiben Sie zu zweit einen Brief wie in Aufgabenteil a. Wählen Sie eine der Situationen. Tauschen Sie sich dann mit einer anderen Zweiergruppe aus.

1. Ein Supermarkt spendet zweimal im Monat Lebensmittel, bei denen das Mindesthaltbarkeitsdatum in Kürze erreicht wird. Die Lebensmittel sollen jeweils am Freitag vor 7.00 Uhr abgeholt werden.
2. Eine Firmenküche spendet jeden Mittwoch Kuchen für ca. 50 Personen. Diese werden extra für die Tafel gebacken und können zwischen 11.00 und 12.00 Uhr in der Kantine abgeholt werden.

Organisierte Hilfe

Wohltätigkeitsverein

Sprechen

1 Wer ist wer?

Welche der folgenden Organisationen kennen Sie? Was machen diese Organisationen? Sammeln Sie im Kurs.

Lesen
Sprechen

2 Hilfsorganisationen und was sie tun

Bilden Sie Vierergruppen. Jeder liest einen Text und stellt anschließend anhand folgender Stichwörter die dort beschriebene Hilfsorganisation den anderen vor.

- Gründer? *Österreicher Hermann*
- Gründungsjahr? *Gmeiner 1949*
- Art der Hilfe? *Sozialwerk*
- erste Hilfsaktion?
- Organisationsform?
- Finanzierung? *Spenden*

A

SOS-Kinderdörfer weltweit

Die „SOS-Kinderdörfer weltweit" sind ein privates, politisch und konfessionell unabhängiges Sozialwerk. Gründer der SOS-Kinderdörfer ist der Österreicher Hermann Gmeiner. Angesichts des Kinderelends kurz nach Ende des Zweiten Weltkrieges hatte er eine einfache, aber dennoch bahnbrechende Idee: Jedes verlassene, Not leidende Kind sollte wieder eine Mutter, Geschwister, ein Haus und ein Dorf haben, in dem es wie andere Kinder heranwachsen kann. Anhand dieser vier Prinzipien wurde das weltweite Netz der SOS-Kinderdörfer aufgebaut. Begonnen hat alles 1949 in Tirol mit dem Haus „Frieden", dem ersten Familienhaus in Imst, dem ersten SOS-Kinderdorf der Welt. Schon bald breitete sich die Idee der SOS-Kinderdörfer in vielen Ländern Europas aus. 1963 bat man Hermann Gmeiner, in Korea zu helfen. Bei seinem ersten Besuch in dem von Armut und Bürgerkrieg gebeutelten Land, bettelte ihn ein kleiner Junge an. Hermann Gmeiner versprach Hilfe und forderte den Jungen auf, mit seinen Freunden Reiskörner – das asiatische Sinnbild für Leben, Glück und Gesundheit – zu sammeln. Gmeiner kehrte mit einem ganzen Sack voll Reis nach Europa zurück und verkaufte damals die einzelnen Reiskörner für eine Mark. Die Aktion „Ein Reiskorn für Korea" war ein voller Erfolg. Es kamen so viele Spenden zugunsten der Kinder zusammen, dass in Daegu / Korea das erste außereuropäische SOS-Kinderdorf gebaut werden konnte und noch Geld für ein zweites in Indien übrig blieb.

B

Ärzte ohne Grenzen

Die Geschichte von „Médecins Sans Frontières" / „Ärzte ohne Grenzen" begann 1971. Einige junge französische Mediziner und Journalisten hatten die Vision, eine Organisation zu gründen, die der Zivilbevölkerung in Kriegsgebieten und den Opfern von Naturkatastrophen binnen kürzester Zeit ärztliche Hilfe bringt, und schon 1972 gab es den ersten Einsatz: Nach einem verheerenden Erdbeben in Nicaragua stellte „Ärzte ohne Grenzen" zehn Tonnen Medikamente und drei Ärzte zur Verfügung.

„Ärzte ohne Grenzen" ist eine private medizinische Nothilfeorganisation, deren Grundprinzipien in ihrer Charta festgelegt sind. Zu ihren Aufgaben gehört es, allen Opfern Hilfe zu gewähren, ungeachtet ihrer ethnischen Herkunft oder ihrer politischen und religiösen Überzeugungen. Gleichzeitig versteht sich die Organisation als Sprachrohr für Menschen in Not und informiert die Öffentlichkeit z.B. über Menschenrechtsverletzungen oder Verstöße gegen das humanitäre Völkerrecht in ihren Einsatzgebieten. „Ärzte ohne Grenzen" ist neutral und unparteiisch und finanziert sich mindestens zur Hälfte mittels privater Spenden, um diese Unabhängigkeit zu bewahren. Das internationale Netzwerk von „Ärzte ohne Grenzen" setzt sich aus Sektionen in 19 Ländern zusammen. In rund 65 Ländern unterhält die Organisation Gesundheitsprogramme. Die Hilfsprojekte sind dabei unterschiedlicher Natur und reichen von medizinischer Nothilfe über die Trinkwasserversorgung bis zur medizinischen Aufklärung der Bevölkerung.

C Bund für Natur- und Umweltschutz Deutschland – BUND

Natur braucht Raum. Tiere und Pflanzen brauchen Rückzugsgebiete, inmitten derer sie ungestört leben können. Und Menschen brauchen Orte, an denen sie Natur in Ruhe genießen und erleben können. Dank großer Kampagnen für den Naturschutz konnte der BUND schon früh Verbündete und Spender gewinnen. 1977 startete die von einem Werbefachmann geplante Kampagne „Rettet die Vögel" mit dem gleichnamigen Buch sowie eingelegtem Mitgliedsantrag. Infolge dieser Kampagne kam es zu einem Schub an neuen Mitgliedern, der das bis dato etwas dahindümpelnde Unternehmen BUND in Fahrt brachte. Der Verein war 1975 von mehreren deutschen Umweltschützern gegründet worden, darunter auch der populäre Zoologe Bernhard Grzimek. Mittlerweile setzen in 2 200 Gruppen und Initiativen engagierte und kompetente Menschen Zeichen für den Erhalt unserer natürlichen Lebensgrundlagen. Sie kämpfen für lokale Biotope und für große und wegweisende Projekte wie das „Blaue Wunder Elbe". Finanziert wird der föderal aufgebaute Umweltverband größtenteils durch Spenden und Mitgliedsbeiträge. Doch nachhaltige Erfolge erzielt man nicht ohne die Politik: Gesetze auf Landes-, Bundes- und EU-Ebene entscheiden über Wohl und Weh unserer Natur. Fachleute des BUND begleiten deswegen diese Regelungen von Anfang an und machen – wenn nötig – politisch Druck.

D Technisches Hilfswerk (THW)

1950, in der Epoche des Kalten Krieges und der Teilung Deutschlands zur Aufrechterhaltung der „Öffentlichen Sicherheit" vom damaligen Innenminister Gustav Heinemann ins Leben gerufen, hat sich das THW seitdem hinsichtlich seiner Aufgaben weiterentwickelt. Von Anfang an gleich geblieben ist jedoch der eigentliche Leitgedanke der Bundesanstalt: die Bereitschaft zur Hilfe für Menschen in Not. Mittels kompetenter, schneller und uneigennütziger Hilfsmaßnahmen im In- wie im Ausland erbringt das THW einen Beitrag dazu, Not und Unglück zu mindern. Es leistet durch seine Einsätze im Katastrophenfall, wie z.B. bei Erdbeben oder Überschwemmungen, und durch seine langfristig angelegten Wiederaufbauprojekte im Namen der Bundesrepublik weltweit humanitäre Hilfe. Anlässlich dieser Hilfsaktionen konnten nicht selten die politischen Beziehungen zwischen den Ländern vertieft werden. Eingedenk des Ideals von Heinemann – „Wer nichts verändern will, wird auch das verlieren, was er bewahren möchte" – hat das THW seit seiner Gründung und seit seinem ersten Auslandseinsatz nach der Sturmflut 1953 in den Niederlanden stets neue Wege beschritten und sich kontinuierlich zu einer der modernsten Hilfsorganisationen weltweit entwickelt, deren Faszination, Menschen in Not zu helfen, sich in der steigenden Zahl der Helfer widerspiegelt. Denn obwohl es sich beim Technischen Hilfswerk um eine Bundesbehörde im Geschäftsbereich des Bundesinnenministeriums handelt, sind laut aktueller Angaben 99 % aller Angehörigen – rund 80 000 Menschen – ehrenamtlich tätig.

3 Sprache im Mittelpunkt: Präpositionen mit Genitiv

Formen und Strukturen
S. 175

a Suchen Sie in den Texten alle Präpositionen mit Genitiv und notieren Sie sie mit dem entsprechenden Nomen.

> angesichts des Kinderelends,

b Ordnen Sie die Präpositionen den passenden Entsprechungen zu.

1. wie … sagen → _____
2. im Hinblick auf → _____
3. mithilfe (von) → _____
4. zu seinem / ihrem Vorteil → _____
5. bei der Gelegenheit → _____
6. unter Berücksichtigung (von) → _____
7. im Laufe (von) → _____
8. in Erinnerung an → _____
9. ohne Berücksichtigung (von) → _____
10. im Bereich (von) → _____
11. in Anbetracht (von) → *angesichts*
12. in der Folge (von) → _____

4 Wer erhält die Spende?

Sprechen
→GI

a Familie Großherz hat eine Erbschaft gemacht und möchte 10 000 € spenden. Die Familienmitglieder diskutieren, welche der oben genannten Organisationen das Geld erhalten soll. Teilen Sie den Kurs in vier Gruppen, jede Gruppe wählt eine Rolle.

- Vater: Technisches Hilfswerk
- Mutter: Ärzte ohne Grenzen
- Großmutter: SOS-Kinderdörfer
- Tochter: BUND

b Überlegen Sie in den jeweiligen Gruppen Pro-Argumente für Ihre und Contra-Argumente gegen die anderen Organisationen.

c Bilden Sie Kleingruppen mit jeweils einem/r Vertreter/in aus jeder Gruppe. Diskutieren Sie gemeinsam und kommen Sie zu einer Entscheidung.

d Vergleichen Sie im Kurs: Wer erhält das Geld?

> **DISKUTIEREN:**
>
> Redemittel zum Diskutieren finden Sie in Lektion 1.

Preiswürdiges Engagement

Sprechen

1 Frieden

Sprechen

Was fällt Ihnen zum Stichwort „Frieden" ein. Sammeln Sie im Kurs.

2 Der Friedenspreis

Hören 2, 11-15

→TELC/DSH

a Hören Sie im Radio einen Bericht über den Friedensnobelpreis und machen Sie für einen Freund Notizen, der den Bericht nicht hören kann.

1. *Letzter Wille von Alfred Nobel:*
   - *Fabriken verkaufen → Erlös in Stiftung* _____
   - _____
   - _____

2. *Geschichte des Friedensnobelpreises:*
   - *1. Friedensnobelpreis an:* _____
   - *Preisträger bis 2007:* _____
   - *Probleme bei Vergabe:* _____
   - *Spätere Bestimmungen:* _____

3. *Gründe für Bedeutung von Friedensnobelpreis:*
   - _____
   - _____
   - _____

4. *Kritik an Friedensnobelpreis:*
   - _____
   - _____
   - _____
   - _____
   - _____

5. *Preisträgerin von 2004:*
   - _____
   - _____

6. *Begründung für Preisvergabe:*
   - _____
   - _____

Sprechen

b Tauschen Sie sich zu zweit aus und vergleichen Sie Ihre Notizen.

c Sprechen Sie in Kleingruppen über die Aspekte, die im Bericht für und gegen den Friedensnobelpreis angeführt werden. Wie bewerten Sie den Friedensnobelpreis?

d Überlegen Sie sich, welche Haltung der Autor des Berichts zum Friedensnobelpreis hat. Begründen Sie Ihre Meinung.

3 Denkwürdige Menschen

Lesen
Sprechen

a Lesen Sie die neun Kurzbiographien und stellen Sie zu zweit Vermutungen an, wer von diesen Personen den Friedensnobelpreis erhalten hat.

1. Robert Bosch (1861–1942) war viel mehr als „nur" Unternehmer. Er verband Unternehmertum, philanthropisches Handeln und politisches Engagement. So investierte er nach dem 1. Weltkrieg viel Energie und hohe finanzielle Mittel in die Aussöhnung zwischen Deutschland und Frankreich, um einen dauerhaften Frieden in Europa zu ermöglichen.

2. Mahatma Gandhi (1869–1948) war ein indischer Rechtsanwalt, Pazifist, Menschenrechtler und politischer sowie geistiger Führer der indischen Unabhängigkeitsbewegung. Sein Konzept des gewaltfreien Widerstandes führte 1947 das Ende der britischen Kolonialherrschaft über Indien herbei. Gandhi wurde mehrmals inhaftiert und saß insgesamt acht Jahre im Gefängnis. Am 30. Januar 1948 wurde der 78-jährige Gandhi bei einem Attentat erschossen.

3. Mutter Teresa (1910–1997) war eine römisch-katholische Ordensfrau albanischer Herkunft. Sie kam 1931 nach Kalkutta in Indien, wo sie 1950 den Orden „Missionarinnen der Nächstenliebe" gründete. Sie kümmerte sich mit ihrem Orden besonders um Sterbende, Waisen und Kranke. Ihr spezielles Engagement lag jedoch in der Betreuung der Leprakranken. Sie wurde 2003 von der katholischen Kirche selig gesprochen.

4. Nelson Mandela (*1918) ist einer der führenden Anti-Apartheid-Kämpfer Südafrikas. Trotz zahlreicher Widerstände und insgesamt 27 Jahre als politischer Gefangener in Haft führte er sein Land aus der Apartheid und wurde der erste schwarze Präsident Südafrikas. Er gilt als einer der wichtigsten Vertreter im Kampf gegen die weltweite Unterdrückung der Schwarzen sowie als Wegbereiter des versöhnlichen Übergangs von der Apartheid zu einem gleichheits-orientierten, demokratischen Südafrika.

5. Martin Luther King Jr. (1929–1968) war ein US-amerikanischer Baptistenpastor und Bürgerrechtler. Er zählt weltweit zu den wichtigsten Vertretern im Kampf gegen die Unterdrückung der Afroamerikaner und für soziale Gerechtigkeit. King, der immer die Gewaltlosigkeit predigte, wurde selber mehrmals tätlich angegriffen und mehrfach inhaftiert. Am 4. April 1968 wurde er in Memphis erschossen.

6. Michail Gorbatschow (*1931) ist ein russischer Politiker und war von März 1985 bis August 1991 Generalsekretär des Zentralkomitees der Kommunistischen Partei der Sowjetunion und von März 1990 bis Dezember 1991 Präsident der Sowjetunion. Durch seine umfassenden Programme zur wirtschaftlichen und sozialen Umgestaltung „Perestroika" (wörtlich: Umbau) sowie durch die Herstellung einer demokratischen Struktur „Glasnost" (wörtlich: Offenheit) leitete er das Ende des Kalten Krieges ein.

7. Adolfo Maria Pérez Esquivel (*1931) ist ein argentinischer Bildhauer, Architekt und Bürgerrechtler. Er gehört zu den großen gewaltfreien Widerstandskämpfern unserer Zeit. In den 70er-Jahren wirkte er als Koordinator der Menschen-rechtsbewegung in Lateinamerika – ein Engagement, das er Ende der 70er-Jahre mit Gefängnis und Folter bezahlen musste. 1987 wurde er zum Präsidenten der „International League for the Rights and Liberation of People" gewählt.

8. Robert Frederick Zenon Geldof (*1954) ist ein Musiker aus der Republik Irland. Parallel zu seiner musikalischen Karriere ist er seit Anfang der 80er-Jahre sozial engagiert und organisiert u. a. Wohltätigkeitskonzerte. Gekrönt wurden seine Aktionen 2005 vom „LIVE 8"-Konzert gegen Armut, bei dem die größten Rock- und Popstars an zehn Orten der G8-Mitgliedsstaaten sowie in Südafrika auftraten. Für sein Engagement wurde Geldof 1986 von Königin Elisabeth II. zum Ritter geschlagen.

9. Rigoberta Menchú Tum (*1959) ist eine guatemaltekische Menschenrechts-aktivistin. Wie schon ihre Eltern und ihre Brüder setzt sie sich seit Ende der 70er-Jahre energisch für die Rechte der indigenen Völker und gegen die Unter-drückung in Guatemala ein. 1996 wurde sie von den Vereinten Nationen zur UNESCO-Sonderbotschafterin zur Förderung einer Kultur des Friedens und der Rechte indigener Menschen ernannt. Außerdem ist sie Vorsitzende der Einge-borenen-Initiative für den Frieden.

Sprechen

b Vergleichen Sie Ihre Ergebnisse im Kurs und sprechen Sie auch über folgende Punkte.

– Was könnte für die Jury ausschlaggebend gewesen sein?
– Wem hätten Sie den Friedensnobelpreis (nicht) gegeben? Begründen Sie.

4 Die Jury sind Sie

Sprechen

a Entscheiden Sie sich im Kurs für fünf Hauptkriterien für die Wahl eines „Engagement-Preisträgers".

b Entscheiden Sie in Kleingruppen, wen Sie als Preisträger vorschlagen möchten, und überlegen Sie sich eine überzeugende Begründung.

c Stellen Sie Ihren Kandidaten bzw. Ihre Kandidatin im Kurs vor und entscheiden Sie anschließend im Kurs, wer den „Engagement-Preis" erhalten soll.

> PRÄSENTATION EINES KANDIDATEN:
>
> Redemittel, um einen Kandidaten vorzustellen, finden Sie in Mittelpunkt B2, Lektion 11.

5 Sagen und Meinen

Ich fahr doch schon!

Es ist grün!

Schön, dass wir das Referat zusammen schreiben sollen!

Ja, aber leider hab ich nicht viel Zeit

Der Müll quillt über.

Ist Cora noch nicht zu Hause?

Bitte korrigieren Sie noch diese Kommafehler.

Hat Ihnen der Br ansonsten gefalle

1 Was sie sagen, was sie meinen

Lesen
Sprechen

a Welche Gedanken passen zu welchen Personen in den Szenen oben?

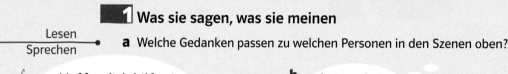

a **Hoffentlich hilft sie mir, ich kenn' mich im Thema gar nicht gut aus.**

b **Lernt sie es denn nie!**

c **Immer ich! Mein Schwesterchen könnte auch mal was tun.**

d **Immer muss er an mir rummäkeln.**

f **Warum hilft er nur nie freiwillig bei der Hausarbeit?**

h **Der soll nicht denken, dass ich für den die ganze Arbeit alleine mache.**

e **Jetzt fahr schon, sonst erreiche ich den Zug nicht mehr.**

g **Die immer mit ihren Satzzeichen! Warum lobt sie nicht mal meine Formulierungen?**

Sprechen
Schreiben

b Bereiten Sie zu viert ähnliche Situationen vor und spielen Sie sie dann im Kurs vor.

- Sammeln Sie zuerst einige typische Situationen aus Ihrer Erfahrung, in denen Menschen etwas sagen, aber eigentlich etwas anderes meinen.
- Wählen Sie dann die zwei Situationen aus, die Sie am aussagekräftigsten finden.
- Verfassen Sie zwei Minidialoge, die Sie anschließend im Kurs vorspielen.

c Sprechen Sie im Kurs darüber, was in den Dialogen gesagt wird und was eigentlich gemeint ist.

2 Auf dem Ohr bin ich taub

Lesen
Sprechen

a Lesen Sie den Text und sprechen Sie im Kurs darüber, welche Ebenen des Kommunikations-
quadrats zu den Fragen A bis H passen.

Kommunikation ist oft schwieriger, als man denkt. Was
wir verstehen, wenn wir etwas hören, ist vom Kontext, der
Beziehung zum Gesprächspartner, von unterschiedlichen
Erfahrungen und Emotionen abhängig. Der Kommunikationswissenschaftler Friedemann Schulz von Thun hat die
vier Seiten einer Äußerung als Quadrat dargestellt und
dementsprechend dem Sender „vier Zungen" und dem
Empfänger „vier Ohren" zugeordnet. Psychologisch gesehen sind also, wenn wir miteinander reden, auf beiden Seiten vier Zungen und vier Ohren beteiligt, und die Qualität
des Gespräches hängt davon ab, in welcher Weise diese zu-
sammenspielen. Jede meiner Äußerungen enthält also – ob
ich will oder nicht – vier Botschaften gleichzeitig:
1. eine Sachinformation (worüber ich informiere)
2. eine Selbstoffenbarung (was ich von mir zu erkennen
gebe)

3. einen Beziehungshinweis (was ich von dir halte und wie
ich zu dir stehe)
4. einen Appell (was ich bei dir erreichen möchte)
Und der Empfänger kann, je nachdem, welches Ohr gerade bevorzugt „eingeschaltet" ist, eine Aussage ganz unterschiedlich verstehen.

A Was ist das für eine/r? 3

B Wie sind die Tatsachen? ☐

C Wie redet der / die eigentlich mit mir? ☐

D Was will der / die von mir? ☐

E Wie stellt sich der / die selbst dar? ☐

F Was soll ich tun, denken, fühlen? ☐

G Was sagt der / die andere über sich selbst aus? ☐

H Worum geht es genau? ☐

b Besprechen Sie in Kleingruppen, welche „Botschaften" die folgenden Beispiele enthalten.

1. Mutter zur Tochter: Deine schmutzigen Klamotten liegen schon wieder im Wohnzimmer rum!
   - Sachinformation: Die schmutzigen Sachen liegen zum xten Mal im Wohnzimmer verstreut.
   - Selbstoffenbarung: Ich habe es satt, dass du immer alles liegen lässt.
   - Beziehung: Du bist mir zu unordentlich.
   - Appell: Ich möchte, dass du selber aufräumst.
2. Schwester zum Bruder: Du mit deinem ewigen Rap! Geht's noch lauter?!
3. Assistentin zu Chef: Wie spät ist es eigentlich, Herr Schmidt?

Hören ◉ 2, 16-18
Sprechen

c Hören Sie nun die Antworten der Personen. Welches Ohr war bei den angesprochenen Personen
aktiv?

d Überlegen Sie weitere Antworten und führen Sie dann die Dialoge fort. Spielen Sie sie im Kurs vor
und besprechen Sie danach, wie Sie verstanden worden sind.

Was Sie in dieser Lektion lernen können:

in Gesprächen Anspielungen machen, emotional differenzieren und Ironie einsetzen

in langen, komplexen allgemeinen Texten und Sachtexten rasch wichtige Einzelinformationen finden

Gespräche über komplexe Themen verstehen, auch wenn Einzelheiten unklar bleiben

Gedanken und Einstellungen klar ausdrücken und argumentativ unterstützen

Telefongespräche mit deutschen Muttersprachlern führen und auf Anspielungen eingehen

in privater Korrespondenz saloppe Umgangssprache, idiomatische Wendungen und Scherze verstehen

zu einem komplexen Thema leserfreundliche, gut strukturierte Texte schreiben

unter gelegentlicher Zuhilfenahme des Wörterbuchs jegliche Korrespondenz verstehen

1 Tabu ist für mich ...

Sprechen

Was assoziieren Sie mit dem Wort „Tabu"? Sammeln Sie im Kurs und gestalten Sie ein Plakat.

2 Tabudiskurs und Lernen einer Fremdsprache

Lesen
Sprechen

a Lesen Sie die Definition von „Tabu". Welche Ihrer Assoziationen aus Aufgabe 1 finden Sie hier wieder? Tauschen Sie sich im Kurs aus.

> Tabus sind „besonders wirksame Mittel sozialer Kontrolle" und können als „Axiome der Kommunikation" verstanden werden, d.h. als nicht hinterfragbare Grundwahrheiten einer Gemeinschaft, die nicht berührt werden dürfen. Tabuisiert sind in vielen Gesellschaften einerseits bestimmte Personen, Örtlichkeiten und Nahrungsmittel sowie ande-
> 5 rerseits Bereiche wie Sexualität, Sucht, Armut, Ungleichheit, Korruption, Gewalt, Tod und bestimmte Erkrankungen. Zu unterscheiden sind in begrifflicher Hinsicht „Objekttabus" (tabuisierte Gegenstände, Institutionen und Personen) und „Tattabus" (tabuisierte Handlungen), die durch „Kommunikationstabus" (tabuisierte Themen), „Worttabus" (tabuisierter Wortschatz) und „Bildtabus" (tabuisierte Abbildungen) begleitet und abgesichert
> 10 werden, die ihrerseits wiederum durch „Gedankentabus" (tabuisierte Vorstellungen) und „Emotionstabus" (tabuisierte Gefühle) gestützt werden.

Sprechen
Schreiben

b Finden Sie Beispiele für die unterschiedlichen Arten von Tabus, die im Text genannt werden, und ordnen Sie sie in die Tabelle ein. Gibt es Unterschiede zwischen den Tabus in Ihrer Heimat und den deutschsprachigen Ländern?

Objekttabu	Grab,	Bildtabu	
Tattabu		Gedankentabu	
Kommunikationstabu		Emotionstabu	
Worttabu			

Lesen

→TELC / TestDaF

c Lesen Sie den Text auf der nächsten Seite und entscheiden Sie bei jeder Aussage zwischen „stimmt mit Text überein" (j), „stimmt nicht mit Text überein" (n) oder „Text gibt keine Auskunft darüber" (?).

1. Wir können ohne Weiteres auch über heikle Themen sprechen.   ☒ n ?
2. Die neuesten Forschungsergebnisse werden dargestellt.   j n ?
3. Unter „Tabudiskurs" versteht man die Art, wie man über Tabus spricht, ohne sie zu verletzen.   j n ?
4. Die meisten Entlehnungen kommen aus den romanischen Sprachen.   j n ?
5. Auslassungen, Lautveränderungen, Antiphrasis und Generalisierung sind Mittel, um Tabus zu umschreiben.   j n ?
6. Ein Fremder merkt in der Regel nicht, wenn er ein Tabu verletzt hat.   j n ?
7. Weil man als Fremder nicht weiß, wie man sich verhalten soll, um einen Tabubruch zu heilen, kommt es immer zum Abbruch des Gesprächs.   j n ?
8. Andere Tischgewohnheiten sind der häufigste Grund für Tabuverletzungen.   j n ?
9. Im Fremdsprachenunterricht sollte man lernen, wie man mit Tabus der anderen Kultur sprachlich umgeht.   j n ?
10. Man sollte es in einer fremden Sprache vermeiden, über tabuisierte Themen zu sprechen.   j n ?

Tabudiskurs

Wir haben in der Kommunikation meistens nicht nur die Wahl, entweder zu reden oder zu schweigen und so auf die Thematisierung ganz zu verzichten,
5 sondern wir können durch Verwendung bestimmter sprachlicher Mittel „heiße Eisen" durchaus anpacken, ohne uns daran „die Zunge zu verbrennen". Unsere Sprache stellt dafür eine Vielzahl von Möglichkeiten zur Verfügung. Wir können andeuten,
10 umschreiben, beschönigen etc. und uns auf diese Weise über tabuisierte Bereiche verständigen, ohne die Konventionen zu verletzen. Wir verwenden in diesem Zusammenhang den Begriff „Tabudiskurs". Tabudiskurse ermöglichen die Kommunikation über
15 das, worüber man eigentlich nicht sprechen möchte bzw. sollte, und umfassen verschiedene Bewältigungsformen, die uns in unserer eigenen Sprache und Kultur zwar verfügbar, aber nicht immer bewusst sind. Mit dem Begriff „Tabudiskurs" meinen
20 wir, dass in bestimmten Situationen durchaus über tabuisierte Handlungen, Gegenstände, Institutionen und Personen kommuniziert werden kann, allerdings in einer ganz bestimmten Art und Weise, die nicht selbst eine (verbale) Tabuverletzung mit sich bringt.
25 In der linguistischen Tabuforschung beschäftigt man sich schon lange mit den verschiedenen Typen sprachlicher Ersatzmittel für Tabudiskurse. In den indoeuropäischen Sprachen gibt es eine Reihe von Grundtypen, wie z.B. Entlehnungen (Beispiel: „macho" aus dem
30 Spanischen, um einen nicht der modernen Männerrolle entsprechenden Mann zu charakterisieren). Man benutzt Auslassungen (z.B. Sch…!) oder tabuistische Lautveränderungen (z.B. "Scheibe!"); die Erklärungen auszuschreiben, würde wiederum ein Tabu verletzen!
35 Ein weiteres Ersatzmittel ist die Antiphrasis, d.h. man sagt das Gegenteil von dem, was gemeint ist (z.B. „Das war ja wieder mal eine ganz tolle Idee!"), und es gibt die Flucht in die Generalisierung (z.B. „Ja, ja der arme Bob! Krebs ist schon ein Schicksalsschlag.")
40 Neuere Arbeiten zur linguistischen Tabuforschung greifen zusätzlich Fragestellungen und Methoden der Diskurs- und Gesprächsanalyse zum „indirekten" bzw. „verdeckten" Sprechen auf. Sie beschäftigen sich mit sprachlichen Mitteln, die das „Verschleiern" einer
45 Aussage ermöglichen, wobei als bekannteste Strategie die Verwendung von Metaphern genannt wird (z.B. „Rabeneltern" für Eltern, die ihre Kinder vernachlässigen). Weitere Strategien sind u.a. die Verwendung von Fachvokabular oder Euphemismen (z.B. „Senior"
50 statt „Greis", „freisetzen" statt „entlassen"), die Wortvermeidung („Ich muss mal …") und Vagheit („Das war vielleicht nicht so ganz das Richtige.").

Tabus in interkulturellen Kontaktsituationen

Weiß man im selben Kulturkreis meist um die Tabus, so ergeben sich bei interkulturellen Kontaktsituationen
55 jedoch gleich mehrere Probleme. Erstens sind Tabus kulturspezifisch und nicht kodifiziert, also ihre Regeln sind nicht wie z.B. die der Grammatik zusammengefasst und erklärt, sodass sie dem Fremden meist nicht bewusst sind. Zweitens werden Tabuverletzungen von
60 dem Fremden öfters gar nicht wahrgenommen, sodass Scham- und Schuldgefühle nicht auftreten. Drittens sind für Tabubrüche – anders als bei der Verletzung eines direkten Verbots – keine konventionalisierten Reparaturmechanismen verfügbar: Die Folge kann ein
65 Abbruch der Kommunikation sein. Tabus in interkulturellen Kontaktsituationen betreffen zudem nicht nur die tabuträchtigen Bereiche Religion, Sexualität, Tod, Krankheit und Körperfunktionen, sondern können in vielen anderen Lebensbereichen festgestellt werden,
70 wie z.B. bei Ess- und Tischgewohnheiten, in relativ selbstverständlich erscheinenden Alltagssituationen sowie bei Tieren, Farben (z.B. weiße Kleidung bei einer Beerdigung) und Zahlen (z.B. die Zahl 13).
75

Folgen für den Fremdsprachenunterricht

Aufgabe eines interkulturell orientierten Fremdsprachenunterrichts sollte es daher sein, den Lerner für mögliche Tabuphänomene zu sensibilisieren und ihn in die Lage zu versetzen, Tabus in der anderen Kultur
80 zu erkennen und Kommunikationsbarrieren auszuloten. Er sollte sprachliche Strategien, wie die weiter oben beschriebenen, kennen lernen und Tabudiskurse exemplarisch einüben. Außerdem sollten ihm ein ausreichendes Repertoire an Euphemismen und anderen
85 Ersatzmitteln für Tabudiskurse vermittelt werden, die es ihm ermöglichen, sich über tabuisierte Handlungen, Objekte, Sachverhalte und Wörter verständigen zu können.

3 Was ich meine, wenn ich … sage.

Lesen
Sprechen

Für welche der in den beiden Texten in Aufgabe 2 genannten Tabubereiche stehen folgende Ausdrücke? Gibt es in Ihrer Heimat ähnliche Ausdrücke?

Metapher / Euphemismus	Bereich	Erläuterung	Ausdruck aus eigener Kultur
1. Es hat ihn / sie ganz schön erwischt.	Krankheit	Er / Sie ist sehr krank.	
2. Er / Sie ist gut beieinander.			
3. Er / Sie ist von uns gegangen.			
4. Sie haben was miteinander.			
5. Er / Sie hat einen sitzen.			
6. der Gottseibeiuns			

1 Frauensprache – Männersprache

Sprechen

a Können Sie sich unter Frauen- und Männersprache etwas vorstellen? Sammeln Sie Beispiele im Kurs.

Hören ⊙ 2, 19-21

→GI

b Hören Sie im Radio ein Fachgespräch zwischen zwei Sprachwissenschaftlern und markieren Sie, welche Aussage jeweils passt.

1. Forschungen haben ergeben, dass
   a. Frauen und Männer in bestimmten Ländern Sprache unterschiedlich verwenden.
   b. Frauen und Männer von der Tendenz her anders sprechen.
   c. Frauen und Männer völlig anders sprechen.
2. Frauen passen sich den Normen der Umwelt mehr an, indem sie   *anpassen – fit*
   a. immer Standardsprache sprechen.
   b. meist Dialekt benutzen.
   c. je nach Umfeld Standardsprache sprechen oder Dialekt benutzen.   *area*
3. Was unterscheidet den Sprachstil von Frauen und Männern?
   a. Männer neigen eher zum Nominalstil.   *tend*
   b. Männer sprechen in kürzeren Sätzen.
   c. Frauen sprechen mehr als Männer.
4. Wenn Frauen und Männer miteinander sprechen, dann
   a. unterbrechen die Frauen mehr.   *more*
   b. bestimmen Männer häufiger die Gesprächsthemen.   *frequently*
   c. neigen Frauen mehr zu verallgemeinernden Aussagen.   *generalise*

   determine
5. Inwieweit nehmen Frauen und Männer ihre Umwelt anders wahr?
   a. Männer sind eher sachorientiert, sie wollen daher die Themen voranbringen.
   b. Frauen suchen hauptsächlich Verständnis.
   c. Bei Frauen steht eher die Beziehung zueinander im Vordergrund, bei Männern eher der Wettbewerbsaspekt.
6. Was kann passieren, wenn Frauen und Männer miteinander sprechen?
   a. Frauen und Männer stehen in einer Wettbewerbssituation.
   b. Frauen können sich oft nicht so gut durchsetzen. *carry through*
   c. Frauen lachen mehr als Männer.
7. Was sollten Frauen und Männer tun, um besser zu kommunizieren?   *suit, fit*
   a. Frauen sollten sich dem sachorientierten Sprachstil der Männer anpassen.
   b. Männer sollten sich den kooperativen Sprachstil der Frauen aneignen.
   c. Beide sollten lernen, je nach Situation mehr den einen oder anderen Sprachstil einzusetzen.

Hören ⊙ 2, 19-21
Schreiben

c Hören Sie das Gespräch jetzt noch einmal und sammeln Sie alle Informationen, die zum Sprachstil von Frauen und Männern genannt werden.

Frauensprache	Männersprache

Sprechen

d Nehmen Sie Stellung zu folgender Aussage: Das Verständnis von Beziehungen ist bei Männern eher von Hierarchie und Unabhängigkeit geprägt, bei Frauen basiert es eher auf Ebenbürtigkeit und Intimität. Die folgenden Redemittel können Ihnen helfen.

> Einstellung ausdrücken: Meine Auffassung (dazu) ist folgende: … | Meine persönliche Meinung / Einstellung dazu ist folgende: … | Ich vertrete den Standpunkt / stehe auf dem Standpunkt, dass … | Meine Sicht der Dinge ist folgende: … | Aus meiner Sicht … | Nach meinem Dafürhalten / Meines Erachtens …
>
> Einstellung begründen: Meinen Standpunkt möchte ich wie folgt begründen: … | Das liegt darin begründet / daran, dass … | Das liegt in der Natur der Sache, denn … | Der Grund dafür ist in … zu suchen … / … darin zu suchen, dass …

e Kennen Sie solche Unterschiede in Ihrer Muttersprache auch? Wie stehen Sie dazu? Zu welchem Sprachstil neigen Sie eher, wenn Sie Deutsch sprechen.

2 Wer spricht da eigentlich?

Lesen Sprechen

Überlegen Sie in Kleingruppen, welche der folgenden Aussagen eher dem weiblichen Sprachstil (f) und welche eher dem männlichen (m) entsprechen? Begründen Sie Ihre Zuordnung anhand der Informationen aus dem Gespräch in Aufgabe 1b.

1. Ich denke, dass es gut wäre, wenn wir den Termin verschieben würden, oder? f m
2. Wir sollten auf jeden Fall auch bedenken, was Herr Fischer vorhin gesagt hat. f m
3. Man muss immer die Abläufe im Arbeitsprozess berücksichtigen. f m
4. Ich kann Ihrer Argumentation nicht folgen, denn wenn man bedenkt, dass die Verkaufszahlen dermaßen gesunken sind, dann lässt das nur diese Folgerung zu: … f m
5. Wir sollten verschiedene Aufträge an Externe vergeben, oder was meinen Sie? f m
6. Die Verbesserung der Kostenstruktur ist die zentrale Aufgabe für das kommende Jahr. f m
7. Das ist die Lösung: … f m
8. Bist du nicht auch der Meinung, dass wir diesen Punkt vorziehen sollten? f m
9. Das Projekt wird Ende des nächsten Monats abgeschlossen sein. f m
10. Ich meine eigentlich, wir könnten das Problem folgendermaßen angehen: … f m
11. Dank der Hilfe von unseren Kollegen aus der Schweiz werden wir die Forschungsarbeiten nächstes Jahr erfreulicherweise abschließen können. f m
12. Als Beleg hierzu nun die Zahlen aus einer Studie der Universität Freiburg: … f m

3 Sprache im Mittelpunkt: Subjektloses Passiv

Formen und Strukturen S. 164

a Welche Variante klingt unpersönlicher bzw. härter? Warum? Markieren Sie.

1. **a.** Ab sofort werden wir sparen! **b.** Ab sofort wird gespart!
2. **a.** Alle werden künftig mehr arbeiten. **b.** Künftig wird mehr gearbeitet.

Begründung: _____

b Betonen Sie den Vorgang. Achten Sie dabei auf die Zeitformen.

1. Bis zum Herbst werden wir umfassend sanieren. → Bis zum Herbst *wird umfassend saniert*.
2. Schon vorher haben wir sehr effektiv gearbeitet. → Schon vorher _____
3. Trotzdem wollen sie weiter einsparen. → Trotzdem soll _____
4. Deshalb protestieren jetzt viele. → Deshalb _____
5. Ab morgen werden wir streiken. → Ab morgen _____
6. Darüber haben schon alle Medien ausführlich berichtet. → Darüber _____
7. Jetzt treffen wir alle Vorbereitungen. → Jetzt _____
8. Wir haben schon zu viel geredet und zu wenig getan. → Es _____

1 Das hast du aber fein gemacht!

Hören ● 2, 22
Schreiben

a Hören Sie ein Telefongespräch zwischen zwei Freunden. Worüber sprechen sie? Machen Sie Notizen und tauschen Sie sich im Kurs aus.

Hören ● 2, 22
Sprechen

b Hören Sie das Gespräch noch einmal und erläutern Sie die Bedeutung der folgenden Ausdrücke. *comment on*

1. Du bist mir vielleicht ein Freund.
2. Die Super-Ausrede! *excuse*
3. Bei deiner überragenden Intelligenz …
4. Das war wirklich eine meiner Sternstunden.
5. Du hattest wenigstens nur einmal das Vergnügen. *fun*
6. Die sind aber auch echt das Dream-Team.
7. Ein super Gespann! *team*
8. Ja toll! Super getimt!
9. Jetzt ist dein Blick wohl erstmal auf rosa-rote Wolken eingestellt.
10. Also, das muss ich mir jetzt aber erstmal ganz scharf überlegen!

> 1. Du bist mir vielleicht ein Freund. → Du benimmst dich nicht wie ein Freund. / Von einem Freund hätte ich das nicht erwartet.

Sprechen

c Die Ausdrücke in Aufgabenteil b sind ironisch gemeint. Was bedeutet das?

Lesen
Sprechen

d Lesen Sie die folgende Definition von Ironie und vergleichen Sie sie mit ihren Antworten aus Aufgabenteil c.

expression *mockery*

> **Ironie:** Eine Äußerung, die auf Spott basiert, oft das Gegenteil des Gesagten/Geschriebenen meint und meist einen kritischen Hintergrund hat. So wird z.B. unter dem Schein der Ernsthaftigkeit oder des Lobes etwas ins Lächerliche gezogen. Die wahre Bedeutung einer ironischen Äußerung wird nur aus dem Zusammenhang klar.

praise

context

2 Der Ton macht's!

Hören ● 2, 23-26
Sprechen

a Hören Sie die folgenden Aussagen. Welche ist als Lob (L) gemeint, welche ironisch (I)? Markieren Sie.

1. a. ☑ L   2. a. ☐   3. a. ☐   4. a. ☐
1. b. ☑ I   2. b. ☐   3. b. ☐   4. b. ☐

b Sprechen Sie die Sätze nun nach – mal ironisch, mal als Lob.

1. Das hast du echt gut gemacht!
2. Das ist aber schön hier.
3. Das ist eine Superidee!
4. Klaus und Irene, mal wieder super pünktlich.

Schreiben
Sprechen

c Bereiten Sie zu zweit ein Telefongespräch vor und spielen Sie es im Kurs vor.

– Einige Äußerungen sollen ernst, einige ironisch gemeint sein, und der / die Gesprächspartner / in soll entsprechend darauf eingehen; die Redemittel unten sowie in Aufgabe 1 helfen Ihnen.
– Spielen Sie dann das Gespräch im Kurs vor und achten Sie dabei besonders auf die Betonung.
– Die anderen müssen herausfinden, was wie gemeint war, und ihre Interpretationen begründen.

> **Telefonfloskeln:** Schön, dass du dich mal wieder meldest. | Ewig nichts von dir gehört. | Tut mir leid, ich hatte einfach keine Zeit, zurückzurufen. | Ich hab' dir auf deine Mailbox gesprochen.
>
> **Auf Anspielungen eingehen:** Heißt das …? | Worauf willst du eigentlich hinaus? | Soll das etwa heißen …? | Im Klartext heißt das also: …

3 Sprache im Mittelpunkt: Modalpartikeln

ören ⊙ 2, 27-28
Sprechen

a Sie hören zwei Versionen eines Dialogs zwischen einer Frau und einem Mann. Vergleichen Sie die beiden Versionen. Worin unterscheiden sie sich?

ören ⊙ 2, 29-39
Formen und
Strukturen
S. 179

b Hören Sie nun die Sätze 1 bis 11. Welche Bedeutung haben die Modalpartikeln in den Sätzen?

1. Räum <u>mal</u> dein Zimmer auf.
   ~~a.~~ freundliche Aufforderung **b.** Drohung
2. Nun räum <u>aber</u> dein Zimmer auf!
   a. ungeduldige Aufforderung **b.** freundlicher <u>Hinweis</u> *indication*
3. Du hast <u>nun mal</u> dein Zimmer nicht aufgeräumt, also gibt es auch keinen Nachtisch.
   a. Erstaunen **b.** <u>unabänderlicher Sachverhalt</u> *unalterable facts*
4. Hast du <u>etwa</u> dein Zimmer noch nicht aufgeräumt?
   a. Nachfrage **b.** Unzufriedenheit, erwartet eine negative Antwort
5. Räum <u>doch</u> bitte dein Zimmer auf.
   a. intensive <u>Aufforderung</u> *request* **b.** starker <u>Vorwurf</u> *accusation*
6. Räum <u>bloß</u> dein Zimmer auf!
   a. leichter Vorwurf **b.** Drohung *threat*
7. Du hast <u>aber auch</u> gar nichts in deinem Zimmer aufgeräumt. *conclusion*
   a. negative Überraschung **b.** freundliche Feststellung
8. Du hast <u>wohl</u> dein Zimmer noch nicht aufgeräumt?
   a. starker Vorwurf **b.** Vermutung
9. Du kannst dein Zimmer <u>ruhig</u> später aufräumen.
   a. Drohung **b.** Beruhigung
10. Nun räum <u>schon</u> dein Zimmer auf!
    a. ungeduldige Aufforderung **b.** Ermunterung
11. Hast du <u>auch</u> dein Zimmer aufgeräumt?
    a. Vermutung **b.** Bitte um Bestätigung

4 Ist doch nur halb so wild!

Schreiben
Sprechen

Wählen Sie eine der folgenden Situationen: Was würden Sie in dieser Situation sagen? Bereiten Sie zu zweit kleine Dialoge vor und präsentieren Sie diese dann im Kurs. Die Sätze unten können Ihnen helfen.

1. Ein guter Freund, der ziemlich <u>ehrgeizig</u> ist, *ambitios* beklagt sich bitterlich bei Ihnen, weil er statt der erwarteten „sehr gut" in der mündlicher Prüfung nur die Note „gut" bekommen hat, und findet das sehr ungerecht. Sie finden das ein bisschen <u>übertrieben</u> und trösten ihn; sie können dabei auch ironisch werden. *exaggerated comfort*
2. Eine Freundin ist gespannt auf ein Geschenk, das sie von einem Nachbarn, den sie sehr nett findet, bekommen hat. Gemeinsam packen Sie es aus und stellen fest, dass es ein Porzellanstiefel als Blumenvase ist. Ihre Freundin ist sehr enttäuscht, besonders weil ihr Nachbar selbst sehr geschmackvoll eingerichtet ist. Beruhigen Sie Ihre Freundin mit freundlich ironischen Worten.

> **Trösten:** Nimm's nicht so schwer. | Nimm's mit Humor! | Es gibt Schlimmeres. |
> Ich versteh dich, aber nimm's nicht persönlich. | Vielleicht ist es als Scherz gemeint.

> **Beschönigen:** Das ist doch kein Weltuntergang! | Ist doch nur halb so wild! | So ist das Leben! | Die Geschmäcker sind halt verschieden. | Beim nächsten Mal wird es wieder besser. | So ist das halt manchmal. *just*

gloss over

> **Ironisieren:** Eine Zwei unter lauter Einsern ist doch auch ganz schön. | Ja, ja – es gibt keine Gerechtigkeit unter den Menschen! | Was für eine gelungene Überraschung! | Echt geschmackvoll! | Was für ein Kunstwerk, reif fürs Museum. *excellent*

deceive

1   Liebesbriefe – leicht gemacht?

Lesen

→TELC

a Lesen Sie die folgenden vier Beiträge aus einem Internetforum. In welchem Beitrag finden Sie die gesuchten Informationen 1 bis 7.

In welchem Beitrag   _contribution_

Beitrag / Beleg

1. wird die Bezeichnung „Liebesbriefgenerator" kritisch beurteilt?   _Heartbreak: „schon das Wort!"_

2. wird „Heartbreak" indirekt dafür kritisiert, dass sie übertreibt?   _effort_   _____

3. steht, dass die meisten Männer sich auf keinen Fall so viel Mühe geben würden?   _____
   conduct, behaviour

4. wird das Verhalten von Männern ironisch kommentiert?   _____

5. wird das Verhalten von „Heartbreak" auch ironisch kommentiert?   _____

6. steht eine Anspielung darauf, dass Männer sich nicht gut ausdrücken können?   _allusion_   _____

7. wird auf unterschiedliche Verhaltensweisen von Männern und Frauen angespielt?   _____

"So-called"

Heartbreak | 23.02., 18:05
Hi Leute! Ich bin grad so gekränkt, enttäuscht und stinksauer, ich muss einfach mal Dampf ablassen – und jemanden fragen, was ich machen soll.
Gestern hab' ich von meinem Freund einen Liebesbrief bekommen – echt süß! Hab' mich im ersten Augenblick super drüber gefreut. ANGEBLICH wollte er mir mal zeigen, wie tief seine Gefühle für mich sind – das fällt ihm sonst eigentlich schwer. Deshalb hab' ich mich auch gewundert – so drückt er sich eigentlich sonst nie aus: „Deine grünen Augen sind wie zwei tiefe Seen, in die ich versinken möchte." etc. Hab' dann mal ein paar von den Wörtern ins Internet eingegeben und was kam: ein LIEBESBRIEFGENERATOR (schon das Wort!!). Da gibt man Name, Augenfarbe, usw. ein, drückt auf „Liebesbrief anzeigen" und was sehe ich?? MEINEN Liebesbrief!! Wortwörtlich. Kein Wort hat er selbst geschrieben!
Ich bin so was von verletzt! Kerle! Er hätte mir doch was sagen können … Was soll ich denn jetzt machen? Am liebsten würde ich ihm einfach nur die Webadresse simsen – kleine Überraschung!! Aber dann sehe ich ja nicht, wie er guckt … _text_
Aber will ich den überhaupt noch mal sehen? Was soll ich machen??? Heul, schnüff – Heartbreak

- -

Frauenversteher | 23.02., 18:28
Du bist ja echt krass drauf! Ich versteh's aber irgendwie nicht! Immerhin hat dein Freund sich ganz schön ins Zeug gelegt, um dir eine Freude zu machen: im Internet suchen, Liebesbriefgenerator finden, Daten eintragen, sich Gedanken über irgendwelche Begriffe machen. Ich kenn' viele Männer – denen würd' das nicht im Traum einfallen! Da würden sie lieber nicht schreiben. Insofern sind die Generatoren doch gar nicht so schlecht. Ich find's viel schlimmer, dass du so misstrauisch warst und extra im Internet gesucht hast. Das ist echte Liebe! Beste Grüße Frauenversteher

- -

Racheengel | 23.02., 18:53   _have my say_
Da muss ich jetzt unbedingt mal meinen Senf zu geben: Hey, Frauenversteher, ich versteh euch! Männer sind halt verbal ein bisschen ungeschickt. Dann ist das mit dem Liebesbriefgenerator schon besser als nichts. Wolltest du das rüberbringen?
Heartbreak, wenn du Rache willst, dann triff ihn und flüstere ihm zur Begrüßung ins Ohr www.usw!! – aber GAANZ langsam, dann dreh dich um und geh.

- -

Peppi | 23.02., 19:18
Hallo, ihr alle! Wenn ihr keine anderen Probleme habt … Männer und Frauen ticken halt anders, na und! Das ist doch grad der Pep!!! Es war doch nur eine Notlüge! Kriegt euch ein! Und gib ihm einen Kuss, gebrochnes Herzchen mit den Nixenaugen. So long! Peppi
Wasserspritze

> Eine idiomatische Wendung ist eine feste Verbindung von mehreren Wörtern, deren Sinn nicht aus der Bedeutung der einzelnen Komponenten abgeleitet werden kann. Man kann sie meist nicht wortwörtlich in andere Sprachen übersetzen.

Lesen
Sprechen

b Welche idiomatischen Wendungen und umgangssprachlichen Ausdrücke finden Sie in den Forenbeiträgen? Erklären Sie sich gegenseitig ihre Bedeutung aus dem Kontext.

umgangssprachlich	idiomatisch
stinksauer	Dampf ablassen

2 Zur Not lügen?

Sprechen

a Nehmen Sie Stellung zu den folgenden Aussagen.

1. Die Lüge tötet die Liebe. Aber die Aufrichtigkeit tötet sie erst recht. (Ernest Hemingway)
2. Notlügen sind nützlich, um andere nicht zu verletzen. (aus einem Beziehungsratgeber)
3. Beim Bewerbungsgespräch sind Notlügen vertretbar. (aus einem Bewerbungsratgeber)
4. Der Erfinder der Notlüge liebte den Frieden mehr als die Wahrheit. (James Joyce)
5. Notlügen gibt es nicht. Man ist immer in Not, also müsste man immer lügen. (Konrad Adenauer)

b Arbeiten Sie in Vierergruppen zum Thema „Notlügen – Für und Wider".

- Zwei pro Gruppe versuchen Situationen zu finden, in denen Notlügen vertretbar sind.
- Die anderen zwei beschreiben Situationen, in denen Notlügen negative Folgen haben.

Schreiben

c Formulieren Sie nun Ihre Ergebnisse für die jeweils andere Gruppenhälfte schriftlich aus.

- Achten Sie darauf, dass der Text gut strukturiert ist. Beginnen Sie z. B. die Einleitung mit einem Zitat und / oder einer Definition. Gliedern Sie den Text übersichtlich, sodass die einzelnen Argumente klar erkennbar sind. Achten Sie auch auf die Mittel der Textverknüpfung.
- Heben Sie die wichtigsten Punkte hervor, sodass der Leser die Hauptaspekte gut erkennen kann.
- Schauen Sie sich dazu die Tipps im Arbeitsbuch an.

3 Sprache im Mittelpunkt: Niemand möchte schuld sein.

Formen und Strukturen S. 164

a Wie ist die Wortstellung, wenn Sie Passiv mit Modalverben im Nebensatz benutzen?

1. ▶ Können Sie das nicht besser regeln?
   ▷ Ich bin sicher, dass das nicht besser geregelt werden kann.
2. ▶ Konnten Sie das nicht besser planen?
   ▷ Es ist doch klar, dass das nicht besser geplant werden konnte.
3. ▶ Hätten Sie das nicht klären können?
   ▷ Wissen Sie denn, wie das hätte geklärt werden können?

> **!**
> 1. Im Präsens und Präteritum steht im Nebensatz mit Passiv und Modalverb zuerst ____Partizip II____, dann _____ und _____ am Ende.
>
> 2. Im Konjunktiv Vergangenheit steht im Nebensatz zuerst _____, dann _____, dann _____ und _____ am Ende. Genauso ist die Wortstellung im Perfekt und im Plusquamperfekt.

b Eine Kollegin macht Ihnen Vorwürfe. Sie selbst sind aber nicht schuld. Sprechen Sie im Passiv und benutzen Sie die Modalverben „müssen" oder „können".

1. Warum ist die Rechnung nicht rechtzeitig bezahlt worden, Herr Maier? (kein Geld da)
   Ich weiß, dass *sie vorher hätte bezahlt werden müssen. Aber es war kein Geld da.*
2. Hätten Sie die Buchhaltung nicht vorher informieren können? (alle im Urlaub)
   Es ist doch klar, warum die _____
3. Warum wurde vorher kein Vertretungsplan gemacht? (nicht zuständig)
   Natürlich weiß ich, dass ein _____
4. Also, Frau Ott, man hätte die ganzen Probleme vermeiden können. (Sie mich unterstützen)
   Ich bin sicher, dass die _____

c Formulieren Sie die Sätze aus Aufgabenteil b so, dass sie eindeutiger klingen.

> *Ich weiß, dass ich die Rechnung früher hätte bezahlen müssen, aber es war kein Geld da.*

1 Stilebenen

a Lesen Sie die Briefe und analysieren Sie zu zweit, in welchem Stil sie geschrieben sind. Unterstreichen Sie die sprachlichen Mittel, an denen Sie dies erkennen. Manchmal gibt es auch Stilmischungen. Tauschen Sie sich dann im Kurs aus.

umgangssprachlich ☐   gehoben ☐   formell ☐   eher neutral ☐

A

Hoch verehrte gnädige Frau,
es ist mir ein tiefes Bedürfnis, Ihnen für den äußerst
interessanten gestrigen Abend von ganzem Herzen zu
danken. Es war für mich ein unvergessliches Erlebnis,
an den anregenden Gesprächen Ihres kultivierten
Kreises teilhaben zu dürfen. Darf ich sie bitten, Ihrem
sehr verehrten Herrn Gemahl ebenfalls meinen Dank
auszusprechen.
Ich bin, gnädige Frau, mit einem verehrungsvollen
Handkuss Ihr sehr ergebener
Harald v. Eutin

B

Sehr geehrter Herr Bauamtsleiter,

hiermit möchte ich anfragen, wann ich mit
einer Reaktion Ihres Hauses auf meinen
bereits vor sechs Monaten gestellten
Bauantrag (AZ 356796_058) rechnen kann.

Ich wäre Ihnen sehr verbunden, wenn Sie der
Sache nachgehen und mir eine kurze Antwort
zukommen lassen könnten.

Ich hoffe auf eine baldige Antwort und
verbleibe

mit freundlichen Grüßen

Walter Heinemann

C

Liebe Doro,
leider komme ich erst jetzt nach so langer Zeit dazu, dir auf deinen langen
Brief aus deiner „neuen Heimat" zu antworten. Das tut mir wirklich sehr leid,
gerade auch wegen seines besonderen Inhalts.

Wahrscheinlich denkst du, ich will mich nur herausreden, aber in der letzten
Zeit war hier wirklich die Hölle los. Nicht nur, dass Britta ausgezogen,
wieder eingezogen und noch mal ausgezogen ist, nein, sie hat auch noch
versucht, mir ein X für ein U vorzumachen – sie würde mit einer Freundin
zusammenziehen, die hätte sich dann anders entschieden etc., etc. Dabei hat
sie nur einen Freund gehabt, einen unmöglichen Kerl, der sie nach Strich und
Faden betrogen hat. Ich habe ihr ja schon immer gesagt, der taugt nichts.
Aber da hat sie die Ohren auf Durchzug gestellt. Hier rein, da raus, wenn
Mama was sagt. Na ja, wie Töchter manchmal so sind! Jetzt hat sich Gott sei
Dank alles beruhigt.

Mit Sven geht's nach wie vor sehr gut, er macht jetzt bald Abitur. Und dann
wird er wohl auch ausziehen, weil er in Münster studieren will. Wird für mich
schon eine Umstellung.

So, nun endlich zu dir. Finde ich ja toll, dass du so viel Erfolg in deiner neuen
Stelle hast und dann gleich auch noch den Mann deines Lebens gefunden!
Herzlichen Glückwunsch! Vielleicht sollte ich auch auswandern …

So, jetzt mache ich Schluss. Der Brief soll gleich noch zur Post, damit du nicht
wieder so lange wartest, beim nächsten Mal mehr.

Liebe Grüße
Deine Renate

D

Schmusebärchen,
bin mal eben weg. Erst Frisör: dauert –
mache Strähnchen. Danach noch kurz
bei Kira vorbei. Kochst du was für
heute Abend? Freu' mich drauf!
Schmatz, schmatz !! Mausi ♥

Lesen

→Telc

b Lesen Sie nun die Briefe noch einmal und beantworten Sie die Fragen. Zweimal gibt es zwei Antworten.

In welchem Brief steht, dass

1. jemand gern bei jemandem war? *A*
2. jemand viel zu lange nicht geschrieben hat? _____
3. jemand sich etwas wünscht? _____
4. jemand sich gut informieren soll? _____
5. jemand die Unwahrheit gesagt hat? _____
6. jemand gern mit anderen gesprochen hat? _____
7. jemand nicht zuhört? _____
8. jemand auf etwas wartet? _____
9. jemand beim nächsten Wiedersehen etwas anders aussehen wird? _____

2 Auf den bin ich gar nicht gut zu sprechen! – deutsche Redewendungen

Lesen
Sprechen

a Schauen Sie sich zu zweit die Zeichnungen an und bearbeiten Sie die folgenden Aufgaben. Benutzen Sie ggf. ein einsprachiges Wörterbuch.

– Drei Bilder passen zu Redewendungen im Brief C aus Aufgabe 1. Welche?
– Ordnen Sie nun die Redewendungen im Schüttelkasten den restlichen Bildern zu. Was könnten die Redewendungen bedeuten? Versuchen Sie eine kleine Situation zu finden, in der man diese Redewendung benutzen könnte.

beat about the bush

> jdm. über den Mund fahren   um den heißen Brei herum reden
> jdm. sein Herz ausschütten   mit seiner Meinung hinter dem Berg halten
> kein Blatt vor den Mund nehmen   das Blaue vom Himmel herunterlügen

pour out

b Tauschen Sie Ihre Interpretationen im Kurs aus.

c Gibt es ähnliche Sprichwörter oder Redewendungen in Ihrer Heimat? Sammeln Sie in Kleingruppen. Stellen Sie sie anschließend im Kurs vor. Die anderen sollen versuchen, die Bedeutung zu interpretieren.

A B C

D E F

1 Familienverhältnisse

Sprechen

a Schauen Sie sich die Fotos an. In welcher Beziehung könnten die Personen zueinander stehen?

Hören ● 2, 40-45
Sprechen

b Hören Sie nun einen Radiobeitrag zum Thema „Mehrgenerationenhaus". Stimmen Ihre Vermutungen aus Aufgabenteil a mit den Aussagen der Personen überein? In welchem Verhältnis stehen die Personen zueinander?

Hören ● 2, 40-45
Schreiben

c Hören Sie den Radiobeitrag noch einmal. Was berichten die Personen über ihr Miteinanderleben? Notieren Sie Stichworte.

Lotte Koch	Simone Uhlig	Moritz Uhlig	Helge Abing	Valerie Martin	Paula Stein

2 Alles unter einem Dach

Lesen
Sprechen

a Lesen Sie den Artikel über ein Mehrgenerationenhaus in Stuttgart und beantworten Sie die folgenden Fragen.

1. Was sind die Ziele des Vereins „Wabe"?
2. Welchen Erfahrungsprozess hat Frau Beitz durchlaufen?
3. Was muss man als Bewohner eines Generationenhauses lernen?
4. Welche Bedingung nennt Herr Zimmermann für das Weiterbestehen von Generationenhäusern?
5. Was ist Herrn Zimmermann persönlich wichtig?

Mehrere Generationen unter einem Dach – in Baden-Württemberg gibt es 20 dieser Wohnprojekte von Jung und Alt. Stefanie Meinecke hat sich für SWR1 Radioreport im „Haus Wabe" in Stuttgart-Burgholzhof umgesehen.

5 Marlies Beitz ist Ende 50, Gymnasiallehrerin im Vorruhestand. Eine kleine drahtige Frau mit raspelkurz geschnittenem, grauem Haar. Sie wirkt energisch. Und wahrscheinlich braucht es diese Portion Durchsetzungswillen, wenn man ein Projekt wie die Wabe verwirklichen will. Sie ist eine Frau der ersten Stunde.
10 Schon lange vor dem eigentlichen Hausbau war sie 1991 bei der Gründung des Vereins „Wabe" mit dabei. Die „Wabe" versucht, eingefahrene Vorstellungen von Wohnen und Leben aufzubrechen: Die Isolation und Anonymität in Siedlungen und Mietshäusern sollten durchbrochen werden – durch gemeinschaftliches Wohnen. Darüber hinaus sollten Lebenserfahrung und 15 Wissen der Alten weitergegeben werden an die Jungen, und Solidarität und gegenseitige Hilfsbereitschaft sollten den gemeinsam gelebten Alltag prägen; diesem Traumbild eines harmonischen Miteinanders war auch Marlies Beitz erlegen. „Da hatte ich sehr hohe Erwartungen, sicher zu hohe Erwartungen. 20

Was bei mir eingetreten ist, ist vielleicht Desillusionierung – oder besser Ernüchterung", räumt sie ein. Aber: „Zum Leben gehört manchmal eben auch ein Streit." Streit zum Beispiel um das Maß an „Sauberkeit", das im Haus in den gemeinschaftlich
25 genutzten Räumen herrschen soll. Immerhin wohnen in den 15 Wohnungen 35 Menschen – große und kleine – zusammen. Da immer den gemeinsamen Nenner zu finden, sei gar nicht so leicht, grinst Winfried Zimmermann. Der 41-Jährige ist Musiker und lebt mit seiner elfjährigen Tochter und seiner Frau im Haus
30 Wabe. „Das will gelernt sein, wie gehen wir miteinander um, also zum Beispiel die Frage der Kehrwoche, die gibt es hier natürlich auch – vielleicht noch ausgeprägter als in den üblichen Mietshäusern."

Immer wieder bekommt das Generationenhaus „Wabe" Besuch von Interessierten. „Deutlich", sagt Zimmermann, „wird bei sol- 35 chen Besuchen, dass es vor allem die Älteren sind, die sich für das Konzept Generationenhaus interessieren. Überleben und größer werden kann die Idee des gemeinschaftliche Wohnens und Lebens aber nur, wenn sich auch die Jungen dafür begeistern lassen." Grundvoraussetzung dafür, meint Zimmermann, 40 sei die Freude am Unterschied: „Für uns war es wichtig, neue Wohnformen, neue Formen des Zusammenlebens auszuprobieren, weil ich die für sehr zukunftsträchtig halte, um eben der Selektierung in unserer Gesellschaft entgegenzuwirken."

Sprechen

b Was halten Sie von den im Radiobeitrag und im Artikel beschriebenen Wohnkonzept? Könnten Sie sich vorstellen, in einem Mehrgenerationenhaus zu leben. Warum? / Warum nicht?

3 Interview

Sprechen
Schreiben

a Bereiten Sie sich auf ein Vorstellungsgespräch in einem Mehrgenerationenhaus vor. Teilen Sie sich dazu in Kleingruppen von Bewerbern und Bewohnern auf und überlegen Sie sich Fragen und Antworten.

- Die Bewerber interessieren sich für eine Wohnung in einem Generationenhaus und sind zu einem Gespräch mit den Bewohnern eingeladen worden.
- Die Bewohner leben schon seit einiger Zeit im Generationenhaus und haben potenzielle neue Mieter zum Interview gebeten.
- Überlegen Sie, welche Situationen für das Zusammenleben in einem Generationenhaus typisch sind und was man beim Zusammenleben berücksichtigen sollte.
- Welche Eigenschaften sollten die anderen Bewohner im Generationenhaus mitbringen? Welche Eigenschaften bringen Sie selbst ein?
- Welche Leistungen sollten im Mietvertrag festgehalten werden? Wie lange gilt der Vertrag?

EIN INTERVIEW DURCHFÜHREN:

Wenn Sie in einem Interview nicht wissen, was Sie antworten sollen, können Sie z. B. die Frage des Vorsprechers wiederholen oder allgemeine Aussagen treffen, wie z. B. „Das ist ein schwieriges Thema.", „Darüber muss ich (kurz mal) nachdenken."
Tipps finden Sie im Arbeitsbuch und passende Redemittel in Lektion 3.

b Führen Sie das Vorstellungsgespräch durch und nehmen Sie es dabei auf Kassette auf. Hören Sie es sich im Anschluss im Kurs an und tauschen Sie sich darüber aus.

- Wann gab es Gesprächspausen und warum? Wie war ihre Wirkung?
- Wie haben die Gesprächspartner reagiert?
- Welche Gesprächsstrategien funktionierten besser, welche weniger gut?

Was Sie in dieser Lektion lernen können:

Radiosendungen verstehen, auch wenn nicht Standardsprache gesprochen wird

in einem Interview Fragen flüssig beantworten, eigene Gedanken ausführen sowie auf Einwürfe reagieren

zu einem komplexen Thema leserfreundliche, gut strukturierte Texte schreiben

komplexes Thema gut strukturiert vortragen, den eigenen Standpunkt darstellen und sinnvoll untermauern

schriftliche Berichte verstehen, in denen Zusammenhänge, Meinungen, Standpunkte erörtert werden

(im Fernsehen) anspruchsvolle Sendungen wie Nachrichten, Reportagen oder Talkshows verstehen

zu einem Thema eigene Meinung darstellen, dabei die Argumentation durch Beispiele verdeutlichen

unter gelegentlicher Zuhilfenahme des Wörterbuchs jegliche Korrespondenz verstehen

ohne große Anstrengung zeitgenössische literarische Texte verstehen

klar strukturierte, detaillierte fiktionale Texte in persönlichem und angemessenem Stil verfassen

Bevölkerungsentwicklung

1 Tendenzen

Sprechen
Lesen

a Betrachten Sie in der Grafik unten nur den rechten Baum (2050) und erläutern Sie die folgenden Punkte. Die Redemittel unten helfen Ihnen.

- Was ist das Thema der Grafik?
- Was fällt auf den ersten Blick besonders auf?
- Was ist die Grundaussage bzw. die allgemeine Tendenz?

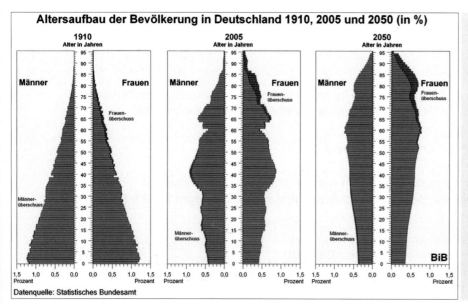

Altersaufbau der Bevölkerung in Deutschland 1910, 2005 und 2050 (in %)

Datenquelle: Statistisches Bundesamt

2050: Länger leben, weniger Geburten

Im Jahr 2050 wird jeder dritte Deutsche älter als 60 Jahre sein. Umgekehrt wird der Anteil der jungen Menschen weiter abnehmen. Heute sind gut ein Fünftel der Deutschen jünger als 20 Jahre, 1950 waren es etwa 30 %. Für 2050 prognostiziert das Statistische Bundesamt einen Anteil von nur noch 16,3 %. Der Altersaufbau wird sich dann innerhalb von hundert Jahren umgekehrt haben: 2050 wird es mehr als doppelt so viele ältere wie junge Menschen geben, während 1950 noch doppelt so viele Menschen unter 20 Jahre wie über 60 Jahre waren. Für die Prognose sind die Statistiker von mehreren Annahmen ausgegangen: Die Geburtenhäufigkeit bleibt gleich bleibend niedrig bei 1,4 Kindern. Um die Bevölkerungszahl langfristig zu erhalten, müsste jede Frau jedoch durchschnittlich 2,1 Kinder bekommen. Die Einwohnerzahl – sie lag im Jahr 2005 bei etwa 82 Millionen – wird dadurch bis 2050 auf rund 70 Millionen zurückgehen. Eine weitere Annahme ist, dass die Lebenserwartung weiter ansteigen wird. Sie lag im Jahr 2005 bei 74 Jahren für Jungen bzw. 80,3 Jahren für neu geborene Mädchen. 2050 wird sie voraussichtlich um jeweils weitere 4 Jahre angestiegen sein.

Thema benennen: Die Grafik zeigt / gibt Auskunft über … | In der Grafik wird … dargestellt. | Das Schaubild bezieht sich auf … | Aus dem Schaubild geht hervor, dass …

Auffälligkeiten beschreiben: Besonders auffallend ist … | Es ist auffällig, dass … | Mir fällt auf, dass … | Eine dramatische / extreme Entwicklung zeigt sich …

Entwicklungen beschreiben: Es ist zu beobachten, dass … | Es zeigt sich, dass … | Die allgemeine Tendenz verläuft / zeigt / macht deutlich … | Im / ab dem Jahr … ist folgende Entwicklung zu verzeichnen: … | Vergleicht man die Zahlen / den Stand von … mit …, dann zeigt sich, dass …

Gründe nennen: Für diese Tendenz sind … verantwortlich. | Angesichts dieser Entwicklung liegt die Schlussfolgerung nahe, dass … | Diese Entwicklung ist auf … zurückzuführen. | Eine mögliche Ursache dafür ist / liegt darin, dass …

b Welche zusätzlichen Informationen liefert Ihnen der Text neben der Grafik zu folgenden Punkten?

- Wie wird sich bis zum Jahr 2050 der Anteil der Jüngeren und der Älteren verändert haben?
- Von welchen Annahmen gehen die Statistiker bei ihrer Prognose aus?

2 Sprache im Mittelpunkt: Futur I und II

Formen und
Strukturen
S. 163

a Unterstreichen Sie die Futur-Formen im Text in Aufgabe 1 wie im Beispiel.

b Was ist der Unterschied zwischen den folgenden Sätzen? In welchen Fällen ist der Vorgang schon abgeschlossen?

1. 2050 wird die Lebenserwartung um vier Jahre ansteigen.
2. 2050 wird die Lebenserwartung um vier Jahre angestiegen sein.
3. Die Prognose wird wohl stimmen.
4. Die Journalisten werden wohl gut recherchiert haben.

Formen und
Strukturen
S. 163

c Formulieren Sie gemeinsam die Regeln.

> ~~werden~~ Infinitiv Vermutung gesprochenen
> werden Partizip II sein/haben Prognose

> ! Das Futur I bildet man so: _werden_ + _____.
> Das Futur II bildet man so: _____ + _____ + _____.
> Das Futur wird vor allem zum Ausdruck einer _____ (z.B. Sätze 1 und 2)
> oder _____ (z.B. Sätze 3 und 4) verwendet.
> In der _____ Sprache benutzt man für die Zukunft statt des Futurs I oft das
> Präsens (z.B. Sie kommt morgen um 9.00 Uhr vorbei.) und statt des Futurs II oft das Perfekt
> (z.B. Bis morgen haben wir den Text gelesen.).

3 Bevölkerungsentwicklung in Deutschland

Schreiben

→GI/TestDaF/DSH

Schreiben Sie einen Text über die Bevölkerungsentwicklung. Gehen Sie dabei auf die Grafik in Aufgabe 1 und auf folgende Punkte ein.

– Was fällt Ihnen an dieser Grafik besonders auf?
– Beschreiben Sie die Entwicklung des Altersaufbaus von 1910 bis 2050.
– Welche Gründe kann es für diese Entwicklung geben?
– Welche Auswirkungen wird der prognostizierte Altersaufbau wohl für die Gesellschaft haben?
– Vergleichen Sie die Situation in Deutschland mit der in Ihrem Heimatland.

4 Eine Präsentation

Sprechen

→TestDaF/DSH

a Bereiten Sie zu zweit eine Präsentation zum Thema „Bevölkerungsentwicklung" vor.

> PRÄSENTIEREN:
> Die Redemittel und Tipps in Mittelpunkt B2, Lektion 4 und 8 können Ihnen ebenfalls helfen.

– Formulieren Sie eine allgemeine Einleitung in das Thema.
– Vergleichen Sie die zwei Grafiken auf dieser Doppelseite miteinander: Schildern Sie die Situation in den verschiedenen Regionen der Welt, gehen Sie dabei auch auf Ihr Heimatland ein.
– Nennen Sie mögliche Gründe für die Situation bzw. die Entwicklung.
– Überlegen Sie sich Konsequenzen bzw. mögliche Entwicklungen in der Zukunft. (Welche Argumente/Tendenzen/Informationen untermauern diese Vermutungen?)
– Besorgen Sie sich – wenn möglich – auch zusätzliche Informationen zum Thema, z.B. zur Situation in Ihrem Heimatland.
– Achten Sie auch auf die formalen Aspekte: Strukturierung, visuelle Hilfsmittel, Körpersprache.

> Vergleicht man die Entwicklung ..., dann sieht man, dass ... | Betrachtet man die Entwicklung der aufgeführten Länder/Regionen, dann ... | Im Vergleich dazu sieht die Entwicklung in meinem Heimatland folgendermaßen aus: ... | Diese Entwicklung wird möglicherweise dazu führen, dass ... | Die/Eine Konsequenz wird sein, dass ... | Folglich werden ... Dafür spricht, dass ... | Aus ... ergibt sich, dass ... | Als Beleg lässt sich anführen, dass ... | Hierfür lassen sich folgende Beispiele anführen/nennen: ...

Entwicklung des Durchschnittsalters der Weltbevölkerung nach Regionen, 1950 - 2050 (in Jahren)

(Welt, Afrika, Asien, Europa, LateinAmerika, Ozeanien, NordAmerika)

BiB
Datenquelle: Vereinte Nationen, The 1998 Revision

b Führen Sie die Präsentation durch und tauschen Sie sich anschließend im Kurs aus: Was ist gut gelungen? Welche Elemente würden Sie für Ihre eigene Präsentation übernehmen? Warum?

Lesen
Sprechen

1 Furchtbar rüstig

Welche Bilder vom Altsein werden in diesen Schlagzeilen vermittelt?

A
Jugend stirbt aus!
Deutschland auf dem Weg zur
Methusalem-Gesellschaft!

B
Renten ade!
Warum man in Deutschland in Zukunft bis
zum 67. Lebensjahr arbeiten muss.

C
EU: Pensionisten-Boom in Kärnten!
Pensionen, Hotels, Ferienwohnungen – dank
der Pensionisten sind fast alle Fremdenzimmer
ausgebucht.

D
Diese alten Leute von heute:
Sie sind agiler denn je, sie reisen, studieren,
feiern – und nerven wie die Jungen.

2 Eine Frage des Alters

Lesen
Sprechen

a Überfliegen Sie den ersten Abschnitt des Zeitungsartikels. Welche Überschrift von Aufgabe 1 gehört zum Artikel?

1 Neulich morgens, im Pendlerzug. Eine Gruppe von Rentnern steigt ein, lärmend, raumgreifend. Sie breiten Taschen und Rucksäcke aus, sie reißen provozierende Witze, sie signalisieren ihrer Umwelt: Hoppla, hier sind wir, wir
5 haben Spaß, was dagegen? Wir Einzelreisende, die wir vielleicht gern gearbeitet hätten oder wenigstens ungestört die Zeitung gelesen, sind wie immer feige im Angesicht von Gruppen und sitzen nur mehr innerlich schäumend da: Jemand müsste denen mal Grenzen setzen. Ein paar Ma-
10 nieren beibringen. Da! Jetzt haben sie den Heizungsknopf gefunden und drehen ihn bis zum Anschlag hoch! Es wird wirklich immer schwieriger mit den Alten von heute.
Kann es womöglich sein, dass der Ruhestand – der massenhafte Ruhestand, nur gut die Hälfte der 50- bis 65-Jähri-
15 gen in unserem Land ist noch erwerbstätig – bei manchen Menschen ein Verhalten hervorbringt, das dem der Pubertät verblüffend ähnelt? Vielleicht weil, ähnlich wie in dieser Phase, Tagesstrukturen, Verantwortung und Verbindlichkeit fehlen?

20 **2** 1970 gab es sechs Millionen Rentner in der Bundesrepublik. Heute, im größer gewordenen Deutschland, sind es 18 Millionen. Der bloße Zuwachs an Menschen mit nahezu unendlich viel freier Zeit sorgt im Stadt- und Straßenbild, im öffentlichen Nahverkehr, in Supermärkten und Reise-
25 büros, auf Parteiversammlungen und in Hochschulen für Veränderungen.
Doch vielleicht wäre es wichtig, zunächst zu klären, von wem man redet, wenn man „Ältere" sagt. Die im vergangenen Herbst veröffentlichte 15. Shell Jugendstudie nimmt
30 bei der Untersuchung des Verhältnisses von Jung zu Alt in Deutschland eine bedeutsame Zweiteilung vor: Die Autoren unterscheiden zwischen den Hochbetagten, die als „Aufbaugeneration" gelten und das überwiegend respektvolle Altersbild der Jugend prägen – und den sogenannten
35 jungen Alten, den, sagen wir: 60-Jährigen, die jetzt bei voller Gesundheit, modisch gekleidet, kultur- und körperbewusst in Rente gehen. Die Shell-Studie skizziert erste Konfliktanzeichen zwischen den Jugendlichen und den „Neuen Alten". „Es wird dann problematisch", schreiben
40 die Sozialwissenschaftlerinnen Sibylle Picot und Michaela Willert, „wenn die Senioren sich einmischen, wenn sie zur Konkurrenz werden, wenn sie vermehrt in Bereichen auftauchen, die früher der Jugend vorbehalten waren."

3 Die Jungen haben, das legt jedenfalls eine aktuelle Studie des Instituts für Demoskopie Allensbach nahe, eine posi- 45
tive Meinung von den Älteren, sie halten sie mehrheitlich für höflich, hilfsbereit und verantwortungsbewusst. Wenn sie ihnen eine negative Eigenschaft zuschreiben, dann vor allem Festgelegtheit. Die Älteren sehen die Jüngeren deutlich unfreundlicher: Deren hervorstechende Eigenschaften 50
scheinen in ihren Augen Gleichgültigkeit, Egoismus und Respektlosigkeit zu sein. In einem Punkt sind sich freilich Alte wie Junge einig: Besserwisserei werfen sie einander laut Allensbach im gleichen Verhältnis vor.

4 Zu Recht? Gewiss hat jede Generation ihre eigenen Bes- 55
serwisser, aber ist die Beobachtung, dass die eigene Meinung mit steigendem Lebensalter immer schwerer erschütterbar wird, so vollkommen verkehrt? Gibt es hier nicht wieder eine Parallele zwischen jungen Alten und Teenagern? 15-Jährige wissen alles, rigoros, ganz genau, moralisch uner- 60
schütterlich, weil sie das Leben noch nicht kennen. 60-Jährige wissen alles, weil sie alles schon gesehen haben – und weil gegen den Schatz ihrer anekdotischen Erfahrung kein wissenschaftlicher Befund, keine anderslautende Beobachtung und erst recht keine abweichende politische Meinung 65
ernsthaft Bestand haben kann.
Ruheständler – es scheint mehr am Status als am Lebensalter zu hängen – fühlen sich (nicht immer, nicht alle, aber zu viele, zu oft) von Entwicklungen beleidigt oder bedroht, die gar nicht auf sie zukommen, sondern allenfalls auf uns, die 70
unter 40-Jährigen. Wie Heranwachsende nehmen sie alles sofort persönlich.
Obwohl nach der bereits zitierten Allensbach-Studie die altersmäßige Durchmischung von Freundeskreisen gering ist – Gleichaltrige bleiben überwiegend unter sich – zählt 75
jedenfalls die Autorin durchaus eine Reihe von Andersaltrigen, Studenten wie Rentnern, zu ihren Freunden. Beide Seiten sind aus Sicht der Mittelgeneration ähnlich: Die Alten wie die Jungen wollen etwas aus sich machen, sich den Zwängen des Arbeitslebens nicht mehr aussetzen müssen. 80
Oder ist dies ein Zeichen einer Lebenslüge? Gehen die jungen Alten mit tapferer Entschlossenheit, mit all ihrer Konsumkraft und ihren Reisen und Sprachkursen und Internetaktivitäten nur gegen die Leere an, die das Ende der Erwerbstätigkeit hinterlassen hat? 85

Susanne Gaschke

b Welche Eigenschaften weisen laut Text die Jungen den Alten und umgekehrt zu?

	Sicht Junge auf Alte	Sicht Alte auf Junge
positiv	*höflich,*	
kritisch		

c Neutral versus emotional

- In welchen Textabschnitten (1–4) wird eher eine fremde Meinung, in welchen eher eine eigene Meinung präsentiert? Arbeiten Sie die Meinungen heraus.
- In welchen Textabschnitten (1–4) wird eher eine neutral-objektive, in welchen eher eine emotional-wertende Haltung vertreten? Unterstreichen Sie die sprachlichen Hinweise für die eine oder andere Haltung im Text.

d Wie würden Sie die Generationen eingrenzen? Bei welchen Begriffen fällt eine Abgrenzung besonders schwer? Warum?

> Teenager Hochbetagter Jugendlicher Rentner / Pensionist (öst.) Heranwachsender
> die Alten (alte Generation) die Jungen (junge Generation) mittlere Generation Kind

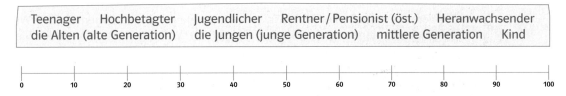

e Was sind Ihre persönlichen Erfahrung? Nennen Sie Beispiele.

- Verhält sich sowohl die junge als auch die alte Generation besserwisserisch?
- Was sind die Gemeinsamkeiten / Unterschiede zwischen den Generationen?

3 Sprache im Mittelpunkt: Auf einen Sachverhalt besonders hinweisen

a Welche Varianten passen zu welchem Satz? Ordnen Sie zu.

> Dies Dies ~~Diese~~ Dieses Solch ein solcher ~~Solch eine~~ Solche Ein solch(es)
> Eine solche Ein derartig Eine derartige Ein derartiges Derartige So etwas

1. Die Autorin beschreibt die ältere Generation als modern. *Diese / Solch eine / ...* Beschreibung ist ungewöhnlich.

2. Die Jungen sehen die Alten höflich und verantwortungsbewusst. _____ positive(s) Bild hilft dem Zusammenleben der Generationen.

3. Die Alten geben sich oft besserwisserisch. _____ Beobachtungen kann man öfters machen.

4. Die Generationen sind sich fremd. _____ ist in der Geschichte nichts Ungewöhnliches.

5. Der Konflikt zwischen Jung und Alt als _____ ist nicht ungewöhnlich.

b Ergänzen Sie gemeinsam die Regeln.

1. „solch- ein-", „ein- solch-" bzw. „solch-" (im Plural) und „ein- derartig-" bzw. „derartig-" (im Plural) werden eher in formalen Texten angewandt und können dort den Demonstrativartikel _____ ersetzen. Variieren Sie deshalb in Ihren Aufsätzen die hinweisenden Formen!

2. _____ bezieht sich auf den gesamten Satz.

3. „solch-" ohne „ein-" im Singular wird meist nur nach _____ benutzt.

Lesen / Schreiben

Lesen / Sprechen

Formen und Strukturen S. 178

6 Generationen

Sprechen

1 Generation ...

a Zur Abgrenzung erhalten Generationen oft einen Namen. Was könnten die Bezeichnungen unten beschreiben? Kennen Sie weitere Bezeichnungen dieser Art?

> MTV-Generation   Generation Internet   68er-Generation   Nachkriegsgeneration
> Generation Praktikum   Skeptische Generation   Generation Chips   Generation Golf

b Welche der folgenden Werte sind Ihrer Meinung nach Jugendlichen in Deutschland wichtiger (= w) oder unwichtiger (= u)? Wie sind Ihre Erfahrungen im Zusammenhang mit diesem Thema? Tauschen Sie sich im Kurs aus.

Kreativität ☐   Spaß / Genuss ☐   Eigenverantwortung ☐   Familie ☐   Karriere ☐

Disziplin ☐   Freundschaft ☐   Fleiß / Ehrgeiz ☐   Sicherheit ☐   Leistung ☐

Lesen
Sprechen

2 Generationenkonflikt?

a Sie hören in Aufgabenteil b eine Talkshow zum Thema „Generationenkonflikt". Welche der folgenden Aussagen werden Sie dort wohl hören? Welchen Aussagen würden Sie zustimmen, welche ablehnen?

1. Die Jugendlichen von heute interessieren sich nur für Musik, Disco und Klamotten, sie sind richtige Konsum-Kids.
2. Jugendstudien haben ergeben, dass bei den Jugendlichen von heute Werte wie „Fleiß" und „Leistung" vergleichsweise hoch im Kurs stehen.
3. Die Jugendlichen von heute fordern Respekt von ihren Eltern, ihren Lehrern, sind aber nicht bereit, selbst Respekt zu geben.
4. Im Gegensatz zu Medienberichten gibt es zurzeit keine allgemeine Entfremdung zwischen den Generationen, und die Beziehungen sind nicht immer so konfliktbeladen, wie landläufig dargestellt.
5. Die Jugendlichen heute wollen mehr Spaß, sie bringen eine lustbetontere Lebensethik in das Berufsleben ein, als es früher der Fall war.
6. Die Jugendlichen von heute denken immer nur an sich.
7. Die Jugendlichen heute wollen zwar, dass man ihre Wünsche erfüllt, sind aber nicht bereit, Gegenleistungen zu erbringen, sondern möchten bedient werden.

Hören ● 2, 46-49
Sprechen

b Hören Sie nun die Talkshow. Hatten Sie mit Ihren Vermutungen Recht?

Hören ● 2, 46-49
Schreiben

c Hören Sie die Talkshow noch einmal und notieren Sie die Meinungen der Teilnehmer in Stichworten.

Frau Prof. Warig	Herr Dirschel	Frau Büren	Lisa Walz	Alex Rössler
Pubertät meist nicht so aufwühlend, wie dargestellt, ...				

3 Die Jungen und die Alten

Schreiben

→TELC

Eine Jugendzeitschrift veranstaltet einen Schreibwettbewerb. Schreiben Sie hierfür einen Artikel von ca. 200 Wörtern zu folgendem Thema. Führen Sie Ihre Meinung anhand von Argumenten und Beispielen aus.

> Wie sollten Jugendliche und Ältere miteinander umgehen, um tief gehende Konflikte zu vermeiden?

STRATEGIEN IN MITTELPUNKT:

– Sammeln Sie Ideen und Argumente zum Thema.
– Ordnen Sie sie nach Wichtigkeit.
– Bringen Sie sie in eine logische Reihenfolge und verdeutlichen Sie sie mit Beispielen.
– Nehmen Sie persönlich zu einzelnen Argumenten Stellung (dafür, dagegen) und ziehen Sie am Ende ein Fazit.

ERÖRTERUNG:

Weitere Redemittel, die bei einer Erörterung bzw. einem Artikel helfen, finden Sie in Mittelpunkt B2, Lektion 3 und 11.

Einleitung: Mit dem Thema ... müssen wir uns alle mehr oder weniger direkt auseinandersetzen, weil ... | Dieses Thema betrifft uns alle, denn ...

Mit Beispielen verdeutlichen: Dafür lassen sich viele Beispiele nennen: .... | Ein gutes Beispiel dafür ist / wäre ... | Dies möchte ich, wie folgt, verdeutlichen: ...

Hauptgedanken hervorheben: (Besonders) wichtig erscheint mir ... | Dies möchte ich (noch einmal) besonders betonen: ... | Von besonderer Bedeutung ist ...

Schluss: Abschließend / Zusammenfassend lässt sich sagen, dass ... | Betrachtet man die (heutige) Situation / Lage / Entwicklung, lässt sich sagen, dass ...

4 Alt und Jung: Geben und nehmen

Lesen
Sprechen

a Lesen Sie die folgenden Zeitungsmeldungen. Welche Form von Hilfe bieten die Vereine jeweils an? Wie nützen sich Alt und Jung jeweils gegenseitig?

Sie waren als Führungskraft erfolgreich oder haben möglicherweise Ihren eigenen Betrieb aufgebaut? Auch wenn das Berufsleben mitunter sehr stressig war, viele Ruheständler wünschen sich ab und an einen fordernden und interessanten Arbeitsalltag zurück. Und es gibt Möglichkeiten, sich einen Teil des Arbeitslebens zurückzuholen. Die Lösung sind die sogenannten „Business Angels". Das Prinzip ist einfach: Junge Unternehmer, die mit einer guten Geschäftsidee und viel Tatendrang in die Selbstständigkeit starten wollen, brauchen in vielen Fällen Unterstützung, da ihnen oft jegliche unternehmerische Erfahrung fehlt.
Unternehmerische Erfahrung? Die haben Sie wahrscheinlich im Überfluss. Geben Sie einen Teil davon an jüngere Unternehmer ab und schon dürfen Sie sich selbst „Business Angel" nennen. Die jungen Unternehmer profitieren von Ihrem reichen Erfahrungsschatz und Ihrem Netzwerk an Geschäftskontakten. Sie wiederum können noch einmal einen aktiven und fordernden Arbeitsalltag erleben, ohne sich dabei zu viel Verantwortung oder negativen Stress aufladen zu müssen. Falls Sie diese Idee reizt, finden Sie unter anderem beim Verein „Business Angels Deutschland" (BAND) einen passenden Einstieg.

Dass Irene Meurer nach dem Beruf etwas im sozialen Bereich machen wollte, war der heute 64-jährigen, ehemaligen Redakteurin bei der Deutschen Welle immer klar: „Und am besten etwas mit Jugendlichen, da ich selber keine Kinder habe." Da war der Kölner Verein „Ceno & Die Paten e.V." wie für sie gemacht. Die Idee dieser Einrichtung: Ältere Menschen mit Potenzial kümmern sich um junge, die ihren Lebens- und Berufsweg noch suchen. Vorrangig sind es Hauptschüler im schwierigen 10. Abschlussjahr und der noch schwierigeren Suche nach einem Ausbildungsplatz. Heute ist Irene Meurer Patin von drei Mädchen. Eine ihrer Schützlinge ist die 18-jährige Asmait. Als Patin ist Irene Meurer Ansprechpartner in allen Lebenslagen. Doch im Vordergrund steht die Hilfe bei der Berufswahl und der Berufsfindung. Das heißt konkret: Bewerbungen schreiben und sich um Praktikumsplätze bemühen. Auf zwei Jahre ist eine Patenschaft angelegt. Doch Irene Meurer glaubt nicht, dass der Kontakt danach so schnell abreißen wird: „Das ist ja das Schöne an dem Projekt: Beide Seiten gewinnen dadurch."

b Wie beurteilen Sie solche Vereine? Können sich Jung und Alt auf diese Weise wirklich helfen?

c Gibt es in Ihrer Heimat ähnliche Vereine? Wenn ja, berichten Sie. Wenn nein, was sind dafür die Gründe?

1 Textgenerationen

a Lesen Sie die folgenden Briefauszüge bzw. die E-Mail. Welcher Text ist leichter, welcher schwerer zu verstehen? Was genau macht das Verständnis schwierig?

> veralteter Stil   fehlende Satzzeichen   Satz-/Gedankenbrüche
> Fehler in der Groß-/Kleinschreibung   veraltete Wortwahl/Rechtschreibung

(…) Du weißt es, und du must es immer mehr fühlen, daß mein Leben an deinem Leben hängt, daher bitte ich dich, um meiner und deiner Liebe willen, sorge ja die Sorge für dein Leben, wie eine Mutter für ihr erstes einziges Kind sorgt, für einen ersten Sohn, den sie unaussprechlich liebt. Versprich mirs, daß du das thun willst, Clärchen! Daß du eine so süsse Mutter seyn willst, (ach, die sollst du auch bald dann im eigentlichsten Verstande seyn!) versprich mir das; so verspreche ich dir, daß wir einst wie Daphnis und Daphne sterben wollen. (…)

(…) Beim Nachhausekommen find ich, mein verehrtes Fräulein, Ihren Brief, der zu Mittag gekommen sein soll – verlangt er eigentlich nach einer Antwort? Sie kennen schon meine Scheu vor den Worten, die „alle sagen, und die man sagt" – Und wie ich jetzt da ein paar Augenblicke vor dem Briefpapier gestanden habe, die ersten Worte überdenkend, die ich Ihnen schreiben wollte – es waren doch wieder dumme, leere unerträgliche Worte, die nicht mehr gelten, weil sie schon zu oft gegolten haben – Und sollte ich überhaupt wagen, Ihren Brief zu verstehen – sie müssen sich da in meinen Gedankengang hineindenken, der natürlich damit schließt: „Ich, ich, ich – gerade ich?" (…)

> (…) Ich freu mich soooo für dich, dass du an der HFS angenommen worden bist. Die ernst busch hat ja auch einen echt guten ruf. Ich freu mich total auf deine erste richtige regiearbeit. Und in berlin sind die möglichkeiten ja auch gigantisch. So viele theater und vielleicht klappts ja auch mit einem praktikum an der schaubühne. Das ist ja dein großer TRAUM :) Aber ich hoffe wirklich, dass du mich nicht vergisst wenn du dann so weit weg bist. Dein studium und das leben in Berlin – alles wird bestimmt ganz spannend und total aufregend und ich sitz hier vergessen in der provinz … Du sollst nur wissen: Dass ich dich wirklich total lieb habe und dich schon vermisse wenn ich nur daran denke, dass du bald so weit weg bist!!!!
> Laraganzfestdrückundgarnichtmehrloslassenwill – Dein Robin

b Woran erkennt man, dass die Briefe aus unterschiedlichen Epochen stammen? Analysieren Sie hierfür deren Sprache und beantworten Sie dabei die folgenden Fragen.

- Brief links: Woran erkennt man, dass der Text recht alt ist? Arbeiten Sie die besonders altertümlich klingenden Stellen heraus und formulieren Sie sie moderner.
- Brief rechts: Was unterscheidet diesen Brief vom Brief links? Woran erkennt man, dass er „moderner" ist?
- E-Mail: Woran erkennt man, dass dieser Text am modernsten ist? Welche Fehlertypen findet man im Text?

2 Falsch – Na und?

a Wie gehen Sie mit sprachlichen Normverstößen um? Ergänzen Sie die Tabelle.

	mündlich	schriftlich
– In welchen Gesprächs-/Textsituationen bessern Sie einen Fehler aus?	*Im Unterricht …*	
– Bei welchen Gesprächspartnern?		
– Hilft es, wenn man jemanden verbessert?		
– Haben Sie es gern, wenn man Sie verbessert?		
– In welchen Situationen halten Sie eine Verbesserung für Ihre Sprachkompetenz für besonders sinnvoll?		
– Wo haben Sie in der Sprachpraxis noch Probleme? Wie gehen Sie damit um?		
– Welche Grammatikthemen der deutschen Sprache sind für Sie besonders schwierig?		

Sprechen

b Tauschen Sie sich zuerst zu zweit und anschließend im Kurs über Ihre Antworten aus.

3 Sprachregeln – Meine Sprache regeln

Sprechen

a Welche Strukturen in Ihrer Muttersprache sind für Nicht-Muttersprachler besonders einfach bzw. besonders schwer zu verstehen?

b Wie hat sich Ihre Muttersprache im Laufe der Zeit verändert bzw. wie verändert sie sich momentan?

4 Jugendsprache

Lesen
Sprechen

a Jugendsprache – ein Versuch: Was können die folgenden Wörter bedeuten?

1. Gehirnprothese		
a. Brille	**b.** Taschenrechner	**c.** Lexikon
2. dampfen		
a. rauchen	**b.** schwitzen	**c.** saunieren
3. Weizenspoiler		
a. Mähdrescher	**b.** Brötchen	**c.** Bierbauch
4. Glockendisco		
a. Weihnachtsmarkt	**b.** Kirche	**c.** Glockenspiel
5. latte		
a. doof	**b.** egal	**c.** super
6. Kieskneipe		
a. Bank	**b.** Baumarkt	**c.** In-Kneipe
7. chillen		
a. schlafen	**b.** Musik hören	**c.** nichts machen
8. Bordsteinpanzer		
a. korpulente Person	**b.** parkendes Auto	**c.** Gehwegbegrenzung
9. Teppichporsche		
a. Spielzeugauto	**b.** Dackel	**c.** Kinderwagen
10. gediegen		
a. seriös	**b.** teuer	**c.** entspannend

Lösungen: 1b • 2a • 3c • 4b • 5b • 6a • 7c • 8a • 9b • 10c

b Was kennzeichnet die Beispiele in Aufgabenteil a? Was sind Merkmale der Jugendsprache? Folgende Stichworte helfen Ihnen.

> Komposita   Anglizismen   Metaphern   Komposita
> Wortneuschöpfungen   Bedeutungsverschiebungen

Hören 🔊 2, 50
Schreiben

c Was sind Kennzeichen der Jugendsprache? Hören Sie einen Radiobeitrag darüber und ergänzen Sie die fehlenden Informationen.

1. Jugendliche verwenden Jugendsprache vor allem *in Gruppen von Gleichaltrigen* .
2. Der Zweck von Jugendsprache ist _____.
3. Jugendsprache bezeichnet weniger _____ als vielmehr
   _____.
4. Jugendsprache entwickelt sich _____.
5. Diese Dynamik ist _____ für die Werbeindustrie.

Sprechen

d Gibt es ähnliche Tendenzen bzw. Begriffe auch in Ihrer Muttersprache? Stellen Sie sie im Kurs vor.

Kreative Texte

1 Gedicht

a Lesen Sie nur die erste Strophe des Gedichts „Warnung".
Welcher der markierten Begriffe ist vermutlich der richtige?

Warnung

Wenn ich einmal alt bin,
Werde ich Lila / Grau tragen
Mit einem roten Hut,
Der nicht / gut dazu passt
Und mir nicht / sehr gut steht
Und ich werde meine Rente für Cognac / Tee
Und Sommerhandschuhe ausgeben
Und Schuhe aus Leder / Satin
Und sagen,
„Wir haben kein Geld für Butter".

Ich werde mich auf den Bürgersteig setzen,
Wenn ich müde bin
Und Warenproben aus den Läden horten
Und Notfallknöpfe drücken
Und meinen Stock

An öffentlichen Geländern klappern lassen
Und mich entschädigen
Für die Ernsthaftigkeit meiner Jugend.

Ich kann schreckliche Hemden tragen
Und noch dicker werden
Und hintereinander
Drei Kilo Würstchen essen
Oder eine Woche lang
Nur trockenes Brot und saure Gurken
Und Kulis und Bleistifte und Bierdeckel
Und andere Dinge in Kisten horten.

Ich werde in meinen Hausschuhen
In den Regen rausgehen
Und die Blumen pflücken,
Die in anderer Leute Gärten wachsen
Und ich werde spucken lernen.

Aber jetzt müssen wir noch Kleidung haben,
Die uns trocken hält
Und unsere Miete bezahlen
Und dürfen auf der Straße nicht fluchen
Und müssen für unsere Kinder
Ein leuchtendes Beispiel sein.
Wir müssen zum Abendessen einladen
Und Zeitungen lesen.

Aber vielleicht sollte ich
Das Andere schon mal ausprobieren?
Damit die Leute, die mich kennen,
Nicht zu schockiert und überrascht sind,
Wenn ich plötzlich alt bin
Und anfange, Lila zu tragen.

Jenny Joseph

b Lesen Sie das gesamte Gedicht. Haben sich Ihre Vermutungen bestätigt? Wie finden Sie das Gedicht?

c Welche der folgenden Wörter beschreiben eher den zukünftigen Gemütszustand, welche eher den gegenwärtigen Gemütszustand?

befreit pragmatisch realistisch
entspannt unter Druck stehend
authentisch spontan kindlich
erwachsen vernünftig direkt
angepasst glücklich ernsthaft

gegenwärtiger Zustand	zukünftiger Zustand
pragmatisch	befreit

d Was könnte mit dem Begriff „Warnung" in der Überschrift gemeint sein?

2 Schreiben

a Schreiben Sie ein eigenes Gedicht mithilfe des folgenden Textgerüsts oder wählen Sie Ihre eigene Form.

1. Strophe:	Wenn ich einmal
2. Strophe:	Ich werde
3. Strophe:	Ich kann
4. Strophe:	Ich werde
5. Strophe:	Aber jetzt
6. Strophe:	Aber vielleicht
	Damit
	Wenn ich plötzlich

b Sind Sie mit der Wortwahl zufrieden? Ein Blick in ein Synonym-Wörterbuch bringt Sie vielleicht auf andere Ideen.

c Tragen Sie Ihre Texte im Kurs vor.

3 Ein besonderes Erlebnis

a Lesen Sie zwei Varianten des ersten Teils von „Mein erster Schultag" und beantworten Sie folgende Fragen. Tauschen Sie sich im Kurs aus.

1. Welcher Text ist für Sie interessanter zu lesen? Warum?
2. Welcher Text verwendet vielfältigere Begriffe?
3. Welcher Text orientiert sich primär an den Fakten?
4. Welcher Text orientiert sich primär an den Umständen bzw. Gefühlen?
5. Was bewirken der erste und der letzte Satz in Text A? Welche Atmosphäre wird erzeugt?

A

„Morgen ist dein großer Tag!", sagte meine Mutter plötzlich. Ich hatte keine Vorstellung davon, was ein großer Tag sein könnte. Für mich war damals jeder Tag ein großer Tag. Doch als ich ihren Blick zu meiner Schwester sah, dämmerte es mir: „Morgen ist mein erster Schultag!"

Meine ältere Schwester saß gebeugt über dem Schreibtisch und machte gerade ihre Hausaufgaben – stöhnend und ziemlich zerknirscht – wie immer. Ich hatte den Eindruck, dass sie lieber 3-mal täglich Haferflocken essen wollte, als in die Schule zu gehen. Und Haferflocken waren so ziemlich das Schlimmste, was es für uns Kinder damals gab. Da beschloss ich kurzerhand, den „Großen Tag" zu verschieben.

Als ich gerade dabei war, mich schmollend in die Ecke zu verziehen, stand urplötzlich Großmutter vor mir. Mit einem sanften Schwung nahm sie mich auf den Arm und flüsterte in mein Ohr: „Ich habe hier etwas Besonderes für dich." Erst jetzt fiel mir das große Paket zu ihren Füßen auf. Völlig aufgelöst strich ich behutsam mit den Händen über das glatte Papier … und konnte mich vor Begeisterung und Vorfreude nicht mehr halten. Schnell riss ich das Geschenkpapier in Fetzen. Da lag sie vor mir:

B

Als ich sechs Jahre alt war, kam eines Tages meine Mutter zu mir und sagte, dass ich in die Schule müsste. Ich wusste damals nicht, was mich erwarten würde. Meine Schwester ging jedenfalls nicht gerne in die Schule. Sie jammerte häufig über die Hausaufgaben und tat alles andere lieber. Und sie sprach kaum positiv über ihre Klassenkollegen. Aus diesen Gründen dachte ich mit wenig Freude an meinen ersten Schultag.

Ich war gerade dabei, mich zurückzuziehen, als meine Großmutter zu Besuch kam. Sie sagte mir leise, dass sie etwas ganz Besonderes mitgebracht hat. Dann übergab sie mir ein Paket. Das war sehr überraschend, denn normalerweise gab es Geschenke nur zu Weihnachten oder zum Geburtstag. Da ich sehr aufgeregt war, wollte ich das Geschenk sofort aufmachen. Obwohl es in schönes Papier eingewickelt war, habe ich es sofort aufgerissen:

b Lesen Sie die den zweiten Teil der Geschichte. Schließt er besser an Text A oder Text B an? Begründen Sie.

Eine Schultasche mit einem riesigen Drachen drauf! Ich war sprachlos und konnte es kaum erwarten loszuziehen. Die Nacht schien kein Ende zu nehmen. Als ich endlich am Morgen aufwachte, ging es gleich los. Ich stand in meiner grünen Bluse, dem blauen Samtrock und der roten Baumwollstrumpfhose mit den gelben Sandalen da, als wäre ich ein Regenbogen, der auf die Sonne wartet. Meine Mutter half mir beim Schultern der Schultasche. „Die Tasche wird dir helfen, in der Schule das zu lernen, was du im späteren Leben einmal brauchst", sagte sie. Fast hätte ich das Gleichgewicht verloren – so schwer war meine Tasche mit ihrem dicken, ziemlich derben, roten Leder. Oder wog der Drache soviel?

Bei der Schule warteten bereits die anderen Erstklässler. Wir wurden von einer jungen Lehrerin abgeholt und in unsere Schulklasse gebracht. Der Weg führte über sehr lange und unheimlich aussehende Gänge, in denen es nach Putzmittel roch. „Nehmt euer Heft aus der Schultasche", sagte die Lehrerin langsam, „Ihr könnt in das Heft zeichnen, was ihr wollt." Ich fing an, meine Schultasche abzumalen. Dann noch einmal. Zuerst malte ich unbeholfen, aber mit jeder Schultasche, die mein Heft füllte, wusste ich, dass meine Oma und meine Mutter Recht hatten. In der Schule würde ich das lernen, was ich in meinem späteren Leben unbedingt brauchen würde: Schultaschen mit Drachen zu zeichnen! Damals wusste ich nicht, dass ich später tatsächlich einmal Malerin werden sollte. Die Tasche habe ich übrigens immer noch zuhause.

4 Mein besonderes Erlebnis

a Schreiben Sie eine Geschichte über ein besonderes Erlebnis. Achten Sie dabei auf folgende Punkte.

- Einleitung: Wie können Sie die Aufmerksamkeit der Leser gewinnen? Geben Sie nicht zu viele Informationen preis.
- Mittelteil: Was ist genau passiert? Beschreiben Sie die Umstände möglichst genau.
- Schlussteil: Fazit? Was war das Besondere an der Geschichte?

b Tauschen Sie Ihre Geschichten untereinander aus und geben Sie sich Ratschläge: Wie kann man die Geschichten noch verbessern? Lesen Sie in den folgenden Tagen jeden Tag eine der Geschichten im Kurs vor.

1 Glücksversprechen

Sprechen

Schauen Sie sich die Werbeanzeigen oben an und besprechen Sie die folgenden Fragen.

- Für welches Produkt wird geworben?
- Welche Vorstellungen von Glück vermitteln diese Werbebilder?
- Von welcher Werbung fühlen Sie sich angesprochen? Warum?

2 Eine interdisziplinäre Ringvorlesung zum Thema Glück

Hören 3, 1
Schreiben

a Hören Sie die Einleitung einer Vorlesung. Notieren Sie das Thema und die Gliederungspunkte.

Hören 3, 2-4
Schreiben

b Hören Sie nun die Vorlesung und notieren Sie sich Stichworte.

Hören 3, 2-4

c Fassen Sie nun anhand Ihrer Ergebnisse aus den Aufgabenteilen a und b den Gedankengang des Vortrags schriftlich zusammen und tragen Sie Ihre Zusammenfassung im Kurs vor.

→DSH
Sprechen

d Wie definiert der Vortragende die Rolle der Medien bei der Darstellung von Glück? Nehmen Sie dazu Stellung.

3 Was ist Glück?

Lesen
Sprechen

a Lesen Sie die folgende Kolumne und formulieren Sie die Hauptaussage.

> KOLUMNE:
>
> Immer an gleicher Stelle einer Zeitung oder Zeitschrift stehende Spalte, die einem oder mehreren Journalisten regelmäßig zur Meinungsäußerung, für Kommentare offen steht. Die Kommentare können witzig, aber auch kritisch oder ironisch sein.

Sagen Sie mal, was ist denn für Sie eigentlich Glück? Ach, werden Sie sagen, ein Lottogewinn, ein schönes Haus, ein attraktiver Mann, kluge Kinder. Oder muss es gleich der Friedensnobelpreis sein? Na ja, irgendwie
5 macht das alles glücklich. Aber ein Lottogewinn kann Ihnen keinen kaputten Rücken ersetzen und der Friedensnobelpreis heilt auch nicht Ihr Magengeschwür. Was lernen wir also daraus? Ja, richtig. Glück bedeutet für jeden Menschen in verschiedenen Lebensphasen etwas anderes. Wissen Sie, als Kind war ich glücklich über eine große bunte
10

Glasmurmel. Über ein neues Spielzeug konnte ich mich monatelang freuen. Bücher habe ich gehortet wie einen kostbaren Schatz. Heute bekomme ich Bücher zu allen Gelegenheiten, sodass ich mich über jedes einzelne gar nicht mehr freue und manchmal sogar denke:„Schon wieder so
15 ein Buch. Wohin mit dem Zeug?" Wenn ich mich bei einem

solchen Gedanken ertappe, sage ich zu mir selbst. „Schade, dass es soweit gekommen ist. Dir geht's einfach zu gut."

Ja, gut geht es mir heute. Ich habe eine liebe Familie, einen
20 guten Beruf, ein schönes Haus. Aber bin ich deswegen glücklich? Oder machen mir meine 11 Kilo Übergewicht immer noch so zu schaffen wie mit 22? Sie werden es mir nicht glauben, aber sie stören mich nicht mehr. Im Laufe der Jahre habe ich nämlich eines verstanden: Glück ist kein Dauerzustand,
25 sondern eine Ansammlung von Momenten. Es gibt Augenblicke im Leben, in denen man nichts Außergewöhnliches erwartet, und gerade dann begegnet einem das Glück.

Neulich, an einem verregneten Samstag, stand ich an einer Bushaltestelle und plötzlich hielt vor mir ein Auto. Ein Mann
30 stieg aus. Ich dachte, er wollte nach dem Weg fragen. Aber er hielt einen riesigen Blumenstrauß in der Hand, überreichte ihn mir, wünschte mir ein schönes Leben und fuhr davon. Mein Gott, wie habe ich mich gefreut! Oder der erste Schnee, der das kalte Grau der großen Städte mit einem zarten Weiß über-
35 tüncht und Kinderträume vom Schneemannbauen weckt.

Dann wird es einem ganz warm um's Herz. Dann ist er wieder da der Moment des Glücks und alle Probleme des Alltags sind vergessen. Man kann auch Glück in unglücklichen Situationen empfinden. Es ist schon ein paar Jahre her, da wurde ich ans Bett meiner schwer kranken Mutter gerufen. Es sollte unsere 40 letzte gemeinsame Stunde sein, wir sprachen mit den Augen und hielten unsere Hände. Trotz unserer Trauer war dieser gemeinsame innige Moment ein Augenblick tiefsten Glücks.

Nun werden Sie sagen, man muss die glücklichen Momente also nur suchen, dann kann jeder glücklich sein. Nein, für ein 45 glückliches Leben müssen glückliche Umstände aufeinander treffen. Und dies erleben viele Menschen in ihrem ganzen Leben nicht. Aber selbst wenn man sie hat, diese glücklichen Umstände, zeigt sich das Glück nur in einem flüchtigen Moment. Anders gesagt: Aus einer Kette von aneinander gereih- 50 ten glücklichen Augenblicken kann es am Ende hervorgehen: das glückliche Leben. Lernen wir also, die glücklichen Momente wahrzunehmen und sie, wenn sie da sind, ein wenig zu genießen!

Lesen / Schreiben

b Erläutern Sie in ca. sieben Sätzen den inhaltlichen Aufbau und den Gedankengang des Textes. Verwenden Sie dabei die Formulierungen aus dem Redemittelkasten. Vergleichen Sie anschließend Ihre Ergebnisse im Kurs.

> **Aufbau:** Der Text ist wie folgt aufgebaut: ... | Der Text umfasst ... Abschnitte. | Der Autor / Die Autorin erläutert / stellt ... dar / legt ... dar / demonstriert.
>
> **Beispiele:** Der Autor / Die Autorin verdeutlicht / illustriert / untermauert seine / ihre These anhand eines Beispiels / mehrerer Beispiele: ... |
>
> Er / Sie nennt Argumente für / gegen ...
>
> **Fazit:** Der Autor / Die Autorin zieht folgendes Fazit: ... | Zum Schluss ...
>
> **Intention:** Die Intention des Autors / der Autorin / des Textes ist ... | Der Autor / Die Autorin möchte erreichen, dass ...

Sprechen

c Vergleichen Sie die Vorstellungen von Glück, die in der Vorlesung beschrieben werden, mit denen, die in der Kolumne beschrieben werden.

4 Glück ist für mich ...

Schreiben / Sprechen

a Was bedeutet Glück für Sie persönlich? Schreiben Sie eine kurze Kolumne zum Thema und präsentieren Sie sie im Kurs.

b Vergleichen Sie die Kolumnen und deren Aussagen im Kurs. Wo gibt es Gemeinsamkeiten bzw. Unterschiede?

Was Sie in dieser Lektion lernen können:

inhaltlich und sprachlich komplexe Vorlesungen, Reden und Berichte verstehen

in einem Kommentar eigene Standpunkte darstellen, dabei die Hauptpunkte hervorheben

lange, anspruchsvolle Texte mündlich zusammenfassen

Gedanken und Einstellungen klar ausdrücken und argumentativ unterstützen

literarische Erzählungen verstehen, auch wenn gelegentlich Details unklar bleiben

Berichte, Kommentare verstehen, in denen Zusammenhänge, Meinungen, Standpunkte erörtert werden

in langen, komplexen allgemeinen Texten und Sachtexten rasch wichtige Einzelinformationen finden

komplexe Texte im Detail verstehen, dabei implizit angesprochene Einstellungen und Meinungen erfassen

ohne große Anstrengung zeitgenössische literarische Texte verstehen

Geschichten erzählen und dabei Exkurse machen, Punkte ausführen und angemessen beenden

Auf dem Weg zum Glück

ZUSAMMENFASSUNG:
Redemittel für eine Zusammenfassung finden Sie in Lektion 2 sowie in Mittelpunkt B2, Lektion 6 und 8. Lesen Sie auch die Tipps im Arbeitsbuch.

Lesen
Sprechen

1 Der lange Weg zum Glück

a Lesen Sie folgenden Beitrag aus der Reihe „Philosophie im Alltag" einer deutschen Wochenzeitung und fassen Sie die sieben Bestimmungen des Glücks kurz in eigenen Worten zusammen.

Kennen Sie das, liebe Leserinnen und Leser? Ihr Kollege, nennen wir ihn Bernhard, feiert Hochzeit und ausgerechnet Sie sollen eine Rede halten. Worüber? Über das Glück natürlich, das Sie dem Brautpaar für die Zukunft wünschen. Und dann sitzen Sie über einem leeren Blatt Papier und beginnen zu sinnieren. Glück, was ist das eigentlich? Wie wird man glücklich? Gibt es Regeln für das Glücklichsein? Diese Fragen sind wohl so alt wie die Menschheit selbst. Und da sieht man wieder, wie wichtig die Philosophie im Alltag ist. Aristoteles, Sie wissen schon, der berühmte griechische Philosoph, hat sich auch ausführlich mit dem Thema beschäftigt und sieben Wege zum Glück festgehalten:

1. Das Glück ist wählbar.

Was meint Aristoteles damit? Nun, er bezieht das Glück zunächst auf die Grundlage jeder Existenz, nämlich auf die Lebensform, und diese ist ja in vielen Fällen wählbar. Er un-
5 terscheidet drei Lebensformen: Erstens die nach dem Lustprinzip, also die nach den eigenen Bedürfnissen ausgerichtete, zweitens die der gesellschaftlichen Arbeit gewidmete und drittens die der theoretischen bzw. geistigen Auseinandersetzung verschriebene. Heute mag es noch viele weitere
10 Lebensformen geben. Darüber sollte man mal gesondert nachdenken, finden Sie nicht? Also ich glaube, Bernhard, Ihr Kollege aus der Rechtsabteilung, lebt eher nach dem Lustprinzip. Und wie ist es bei Ihnen?

2. Das Glück ist lebenslange Arbeit.

15 Aristoteles versteht unter Glück keinen schicksalhaften Zustand, der einem wie ein Lottogewinn zufällt. Ganz im Gegenteil: Glück ist etwas, wofür man sein Leben lang etwas tun kann. Will man ein glückliches Leben führen, muss sich dies auch im eigenen Handeln widerspiegeln. Selbst die ba-
20 nalste alltäglichste Handlung kann Glück erfahrbar machen, wenn wir diese bewusst mit einer innerlich positiven Haltung ausführen. Also alles bloß eine Frage der Einstellung! – Was Sie Bernhard ja schon lange sagen, wenn er den Kaffeeautomaten im Büro nicht reinigen will. Nach Aristo-
25 teles könnte auch das Reinigen der Kaffeemaschine echte Glücksgefühle auslösen. Und das nicht nur bei Bernhard, sondern auch bei den Kollegen.

3. Das Glück ist ein Leben in sozialen Beziehungen.

30 Na gut, so hat sich Aristoteles nicht ausgedrückt. Er spricht vom Leben in der Verflochtenheit mit anderen. Glück erfährt der Mensch also nicht durch sich allein, sondern in der Beziehung zu anderen Menschen, zur Familie, zum Freundeskreis, zur Gesellschaft. Also Bernhard mit seiner
35 Claudia; mit Kollegen, im Fußballclub etc. Aristoteles meint aber nicht nur die Beziehungen innerhalb einer Generation, sondern auch die Beziehung zwischen den Generationen, also zu den Großeltern und Eltern und zu den Nachkommen. Ob bei Bernhard und Claudia schon Nach-
40 wuchs geplant ist?

4. Das Glück besteht aus drei Prinzipien.

Das Hauptprinzip des Glücks ist weder Reichtum noch Schönheit, sondern der Seelenzustand des Menschen. Glück basiert erstens auf Klugheit, Weisheit und bewusstem guten

Handeln. Ein weiteres Prinzip ist das Lustprinzip, das bei
45 Aristoteles ebenfalls auf die Seele bezogen ist. Darunter versteht er ein Leben, das Lust und Freude aus allen Dingen bezieht, die Spaß machen. Wie eben das Fußballspielen bei Bernhard. Oder seine Freude an der Musik. Das dritte Prinzip meint gute Lebensumstände, wie z. B. eine gute Her-
50 kunft, eine intakte Familie oder politischer bzw. gesellschaftlicher Einfluss. Bernhard ist ja bei Xing aktiv und wie er erzählt, lernt er dort wichtige Leute kennen.

5. Das Glück kann man erlernen.

Das Glück soll gelernt werden wie ein Handwerk, meint
55 Aristoteles, denn jeder Mensch hat die Möglichkeit dazu. Voraussetzung dafür ist die kluge vorausschauende Sorge um sich selbst, also das Bewusstsein für die eigenen Wünsche, Möglichkeiten und Grenzen, die in einem sinnvollen
60 Handeln münden sollen. Damit sich der Mensch nach seinen Wünschen und Fähigkeiten weiterentwickeln kann, ist das theoretische Lernen, also die Aneignung von Wissen, sehr wichtig. Dieses theoretische Lernen aber muss eng verbunden sein mit der Praxis, in der man sein Wissen anwen-
65 den soll. Dies ermöglicht ein sinnvolles Handeln, das glücklich macht. Ob Bernhard deswegen so viele Fortbildungen besucht?

6. Das Glück ist ein erfülltes Leben.

Unter einem erfüllten Leben versteht der Philosoph die ge-
70 samte Fülle des Lebens mit all seinen Höhen und Tiefen. Ein Mensch mit großer Seele ist in der Lage, auch Schicksalsschläge zu überwinden. Die Kunst des Glücklichseins besteht somit vor allem darin, aus allen Umständen etwas zu machen. Bernhard hat da schon eine Menge durchma-
75 chen müssen, wenn ich da an seinen schweren Autounfall denke und wie er dann das Gehen neu gelernt hat.

7. Das Glück ist etwas Göttliches.

Glück ist etwas Göttliches, weil es Erfüllung und Vervollkommnung verheißt. All unser Mühen und Streben richtet
80 sich nach unserer Vervollkommnung, damit wir das Glück, unser einziges Lebensziel, erreichen.
Na, soweit ist Bernhard noch lange nicht. Aber, ich glaub, er ist auf einem guten Weg. Wenn ich es mir recht überlege, muss er ein glücklicher Mensch sein. Ob er das selbst schon
weiß? Na, Sie werden es ihm in Ihrer Rede erläutern und
85 ihm und seiner Braut ein erfülltes Leben wünschen. Ihnen, meine lieben Leserinnern und Leser, wünsche ich dies übrigens auch.

b Stimmen Sie mit den Aussagen des Textes überein? Diskutieren Sie im Kurs.

Geschichte .

2 Verschiedene Wege zum Glück

Lesen
Sprechen

Lesen Sie die Beiträge von vier bekannten Deutschen in der Illustrierten „Leben heute" und arbeiten Sie deren Verständnis von Glück heraus. Welche Auffassung von Glück gefällt Ihnen persönlich am besten? Warum?

Veronica Ferres, Schauspielerin:

Für mich ist Glück ein ganz kurzer Moment, manchmal kürzer als ein Gedankengang. Wenn ich einen Sonnenuntergang sehe und ein Vogel zwitschert und der ganze Augenblick für drei Sekunden stimmt. Was für eine Welt ist das heute, in der alle danach streben, glücklicher als andere zu sein? Ich habe nicht das Ziel, glücklich zu sein. Mein Ziel ist es, erfüllt zu sein. Wahrhaftig zu sein. Menschlich. Warmherzig. Nach Glück streben nur ganz dumme Wesen. Es gibt ganz seltene kostbare Momente – vor der Kamera – da bin ich glücklich. Wenn das, was ich vorbereitet habe, durch einen starken Regisseur oder Partner eine andere Dimension bekommt, wenn wir uns auf einer höheren Ebene verstehen. Dann haben wir eine viel tiefere geistige Verbindung, für die man keine Worte braucht. Das ist viel schöner als verliebt zu sein. Ich empfinde das als so intensiv, dass ich es gar nicht beschreiben kann. Es sind Funken von Glück.

Alfons Schuhbeck, Sternekoch:

Essen und genießen heißt sich fallen lassen, für einen Augenblick alles vergessen, auch die größeren Probleme des Alltags. Das können die wenigsten. Die meisten schaufeln die Nahrung in sich hinein. Und das gilt für den Gast von feineren Restaurants ebenso wie für den einer Imbissbude. Jeder könnte gut kochen, wenn er Respekt vor dem Produkt hätte. Auch beim Genießen ist der Respekt am wichtigsten: vor dem Essen, dem Koch, dem Ambiente. Früher haben viel mehr Menschen vor den Mahlzeiten gebetet als heute, um innezuhalten und einen Abstand von der Arbeit zu gewinnen. Heute nimmt sich kaum einer Zeit dafür. Heute sind die Menschen viel gestresster als früher. Man sollte die Augenblicke bewusst wahrnehmen, statt den Tag sinnlos verstreichen zu lassen. Ich z.B. kann auf der Bank vor meinem Restaurant sitzen und mich über den Anblick des Waginger Sees freuen. Dann bin ich glücklich.

Elisabeth Noelle-Neumann, Sozialforscherin:

Ich muss alles messen können – auch das Glücklichsein. Im Zentrum eines glücklichen Lebensgefühls steht das Selbstvertrauen, das seine Wurzel in den Erfahrungen mit sich selbst hat. Zum besseren Verständnis möchte ich folgende Anekdote erzählen: Ich hatte eine alte Patentante. Als ich drei war, lud sie mich zum Tee ein, ganz allein. Und sprach zu mir von Gleich zu Gleich. Ich war stolz. Und Stolz ist eine wichtige Glücksquelle. Im Stolz verknüpft man sich mit jemand anderem – mit seinem Kind, mit seiner Arbeit. Man setzt sich selbst zurück. Ich bin stolz auf die empirische Sozialforschung. Sie kann ermitteln, wie glückliche Menschen leben, ob sie z.B. eher in reicheren Gegenden wohnen. Dinge zu erforschen, das macht mich glücklich.

John Neumeier, Choreograph:

Wenn ich etwas kreiere, gibt es vier Phasen. Vor allem in der ersten Phase, wenn ich „ja" sage zu einer Idee, und in der dritten Phase, wenn ich kreiere und tanze, spüre ich, wie etwas aus meinem Inneren kommt, ich weiß nicht wie und woher, aber auf einmal ist es da wie ein Kind bei der Geburt. Das ist großartig. Alles erlebe ich plötzlich irgendwie viel intensiver. Wir tanzen ohne Zuschauer, nur für die Tänzer. Das weckt in mir ein tieferes Glücksgefühl. Für mich ist außerdem meine Schule, die ich gegründet habe, ein Glück. Kürzlich haben die Schüler eine Vorstellung gegeben. Und als ich sie sah, so als ausgebildete Künstler, so viel selbstbewusster als zu Beginn ihrer Ausbildung, war ich glücklich.

Sünde   *das Verlangen*   *die Gefräßigkeit.
(basically, no 'als')*

3 Sprache im Mittelpunkt: Der absolute Komparativ

Formen und
Strukturen
S. 173

a Markieren Sie die Bedeutung des absoluten Komparativs in den Sätzen 1 bis 4.

Ich bin glücklich, wenn …
1. wir uns auf einer höheren Ebene verstehen.
   a. auf einer ziemlich hohen Ebene   **b.** auf der höchsten Ebene
2. wir auch die größeren Probleme des Alltags vergessen.
   a. Probleme, die größer als kleine Probleme sind   **b.** die großen Probleme
3. ich zum besseren Verständnis eine Anekdote erzählen kann.
   a. um das Verständnis zu erleichtern   **b.** um das Verständnis zu ermöglichen
4. ich erforschen kann, ob glückliche Menschen eher in reicheren Gegenden leben.
   a. in keiner sehr reichen, aber auch keiner armen Gegend   **b.** in einer sehr reichen Gegend

b Was drückt der absolute Komparativ aus? Markieren Sie.

> **!**
> 1. Der absolute Komparativ signalisiert, dass die jeweilige Eigenschaft in ziemlich hohem Maße vorhanden ist.
> 2. Der absolute Komparativ wird benutzt, um einen expliziten Vergleich auszudrücken.
> 3. Der absolute Komparativ wird häufig als vorsichtige Charakterisierung verwendet, dabei stellt er eine Steigerungsform des gegenteiligen Adjektivs dar (z.B. eine ältere Frau ist älter als eine junge Frau).

Der Scheingemahl

1 Unterhaltungsliteratur – Märchen für Erwachsene

Lesen
Sprechen

a Lesen Sie den Artikel aus einem Internet-Lexikon, klären Sie den Wortschatz und erklären Sie, was unter einem Unterhaltungsroman zu verstehen ist.

colloquial

light fiction

descriptive

Der Begriff Unterhaltungsliteratur steht im Rahmen des Dreischichtenmodells der literarischen Qualität für die mittlere Ebene, also zwischen → der hohen Dichtung oder Kunstliteratur, die ausschließlich nach ästhetischen Maßstäben zu
5 messen ist, und → der Trivialliteratur von literarisch minderwertiger Qualität. Die Übergänge von U. zur Trivialliteratur wie auch zur Kunstliteratur sind fließend. Die Abgrenzung der U. von Dichtung einerseits und Trivialliteratur andererseits erfordert
10 im Einzelfall eine genaue Analyse der inhaltlichen, strukturellen und stilistischen Elemente und von deren Integration im Werkganzen, weshalb hier auf die genaue Abgrenzung verzichtet werden soll. Denn man muss viele Zwischenstufen und Wert-
15 schattierungen, z.T. bei ein und demselben Autor, berücksichtigen. U. zielt bewusst auf Ablenkung, Zerstreuung und Lesevergnügen und ist von geringerem literarischen, geistigen und künstlerischen
20 Anspruch. U. möchte dem Lesegeschmack eines breiteren Lesepublikums Rechnung tragen. Die Wurzeln der U. liegen um die Mitte des 18. Jh. im Lesebedürfnis des aufstrebenden Bürgertums, das Anteil am literarischen Leben seiner Zeit nehmen
25 wollte, ohne sich letztlich für die ihrer Zeit vorauseilenden ästhetischen Theorien zu interessieren. Es erwartete vielmehr von der Literatur ein höheres Maß an Unterhaltung durch Spannung und Abenteuer, als es die höhere Literatur bot. Was die Spra-
30 che in der U. angeht, so verzichtet man auf sprach-

liche, stilistische und darstellerische Experimente zugunsten einer umgangssprachlichen Allgemeinverständlichkeit. Zu den Hauptformen und Gattungen der U. gehört neben dem → Brief-, → De-
35 tektiv-, → Heimat-, → Abenteuer-, → Reise-, → Schauer-, → Science-Fictionroman und dem → Historischen Roman der → Liebesroman mit vorwiegend weiblicher Leserschaft. Der Liebesroman verarbeitet meist folgendes Grundmuster: Männer und Frauen sind starke, einander ebenbürtige Helden
40 der Liebe, zu deren konservativen Werte- und Moralvorstellungen Ehre, unbedingte Treue und wahre Liebe gehören. Die Liebenden kämpfen gegen allerlei Intrigen und finden schließlich zueinander, erlangen Reichtum und Ansehen. Sozial Benachtei-
45 ligte überwinden Standesunterschiede durch Liebe. In der Regel siegt das Gute und der Roman endet mit viel Heile-Welt-Romantik in einem Happy End. Zu den erfolgreichsten Autorinnen des Liebesromans gehört Hedwig Courths-Mahler. Zu ihren
50 berühmtesten Werken zählen unter anderem „Der Scheingemahl", „Des anderen Ehre", „Meine Käthe", „Eine ungeliebte Frau" oder „Die schöne Unbekannte". Mit ihren „Märchen für Erwachsene", wie sie ihre Romane nannte, eröffnete sie ihren
55 Leserinnen und Lesern die Möglichkeit, aus ihrem problembeladenen Alltag zu entfliehen. Noch heute verkauft der Lübbe-Verlag noch zehntausende Courths-Mahler-Romane pro Jahr.

Lesen

→TELC/TestDaF

b Lesen Sie den Text noch einmal und entscheiden Sie bei jeder Aussage zwischen „stimmt mit Text überein" (j), „stimmt nicht mit Text überein" (n) und „Text gibt keine Auskunft darüber" (?).

1. Die Unterhaltungsliteratur ist auf der mittleren Ebene zwischen Trivialliteratur als unterster Kategorie und hoher Dichtkunst als oberster Kategorie anzusiedeln. **j** n ?

2. Unterhaltungsliteratur kann auch ein hohes literarisches Niveau haben. j n ?

3. Leser aus den unteren Schichten bevorzugen Unterhaltungsliteratur. j n ?

4. Die breite Leserschaft versteht die Inhalte der hohen Literatur nicht. j n ?

5. Der Liebesroman verarbeitet vorwiegend Probleme des täglichen Lebens. j n ?

6. Im Liebesroman kann man typische Handlungsmuster erkennen. j n ?

7. Die Romane von Hedwig Courths-Mahler sollen den Leser in eine andere Welt versetzen. j n ?

8. Viele berühmte Liebesromane wurden verfilmt. j n ?

Sprechen

c Wie ist Ihre Haltung zu Literatur? Welche Art von Literatur lesen Sie am liebsten, warum?

2 Hedwig Courths-Mahler

Lesen
Schreiben

Bringen Sie die Stichworte in eine sinnvolle Reihenfolge und schreiben Sie die Biografie der Schriftstellerin.

> *18.02.1867 als Ernstine Friederike Elisabeth Mahler, genannt Hedwig
> beide Töchter Margarete Elzer (1889–1966) und Elfriede Birkner
> (1891–1985) werden Schriftstellerinnen   geringe Schulbildung
> ihr Literaturverständnis: Liebesromane = Märchen für Erwachsene
> † 26.11.1950 in Tegernsee   seit 14. Lebensjahr zunächst Arbeit als
> Dienstmädchen und Verkäuferin, dann Vorleserin bei einer alten
> Dame   1884 erste Publikation, die Erzählung „Wo die Heide blüht"
> in einer Lokalzeitung   zeitlose Themen: soziale Benachteiligung, Sehnsucht nach Glück,
> Liebe, Romantik, Reichtum, Leben in höherer Gesellschaft   konservatives Gesellschaftsbild
> 1889 Hochzeit mit dem Maler Fritz Courths   1905 Umzug nach Berlin und Beginn einer
> unermüdlichen Schaffensperiode   während Nazi-Zeit: wenig Neuauflagen, wollte Romane
> nicht den nationalsozialistischen Vorgaben anpassen   Mutter zweier Töchter   1935 Rückzug
> an Tegernsee   schlimme Kindheit: Halbwaise, ihre Mutter kann Hedwig nicht allein ernähren,
> Pflegekind bei fremden Leuten   Publikation von 208 Romanen in einer Gesamtauflage von
> über 80 Millionen Exemplaren   Sprache: blumig, bildreich

3 „Der Scheingemahl" von Hedwig Courths-Mahler

Lesen
Sprechen

a Lesen Sie den Klappentext und stellen Sie im Kurs Vermutungen über den Inhalt des Romans an.

Berlin um 1900: Karl Hartmann, Sohn eines Tagelöhners, hat es in Amerika zum vielfachen Millionär gebracht. Nach seiner Rückkehr nach Deutschland wünscht er sich nichts sehnlicher, als seine Tochter mit einem Aristokraten verheiratet zu sehen. Da ihm die nötigen Umgangsformen fehlen, stellt er den jungen verarmten Baron Oldenau ein, der ihn gesellschaftsfähig machen soll. Als dann Fürst Nordheim, dem es mehr um Geld als um die Liebe geht, um Margots Hand anhält, glaubt Karl Hartmann sich am Ziel seiner Träume. Allerdings weiß er nicht, dass sich Margot inzwischen in Baron Oldenau verliebt hat und ihr nichts an einer Fürstenkrone liegt.

Hören 3, 5
Sprechen

b Hören Sie den ersten Ausschnitt aus dem Roman. Was bespricht Herr Hartmann mit seiner Tochter? Was glauben Sie, wie wird der Baron reagieren?

Hören 3, 6
Sprechen

c Hören Sie nun den zweiten Ausschnitt aus dem Roman. Welche Entscheidung trifft der Baron?

d Versuchen Sie in Kleingruppen, mithilfe der Aufgabenteile a bis c die Hauptfiguren (Karl Hartmann, Margot Hartmann, Baron Oldenau, Fürst Nordheim) des Romans zu beschreiben, und vergleichen Sie Ihre Ergebnisse im Kurs.

Schreiben
Sprechen

e Wie, glauben Sie, geht der Roman weiter? Halten Sie Ihre Romanversionen in wenigen Sätzen fest und vergleichen Sie sie mit dem Ende des Originalromans, das Sie im Arbeitsbuch nachlesen können.

7 Grenzenloses Glück

1 Der 09. November 1989

Hören ● 3, 7-8
Schreiben

a Hören Sie die folgenden Beiträge und ergänzen Sie die Tabelle.

	Wer?	Was?	Woher?	Wohin?	Wie?	Warum?
Beitrag 1	Polizei					
Beitrag 2						

Sprechen

b Warum sind die beiden Deutschen so glücklich?

c Haben Sie schon einmal eine Art kollektiven Glücksgefühls erlebt? Berichten Sie im Kurs.

2 „Größeres Glück hatten die Deutschen in ihrer Geschichte nie."

Lesen
Schreiben

a Lesen Sie die Rede zum Tag der Deutschen Einheit am 3. Oktober und machen Sie sich zu folgenden Fragen Notizen.

1. Welche Informationen zu 1989 liefert die Rede?
2. Was hat der deutsche Nationalfeiertag mit der deutschen Nationalhymne zu tun?
3. Was hat sich seit dem Mauerfall in Ostdeutschland verändert? Nennen Sie zwei konkrete Beispiele.
4. Wie wird die Frage nach der „Vollendung der inneren Einheit" beantwortet?
5. Was machte Westdeutschland für die Ostdeutschen so attraktiv?
6. Was versteht der Redner unter Freiheit?

Die Einheit – eine Erfolgsgeschichte

Es ist gute deutsche Tradition, besondere Tage bei Kaffee und Kuchen zu feiern – so auch den Tag der deutschen Einheit. Aber außer Kaffee und Kuchen nichts gewesen? Eben doch! Mit der Revolution der Ostdeutschen 1989 und mit dem 3. Oktober 1990 ist Wesentliches erreicht worden: Einigkeit und Recht und Freiheit. Aus diesem Bekenntnis unserer Nationalhymne, in einem Land, das mehr als vierzig Jahre lang
5 geteilt war, wo Freiheit, Demokratie und Menschenrechte Millionen Menschen über Jahrzehnte verweigert worden waren, sind Gestaltungsprinzipien eines wiedervereinigten Staates geworden – einer tatsächlich „Deutschen Demokratischen Republik". Jenseits der Interessen und Erwartungen, die zu Recht viele Deutsche mit der Wiedervereinigung verbunden haben, sind dies die eigentlichen, die nachhaltigen Errungenschaften des 3. Oktober 1990.
10 Die deutsche Einheit als Erfolgsgeschichte zu betrachten, heißt keineswegs blind für die noch immer zu bewältigenden Probleme zu sein. Dabei sollten wir uns aber wieder stärker bewusst machen, dass wir hier über die Hinterlassenschaften der Teilung und weniger über die Folgen der deutschen Einheit reden. „Ruinen schaffen ohne Waffen", spottete der Volksmund in der DDR über den deprimierenden Zustand vieler Städte in Zeiten der Teilung. Es ist ein grandioser Gewinn der Einheit, dass wertvolle alte
15 Bausubstanz wiederhergestellt und ganze historische Stadtquartiere „wiedergeboren" sind. Auf dem ehemals völlig verseuchten Uranabbaugebiet Wismut in Thüringen fand 2007 die Bundesgartenschau statt. Zugegeben: Nicht überall blühen die Landschaften so eindrucksvoll, aber manche Veränderungen sind zweifellos spektakulär. So ist es ist gelungen, viele marode Stadtviertel im Osten zu sanieren. Und es hat sich gelohnt, dass große Summen in diese Projekte investiert worden sind. Noch größer als die Fortschritte
20 sind aber die Erwartungen – auch die politisch beförderten Erwartungen. Sie kommen nicht zuletzt in der gern bemühten Frage nach der „Vollendung der inneren Einheit" zum Ausdruck. Zu Recht wird darauf die Gegenfrage gestellt, was das denn sein soll: die vollendete Einheit? Ost und West, alles einheitlich, ein Herz und eine Seele? Diese Vorstellung ist genauso unhistorisch wie naiv. Nichts ist so gut, als dass es nicht noch verbesserungsfähig wäre. Aber Einheit heißt eben nicht Einheitlichkeit. Aus gutem Grund wurde 1994
25 mit der Neufassung von Artikel 72 Absatz 2 GG die Formulierung „Wahrung der Einheitlichkeit der Lebensverhältnisse" durch „Herstellung gleichwertiger Lebensverhältnisse" ersetzt. Damit wurde nicht nur gegenüber bloßem Erhalt und Sicherung in der Gegenwart ein in die Zukunft weisender dynamischer Prozess reklamiert. Es ging auch zu Recht darum, die Erwartung von einheitlichen Lebensverhältnissen zu relativieren. Einheitlichkeit gibt es nicht, weder im Osten noch im Westen – und natürlich auch nicht
30 zwischen ihnen. Tausende von Umfragen wurden gemacht, um die Verhältnisse in Ost und West zu

Verschmutzung *der Beginn* *die Ret...*

mündliche Berichte verstehen; rasch wichtige Einzelinformationen finden; in Texten implizite Einstellu...

vergleichen. Das Ergebnis: Viele Menschen in Ost- und Westdeutschland haben heute vergleichbare Interessen und ähnliche Probleme. Nach einer aktuellen Umfrage haben 64 Prozent der Menschen in den neuen Bundesländern eher positive und nur 17 Prozent eher negative Erinnerungen an die DDR. Zugleich sagen aber 71 Prozent der Ostdeutschen ebenso klar, dass sie Verhältnisse wie in der DDR auf keinen Fall
35 zurückhaben wollen.

Die Ostdeutschen wissen nur zu genau, was sie sich 1989 erkämpft haben: Dem Ruf nach Einheit – „Wir sind ein Volk" – ging der selbstbewusste Satz „Wir sind das Volk" voraus, zusammen war dies der Ruf nach Recht und Freiheit für alle Deutschen. Es ist wichtig, dass wir uns beständig an diese politischen Grundsätze erinnern, um unsere demokratische Grundhaltung zu stärken. Unsere tagespolitischen
40 Auseinandersetzungen um die Lösung noch ausstehender ökonomischer und sozialer Aufgaben sollten daher den Blick auf diese Antriebskräfte von 1989/90 nicht verstellen. Die rechtsstaatliche Ordnung der westdeutschen Demokratie übte eine große Faszination aus. Tausende setzten dafür in den Jahren der Trennung ihr Leben aufs Spiel. Denn ihr höchstes Ziel war es, die diktatorischen Grenzen zu überwinden und Freiheit zu erlangen. Weil Tausende wegliefen – insgesamt waren es im Lauf der Jahrzehnte mehr als 2,5
45 Millionen Menschen, heißt es, wurde 1961 die Mauer gebaut, und weil 1989 Tausende wegliefen, musste die Mauer auch wieder geöffnet werden. Wohin sind sie aber gelaufen? Sie liefen nach Westdeutschland und entschieden sich später mehrheitlich für eine Vereinigung mit der Bundesrepublik, weil der Westen die Möglichkeit bot, nicht nur seine individuellen Bedürfnisse zu befriedigen, sondern gerade auch seine Persönlichkeit frei zu entfalten.
50 Mit anderen Worten: Wenn es dazu noch eines Beweises bedurft hätte, dass Einigkeit und Recht und Freiheit mehr bedeutet haben als ein unverbindliches Lippenbekenntnis, so haben die Deutschen zwischen Oder und Elbe diese Zweifel ausgeräumt. Während eine kluge Außenpolitik die deutsche Einheit in Frieden mit allen unseren Nachbarn herbeiführte, stellen uns die nachhaltigen Folgen einer vierzigjährigen Teilungszeit innenpolitisch noch immer vor große Herausforderungen. Manches ist im Einigungsprozess
55 vielleicht zu früh geschehen, anderes passierte aus der Sicht von Betroffenen und kritischen Beobachtern zu spät. Unbestritten aber ist: Die Revolution von 1989 brachte mit dem Überwinden der DDR-Diktatur einen einzigartigen Fortschritt: das Menschenrecht auf Freiheit. Diese Bilanz entzieht sich jeder Frage nach der Höhe oder Aufrechenbarkeit der Kosten. Deshalb kann und sollte die Erinnerung an die Motive wie die Erfolge der Revolution von 1989 das Bewusstsein für den Wert der Freiheit stärken: Freiheit, vor allem und
60 zuerst verstanden als die ganz persönliche Handlungs- und Entscheidungsfreiheit. Denn sie bietet die Chance, sein Leben nach eigenen Vorstellungen und auf eigene Verantwortung hin zu gestalten. Diese persönliche Freiheit wiederzuerlangen, war das das große Anliegen der Tausenden von Ostdeutschen, die 1989 auf die Straße gegangen sind.

Am 3. Oktober 1990 wurde die deutsche Einheit in Freiheit vollendet. Dies war mehr als der nur formale
65 Akt des Beitritts. Es war der erfolgreiche Abschluss einer beispiellosen Entwicklung, eine gewaltfreie Revolution, die dennoch oder gerade deshalb die Verhältnisse nicht nur im eigenen Land grundlegend veränderte – ein historischer Einschnitt, für Deutschland und für das freie Europa. Größeres Glück hatten die Deutschen in ihrer Geschichte nie.

Lesen

→ DSH
Lesen
Sprechen

b Beantworten Sie nun die Fragen aus Aufgabenteil a in ganzen Sätzen. Achten Sie darauf, eigene Formulierungen zu finden.

c Welche Haltung hat der Redner zur deutschen Einheit? Woran lässt sich dies ablesen? Nennen Sie einige exemplarische Textstellen.

d Wie interpretieren Sie die Überschrift dieser Doppelseite „Grenzenloses Glück" im Zusammenhang mit der Rede?

Formen und
Strukturen
S. 157

3 Sprache im Mittelpunkt: Nominalisierung von Infinitiv- und dass-Sätzen

Geben Sie den Inhalt der unterstrichenen Sätze in Stichworten wieder. Verwenden Sie dafür den Nominalstil wie im Beispiel.

Das Feiern besonderer Tage bei Kaffee und Kuchen – gute deutsche Tradition

Das Betrachten ... der deutsche Einheit als Erfolgsgeschichte ...

Die Wiederherstellung ... wertvolle alte Bausub und wiedergeboren ghs

Die Sanierung von viele marodl Stadtviertel im Osten

Die Investierung von großen sum ... in P

Die Relativierung der Erwartung von

1 Erich Kästner: Das Märchen vom Glück

Lesen
Sprechen

a Lesen Sie das Märchen und beantworten Sie folgende Fragen.

1. Wie viele Personen sprechen?
2. Welche Schauplätze gibt es?
3. Was ist die Rahmenhandlung?
4. Was ist die eigentliche Handlung?

Siebzig war er gut und gern, der alte Mann, der mir in der verräucherten Kneipe gegenübersaß. Sein Schopf sah aus, als habe es darauf geschneit, und die Augen blitzten wie eine blankgefegte Eisenbahn. „Oh, sind die Menschen dumm", sagte er und schüttelte den Kopf „Das Glück ist ja schließlich keine Dauerwurst, von der man sich täglich seine Scheibe herunterschneiden kann!" – „Stimmt", meinte ich, „das Glück hat ganz und gar nichts
5 Geräuchertes an sich. Obwohl …" – „Obwohl?" – „Obwohl gerade Sie aussehen, als hinge bei Ihnen zu Hause der Schinken des Glücks im Rauchfang." „Ich bin eine Ausnahme", sagte er und trank einen Schluck. „Ich bin die Ausnahme. Ich bin nämlich der Mann, der einen Wunsch frei hat."

Er blickte mir prüfend ins Gesicht, und dann erzählte er seine Geschichte. „Das ist lange her", begann er und stützte den Kopf in beide Hände, „sehr lange. Vierzig Jahre. Ich war noch jung und litt am Leben wie an
10 einer geschwollenen Backe. Da setzte sich, als ich eines Mittags verbittert auf einer grünen Parkbank hockte, ein alter Mann neben mich und sagte beiläufig: ‚Also gut. Wir haben es uns überlegt. Du hast drei Wünsche frei.' Ich starrte in meine Zeitung und tat, als hätte ich nichts gehört. ‚Wünsch dir, was du willst', fuhr er fort, ‚die schönste Frau der Welt oder das meiste Geld oder den größten Schnurbart – das ist deine Sache. Aber werde endlich glücklich! Deine Unzufriedenheit geht uns auf die Nerven.' Er sah aus wie der Weihnachtsmann in Zivil. Weißer
15 Vollbart, rote Apfelbäckchen, Augenbrauen wie aus Christbaumwatte. Gar nichts Verrücktes. Vielleicht ein bisschen zu gutmütig. Nachdem ich ihn eingehend betrachtet hatte, starrte ich wieder in meine Zeitung. ‚Obwohl es uns nichts angeht, was du mit deinen drei Wünschen machst', sagte er, ‚wäre es natürlich kein Fehler, wenn du dir die Angelegenheit vorher genau überlegtest. Denn drei Wünsche sind nicht vier oder fünf, sondern drei. Und wenn du hinterher noch immer neidisch und unglücklich wärst, könnten wir dir und uns nicht mehr helfen.' Ich
20 weiß nicht, ob Sie sich in meine Lage versetzen können. Ich saß auf einer Bank und haderte mit Gott und der Welt. In der Ferne klingelten die Straßenbahnen. Die Wachparade zog irgendwo mit Pauken und Trompeten zum Schloss. Und neben mir saß nun dieser alte Quatschkopf!"

„Sie wurden wütend?"

„Ich wurde wütend. Mir war zumute wie einem Kessel kurz vorm Zerplatzen. Und als er sein weißwattiertes
25 Großvatermündchen von neuem aufmachen wollte, stieß ich zornzitternd hervor: ‚Damit Sie alter Esel mich nicht länger duzen, nehme ich mir die Freiheit, meinen ersten Wunsch auszusprechen – scheren Sie sich zum Teufel!' Das war nicht fein und höflich, aber ich konnte einfach nicht anders. Es hätte mich sonst zerrissen."

„Und?"

„Was ‚Und'?"

30 „War er weg?"

„Ach so! – Natürlich war er weg! Wie fortgeweht. In der gleichen Sekunde. In nichts aufgelöst. Ich guckte sogar unter die Bank. Aber dort war er auch nicht. Mir wurde ganz übel vor lauter Schreck. Die Sache mit den Wünschen schien zu stimmen! Und der erste Wunsch hatte sich bereits erfüllt! Du meine Güte! Denn wenn er sich erfüllt hatte, dann war der gute, liebe Großpapa, wer er nun auch sein mochte, nicht nur weg, nicht nur von
35 meiner Bank verschwunden, nein, dann war er beim Teufel! Dann war er in der Hölle. ‚Sei nicht albern', sagte ich zu mir selber. ‚Die Hölle gibt es ja gar nicht, und den Teufel auch nicht.' Aber die drei Wünsche, gab's denn die? Und trotzdem war der alte Mann verschwunden … Mir wurde heiß und kalt. Mir schlotterten die Knie. Was sollte ich machen? Der alte Mann musste wieder her, ob's nun eine Hölle gab oder nicht. Das war ich ihm schuldig. Ich musste meinen zweiten Wunsch dransetzen, den zweiten von dreien, o ich Ochse! Oder sollte ich
40 ihn lassen, wo er war? Mit seinen hübschen, roten Apfelbäckchen? ‚Bratapfelbäckchen', dachte ich schaudernd. Mir blieb keine Wahl. Ich schloss die Augen und flüsterte ängstlich: ‚Ich wünsche mir, dass der alte Mann wieder neben mir sitzt!' Wissen Sie, ich habe mir jahrelang, bis in den Traum hinein, die bittersten Vorwürfe gemacht, dass ich den zweiten Wunsch auf diese Weise verschleudert habe, doch ich sah damals keinen Ausweg. Es gab ja keinen."

45 „Und?"

„Was ‚Und'?"

„War er wieder da?"

„Ach so! – Natürlich war er wieder da! In der nämlichen Sekunde. Er saß wieder neben mir, als wäre er nie fortgewünscht gewesen. Das heißt, man sah's ihm schon an, dass er irgendwo gewesen war, wo es verteufelt, ich
50 meine, wo es sehr heiß sein musste. O ja. Die buschigen, weißen Augenbrauen waren ein bisschen verbrannt. Und der schöne Vollbart hatte auch etwas gelitten. Besonders an den Rändern. Außerdem roch's wie nach versengter

[handwritten at top:] 7) Der Autor fordert uns auf, dass wir uns mit dem Thema auseinander
" " uns auf, uns mit dem Thema Auseinander setzen
8)

Gans. Er blickte mich vorwurfsvoll an. Dann zog er ein Bartbürstchen aus der Brusttasche, putzte sich Bart
und Brauen und sagte gekränkt: ‚Hören Sie, junger Mann – fein war das nicht von Ihnen!' Ich stotterte eine
Entschuldigung. Wie leid es mir täte. Ich hätte doch nicht an die drei Wünsche geglaubt. Und außerdem hätte
55 ich immerhin versucht, den Schaden wieder gutzumachen. ‚Das ist richtig', meinte er. ‚Es wurde aber auch die
höchste Zeit.' Dann lächelte er. Er lächelte so freundlich, dass mir fast die Tränen kamen. ‚Nun haben Sie nur
noch einen Wunsch frei', sagte er. ‚Den dritten. Mit ihm gehen Sie hoffentlich ein bisschen vorsichtiger um.
Versprechen Sie mir das?' Ich nickte und schluckte. ‚Ja', antwortete ich dann, aber nur, wenn Sie mich wieder
duzen.' Da musste er lachen. ‚Gut mein Junge, sagte er und gab mir die Hand. ‚Lebe wohl. Sei nicht allzu
60 unglücklich. Und gib auf deinen letzten Wunsch Acht.' – ‚Ich verspreche es Ihnen', erwiderte ich feierlich. Doch
er war schon weg. Wie fortgeblasen.
„Und?"
„Was ‚Und'?"
„Seitdem sind Sie glücklich?"
65 „Ach so – glücklich?" Mein Nachbar stand auf, nahm Hut und Mantel vom Garderobenhaken, sah mich
mit seinen blitzblanken Augen an und sagte: „Den letzten Wunsch hab' ich vierzig Jahre lang nicht angerührt.
Manchmal war ich nahe dran. Aber nein. Wünsche sind nur gut, solange man sie noch vor sich hat. Leben Sie
wohl." Ich sah vom Fenster aus, wie er über die Straße ging. Die Schneeflocken umtanzten ihn. Und er hatte ganz
vergessen, mir zu sagen, ob er wenigstens glücklich sei. Oder hatte er mir mit Absicht nicht geantwortet? Das ist
70 natürlich auch möglich.

[handwritten margin:] damage / anrühren – to touch

Schreiben / Sprechen

b Füllen Sie folgenden Textbauplan aus und erzählen Sie dann die Geschichte nach.

Rahmen: Erzähler trifft alten Mann in Kneipe, der erzählt eine Geschichte.
Rückblick: Erlebnis: Geschichte – junger Mann – Bank – alter Mann   3 Wünschen off.
1. Wunsch: zum Teufel
2. Wunsch: vom Teufel!
3. Wunsch: Nicht angerührt.
Rahmen: Wünsche sind nur gut, solange man sie noch vor sich hat.

Sprechen

c Ist der Mann mit den drei Wünschen glücklich? Was glauben Sie? Begründen Sie Ihre Ansicht.

Schreiben / Sprechen

d Wenn Sie drei Wünsche frei hätten, was würden Sie sich wünschen? Erfinden Sie eine Geschichte
und erzählen Sie sie im Kurs. Sie können sich dazu auch einen Textbauplan erstellen.

[handwritten: umgehen]

2 Sprache im Mittelpunkt: Nominalisierung von Infinitiv- und dass-Sätzen

Formen und Strukturen S. 157

a Markieren Sie die nominalen Ausdrücke und drücken Sie den Inhalt durch Infinitv- und / oder
dass-Sätze aus. Beachten Sie: Manche Sätze können Sie nur in dass-Sätze umformulieren.

1. Der Autor möchte uns zur Überprüfung unserer Wünsche anregen. →
   *Der Autor möchte uns dazu anregen, dass wir unsere Wünsche überprüfen. / Der Autor
   möchte uns dazu anregen, unsere Wünsche zu überprüfen.*
2. Der alte Mann bedauert die Verschwendung seines zweiten Wunsches. → *dass er zweiten*
3. Der alte Mann hat einen vorsichtigeren Umgang mit dem dritten Wunsch versprochen. → *umgeht*
4. Der Text reagiert auf die Unzufriedenheit der Menschen. →
5. Der Text zeigt die Existenz von tiefer Zufriedenheit. → *dass tiefe Zufriedenheit existiert*
6. Der Autor fordert den Verzicht auf Konsum. → *Der Autor fordert, dass man auf Konsum*
7. Der Autor fordert zur Auseinandersetzung mit dem Thema auf. →
8. Der Text lädt den Leser zu einer weiteren Beschäftigung mit dem Autor ein. →

[handwritten margin left:] seinen zweiten Wunsch verschwendet hat

[handwritten margin left:] hat versprochen, vorsichtiger mit dem DW umzugehen.

[handwritten:] Der Text lädt den Leser ein, sich mit dem Auto weiter zu beschäftigen
8) , dass er sich mit dem Auto weiter beschäftigt

b Welche Sätze passen zu welcher Regel? Ordnen Sie zu.

> **!**
> 1. Wenn das Subjekt des Haupt- und des Nebensatzes identisch ist, kann man außer einem
>   dass-Satz auch einen „Infinitiv mit zu" verwenden. Satz: 2, 3
> 2. Wenn das Objekt im Hauptsatz und das Subjekt im Nebensatz identisch sind, kann man
>   außer einem dass-Satz auch einen „Infinitiv mit zu" verwenden. Satz: 1, 8
>   Das funktioniert auch, wenn das Objekt implizit ist, also vom Leser aus dem Kontext
>   ergänzt werden kann. Satz: 6, 7
> 3. Wenn weder Regel 1 noch 2 zutreffen, kann man nur dass-Sätze formulieren. Satz: 4, 5

[handwritten bottom:] IMMER DASS SÄTZEN

[handwritten bottom:] Der Autor fordert, auf Konsum zu verzichten

1 Die Schokoladenseite des Lebens

Lesen
Sprechen

a Lesen Sie die Texte A bis D und finden Sie für jeden Beitrag eine passende Überschrift.

contribution

b Was haben die Texte gemeinsam und worin unterscheiden sie sich?

A

Das Wort Schokolade geht auf die aztekischen Wörter „xocóatl" oder „xocólatl" zurück und bezeichnete einen Trank aus Wasser, Kakao, Vanille und Chili, der mit dem heutigen Geschmackserlebnis wenig zu tun hat. Die Kakaopflanze soll schon 1500 v. Chr. von den Olmeken und Jahrhunderte später dann von den Maya und Azteken angebaut worden sein. Der Überlieferung zufolge glaubten die Maya, die Kakaopflanze sei ein Geschenk des Kakaogottes Ek Chuah, dem zu Ehren Feste gefeiert wurden. In Mexiko sind durch die Forschung ähnliche Feste belegt. Dort galt die Kakaopflanze als Rauschmittel und war ausschließlich den männlichen Erwachsenen vorbehalten. Zeitweise war die Kakaobohne sogar Zahlungsmittel. Für einen guten Sklaven musste man damals ca. 100 Kakaobohnen von guter Qualität bezahlen. Nicht etwa Kolumbus, sondern der spanische Eroberer Hernán Cortés brachte den Kakao 1528 nach Europa. Aber erst 1544 wurde das Kakaogetränk am spanischen Hof getrunken. In Deutschland konnte man 1673 in Bremen das erste Mal öffentlich das Schokoladengetränk probieren. Doch erst ab dem 18. Jahrhundert wurde Kakao in größeren Mengen konsumiert. Allerdings war Schokolade als Luxusgetränk vorerst nur dem Adel vorbehalten. Erst durch die Erfindung neuer technischer Verfahren – wie der Pressung und Zermahlung des Kakaos – durch den Holländer van Houten und die Erschließung weniger exklusiver Kakaosorten wurde der Kakao zum Massenprodukt, das sowohl als Lebensmittel als auch als Medizin oder Kräftigungsmittel konsumiert wurde.
Die 1804 in Halle (Saale) gegründete Halloren-Schokoladenfabrik gilt als die älteste Schokoladenfabrik Deutschlands. Allerdings wurde erst 25 Jahre später in der Dresdener Schokoladenfabrik Jordan & Timaeus die erste Milchschokolade hergestellt. 1879 entwickelte der Schweizer Rudolph Lindt das Conchierverfahren, mit dem die Milchschokolade eine solch feine Konsistenz erhielt, wie wir sie auch heute noch überall auf der Welt kennen und lieben.

tradition
currency
sechzig drei siebzig
gentry
established
method

B

Sagen Sie mal, lieben Sie Schokolade? Dann geht es Ihnen wie mir. Früher lag auf meinem Schreibtisch immer eine Tafel Edelvollmilch Hochfein, um Weihnachten eine Tafel Weihnachtsschokolade. Sie duftet so herrlich nach Zimt und Koriander und verleiht den Gedanken Flügel, sagte jedenfalls meine Mutter, selbst zur ihren Lebzeiten anerkannte Schokoladenexpertin. Um Ostern waren es Champagnertrüffeleier in weißer Schokolade, und im Sommer wartete im Kühlschrank eine leicht gekühlte Pfefferminzschokolade, um meinen Gaumen und meine Seele zu erfrischen. Ja, ich bekenne Ihnen, verehrte Leser: Ich bin schokoladensüchtig. Aber diese Leidenschaft macht ja bekanntlich nicht gesünder und schlanker. Leider müssen wir täglich lesen, dass Schokolade zwar glücklich macht und die Nerven beruhigt, aber die Zähne angreift und die Fettwerte im Blut sowie die Kilozahl auf der Waage ansteigen lässt. Hinfort also mit dem braunen Teufelszeug! Auf meinem Schreibtisch findet der erstaunte Besucher nun gesunde Möhrchen, Kohlräbchen und Nüsse. Sie sollen laut neusten Studien die Gehirnleistung steigern. Bei mir haben sie aber eher die gegenteilige Wirkung gezeigt. Ich sitze an meinem Schreibtisch, bringe keinen vernünftigen Satz mehr zustande, denn alle meine Gedanken kreisen nur um eines: Schokolade. Schokolade mit Kakaobohnensplittern, weiße Schokolade mit Lavendel, zartbittere Schokolade mit Chili … Ob man doch wenigstens ein klitzekleines Stückchen probieren sollte? Das kann doch der Gesundheit nicht schaden, oder? Ach das Leben ist eine Last, wenn man nur noch Rohkost knabbern muss. Aber Sie werden sicher verstehen, dass ich für die Kinder, für meinen gertenschlanken Mann und natürlich für den Besuch immer Schokolade im Haus haben muss. Deshalb habe ich in einem Akt der Verzweiflung (oder war es Genialität?) im Keller eine Etage unseres Weinregals zu einem Schokoladenregal umfunktioniert. Bei idealer Temperatur und spärlichem Lichteinfluss lagert dort Schokolade für jede Gelegenheit, darunter auch echte Raritäten für Kenner und Liebhaber. Es versteht sich von selbst, dass ich beim Einkauf einen kurzen Abstecher in die Schokoladenecke machen muss, um mich über die neuesten Entwicklungen auf dem Laufenden zu halten. So füllt sich unser Schokoladenregal und so leert es sich wieder. Und das Beste ist, für jedes ersehnte Stück vom Glück muss ich genau 36 Treppenstufen in den Keller hinunter und wieder hinaufgehen. Können die Liebe zu Schokolade und der Wunsch nach körperlicher Ertüchtigung, Selbstbeherrschung und Genuss eine schönere Verbindung eingehen?

cinnamon
palate honoured
scales
sensible
delicate
burden
despair
digression
hold
keep fit
pleasure

C „Liebe geht durch den Magen." Mit diesem Sprichwort könnte man den Inhalt des ersten Romans „Bittersüße Schokolade" der mexikanischen Autorin Laura Esquivel zusammenfassen, denn das Buch ist sinnliche Liebesgeschichte und Kochbuch zugleich. Tita, die nach mexikanischer Tradition als jüngste Tochter unverheiratet bleiben und ihre Mutter versorgen muss, liebt Pedro. Dieser ehelicht Titas ältere Schwester, um in der Nähe seiner Liebsten bleiben zu können. Tita, mit den kulinarischen Geheimnissen der mexikanischen Küche bestens vertraut, entfacht mit ihrer Kochkunst nicht nur Pedros Leidenschaft, sondern auch die der Leser. Jedem Kapitel stehen die Rezepte jener Gerichte voran, die Tita im Roman zubereitet. Mit viel Liebe zum Detail und einer großen Sensibilität portraitiert Laura Esquivel auch die unterschiedlichen Frauencharaktere. Einziger Wermutstropfen in diesem Unterhaltungsroman ist die Sprache. Sie spiegelt keineswegs den sinnlichen Charakter des Buches wider. Das mag an der Übersetzung ins Deutsche liegen. Trotz mancher sprachlichen „Verdauungsprobleme": „Bittersüße Schokolade" gehört zu den wenigen Romanen, die man niemals verleiht, weil man sie immer wieder lesen muss. Lesemuffeln sei an dieser Stelle noch die gelungene Verfilmung des Romans empfohlen. Es lohnt sich!

D

Zutaten (für vier Tassen):
4 Tassen Wasser
1 Stange Bourbonvanille
1 grüner Chili
1 Tasse dunkles Kakaopulver
1 Essl. flüssiger Honig

Zubereitung:
Für die heiße Schokolade nach aztekischer Art (auch „Xocólatl" genannt) zunächst die Vanillestange halbieren und mit dem Wasser aufkochen lassen. Den Chili in feine Stücke hacken und in das kochende Wasser geben. Den Kakao mit etwas Wasser anrühren und ebenfalls in das kochende Wasser einrühren. Die Flüssigkeit einmal aufkochen lassen und dann die Vanillestange herausnehmen. Mit dem Pürierstab die Flüssigkeit nun so fein pürieren, dass von den Chilistücken nichts mehr zu sehen ist. Sobald das Getränk zu schäumen beginnt, unter ständigem Pürieren den Honig dazugeben. Sofort servieren.

Guten Appetit!

Lesen
Schreiben

c Ordnen Sie die im Schüttelkasten genannten Textsorten den Texten A bis D zu und füllen Sie die erste Spalte der Tabelle in Aufgabenteil d aus. Fünf Textsorten bleiben übrig.

> Roman   Kochrezept   E-Mail   Filmkritik   Buchrezension
> Blog-Beitrag   Lexikonartikel   Sachtext   Kolumne

d Wählen Sie zu zweit jeweils einen Text aus, lesen Sie ihn noch einmal und ergänzen Sie die entsprechende Tabellenzeile. Vergleichen Sie Ihre Ergebnisse im Kurs.

	Textsorte	Thema	Kennzeichen
Text A			
Text B			
Text C			
Text D			

2 Projektidee: Ein Buch zum Thema Glück

Sprechen
Schreiben

Erstellen Sie mit Ihrem Kurs ein Buch zum Thema „Glück". Gehen Sie wie folgt vor.

- Sammeln Sie die selbstverfassten Texte zu den Themen von S. 81 und 89.
- Suchen Sie ggf. neues Material und / oder schreiben Sie weitere Texte.
- Sortieren Sie die Texte nach Unterthemen und erstellen Sie ein Inhaltsverzeichnis.
- Entwerfen Sie einen Umschlag für Ihr Buch. Denken Sie auch an den Titel und Fotos.
- Verfassen Sie ein Vorwort.
- Schreiben Sie einen Klappentext. Er sollte auf der Rückseite des Buches kurz den Inhalt wiedergeben.
- Überlegen Sie: Wie soll das Buch gestaltet werden? Kommen Fotos oder Zeichnungen hinein?
- Organisieren Sie die technische Seite der Buchherstellung: Drucken, Kopieren, Binden.
- Bilden Sie verschiedene Arbeitsgruppen und teilen Sie die Aufgaben auf.

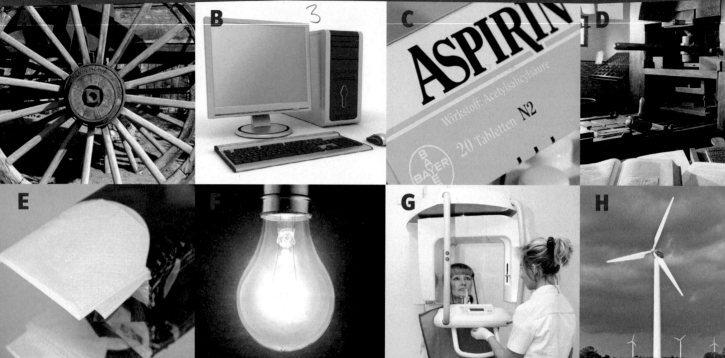

der Tempo   4   1   das Röntgen   der Windrad

1 Erfindungen und Entdeckungen

Sprechen

a Welche Erfindungen oder Entdeckungen werden auf den Fotos dargestellt? Sammeln Sie in Kleingruppen alles, was Sie darüber wissen, und vergleichen Sie Ihre Ergebnisse im Kurs.

Hören ● 3, 9-16
Sprechen

b Sie hören jetzt Aussagen zu den acht Erfindungen bzw. Entdeckungen. Welche Aussage passt zu welchem Foto?

Foto	Aussage	Foto	Aussage
Foto A	Nr. 5	Foto E	Nr.
Foto B	Nr.	Foto F	Nr.
Foto C	Nr.	Foto G	Nr.
Foto D	Nr.	Foto H	Nr.

Hören ● 3, 9-16

→TELC

c Lesen Sie die Sätze A bis J. Hören Sie dann die Aussagen ein zweites Mal. Entscheiden Sie beim Hören, welcher Satz zu welcher Aussage passt. Zwei Sätze bleiben übrig.

A Es hat lange gedauert, bis es gelang, das Mittel aus der Natur chemisch nachzubauen. ☐
B Diese Erfindung diente dazu, die Naturkräfte zu beherrschen. ☐
C Diese Erfindung verbindet man automatisch mit ihrem ersten Markennamen. ☐
D Diese Entdeckung faszinierte die damalige Gesellschaft. ☐
E Diese Erfindung wurde längere Zeit nicht weiterentwickelt. ☐
F Diese technische Erfindung hat kein Vorbild in der Natur. ☐
G Diese Erfindung stammt aus dem Mittelalter. ☐
H Diese Erfindung hat das moderne Leben so schnell verändert, wie kaum eine andere. ☐
I Diese Erfindung wurde nicht vom eigentlichen Erfinder auf den Markt gebracht. 1
J Diese Erfindung war keine absolute Neuentwicklung, sondern diente der Verbesserung einer bisherigen Technik. ☐

[handschriftliche Notizen: Pferdwagon · Ursache grund allein]

2 Entdeckung oder Erfindung

Lesen
Sprechen

a Ergänzen Sie im Text die fehlenden Wörter „Entdeckung" und „Erfindung".

Die Begriffe [1] _Erfindung_ und [2] _Entdeckung_ werden vielfach verwechselt, obwohl sie ganz unterschiedliche Dinge meinen. Eine [3] _Entdeckung_ betrifft etwas zur Zeit der [4] _Entdeckung_ bereits Vorhandenes, das aber bislang unbekannt war. So sprechen wir von der [5] _Entdeckung_ eines Naturgesetzes (z. B. die Schwerkraft), eines Planetoiden, eines chemischen Stoffes, einer Tierart usw. *[handschriftlich: gravity]*

[handschriftlich am Rand: species]

Eine [6] _Erfindung_ dagegen betrifft stets etwas, was bisher nicht existiert hat. Diese Sache steht jedoch meist mit bereits Bekanntem in einem Zusammenhang, sie tritt in der Regel nicht als etwas völlig Neues auf. Es werden meist an bekannten Dingen Veränderungen vorgenommen, sodass ihre Wirkung qualitativ oder quantitativ verbessert wird. Somit ist jede erstmalige Beschreibung sowie Anwendung einer Technik eine [7] _Erfindung_ *[handschriftlich: application]*

b Erläutern Sie in Kleingruppen den Unterschied zwischen Entdeckung und Erfindung und führen Sie jeweils Beispiele an.

3 Die wichtigsten Erfindungen

Sprechen

a Überlegen Sie in Kleingruppen, welche Erfindungen Sie für die wichtigsten halten, und ergänzen Sie die Liste rechts.

[Notizzettel rechts:]
- Kühlschrank
- Konservendose
- Waschmaschine
- Auto — schnell
- Batterie
- Brille
- Kompass

Sprechen

[Icon: P →GI]

b In der Fernsehsendung „Unsere Besten" sollen mehrere sehr wichtige Erfindungen präsentiert werden. Jede Kleingruppe soll dafür einen Vorschlag machen. Wählen Sie hierfür einen Vorschlag aus der Liste von Aufgabenteil a aus.

- Vergleichen Sie Ihren eigenen Vorschlag mit denen der Gruppenmitglieder und begründen Sie Ihren Standpunkt.
- Gehen Sie dabei auch auf die Äußerungen Ihres jeweiligen Gesprächspartners ein.
- Finden Sie am Ende des Gesprächs eine gemeinsame Lösung.

[Notizzettel:]
VORSCHLÄGE DISKUTIEREN:
Die Redemittel in Lektion 1 und 3 sowie in Mittelpunkt B2, Lektion 9 und 12 im Arbeitsbuch helfen Ihnen.

4 Stell dir vor, es gäbe kein ...

Sprechen

Spielen Sie das Spiel „Stell dir vor, es gäbe kein ...". Nennen Sie dazu einige Erfindungen und Entdeckungen und spekulieren Sie darüber, wie es wäre, wenn es diese nicht gäbe.

[handschriftlich am Rand: der Verkehr]

Was Sie in dieser Lektion lernen können:

in informellen Diskussionen überzeugend argumentieren und auf Argumente anderer reagieren

schriftliche Berichte verstehen, in denen Zusammenhänge, Meinungen, Standpunkte erörtert werden

unterschiedlichste Informationen präzise notieren und weitergeben

längere, anspruchsvolle Texte verstehen und deren Inhalt zusammenfassen

in langen, komplexen allgemeinen Texten und Sachtexten rasch wichtige Einzelinformationen finden

in einem Kommentar eigene Standpunkte darstellen, dabei die Hauptpunkte hervorheben

Berichte, Kommentare verstehen, in denen Zusammenhänge, Meinungen, Standpunkte erörtert werden

im Fach- und Interessengebiet ein klar gegliedertes Referat halten, dabei auf Fragen der Zuhörer eingehen

Fachtexten aus dem eigenen Gebiet Informationen, Gedanken und Meinungen entnehmen

komplexe Sachverhalte klar und detailliert darstellen

komplexe Informationen und Ratschläge verstehen und austauschen

8 Technische Umwälzungen

1 **Die Epoche der Industrialisierung**

Lesen
→DSH

a Lesen Sie den wissenschaftlichen Artikel und ordnen Sie die Überschriften den Abschnitten zu.

A Neue Energiegewinnung

B Auswirkung auf alle Lebensbereiche

C Aufkommen ganzer Apparatursysteme

D Gegenseitige Abhängigkeit von Faktoren

E Eine industrielle Revolution

F Maschinensysteme im Textilgewerbe

1 **E**

Wenn man an die Vorgänge in der Industrialisierung im 18. Jahrhundert und 19. Jahrhundert denkt, spricht man häufig von der industriellen Revolution. Diese Bezeichnung kann die irreführende Vorstellung wachrufen, es habe sich dabei ähnlich wie bei der Französischen Revolution um ein dramatisches Ereignis im Laufe weniger Jahre gehandelt. Die historische Forschung hat aber schon längst nachgewiesen, dass sich die Industrialisierung auch im technischen Sinne über viele Jahrzehnte hinweg entwickelte. Dennoch hat das Wort „Revolution" auch in diesem Zusammenhang einen gewissen Sinn. Die technischen Umwälzungen verliefen nämlich, gemessen an der vorhergehenden Geschichte, mit größerer Beschleunigung und waren in einem relativ kürzeren Zeitraum mit tiefer gehenden Umwandlungen verbunden als vergleichbare frühere Ereignisse in der Geschichte der Technik. Wie beschleunigt der technische Schub im größeren geschichtlichen Zusammenhang gewesen ist, ersieht man aus Untersuchungen des amerikanischen Soziologen und Kulturhistorikers Sorokin. Danach übersteigt die Zahl der zwischen 1700 und 1900 feststellbaren und wirksam gewordenen Erfindungen um das sechsfache die Zahl der Erfindungen, die in 1700 Jahren der abendländischen Geschichte vorher zusammengenommen festgestellt werden können. Diese Beschleunigung der technischen Entwicklung rechtfertigt also, wenn auch in einem vorsichtigeren Sinne, das Wort von der industriellen Revolution.

Gebrüder Decker & Canstatt.

Horizontale Dampfmaschinen mit und ohne Condensation.

2 **D**

Entscheidend für die industrielle Revolution ist eine mit der technischen Entwicklung einhergehende immer schneller werdende gegenseitige Abhängigkeit einzelner Faktoren. Dies soll an einem Beispiel beleuchtet werden: Seit Anfang des 18. Jahrhunderts machte sich in England ein Rückgang des Holzvorrates bemerkbar.

Das beförderte einerseits die Nachfrage nach Eisen als Fertigungsmaterial, andererseits die Ausbreitung der Koksverwendung im Hüttenbetrieb, in dem man früher weitgehend Holzkohle verwendet hatte. Die steigende Nachfrage nach Kohle zur Herstellung von Koks förderte wiederum den Bergbau, was zur Folge hatte, dass man tiefere Schächte anlegte, um größere Mengen von Kohle gewinnen zu können. Die tieferen Schächte standen jedoch in größerer Gefahr, mit Wasser voll zu laufen, weshalb die Pumpanlagen verbessert werden mussten. Deshalb interessierten sich vor allem Bergwerksbesitzer, deren Schächte in Gefahr waren, mit Wasser voll zu laufen, für die praktische Nutzung von James Watts Experimenten zur Verbesserung und Effektivitätssteigerung der Dampfmaschine. Die Verbesserung der Dampfmaschine verlangte ihrerseits wiederum eine bessere und exaktere Schmiedearbeit und auch bessere Maschinenwerkzeuge. Auf der anderen Seite schuf gerade die Einführung der Dampfmaschine in der Eisenindustrie die Voraussetzung dafür, die Eisenverarbeitung und die Schmiedearbeit verbessern zu können.

3 **A**

Wenn man nach dem fragt, worin sich die industrielle Technik etwa seit dem Ende des 18. und Anfang des 19. Jahrhunderts von früheren Stadien der technischen Entwicklung unterscheidet, so kann man folgende Merkmale nennen: Vor der industriellen Revolution bildeten Mensch, Tier, Wasser und Wind die wichtigsten Energiequellen der menschlichen Produktion und des Verkehrs. Zentrale Voraussetzung für die Industrialisierung war die Entwicklung technischer Verfahren, mit deren Hilfe es möglich wurde, Energie „künstlich" zu gewinnen. Die Dampfkraft war dabei nur das erste wichtige Exempel. Später folgte die Nutzung der Elektrizität, der Treibstoffe und zuletzt der Atomenergie als weitere Beispiele des neuen Energietypus. Keine der früheren Kraftantriebe hätte die modernen Apparatursysteme so in Bewegung bringen oder halten können, wie die neuen Energiearten dies vermochten.

4 **F**

Aber auch diese anzutreibende Maschinerie entwickelte sich erst Schritt für Schritt. Zunächst wurden Textilmaschinen an die neuen Energiearten angeschlossen, später alle anderen Maschinenarten und Transportmittel und dann auch die maschinelle Herstellung der Maschinen selbst. Mit Recht ist hervorgehoben worden, dass die Industrialisierung nicht durch das Aufkommen einzelner Maschinen, sondern von großen Maschinensystemen gekennzeichnet ist. So konzentrierte sich in England die

Entwicklung der Maschinen während des 18. Jahrhunderts zunächst auf das Textilgewerbe. An die Stelle der einzelnen Spindel traten kombinierte Spinnmaschinen,
85 an die Stelle des einzelnen Webstuhls die Webmaschinen, die zuerst mit Wasserrädern, später mit der Dampfmaschine verbunden werden konnten.

5 ☐ _____
Aber denkt man an die Entwicklung der Elektro- und der Chemieindustrie, so erscheint auch die Charakterisierung
90 der Industrialisierung durch die Maschinensysteme als zu ungenau, weil sie zu einseitig die mechanische Seite der Sache hervorhebt und andere Instrumente und Apparate in der Ausrüstung unserer industriellen Welt vernachlässigt. Deswegen lässt sich die Entwicklung exakter und
95 umfassender durch das Aufkommen großer Apparaturen und Apparatursysteme charakterisieren. Von diesen

stress   *inaccurate*   *equipment*   *comprehensive*

sind die stationären Apparaturen (die Maschinen in den Fabriken), die in Transport und Verkehr (Lokomotiven, Schiffe und Autos) und die großen Netzapparaturen in der Licht-, Kraft- und Wasserversorgung und in der 100 Kommunikation (Telefon, Telegraphen, Rundfunk, Fernsehen) die wichtigsten Beispiele.

6 Ⓑ _____
Zusammenfassend lässt sich sagen: Mit dem Wort Industrialisierung verbindet man hauptsächlich die Vorstellung vom Aufkommen der Fabriken, der Industrie und der 105 Maschinen. Sicherlich war die Entstehung der modernen *origin* Fabriken und ihrer Organisationsform für die Entwicklung dieser modernen Maschinen- und Apparatursysteme sehr wichtig. Dennoch meint das Wort industrielle Technik mehr als nur Fabriken und das Wort Industrie 110 mehr als das, was man früher unter Gewerbefleiß verstand. *trade* Die moderne industrielle Technik in der Gestalt, die sie im 19. und dann im 20. Jahrhundert angenommen hat, hat Verkehr und Transport auf dem Lande, zu Wasser und in der Luft, die Kommunikation in jeder Form, 115 die wissenschaftlichen Forschungswege und die menschliche Organisation und Ausbildung systematisch erfasst. *grasp* In letzter Konsequenz haben die technischen Entwicklungen der Industrialisierung die gesamte Gesellschaft *whole* verändert. Denn die Industrialisierung wurde zum Fundament 120 dament unserer ganzen modernen Lebensversorgung und *utilities* durchdringt bis heute alle unsere Lebensbereiche. *care, supply*

öffentliche Versorgung

Willi Strzelewicz

Lesen
Schreiben

b Strategien im Mittelpunkt: Analysieren Sie den Aufbau des Artikels, indem Sie hierfür folgenden Textbauplan ergänzen.

1. Abschnitt	*Einführung in Thema „Industrielle Revolution":* *– Definition / Auseinandersetzung mit Begriff „industrielle Revolution"* *– Beispiel „Zahl der Erfindungen"*
2. Abschnitt	
3. Abschnitt	
4. Abschnitt	
5. Abschnitt	
6. Abschnitt	

Schreiben

→DSH

c Fassen Sie für einen Freund bzw. eine Freundin den Gedankengang des Textes in ca. zehn Sätzen zusammen. Orientieren Sie sich dafür an Ihrer Textaufbauanalyse aus Aufgabenteil b und folgenden Redemitteln.

Der Autor definiert den Begriff … | Der Autor setzt sich zunächst mit … auseinander. | Der Autor vertritt die These, dass … | Er erörtert, dass … | Er führt hierfür folgendes Beispiel an: … | Er nennt folgende Merkmale / Voraussetzungen: … | Er hebt besonders hervor, dass … | Kennzeichnend für … ist … | Anhand … folgert er, dass … | Er charakterisiert … als … | Als charakteristisch für … bezeichnet er … | Zum Schluss / Als Fazit legt er dar, dass …

Weitere Redemittel für eine Zusammenfassung finden Sie in Lektion 2 und 7 sowie in Mittelpunkt B2, Lektion 6 und 8.

Sprechen

d Sprechen Sie im Kurs darüber, wie die Industrialisierung unser Leben noch heute prägt. Was sind die positiven, was die negativen Auswirkungen der Industrialisierung?

1 Realitäten, Utopien, Visionen

Sprechen

Welche Assoziationen haben Sie zum Begriff „Neue Welten"? Kennen Sie Geschichten oder Filme von Entdeckungen neuer Welten, Utopien oder Visionen?

2 Real, irreal?

Lesen

a Lesen Sie die Texte A bis D. In welchen der vier Texten gibt es Aussagen zu den Aspekten 1 bis 5? Notieren Sie Stichworte.

	Text A	Text B	Text C	Text D
1. Ort	Mittelmeer			
2. Verfahren				
3. Hoffnungen / Visionen				
4. geschichtliche Entwicklung				
5. jetziger Stand				

A Es war eine Vision des Friedens: neuer Lebensraum, futuristische Städte und dauerhafter Frieden für eine riesige Region. Die Utopie von „Atlantropa" entstand in den 1920er-Jahren und sah vor, dass das Mittelmeer teilweise trocken gelegt werden sollte. Ein gigantischer Staudamm sollte die Meerenge von Gibraltar verschließen und so den Wasserzufluss aus dem Atlantik regulieren. Alle anderen Mittelmeerzuflüsse sollten ebenfalls abgeriegelt werden. Ohne den Wasserzufluss würde das Mittelmeer durch Verdunstung langsam austrocknen. Insgesamt würden rund 500 000 Quadratkilometer Neuland entstehen, eine Fläche, die so groß ist wie Frankreich und Belgien zusammen. Europa und Afrika sollten zum neuen Kontinent „Atlantropa" verschmelzen. Es sollte ein Friedensprojekt sein, denn die gemeinsame Arbeit an den gewaltigen Staudämmen sollte die Anrainerstaaten des Mittelmeers zusammenschweißen und so für Frieden sorgen. Was fantastisch klingt, war der ernsthafte Plan des Münchner Architekten Herman Sörgel, der sich „Atlantropa" Mitte der 1920er-Jahre ausdachte. Aber obwohl Sörgel Ende der 1920er-Jahre mit der konkreten Planung des Staudamms begann und Armut und Arbeitslosigkeit manch einen für hoffnungsvolle Zukunftsvisionen empfänglich machten, konnte Sörgel letztlich keinen von seinen Ideen überzeugen.

B Schon in den 1950er-Jahren gab es die ersten Überlegungen zu einer bemannten Raumfahrtmission zum Mars. Beflügelt von den Erfolgen der Mondlandung, war sich jeder in der Planungscrew der NASA sicher, dass man schon bald den ersten Schritt auf den roten Planeten wagen würde. Dies war zwar zunächst technisch und finanziell nicht machbar, aber seit Anbruch des neuen Jahrtausends sind die Pläne, Astronauten zum Mars zu schicken, in greifbare Nähe gerückt. Denn die NASA wurde wieder beauftragt, die Vision von der Eroberung des Weltalls neu zu verfolgen. Die Amerikaner wollen etwa im Jahr 2014 wieder auf dem Mond landen. Und für die Zeit zwischen 2015 und 2020 ist geplant, eine bemannte NASA-Marsmission auf die Beine zu stellen.
Was wollen die Menschen auf dem Mars? Nach Spuren von Leben suchen. Aber für manch einen, z. B. für den Raumfahrtvisionär Jesco von Puttkamer, Raumfahrtexperten der ersten Stunde und noch heute für die NASA tätig, gibt es noch eine weitere Antwort: „Wenn es kein Leben auf dem Mars gibt, das wir dabei zerstören, können wir vermutlich über die Jahrhunderte und Jahrtausende hinweg aus dem roten Planeten einen grünen machen. Dadurch hätte der Mensch eine zweite Bleibe im All und könnte praktisch unsterblich werden.

C Der Mythos vom Goldland „Eldorado" dominierte vor allem die spanischen und portugiesischen Eroberungen und Erkundungen Süd- und Mittelamerikas. Mit Amerika verband man die Vision von einem sagenhaft reichen Land und damit von einem Gegenbild zu Europa, in dem die meisten Menschen in großer Armut lebten. Nahrung erhielt dieser Mythos durch tatsächliche Gold- und Silberfunde bei den Indianerkulturen, die eine Fülle von Abenteurern nach Süd- und Mittelamerika zogen. Ab Mitte des 18. Jahrhunderts wandelte sich die materialistische Utopie vom Goldland „Eldorado" zur Vorstellung von einem Paradies auf Erden. Amerika wurde damit für lange Zeit zum utopischen Fixpunkt für die Vorstellung von einer besseren Welt. Amerika – das gelobte Land, das Land der unbegrenzten Möglichkeiten – diese Vorstellung bewegte auch die Millionen von Einwanderern, die im 19. und frühen 20. Jahrhundert in die USA kamen – und bewegt auch heute noch manch einen.

ein Kommentar ✓

D „Ich kniete nieder, als ich festen Boden unter den Füßen hatte, und dankte Gott, indem ich die Erde küsste", schrieb Christoph Kolumbus am 12. Oktober 1492 in sein Bordbuch. Wer heute, rund 500 Jahre später, noch Land entdecken will, muss schon an Orte wie Svarga reisen. Dort gibt es Seerosen, deren Blüten mehr als einen halben Meter groß sind, und lichter Palmwald bedeckt die Ebenen. Svarga liegt in einer virtuellen Computerwelt namens „Second Life". 2001 wurde sie von der kalifornischen Firma Linden Lab erschaffen, und seit sich die Sache mit den blühenden Landschaften herumsprach, gibt es Millionen von Siedlern. Wöchentlich melden sich viele neue Mitglieder aus aller Welt an. Wer hier mitmacht, braucht nur einen schnellen Internetanschluss. Dann sind der Fantasie kaum Grenzen gesetzt, und manch einer ergreift die Gelegenheit, denn hier darf jeder sein, wer und was er schon immer sein wollte. Die Putzfrau wird zum Supervamp, der übergewichtige Büroangestellte zum Hugh-Grant-Verschnitt. Es ist eine Welt der unbegrenzten Möglichkeiten. Denn wer hier Zeit verbringt, kann auf die eine oder andere Weise neu anfangen, kann neue Freunde finden, sein Traumhaus bauen, Teil einer neuen Gesellschaft werden. Alle haben die gleichen Chancen – und jeder kann reich werden.

grasp

Schreiben *settlers*

b Im Internet finden Sie ein Forum mit Beiträgen zu Zukunftsvisionen. Schreiben Sie hierfür ein Kommentar zu einer der in Aufgabenteil a vorgestellten Visionen. Stellen Sie dabei Ihren eigenen Standpunkt dar. Der Beispielkommentar unten und die Redemittel helfen Ihnen.

Forscher sind der Meinung, dass … | Wahrscheinlich ist: … | Im Übrigen … | Es stellt sich die Frage, ob/wie … | Betrachtet man …, dann … | Dem ist entgegenzuhalten, dass … | Man sollte bedenken/berücksichtigen, dass … | Zukünftig wird/werden … | Positiv/Negativ dabei ist, dass … | Hieraus ergibt sich die Möglichkeit, dass …

KOMMENTAR SCHREIBEN:
Hinweise zum Aufbau eines Kommentars sowie weitere Redemittel finden Sie in Lektion 1, im Lehr- und Arbeitsbuch.

Marsbevölkerung – das klingt zunächst visionär. Aber eine Frage sollte man dabei nicht unberücksichtigt lassen: Wie wird sich eine Marsbesiedelung auf dortiges Leben – und sei es noch so klein – auswirken? Denn wenn die Anwesenheit von Menschen einen schädlichen Einfluss auf die „Marsbewohner" hat, wäre es dann nicht besser, auf eine Erschließung zu verzichten? Die Menschen haben schon genug Leben auf der Erde zerstört, da sollten sie den Weltraum lieber in Ruhe lassen.

3 Sprache im Mittelpunkt: Indefinitartikel als Pronomen

Formen und Strukturen S. 177

Lesen Sie die folgenden Sätze zu den Texten in Aufgabe 2 und ergänzen Sie die fehlenden Pronomen.

PRONOMEN:
Indefinitartikel wie „mancher", „jeder" oder „keiner" können auch als Pronomen verwendet werden, z. B. Mancher Student hat die visionären Ideen aufgegriffen.
→ Manch einer hat die visionären Ideen aufgegriffen.

1. Armut und Arbeitslosigkeit in den zwanziger Jahren machten ___manch einen___ empfänglich für hoffnungsvolle Zukunftsvisionen.
   (also) manchen

2. Obwohl Sörgels Ideen attraktive Zukunftsvisionen beinhalteten, konnte er ___keinen___ von seinen Ideen überzeugen.

3. Für ___jeden___ gibt es durchaus logische Antworten auf die Frage, weshalb Menschen auf den Mars wollen. So auch für den Raumfahrtsvisionär Jesco von Puttkamer.

4. Amerika – das Land der unbegrenzten Möglichkeiten – diese Vorstellung bewegt noch ___manch einen / manche___ *manch einer*

5. In der virtuellen Computerwelt ergreift ___manch einer___ die Gelegenheit, seine Fantasie spielen zu lassen; denn hier darf ___manch einer___ sein, wer und was er schon immer sein wollte.
   jeder

manch einen

1 Künstliche Intelligenz (KI)

Sprechen

a Tauschen Sie sich in Kleingruppen über folgende Fragen aus.

- Was könnte „Künstliche Intelligenz" bedeuten?
- Haben Sie schon etwas darüber gehört, gelesen? Wenn ja, was? Berichten Sie.

Lesen

→DSH

b Lesen Sie den Artikel unten über die Ziele der KI-Forschung und beantworten Sie folgende Fragen in Stichworten.

1. In welchen Produkten oder Systemen findet man Künstliche Intelligenz?
2. Worin zeigt sich Intelligenz bei einem Lebewesen?
3. Was für Roboter will man langfristig entwickeln? *long-term*
4. Was versteht man unter One-Button-Computer?
5. Was bedeutet die Aussage, dass man künftig den Menschen in den Mittelpunkt der Informationstechnik stellen soll?
6. Was ist hierfür die technische Voraussetzung?

KI-Forschung will Informationstechnik vereinfachen

Die Ergebnisse der Forschung auf dem Gebiet der Künstlichen Intelligenz (KI) sind nicht immer leicht als solche zu erkennen. „Wenn Künstliche Intelligenz schließlich funktioniert, dann wird es nicht mehr KI genannt, sondern Informatik, weil wir es dann verstehen", fasst Wilfried Brauer, Professor an der Technischen Universität München, ein Paradoxon des Forschungsgebietes zusammen. Heute begegnen uns überall Systeme, in denen KI steckt: Schrifterkennung im Taschencomputer, telefonische Reservierungssysteme für Kino- und Bahntickets, virtuelle Gegner bei PC-Spielen oder Roboter, die Rasen mähen. Bei einem Lebewesen zeige sich Intelligenz darin, wie gut es sich in einer unbekannten Umwelt zurechtfinde, wie es auf unerwartete Situationen reagiere, beschreibt Professor Hans-Dieter Burkhard, Projektleiter an der Berliner Humboldt-Universität, das Forschungsfeld. „Fußball ist in gewisser Weise so eine unbekannte Umwelt, da man nie genau weiß, was der Gegner als Nächstes macht." Das Fernziel der Wissenschaftler ist es, Roboter zu erschaffen, die mit Menschen zusammen handeln können. Man denkt dabei gar nicht an eine Maschine, die ein Problem besser lösen soll, sondern modelliert in der Maschine Verfahren, die für Menschen typisch sind, wenn sie Probleme lösen. „Technologien, die sich im Versuchsfeld Fußball bewähren, haben gute Aussichten, auch in anderen Einsatzfeldern wie Haushalt, Büro, Fabrik oder auf anderen Gebieten eine gute Figur zu machen", sagt Ubbo Visser, Chef des Organisationskomitees der Robo-Cup-WM am Informatik-Zentrum Bremen.

Für Professor Wolfgang Wahlster vom Deutschen Forschungszentrum für Künstliche Intelligenz (DFKI) in Saarbrücken steht der Begriff der „Usability" (Brauchbarkeit, Verwendbarkeit) im Fokus der KI-Forschung. „Wir kommen in der Informationstechnik bei Massenanwendungen nicht weiter, wenn wir nicht den Menschen in den Mittelpunkt der künftigen Informationstechnik stellen. Im PC- und Notebook-Markt erreichen wir eine Sättigung, bleiben wir bei der konventionellen Windows-, Maus-, Tastaturbedienung. Die derzeitigen seriellen Computer sind nämlich an Grenzen gestoßen, jenseits derer ihre Schnelligkeit nicht mehr im Rahmen angemessener Kosten gesteigert werden kann." Wie also geht es weiter? In Japan, so Wahlster, spreche man bereits vom „One-Button-Computer": „Ein und aus, alles andere geschieht über Sprache, Mimik und Gestik, für die man kein Handbuch studieren muss." Roboter, die uns in tiefsinnige Gespräche verwickeln, sind noch Science-Fiction. „Aber es ist heute schon abzusehen, dass in den nächsten Jahren Sprachdialogsysteme beispielsweise im Auto, bei der Bedienung intelligenter Haustechnik und beim mobilen Internet-Zugriff immer stärker auch in den Massenmarkt eindringen werden", sagt Wahlster und unterstreicht den Usability-Ansatz seiner KI-Betrachtung. Der Computer, die Maschine, müsse im Kommunikationsverhalten dem Menschen entgegen kommen, ist Wahlster überzeugt. Das Ziel aus den Anfangstagen der Disziplin vor 50 Jahren, künstliche Intelligenzen im Rechner zu erschaffen, ist somit heute konkreten anwendungsorientierten Fragestellungen gewichen: KI-Systeme sollen mit menschenfreundlichen Dienstleistungen den Alltag unterstützen. Professor Aaron Sloman von der University of Birmingham, umschreibt das Ziel schlicht mit zwei Worten: „Produktive Bequemlichkeit". Aus Sicht vieler Forscher können intelligente Maschinen jedoch nur dann entstehen, wenn es der KI-Forschung gelingt, sensorische Systeme zu entwickeln, die erstmals das Lernen aus Erfahrung ermöglichen. Und bis dahin ist es noch ein weiter Weg.

die Voraussicht

---

1. Schrifterkennung im Taschencomputer, ...

2 Haushaltsroboter

ören ○ 3, 17-18

→DSH

Hören Sie einen Radiobericht über Haushaltsroboter und notieren Sie Stichworte zu folgenden Fragen.

1. Seit wann gibt es Haushaltsroboter?
2. Warum konnten sich Haushaltsroboter bisher noch nicht auf dem Markt durchsetzen? *zu teuer*
3. Welchen Fehler machen laut Herrn Hägele die meisten Roboterhersteller? (2 Infos)
4. Wie geht dagegen der Marktführer von Robotersaugern vor? (4 Infos) *5*
5. Wie beschreibt Herr Dahlsten die Roboterforschung in Europa? (2 Infos)
6. Was können die Haushaltsroboter der neuen Generation? (4 Infos) *Butler, Mitsubishi, 10.000 €, schwer, 30 kg Frauen*
7. Warum hat es laut Herrn Hägele Vorteile, wenn ein Roboter ähnlich wie ein Mensch aussieht? (2 Infos) *Japworte, roboter akzeptieren, Haus & Büro*
8. Welches Problem muss die zukünftige Roboterforschung noch lösen? *kamera, microchip,*

keine produktion

vorarberg

2009 Akademische Thema

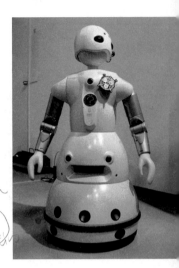

> 1. seit Mitte der 90er-Jahre auf dem Markt

3 Referat: „Moderne Roboterwelten"

Schreiben
Sprechen

a Erarbeiten Sie zu zweit ein Referat zum obigen Thema. Orientieren Sie sich hierzu an Ihren Notizen zu dem Artikel über die Ziele der KI-Forschung sowie zu dem Bericht über Haushaltsroboter und an der folgenden Gliederung.

I. Künstliche Intelligenz
    1. Intelligenz bei Lebewesen
    2. Intelligenz bei Maschinen

II. Was können Roboter heute?
    1. Fähigkeiten
    2. Schwachstellen

III. Zukunftsplanung
    1. Einsatzfelder
    2. Optik
    3. Technische Leistungen

IV. Technische Voraussetzungen

V. Stellungnahme
    1. Einschätzung, ob solche Roboter technisch machbar
    2. Persönliche Meinung zu diesen Plänen

Referat halten: Unter … versteht man … | Mit … bezeichnet man … | … lassen sich einsetzen in … | … beherrschen folgende Aufgaben: … | Probleme gibt es bei … | Noch nicht zufriedenstellend ist, … | Für die Zukunft plant man, … | An folgende Einsatzfelder ist gedacht: … | Von Vorteil wäre hierbei, … | Für die Verbreitung wäre (es) hilfreich, wenn … | Größere Akzeptanz ließe sich erreichen, wenn … | Notwendig ist … | Dies erfordert / setzt voraus, dass … | Folgendes Problem muss / Folgende Probleme müssen hierfür noch gelöst werden: …

auf Fragen antworten: Also, unter … verstehe ich: … | Um auf Ihre Frage zurückzukommen: … | Ich bin dieser Meinung, weil … | Warum ich behaupte, dass … Nun … | Wie ich bereits erörtert habe, … | Danke für Ihre Anmerkung.

b Schließen Sie sich zu jeweils drei Paaren zusammen und tragen Sie sich gegenseitig Ihre Referate vor. Gehen Sie dabei auch auf Fragen der anderen ein. Besprechen Sie im Anschluss, was gut war bzw. was man verbessern könnte. Wählen Sie eins der drei Referate aus und tragen Sie es im Kurs vor.

1 Hoffnungen und Versprechen

Sprechen
Lesen

a Beantworten Sie in Kleingruppen folgende Fragen.

– Welche Erwartungen und Hoffnungen haben Menschen im Bereich der Medizin?
– Welche Versprechungen der Medizin sind Ihnen bekannt?

b Lesen Sie die beiden Zeitungsausschnitte und beantworten Sie folgende Fragen.

– Welche Erwartungen und Versprechen werden in den beiden Texten angeführt? Stimmen diese mit Ihren Vermutungen aus Aufgabenteil a überein?
– Welche Probleme werden genannt?

Neue Neuronen für Parkinson-Patienten, Nervenzellersatz für Schlaganfallopfer, Hautzellen für Brandverletzte, Herzmuskelgewebe zur Rettung nach dem Infarkt. All das wollen Forscher im Labor züchten. Die Mutigen unter ihnen wollen gar noch mehr: Niere, Leber oder Herz aus der Retorte. Mit dem Organmangel in der Transplantationsmedizin soll es endlich vorbei sein. Gewaltige Verheißungen. Um ihre Ziele zu erreichen, wollen die Forscher mit embryonalen Stammzellen arbeiten.

Wir sind der Überzeugung, dass jeder ein Recht auf alles hat, wenn es um Leib und Leben geht. Doch diese Überzeugung ist falsch. Das Helfen- und Heilenwollen kann nicht die einzige Richtschnur des Handelns sein. Lebensgier, Schmerzverleugnung, ein Recht auf Gesundheit, ein Recht auf Kinder, ein Recht auf gesunde Kinder – diese Rechte gibt es nicht. All diese Sehnsüchte nach Perfektion erlauben es nämlich nicht, eine Forschung auf Kosten des Menschen zu betreiben.

2 Medizinische Hoffnungsträger, ethische Stolpersteine

Lesen
Sprechen

a Klären Sie in Kleingruppen folgenden Wortschatz. Benutzen Sie ggf. ein einsprachiges Wörterbuch bzw. ein Lexikon.

> Embryo   adult   Zelle   Eizelle   Schutzanspruch   Schutzwürdigkeit

b Lesen Sie nun die folgenden Abschnitte aus einem Artikel über Stammzellenforschung und bringen Sie sie in die richtige Reihenfolge. Markieren Sie dabei die Worte, die für die Verknüpfung der Abschnitte sorgen.

☐ Forschungsergebnisse in der letzten Zeit könnten jedoch einen Ausweg aus diesem Dilemma bieten: Wissenschaftlern ist es nämlich gelungen, Hautzellen in Stammzellen „zurückzuprogrammieren". Damit haben sie möglicherweise einen Weg gefunden, die in der Medizin so begehrten, aber ethisch umstrittenen embryonalen Stammzellen zu ersetzen.

☐ Für die forschende Medizin sind diese embryonalen Stammzellen besonders interessant, weil sie sich im Labor halten lassen und weil man von ihnen Antworten auf viele offene Fragen erwartet, etwa, wann und wie sie sich auf einen Zelltyp spezialisieren und wie man das steuern kann. Von den embryonalen Stammzellen erhofft man sich die Möglichkeit, verschiedene Krankheiten – wie z. B. Parkinson, Diabetes oder Krankheiten des Herz-Kreislaufsystems – effektiver behandeln zu können.

☑ 1 Stammzellen? – Was versteht man darunter, was erhofft man durch sie, welche Bedenken gibt es? Die meisten Zellen in unserem Körper sind Spezialisten. So bauen Leberzellen Alkohol ab, Blutkörperchen transportieren Sauerstoff und Muskeln verrichten Arbeit. Diese Zellen können sich untereinander nicht vertreten, ihre Funktionen sind festgelegt.

☐ Wie erklärt sich das? Das Thema Stammzellforschung ist nämlich nicht nur eine Frage der medizinischen Machbarkeit, sondern es wirft auch grundlegende ethische Fragen auf. Denn im Mittelpunkt der Diskussion steht die Frage, inwieweit menschliche Embryonen geschützt sind bzw. ob es gestattet ist, Embryonen zur Gewinnung von Stammzellen einzusetzen? Bei dieser Frage gibt es zwei unterschiedliche Grundpositionen:

☑ 2 Stammzellen hingegen haben keine solche feste Funktion. Sie können sich aber teilen und vermehren. Sie sind die Mütter der Spezialisten und einzig dafür da, den Nachschub dieser Zellen zu sichern. Bei den Stammzellen unterscheidet man zwischen Stammzellen von Embryos und denen von Erwachsenen.

☐ Letztere haben etwa zwanzig verschiedene Stammzelltypen. Sie heißen adult, sie sind organspezifisch und werden gebraucht, wenn Reparaturen nötig sind, etwa in der Leber. Sie decken aber auch den Bedarf kurzlebiger Zellen. So bilden Stammzellen im Knochenmark immer frische Blutbestandteile. Andere erneuern Muskeln und Bindegewebe.

☐ Die erste Grundposition spricht dem Embryo von Beginn an dieselbe Schutzwürdigkeit zu wie dem geborenen Menschen. Vertreter dieser Position sagen, der Embryo besitze von Anfang an das Potential, zur Person zu werden. Ein Embryo darf demnach niemals für fremde Zwecke, so hochrangig sie auch sein mögen, instrumentalisiert werden.

☐ Demgegenüber können die Stammzellen eines Embryos wesentlich mehr: Aus einer befruchteten Eizelle kann schließlich noch ein ganzer Mensch wachsen. Diese sehr frühen Stammzellen können noch alles; daher heißen sie nach der lateinischen Bezeichnung „totipotent". Auch bei einem drei Tage alten Embryo sind die Zellen kaum spezialisiert, aus ihnen kann noch jede der rund 210 Zellarten eines Menschen werden. Wegen dieser Eigenschaft nennt man sie „pluripotent".

☐ Diese Uneinigkeit kommt u. a. auch in der Unterschiedlichkeit der nationalen und internationalen Regelungsmodelle zum Ausdruck und führt dazu, dass weder auf der Ebene der Vereinten Nationen noch auf gesamteuropäischer Ebene einschlägige Regelungen zur Forschung mit humanen embryonalen Stammzellen existieren und wohl in nächster Zeit auch nicht existieren werden.

☐ Gemäß der zweiten Grundposition kommt dem Embryo erst mit dem Erreichen einer bestimmten Entwicklungsstufe die gleiche Schutzwürdigkeit wie dem geborenen Menschen zu. Von Vertretern dieser Position wird die Forschung mit Embryonen moralisch nicht ausgeschlossen, solange diese nicht in der Gebärmutter eingenistet sind – besonders wenn es um die Heilung bisher unheilbarer Krankheiten geht.

☐ Aber während adulte Stammzellen bereits medizinische Bedeutung haben – z. B. werden Blutstammzellen bereits bei Krebspatienten nach Chemo- oder Strahlentherapien sowie zur Behandlung von Leukämie eingesetzt – steckt der Einsatz embryonaler Stammzellen noch in den Kinderschuhen.

3 Sprache im Mittelpunkt: Textkohärenz

Formen und Strukturen S. 160, 161

a Ordnen Sie die Wörter, die Sie im Text markiert haben, in die Tabelle ein. (Sie können bei diesem Arbeitsschritt noch nicht alle Tabellenspalten füllen.)

Konjunktionen	Verbindungsadverbien	Zweiteilige Konnektoren	Subjunktionen
	hingegen,		
Aufzählungen	Demonstrativ-/ Possessivpronomen	Personalpronomen	Präpositional-pronomen

b Lesen Sie den Text noch einmal und markieren Sie nun alle weiteren Wörter, die für die Verknüpfung der Sätze sorgen. Ordnen Sie sie ebenfalls in die Tabelle ein.

4 Pro oder contra

Lesen Schreiben

a Lesen Sie den Artikel in Aufgabe 2 noch einmal und machen Sie sich Notizen zu den im Text enthaltenen Informationen und Meinungen.

Lesen Sprechen

b Nehmen Sie anhand Ihrer Notizen zu den folgenden Aussagen Stellung. Diskutieren Sie im Kurs.

> Das konkrete Leben eines menschlichen Embryos im Hier und Jetzt kann grundrechtlich nicht gegen die vollkommen abstrakten Heilungschancen künftiger Patienten „abgewogen" werden.

> Die Forschung an humanen embryonalen Stammzellen ist unverzichtbar; nur auf diese Weise kann sich die Medizin weiter entwickeln und bisher unheilbar Kranken Heilung und so ein Weiterleben ermöglichen.

B

1 Wozu soll das gut sein?

Sprechen

Was ist auf den Fotos abgebildet? Wozu dienen wohl diese Erfindungen? Tauschen Sie sich in Kleingruppen aus.

2 Die Erfinderschule

Lesen
Schreiben

a Lesen Sie den Artikel über die „Erfinderschule" und machen Sie sich zu folgenden Fragen Notizen.

1. Wie viele Erfindungen haben die Schüler schon gemacht? Nennen Sie Beispiele.
2. Welche Preise haben die Schüler schon erhalten?
3. Wie ist der Erfinderkurs entstanden?
4. Was ist das Motto des Erfinderkurses?
5. Wie lernt man im Erfinderkurs?
6. Wie kommt es, dass junge Schüler Lösungen finden, auf die Erwachsene nicht kommen?
7. Was ist Deutschlands jüngstem Patent-Inhaber passiert?

Teufelsbesen oder gnadenlose Betten

Die Zahnbürste, die ohne Pasta putzt. Das verstellbare Bett gegen Wundliegen. Das Einhandpflaster, die Handtaschenbeleuchtung, die digitale Krankenakte in der Armbanduhr: alles Erfindungen einer
5 Gruppe von Schülern zwischen 10 und 18 Jahren an einem bayerischen Gymnasium. Genauso wie der Funkbriefkasten, die Fahrradkehrmaschine, der Automatikschuhtrockner, der Einfingerschreiber, der Teufelsbesen, der Inliner bzw. Skateboardfahrer antreibt,
10 oder das „gandenlose Bett", das einen weckt, indem es einen aus dem Bett wirft.

Das Maristengymnasium in Fürstenzell bei Passau setzt Glanzpunkte in der deutschen Schullandschaft. Längst hat es sich den Ruf der weltweit erfolgreichsten
15 „Erfinderschule" erworben.
Mehr als 500 Erfindungen haben die Schüler des Projekts „jugend creativ" ausgetüftelt, 28 davon sind inzwischen patentiert. Auf der „Internationalen Erfinder- und Neuheiten-Ausstellung" (IENA) in Nürnberg
20 sind die Schüler seit Jahren mit einem eigenen Stand vertreten und sahnen regelmäßig Gold-, Silber- und Bronzemedaillen ab. Überhaupt, die Preise: Die Liste reicht von „Jugend forscht" über Auszeichnungen des Bildungsministeriums, den Bayerischen Kulturpreis
25 bis zum Erfinderpreis der UN-Organisation der Patentämter und den ersten Preis beim weltweiten Jugendwettbewerb des japanischen Erfinderverbandes samt Reise nach Tokyo.

Auf der IENA hat alles begonnen. 1983 stellte der
30 Fürstenzeller Kunstlehrer Hubert Fenzl seine eigenen Erfindungen aus. Die Lokalpresse berichtete, seine Schüler wurden neugierig, drängten ihn, sie in die Geheimnisse des Erfindens einzuweihen. Fenzl rief die Projektgruppe „jugend creativ" ins Leben – trotz
35 Skepsis seitens der Kollegen und des Bildungsministeriums. Schon im ersten Jahr trat ein Projekt bei „Jugend forscht" an, 1985 waren es bereits 35. Und Hubert Fenzl erhielt den Bayerischen Staatspreis für Unterricht und Kultus.

40 Praxisbezug, Lebensnähe, mehr Freiräume und Teamfähigkeit: In einer Welt, in der reines Faktenwissen schnell veraltet ist, entwickelte Fenzl ein pädagogisches Konzept, in dessen Mittelpunkt die Förderung „flexiblen" Wissens steht. Mit seinen Ideen stieß er
45 schließlich nicht nur bei Pädagogen, sondern auch bei der Wirtschaft auf großes Interesse. Die ersten

Sponsoren wurden gewonnen. Mittlerweile enthält die Werkstatt Maschinen und Werkzeug für rund 150 000 Euro, ein Drittel davon spendete allein BMW.
50

Nach dem Leitsatz „Wenn euch etwas ärgert, dann fragt euch, ob das so sein muss" stellte Fenzl – und seitdem seine Nachfolger – den Schülern die Aufgabe, sich Lösungen für Alltagsprobleme zu überlegen, und forderte sie zum Querdenken auf. Die erste Aufgabe war, mit einer Mausefalle ein Auto zu basteln, das mit diesem Antrieb möglichst weit kommen sollte. Ein Mädchen hatte die Idee, die Mausefalle nicht als Motor einzubauen, sondern als Abschussrampe zu benutzen, und gewann den ausgesetzten Preis — ein Eis.
55
60

Auch wenn die Erfolgsbilanz darüber hinwegtäuscht: Der Weg von der Idee bis zur fertigen Erfindung ist weit. Versuch und Irrtum beherrschen den Alltag der kleinen Düsentriebs. Und gerade dadurch lernen sie. Warum ausgerechnet Sechst- und Siebtklässler Probleme lösen, an denen sich Erwachsene den Kopf zerbrechen, kann Manfred Koser, einer der heu-
65

tigen Leiter des Erfinderkurses, erklären: „In diesem Alter sind die Schüler noch nicht durch viel Wissen über etablierte und bekannte Lösungen für ähnliche Probleme in ihrer Ideenfindung eingeschränkt." Das Medieninteresse und nicht zuletzt die Hoffnung auf kommerziellen Gewinn motivieren die Schüler zusätzlich. Das Maristengymnasium ist keine Hochbegabtenanstalt, sondern eine ganz normale Schule, die ihre Schüler zum Nachdenken ermuntert und die nötige Hilfestellung gibt, um ihre Ideen umzusetzen.
70
75

Allerdings schützt die Teilnahme am Erfinderkurs nicht vor schlechten Leistungen in der Schule. Gern erzählt man sich am Maristengymnasium die Geschichte von dem Jungen, der mit 13 Jahren Deutschlands jüngster Inhaber eines Patents war. Er hatte ein Linier- und Schneidegerät konstruiert, mit dem sich gerade Schnitte oder Striche auf gewölbtem oder unebenem Untergrund machen ließen. Seine Schulhefte waren mit Ideenskizzen übersät, bald war er dann bei einer Werbefirma gut im Geschäft. Da hatte er das Gymnasium allerdings schon wegen schlechter Noten verlassen müssen.
80
85
90

Sprechen

b Stellen Sie den Erfinderkurs anhand Ihrer Notizen im Kurs vor.

3 Eigene Erfindungen

Sprechen
Schreiben

a Sie sind Teilnehmer eines Erfinderkurses. Entwickeln Sie in Kleingruppen eine Erfindung.

- Überlegen Sie sich, was Sie im Alltag ärgert und Sie gern verbessern würden.
- Einigen Sie sich auf ein Problem und überlegen Sie, wie man das Problem technisch lösen könnte.
- Überlegen Sie, welche Vorteile die Erfindung mit sich bringt, wer die Erfindung gebrauchen kann und wie sie eingesetzt werden kann.
- Machen Sie sich darüber Gedanken, was man benötigt, um die Erfindung anzufertigen, und wie man sie herstellen kann.
- Zeichnen Sie eine Skizze oder erstellen Sie ein Modell von Ihrer Erfindung.

b Präsentieren Sie Ihre Erfindung im Kurs.

c Besprechen Sie anschließend die Erfindung im Kurs, gehen Sie dabei auf folgende Punkte ein.

> PRÄSENTIEREN:
>
> Tipps und Redemittel für Produkt-präsentationen finden Sie in Mittelpunkt B2, Lektion 4.

- Ist die Erfindung hilfreich? Welche Vorteile bringt sie?
- Kann man sie leicht einsetzen?
- Ist sie leicht oder aufwändig herzustellen?
- Stehen Aufwand und Kosten für die Herstellung bzw. den Kauf im Verhältnis zum Nutzen?
- Vielleicht haben Sie Ideen, was man wie verbessern könnte. Machen Sie Vorschläge.

> Man könnte … verbessern, indem … | Als Material würde ich eher … nehmen. |
> Warum habt ihr … so aufgebaut? | Könnte man nicht stattdessen … | Wie wäre
> es, wenn du … statt … nehmen würdest? | Bei der Konstruktion solltest du noch …
> berücksichtigen. | Man könnte … bequemer / einfacher herstellen / benutzen, wenn … |
> Vorteilhaft / Von Vorteil wäre …

d Tauschen Sie sich über alle Erfindungen im Kurs aus und wählen Sie die beste aus.

A B C D

die Münzanstalt

1 Geld & Co

Sprechen

a Sprechen Sie im Kurs über die Fotos. Versuchen Sie dabei Antworten auf die Fragen „Wann?", „Wo?" und „Wozu?" zu finden.

b Kennen Sie noch weitere (historische) Formen von Geld, evtl. auch aus Ihrer Heimat?

c Erläutern Sie in Gruppen die unten aufgeführten Funktionen von Geld.

- Formulieren Sie dabei konkrete Beispiele.
- Welche der Objekte auf den Fotos sind für welche Funktionen weniger gut geeignet, warum?

Tauschmittel   Wertaufbewahrungsmittel   Prestigeobjekt   Wertmaßstab

relative worth

2 Ohne Moos nix los

dosh

Lesen
Sprechen

a Lesen Sie die folgenden Erklärungen und ordnen Sie diese den Abbildungen oben zu.

1 **Taler.** Gold und Silber symbolisieren bis heute Reichtum schlechthin. Im 16. Jh. gab es in Deutschland nicht nur goldene, sondern auch silberne „Gulden". Wichtigster Vertreter der letzteren war der „Joachimsthaler Gulden", der einfach „Taler" genannt und Namensgeber für Münzen u. a. in Norwegen und Spanien wurde. Aus dem spanischen „Dolaro" wiederum leitet sich der amerikanische „Dollar" ab.

2 **Weißes Gold.** In China und im gesamten Mittelmeerraum wurde in früheren Zeiten Salz als Zahlungsmittel genutzt. Römische Soldaten erhielten ihren Sold zeitweise in Form des weißen Kristalls, das auf Lateinisch „sal" hieß und damit auch für das spanische „salario" wie das englische „salary" („Gehalt") Pate stand.

development

3 **Buchgeld.** Auch das Papiergeld hat inzwischen seine große Zeit hinter sich. Der größte Teil des Geldes existiert nur noch in Büchern oder in digitalen Speichern. Auf der Suche nach den höchsten Renditen werden riesige Summen des virtuellen Geldes in Sekundenbruchteilen um den Erdball gejagt.

globe

4 **Das Kapital.** Vieh war und ist der wertvollste Besitz von Hirtenvölkern. Kein Wunder, dass sie den Wert aller anderen Güter in Schafen, Ochsen oder Rentieren berechneten. Und auch kein Wunder, dass der Begriff „Kapital" die gleichen lateinischen Wurzeln hat wie das englische Wort „cattle", auf Deutsch: Vieh.

5 **„Er ist ein Krösus".** Eine der ersten Edelmetallmünzen der Welt wurde auf dem Gebiet der heutigen Türkei zwischen 640 und 630 v. Chr. im Stadtstaat Sardes geprägt. Diese Erfindung brachte Wirtschaft und Handel einen großen Aufschwung – und dem König Krösus sagenhaften Reichtum.

upswing

6 **Kriegerisches Geld.** Papiergeld wurde erstmals in großem Umfang genutzt, um Kriege zu finanzieren, da die hohen Ausgaben mit Münzen alleine nicht zu bestreiten waren. Das war im alten China nicht anders als im Unabhängigkeitskrieg in Nordamerika. Gleichzeitig versetzte das Papiergeld Handel und Wirtschaft einen enormen Schub.

push   *der Anstoß*

b Wählen Sie zwei oder drei kleine Texte aus und besprechen Sie, welche Informationen für Sie neu sind.

3 Gedicht

ören ● 3, 19-21
Sprechen

a Hören Sie das Gedicht von Bertolt Brecht und überlegen Sie, welche die originale Überschrift ist.

– Lied gegen das Geld
– Lied von der belebenden Wirkung des Geldes

– Lied von des Gelds Gewalt
– Lied von der Notwendigkeit des Geldes

1. low

Niedrig gilt das Geld auf dieser Erden
Und doch ist sie, wenn es mangelt, kalt
Und sie kann sehr gastlich werden
Plötzlich durch des Gelds Gewalt.
Eben war noch alles voll Beschwerden *(complaint / trouble)*
Jetzt ist alles golden überhaucht
Was gefroren hat, das sonnt sich
Jeder hat das, was er braucht!
Rosig färbt der Horizont sich
Blicket hinan: der Schornstein raucht!
　Ja, da schaut sich alles gleich ganz anders an.
　Voller schlägt das Herz. Der Blick wird weiter.
　Reichlich ist das Mahl. Flott sind die Kleider.
　Und der Mann ist jetzt ein andrer Mann.

_____
Die Vertonung von Eisler weicht leicht vom Originaltext ab.

2.

Ach sie gehen alle in die Irre
Die da glauben, dass am Geld nichts liegt.
Aus der Fruchtbarkeit wird Dürre *drought*
Wenn der gute Strom versiegt.
Jeder schreit nach was und nimmt es, wo er's kriegt.
Eben war noch alles nicht so schwer
Wer nicht grade Hunger hat, verträgt sich
Jetzt ist alles herz- und liebeleer.
Vater, Mutter, Brüder: alles schlägt sich!
Sehet, der Schornstein, er raucht nicht mehr!
　Überall dicke Luft, die uns gar nicht gefällt.
　Alles voller Hass und voller Neider.
　Keiner will mehr Pferd sein, jeder Reiter!
　Und die Welt ist eine kalte Welt.

3.

So ist's auch mit allem Guten und Großen.
Es verkümmert rasch in dieser Welt
Denn mit leerem Magen und mit bloßen
Füßen ist man nicht auf Größe eingestellt.
Man will nicht das Gute, sondern Geld *petty*
Und man ist von Kleinmut angehaucht.
Aber wenn der Gute etwas Geld hat
Hat er, was er doch zum Gutsein braucht.
Wer sich schon auf Untat eingestellt hat
Blicke hinan: der Schornstein raucht!
　Ja, da glaubt man wieder an das menschliche Geschlecht.
　Edel sei der Mensch, gut und so weiter. *noble*
　Die Gesinnung wächst. Sie war geschwächt. *weakened*
　Fester wird das Herz. Der Blick wird breiter.
　Man erkennt, was Pferd ist und was Reiter.
　Und so wird das Recht erst wieder Recht.

Lesen
Schreiben

b Suchen Sie im Text, wie sich Mangel an und Vorhandensein von Geld auswirken, erstellen Sie eine Liste.

Geld ist vorhanden.	Es mangelt an Geld.
gastliche Welt	kalte Welt

Lesen
Sprechen

c Arbeiten Sie zu zweit an der Gedichtinterpretation. Tauschen Sie Ihre Ergebnisse im Kurs aus.

– Ordnen Sie die folgenden interpretierenden Aussagen den drei Strophen zu. Zwei Aussagen gehören zu einer Strophe.
　1. Allgemeiner Mangel an Geld führt zu Konflikten, Chaos und der Auflösung von Recht und Ordnung.
　2. Wenn Geld fehlt, entpuppen sich Formulierungen wie die von menschlicher Größe, Edelmut, dem Guten im Menschen usw. als leeres Gerede.
　3. Geld wird zwar moralisch nicht sehr hoch geschätzt, aber es hat positive Wirkungen.
　4. Wenn Geld (wieder) da ist, wird auch das soziale Oben und Unten (wieder) klar. Recht und Ordnung können (erneut) herrschen.
– Stimmen Sie diesen Auffassungen zu?
– Werden in dem Gedicht das Geld und seine Rolle eigentlich kritisiert oder gelobt?
– Welche Textteile sind wohl ironisch, welche ernst gemeint?

schmieren – to lubricate

d Welche Funktion(en) hat Geld für Sie? Wie wichtig ist Geld für Sie?

Was Sie in dieser Lektion lernen können:

ohne große Anstrengung zeitgenössische literarische Texte verstehen

komplexe Anleitungen für Geräte oder Verfahren auch außerhalb des eigenen Fachgebiets verstehen

an formellen Diskussionen und Verhandlungen teilnehmen, dabei auf Fragen, Äußerungen eingehen

komplexe Informationen, Anweisungen und Richtlinien verstehen

Korrespondenz mit Dienstleistern, Behörden oder Firmen selbstständig abwickeln

in Behörden- oder Dienstleistungsgesprächen Informationen zu außergewöhnlichen Themen austauschen

lange, anspruchsvolle Texte mündlich zusammenfassen

Sachverhalte ausführlich beschreiben, dabei Punkte ausführen und die Darstellung abrunden

als Vortragender in Veranstaltungen angemessen auf Äußerungen anderer eingehen

Geld mal anders

Das gute Leben ist möglich

Gültig bis
31.12.2008

Das gute
Leben ist
möglich!

Mitmachen!

Weitersagen!

Das gute
Leben ist
möglich!

Nur für
Vereinsmitglieder

1 Waldviertler

www.waldviertler-regional.at

SCHWEIZERISCHE NATIONALBANK
BANCA NAZIUNALA SVIZRA

Tausend Franken
Milli Fran

FEDERAL RESERVE NOTE
THE UNITED STATES OF AMER
THIS NOTE IS LEGAL TENDER
FOR ALL DEBTS, PUBLIC AND PRIVATE
B 19041
B 19041365 D
ONE DOLLAR

1 Regio versus Euro – David gegen Goliath

Sprechen

Kommentieren Sie die oben abgebildeten Geldscheine.

– Welche kennen Sie?
– Lesen Sie die Aufdrucke der übrigen Scheine und stellen Sie Vermutungen über ihre Funktion und Herkunft an.

2 Wie funktioniert's?

**Lesen
Sprechen**

a Überfliegen Sie den folgenden Artikel einer Universitätszeitschrift. Was wird hier vorgestellt? Um welchen der oben abgebildeten Scheine geht es?

b Lesen Sie den Artikel nun genauer.

– Der Text besteht inhaltlich aus zwei Teilen. Wo beginnt der zweite Teil? Formulieren Sie für beide Teile jeweils eine Überschrift.
– Notieren Sie die in Teil 1 angegebenen Gründe für Regionalwährungen in Stichworten.

c Tauschen Sie Ihre Ergebnisse im Kurs aus. Was halten Sie von der Idee?

Überall fehlt Geld: Viele Städte verkaufen ihre Infrastruktur. Großstädte wie Hamburg oder Berlin sind praktisch pleite. Vor Ort fehlt das Geld, während es gleichzeitig in unvorstellbaren Mengen auf der Suche nach noch höheren Ren-
5 diten um den Globus hetzt. Doch wenn vor Ort Euro oder Franken fehlen, warum dann nicht das eigene Geld machen? Und zwar eins, das nicht gleich wieder auf Reisen geht? Das ist der Gedanke hinter den Regionalwährungen, die in zahlreichen Ländern und nun auch zunehmend in Deutschland,
10 Österreich und der Schweiz entstehen – weltweit sind es bereits über 2 000.
Ausgangspunkt ist die Feststellung, dass für die Masse der Menschen die regionale Wirtschaft und das lokale Umfeld am wichtigsten sind. Hier lebt man, hier ist die Familie, der
15 Arbeitsplatz, die Schule, der Ausbildungsplatz, der Verein. Daher setzen hier die Regiogeld-Konzeptionen an, indem sie durch eine Intensivierung der regionalen Wirtschaftskreisläufe die ökonomische Stabilität ihrer Region fördern. Hinzu tritt in vielen Fällen eine Förderung der Zivilgesellschaft in
20 Gestalt von Vereinen, Schulen und anderen gemeinnützigen Einrichtungen, und nebenbei geht es um die umweltschonende Verkürzung von Transportwegen. Warum soll Apfelsaft viele hundert Kilometer transportiert werden, wenn es

in der Region gute Bedingungen für die Erzeugung gibt? Regiogeld-Initiativen können Erzeuger und Händler aus 25 der Region zusammenbringen, Verbraucher informieren und Kaufkraft zum örtlichen Erzeuger lenken. Wie funktioniert das Ganze nun? Nehmen wir als Beispiel den Chiemgauer, der in den beiden bayerischen Landkreisen Rosenheim und Traunstein umläuft. Der Verein „Chiemgauer 30 e.V." wurde 2004 ins Leben gerufen und hat inzwischen über 2 000 Mitglieder, gegen 600 teilnehmende Unternehmen und 122 geförderte Vereine, die berechtigt sind, Chiemgauer zu benutzen. Verbraucher füllen beim Eintritt in den Verein ein Formular aus, auf dem sie auch angeben, welche gemeinnüt- 35 zige Einrichtung in der Region sie unterstützen möchten: einen Musik- oder Sportverein, eine Schule oder auch das Rote Kreuz. Sie erhalten dann die Chiemgauer Regiocard, die wie eine EC-Karte funktioniert und auf der auch der individuelle Förderzweck gespeichert ist. Sie wird bei jedem Tausch- 40 vorgang bei einer der teilnehmenden Banken vorgelegt. Getauscht werden Euro gegen Chiemgauer zwar eins zu eins, aber gleichzeitig wird automatisch gebucht, wer später die Förderung im Umfang von drei Prozent des Betrags erhalten wird. Der Verbraucher kann nun bei den teilnehmenden Ge- 45 schäften in der Region einkaufen: bei lokalen Supermärkten

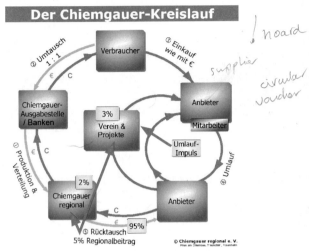

Der Chiemgauer-Kreislauf

und anderen Einzelhändlern oder bei Direktvermarktern unter den Bauern. Auch eine große Zahl von Dienstleistungen
können mit Chiemgauern bezahlt werden. Wenn die Anbieter
50 einen Chiemgauer-Umsatz machen, tauschen die wenigsten
ihre Chiemgauer wieder zurück, denn es gibt zahlreiche Möglichkeiten zum Ausgeben: für Dienstleistungen, für Ware vom
regionalen Großhändler, der wiederum bei lokalen Erzeugern
einkauft, als Gehaltsbestandteil für Personal oder für den
55 persönlichen Verbrauch des Unternehmers.
Tauscht ein Anbieter überschüssige Chiemgauer in Euro zurück, erhält er nur 95 Prozent des Betrags. Die restlichen fünf
Prozent finanzieren als sogenannter Regionalbeitrag mit drei
Prozent den bereits erwähnten Förderbeitrag für gemeinnüt-
60 zige Vereine und mit zwei Prozent den Verwaltungsaufwand
des Chiemgauer e.V. mit seiner Servicestelle, dem Druck der
Gutscheine, den Regiocards, der Buchhaltung usw.

Im herkömmlichen Währungssystem besteht die Gefahr, dass
Zahlungsmittel gehortet werden – beim Euro-Bargeld sind
das weltweit immerhin fünfzig, beim Dollar sogar siebzig 65
Prozent. Dieses Zurückhalten wird beim Chiemgauer durch
den sogenannten Umlaufimpuls vermieden. Die Chiemgauer-
Gutscheine werden am Ende des Quartals ungültig und müssen mit einer aufzuklebenden Marke um weitere drei Monate
verlängert werden. Sie kostet zwei Prozent des jeweiligen 70
Gutscheinwerts, was auf ein Jahr gerechnet acht Prozent
ausmacht. Beim inzwischen eingeführten elektronischen Re-
giogeld, das über spezielle Chiemgauer-Konten läuft, funktioniert dieser Umlaufimpuls noch einfacher, indem einfach
tagtäglich ein entsprechender minimaler Prozentsatz abge- 75
zogen wird.
Meist trägt der Händler die Kosten für Regionalbeitrag und
Umlaufimpuls. Die Unternehmen für das Konzept zu begeistern, war daher das schwierigste Unterfangen. Inzwischen
aber ist das Zahlungsmittel akzeptiert. Die Geschäfte sehen 80
darin ein vergleichsweise günstiges Marketinginstrument, da
es die Kundenbindung deutlich verstärkt. Die Alterung des
Geldes wirkt sich zudem stimulierend auf die Wirtschaftstä-
tigkeit aus, weil jeder Geldbesitzer bestrebt ist, das alternde
Geld loszuwerden. 85
Die zwei Prozent Umlaufimpuls werden zur Finanzierung des
„Chiemgauer Spendenparlaments" verwendet, das demokra-
tisch über die gemeinnützige Verwendung der auflaufenden
Summe entscheidet. Mitglied des „Spendenparlaments"
wiederum sind die Verbraucher, die bei ihrem Eintausch in 90
Chiemgauer dieses „Spendenparlament" anstelle eines ge-
meinnützigen Vereins begünstigt haben.
Die Erfolge des Chiemgauers können sich sehen lassen. Im
Jahr 2006 sorgten ca. 84 000 umlaufende Chiemgauer für
einen Umsatz von 1,45 Millionen Euro. Seit Beginn des Pro- 95
jekts wurden bis August 2007 insgesamt über 50 000 Chiemgauer zur Förderung gemeinnütziger Zwecke erwirtschaftet.

Lesen
Sprechen

d Lesen Sie den zweiten Teil des Textes ab Zeile 28 genau und erarbeiten Sie zu zweit die
Funktionsweise des „Chiemgauers".

– Markieren Sie die Passagen, die die Ablaufgrafik erläutern, und notieren Sie Schlüsselwörter.
– Schreiben Sie die entsprechenden Nummern aus dem Schaubild zu den markierten Textstellen
und Ihren Schlüsselwörtern.
– Welcher Teil des Ablaufs im Schaubild wird im Text nicht erwähnt? Welches Detail in Bezug auf
die Förderung gemeinnütziger Einrichtungen im Text taucht im Schaubild nicht ausdrücklich
auf?
– Erläutern Sie sich gegenseitig die Funktionsweise des Regio-Geldes „Chiemgauer" anhand der
Grafik.

3 Würden Sie mitmachen?

Sprechen
Schreiben

a Suchen Sie zu zweit möglichst viele Argumente für und gegen die Idee des Regio-Geldes.

b Spielen Sie im Kurs eine Informationsveranstaltung des Vereins „Chiemgauer e.V.". Verteilen
Sie die Rollen Diskussionsleiter/in, Referent/in (präsentiert das Projekt mithilfe der Grafik),
Skeptiker und Befürworter/in im Publikum, die den Referenten bzw. die Referentin unterbrechen,
Gegenargumente bringen usw. Die Übungen im Arbeitsbuch helfen Ihnen.

9 Drücken Sie die Eins!

cashfree

1 Bankgeschäfte

a Überlegen Sie sich in Gruppen, welche der genannten Bankdienstleistungen Sie selbst in Anspruch nehmen und wozu Sie sie brauchen.

basic salary

Sparkonto	EC-Karte	Tagesgeld	Girokonto	Kredit	Festgeld	Depot	Kreditkarte

overnight money

credit limit

b Erklären Sie die folgenden Begriffe mit Beispielen. Bei welchen der in Aufgabenteil a genannten Dienstleistungen kommen sie vor?

- Kontostand *balance*
- Kontoauszug *statement*
- Umsatz *turnover*
- Überweisung *transfer*
- Geldeingang
- Lastschrift *debit*
- Dauerauftrag *S/o*
- Abbuchung *D/D*
- Überziehung *overdraft*
- Dispositionsrahmen
- Zinssatz *rate of interest*

bankers drafte

c Wie kommunizieren Sie hauptsächlich mit Ihrer Bank? Welche Möglichkeiten gibt es für Privatkunden überhaupt für die Kommunikation mit Banken?

d Stellen Sie Ihre Ergebnisse im Kurs vor.

2 Telefonbanking

a Hören Sie den ersten Teil der Telefonansagen und beantworten Sie die folgenden Fragen.

1. Wer spricht?
2. Wie heißt die Bank? *Postbank*
3. Wie kommuniziert der Hörer? Warum sagt er nichts?
4. Woher weiß die Bank, welcher Kunde anruft?
5. Wie hoch ist der Kontostand? *836 24 ? 000*
6. Wie groß ist der Dispositionsrahmen?
7. Welchen Service ruft der Hörer ab?

*99

b Hören Sie den ersten Teil der Ansage noch einmal sowie die Fortsetzung und notieren Sie die Tastatureingaben für folgende Zwecke.

Wechseln zur Tastaturbedienung	**99*	**Zum Navigieren in Listen:**	
Wechseln zur Sprachbedienung	___	Auswählen	___
Im Hauptmenü:		Zurück	___
Überweisungen	___	Wiederholen	___
Umsätze	___	Weiter	___
Daueraufträge	___	Verlassen	___
Bestellungen / Einstellungen	___	**Antwort auf Ja- / Nein-Fragen:**	
Kontostand	___	Ja	___
Verbindung mit einem Berater	___	Nein	___

Hören 3, 24-28
Schreiben

c Hören und ergänzen Sie die Sätze und notieren Sie die Tasten, die der Kunde drückt.

1. Sie sind wieder im Hauptmenü. Bitte _wählen_ Sie: Für _Umsätze_ (Überweisung)
drücken Sie die Eins auf Ihrer Telefontastatur, für _Übersetze_ die Zwei und für
Daueraufträge die Drei. ___3___

2. Wollen Sie Daueraufträge _einrichten_ (establish), ändern oder löschen? Wenn Sie
Daueraufträge einrichten wollen, drücken Sie die Eins, zum _ändern_ (cancel) die
Zwei und zum _löschen_ die Drei.

3. Wenn Sie einen Dauerauftrag _auswählen_ wollen, drücken Sie bitte die Acht.
Also, hier die _Liste_ Ihrer Daueraufträge: 436 Euro und 20 Cent an das
Konto 0123452618 bei Postbank Köln. _360_ auf das Konto 0123459749
bei Postbank Köln. _einrichten_

4. Hier alle _Einstellung_: Der Dauerauftrag mit der Nummer _109003_
über den Betrag von 360 Euro an das Konto 0123459749 bei Postbank Köln. Ich
lösche den Dauerauftrag noch heute. Sind Sie _einverstanden_ (verbindlich)? Drücken
Sie für „Ja" die Eins oder für „Nein" die Zwei.

5. Gut! Die Bestätigung über den _gelöschten_ (receive, preserve) Dauerauftrag erhalten Sie mit dem
nächsten Kontoauszug. Möchten Sie noch hier bei den Daueraufträgen
bleiben? Drücken Sie für „Ja" die Eins oder für „Nein" die Zwei. – Sie sind
zurück im _Hauptmenü_.

3 Sprache im Mittelpunkt: Nuancen der Aufforderung

Hören 3, 29-38
Sprechen

a Hören Sie die folgenden Aufforderungssätze und bringen Sie sie in eine Rangfolge von „sehr
höflich / vorsichtig" bis „sehr unhöflich / direkt". Nummerieren Sie die Aussagen entsprechend. (invitation)

1. [1] Wären Sie vielleicht so nett, mir eine
Liste der Daueraufträge auszudrucken?

2. [ ] Sagen oder eintippen!

3. [ ] Würden Sie mir Ihre Kontonummer
sagen?

4. [ ] Drücken Sie bitte die Eins.

5. [ ] Sie sollten sich die Anleitung zum
Onlinebanking durchlesen.

6. [ ] Geld oder Leben! (der Straßenräuber)

7. [ ] Kannst du mir einen Stift geben?

8. [ ] Könnten Sie das Formular bitte
ausdrucken?

9. [ ] Wenn Sie jetzt bitte hier unterschreiben
würden.

10. [ ] Wählen Sie die Fünf!

Formen und
Strukturen
S. 154

b Ordnen Sie die folgenden sprachlichen Mittel in die Tabelle ein und finden Sie jeweils ein Beispiel
aus Aufgabenteil a.

Imperativsätze mit „bitte"   Imperativsätze ohne „bitte"   Konditionalsätze mit Konjunktiv II
Infinitiv(sätze)   Fragen mit Konjunktiv II   Fragen mit Indikativ   Äußerungen ohne Verb 6
8, 9   10,

	sprachliche Mittel	Beispiele
unhöflich / direkt	Imperativsätze ohne „bitte", 10	
neutral	4	4
vorsichtig / höflich	1	

Sprechen

c Spielen Sie zu fünft eine Befehlskette.

Der Chef bittet um etwas, der Zweite gibt den Befehl
an den Dritten weiter usw., und der Letzte bringt
schließlich immer, was der Chef will. Schließlich lässt
der Chef das Spiel abbrechen.

Chef: Wären Sie vielleicht so nett und würden mir einen Stuhl besorgen?
Der Zweite: Könnten Sie dem Chef bitte einen Stuhl bringen?
Der Dritte: Bringen Sie dem Chef einen Stuhl.
Der Vierte: Einen Stuhl für den Chef!
Der Letzte: Wird gemacht – hier bitte!
Chef: Wären Sie jetzt so freundlich und . . .

9 Schwarz auf weiß

1 Doppelt hält besser

Lesen
Sprechen

a Lesen Sie die zwei Briefe von Frau Burger an ihr Fitness-Studio. Worin unterscheiden sich die beiden Briefe?

- Anlass des Schreibens
- Inhaltspunkte
- Haltung dem Adressaten gegenüber

Sylvia Burger
Eifelstr. 86
50677 Köln

Fitness-Studio Diva
Hansaring 151
50670 Köln

Köln, 25.01.08

**Kündigung meiner Mitgliedschaft
Mitgliedsnummer 77853**

Liebe Mitarbeiter des Fitness-Studios,

hiermit kündige ich meinen oben genannten Vertrag zum 31.03.2008 und widerrufe meine Einzugsermächtigung. Aus beruflichen Gründen werde ich umziehen und kann leider nicht weiter in Ihrem Studio trainieren. Aus diesem Grund muss ich die Mitgliedschaft außerhalb der im Vertrag genannten Frist von drei Monaten kündigen. Falls Sie einen schriftlichen Nachweis benötigen sollten, so bin ich gern bereit, Ihnen einen solchen zukommen zu lassen.
Ich möchte auch die Gelegenheit nutzen, mich für die gute Betreuung während meiner Mitgliedschaft zu bedanken.
Bestätigen Sie mir bitte kurz schriftlich den Kündigungstermin. Gern auch per Fax unter der Nummer 0221/34981 oder per E-Mail an syburger@wbx.de.

Viele Grüße

Sylvia Burger

Sylvia Burger

Sylvia Burger
Beethovenstr. 103
04107 Leipzig

Fitness-Studio Diva
Hansaring 151
50670 Köln

Leipzig, 09.04.08

**Widerruf der Einzugsermächtigung – Kündigung
Mitgliedsnummer 77853**

Sehr geehrte Damen und Herren,

hiermit möchte ich Sie darauf hinweisen, dass ich meine Mitgliedschaft in Ihrem Fitness-Studio gekündigt habe. Sie haben mir dies in Ihrem Schreiben vom 08.02.2008 bestätigt (siehe Anlage).
Leider wurde über die Zeit meiner Mitgliedschaft hinaus auch für April dieses Jahres der monatliche Mitgliedsbeitrag in Höhe von 55,- € abgebucht. Eine Rückforderung des Betrags habe ich gestern bei der Bank vorgenommen.
Ich widerrufe hiermit erneut meine Ermächtigung, den Mitgliedsbeitrag von meinem Konto abzubuchen, und ersuche Sie, Ihre Kundenverwaltung diesbezüglich zu aktualisieren.
Bitte bestätigen Sie mir den Empfang dieses Schreibens in Schriftform an meine vorgenannte Anschrift.
Sollten noch weitere Beiträge abgebucht werden, behalte ich mir vor, juristische Schritte zu unternehmen.

Mit freundlichen Grüßen

Sylvia Burger

Sylvia Burger

Anlage: Kopie Ihrer Bestätigung der Kündigung

Lesen
Schreiben

b Notieren Sie zu zweit die Redemittel und Ausdrücke in den Briefen, die spezifisch für offizielle Kündigungen sowie Widerrufe sind.

hiermit kündige ich den Vertrag zum …,

Sprechen
Schreiben

c Vergleichen Sie Ihre Ergebnisse aus Aufgabenteil b im Kurs und sammeln Sie weitere typische Redemittel. Die Übungen im Arbeitsbuch helfen Ihnen.

2 Sprache im Mittelpunkt: Konditionalsätze mit „sollen"

Formen und
Strukturen
B2, S. 161

Analysieren Sie die beiden folgenden Sätze aus den Briefen in Aufgabe 1.

1. Falls Sie einen schriftlichen Nachweis benötigen sollten, so bin ich gern bereit, Ihnen einen solchen zukommen zu lassen.
2. Sollten noch weitere Beiträge abgebucht werden, behalte ich mir vor, juristische Schritte zu unternehmen.

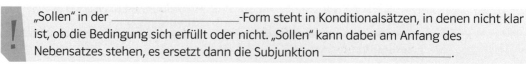

! „Sollen" in der _____-Form steht in Konditionalsätzen, in denen nicht klar ist, ob die Bedingung sich erfüllt oder nicht. „Sollen" kann dabei am Anfang des Nebensatzes stehen, es ersetzt dann die Subjunktion _____.

3 Noch mehr Briefe

unpractised

Lesen
Sprechen

a Lesen Sie den Brief eines ungeübten Schreibers und überlegen Sie, was an diesem Brief unkorrekt bzw. unpassend ist.

> Bankhaus Gold
> Grosse Gallusstr. 238
> 60311 Frankfurt
>
> Peter Schenkl
> Poststr. 153
> 60329 Frankfurt
>
> Frankfurt, den 20.03.2008
>
> Sehr geehrte Herren und Damen,
>
> ich möchte mich beschweren. Ich bin schon seit vielen Jahren Kunde in Ihrer Bank. Seit Kurzem habe ich eine Kreditkarte und schon gibt es Probleme. Jetzt schildere ich Ihnen genauer, was passiert ist. Ich habe vor ca. zwei Monaten einen neuen Computer für 1299,- € gekauft. Den Computer habe ich mit der neuen Kreditkarte von Ihrer Bank bezahlt. Die Kreditkartenfirma hat den Betrag Mitte letzten Monats abgebucht.
> Ich kontrolliere die Abrechnungen immer. Und was muss ich da entdecken? Sie buchen 1299,- € noch einmal ab! Das war vor zwei Tagen. Jetzt möchte ich mein Geld sofort wieder zurückbekommen, denn ich brauche es dringend.
> Ich schicke die Abrechnungen zur Information auch an Sie. Sie können alles selbst kontrollieren. Überweisen Sie mir bitte sofort meine 1299,- €.
>
> Es grüßt Sie
> *Peter Schenkl*

cashig

Schreiben

b Entwerfen Sie zu zweit ein adäquat formuliertes Reklamationsschreiben an das Bankhaus Gold. Verwenden Sie dabei folgende Redemittel, überlegen Sie zudem welche Redemittel aus dem rechten Brief in Aufgabe 1 passen könnten. Achten Sie auch auf die korrekten Briefformalia.

> *proof*
>
> Als Nachweis lege ich die Abbuchungsbelege bei. | Der Rechnungsbetrag von … wurde fristgerecht / gemäß Vertragsvereinbarung … abgebucht. | … den Betrag zurückerstatten | Leider musste ich jedoch feststellen, dass …

> *Weitere Redemittel für einen Beschwerdebrief finden Sie im Lehr- und Arbeitsbuch von Mittelpunkt B2, Lektion 12.*

4 Ein dringendes Anliegen – ein Schreiben an die Bank

Schreiben
Sprechen

a Schreiben Sie zu zweit einen Brief an das Bankhaus Gold, in dem Sie um fehlende Kontoauszüge bitten. Erläutern Sie auch die Gründe für ihren Verlust.

income

Sie sind gerade dabei, Ihre Steuererklärung für das letzte Jahr fertig zu stellen. Um Ihre Einkünfte und Ausgaben genau darstellen zu können, benötigen Sie alle Kontoauszüge. Leider *show* fehlen Ihnen aber diese für die Monate Juli und August. Zu dieser Zeit sind Sie umgezogen und wahrscheinlich sind die Auszüge während des Umzugs abhanden gekommen. Schreiben Sie an *lost* die Bank und bitten Sie um die Zusendung der fehlenden Kontoauszüge. Falls dies nicht möglich *move* ist, möchten Sie unbedingt irgendeinen Nachweis über die Kontobewegungen in dieser Zeit. Die Steuererklärung müssen Sie spätestens in einer Woche beim Finanzamt abgeben.

b Tauschen Sie Ihre Briefe mit einer anderen Partnergruppe aus. Korrigieren und kommentieren Sie Ihre jeweiligen Briefe.

9 Besuch in der Bank

1 Können Sie mich beraten?

Hören ● 3, 39-41
Schreiben

a Hören Sie drei Gespräche zwischen dem Bankangestellten Herrn Fuchs und seinen Kunden. Notieren Sie, was jeweils das Problem ist und welche Lösung gefunden wird, und vergleichen Sie Ihre Notizen im Kurs.

Gespräch 1	Gespräch 2	Gespräch 3
Neueröffnung eines Kontos ...		

Hören ● 3, 39-41

→TestDaF

b Hören Sie die drei Gespräche noch einmal und beantworten Sie die folgenden Fragen in Stichworten.

1. Wofür braucht der Kunde das Konto? *meaning of the account*
2. Wann entfallen die Kontoführungsgebühren? *due?*
3. In welchem Fall kosten Überweisungen Geld?
4. Worüber gibt die SCHUFA Auskunft? *info*
5. Was ist das Problem bei einer Kreditkartensperrung? *closing*
6. Was soll Herr Egli beim Telefongespräch mit dem Sperr-Notruf notieren?
7. Warum soll Herr Egli zur Polizei gehen?
8. Wie hoch sind die Mahngebühren?
9. Wo hat Frau Jansen die Überweisung eingegeben?
10. Wann hat Frau Jansen die Überweisungen eingegeben?
11. Welchen Ausführungstermin hat Frau Jansen eingeben?

> 1. *braucht sein Konto für sein Gehalt, um Miete etc. bezahlen zu können*

2 Kann ich Ihnen behilflich sein?

Lesen
Schreiben

Ordnen Sie die Redemittel aus den Bank-Dialogen in die Tabelle ein.

> Worum geht es denn genau? | Doch, doch, das passt. | Ich bin mit ... gar nicht zufrieden. | Haben Sie sonst noch Fragen? | Darf man fragen warum? | Wissen Sie was – was halten Sie davon, wenn ...? | Deswegen will ich mich bei Ihnen beschweren! | Wenn ich Sie richtig verstehe, dann ...? | Was benötigen Sie von mir, wenn ...? | Wie kann ich Ihnen helfen? | Oh, das ist natürlich mehr als ärgerlich! | Das verstehe ich jetzt nicht. Was meinen Sie denn mit ...? | Verstehe. | Wie konnte das denn passieren? | Das kann doch nicht angehen! | Wenn ich fragen darf: ... | Und wie sieht es (eigentlich) mit ... aus? | Ich wollte mich bei Ihnen über ... informieren.

Bitte um Infos	Nachfrage	Zustimmung	Beschwerde	Hilfsangebot

3 Der Kunde ist König

Schreiben

a Wählen Sie zu zweit eine der Situationen und schreiben Sie anhand der Informationen einen Dialog. Ergänzen Sie bei Bedarf auch noch weitere Fragen und Antworten. Verwenden Sie dabei auch die Redemittel aus Aufgabe 2.

1. **Herr Albers** kennt den Unterschied zwischen EC-Karte und Kreditkarte nicht genau und möchte nähere Informationen dazu.
   Infos Bank: EC-Karte gehört zum Konto, Kreditkarte wird extra beantragt und kostet eine Jahresgebühr. Geld abheben mit der Kreditkarte nicht gebührenfrei. Mit EC-Karte Bargeld *available* kostenlos bei eigener Bank erhältlich und Bezahlung im Geschäft möglich – bei sofortiger Abbuchung vom Konto. Kreditkarte hat größeren Verfügungsrahmen, bucht nur einmal im Monat ab, ist weltweit verbreitet. In Deutschland nicht überall akzeptiert, da Extrakosten für Geschäfte entstehen.

2. **Herr Molinari** wollte während einer Geschäftsreise Bargeld an einem Geldautomaten abheben. Aus Versehen hat er dreimal die falsche Geheimzahl eingegeben und die Karte wurde eingezogen. Er benötigt seine EC-Karte dringend.
[handwritten: error]
   Infos Bank: Nur Heimatbank kann EC-Karte aushändigen. Karte wird an Heimatbank geschickt. Kunde muss sie dort abholen, muss Personalausweis vorlegen.

3. **Frau Förster** beschwert sich bei ihrer Bank, weil am Wochenende der Geldautomat nicht funktioniert hat. Sie ist deswegen eine halbe Stunde zur nächsten Filiale gefahren und möchte jetzt eine Aufwandsentschädigung erhalten.
[handwritten: branch; expense allowance]
   Infos Bank: Prüfung der Geldautomaten täglich vor Bankschließung, keine Hinweise auf technische Probleme. Hotline-Nummer der Bank an Tür. Geld abheben bei anderen Banken (z. T. kostenlos) möglich, nicht nur bei anderer Filiale. Für andere Funktionen ist Online-Banking möglich. Aufwandsentschädigung definitiv nicht möglich, aber Kalender als Geschenk.
[handwritten: indication]

Sprechen

b Spielen Sie Ihre Dialoge im Kurs vor.

c Wie sind Ihre Erfahrungen mit Banken in Deutschland, Österreich oder der Schweiz? Welche Unterschiede gibt es zur Situation in Ihrem Heimatland? Berichten Sie im Kurs.

4 Sprache im Mittelpunkt: Indirekte Rede

Formen und Strukturen S. 155

a Schreiben Sie anhand des Presseberichts des Bankhauses Gold eine Zeitungsmeldung. Verwenden Sie dazu die indirekte Rede. Achten Sie dabei auch auf den Perspektivwechsel wie im Beispiel unten. *[handwritten: passiv]*

> Die Pressestelle des Bankhauses Gold berichtet: Bankbetrüger werden immer dreister. Am letzten Wochenende wurde ein Geldautomat unserer Filialen so manipuliert, dass die EC-Karten nicht mehr ausgegeben werden konnten. Dafür wurde der Kartenschlitz mit einem Klebeband und einem Plastikstückchen beklebt, sodass die Rückgabe verhindert wurde. Sobald der Kunde sich entfernt hatte, zogen die Betrüger die Karte mit einem spitzen Gegenstand heraus. Die Kunden verzichteten auf eine Sperrung, da sie die Karten sicher im Geldautomaten wähnten. In mehreren Fällen wurden die Kunden von einem als „hilfsbereit" Passanten getarnten Betrüger unter dem Vorwand, die Karte so noch zurückbekommen zu können, aufgefordert, gemeinsam die Geheimzahl einzugeben. Nach diesem Mann wird bereits gefahndet. Ca. eine Stunde nach der Manipulation entdeckte ein Kunde den Betrug und verständigte die Polizei. Bis dahin wurden neun Kunden überlistet und ihrer EC-Karten beraubt.
> Wir bitten Sie um erhöhte Aufmerksamkeit. Falls Ihre Karte eingezogen wird, kontrollieren Sie genau den Ausgabeschlitz. Achten Sie immer darauf, dass niemand in den Besitz Ihrer Geheimzahl kommen kann. Bitte kontaktieren Sie im Verdachtsfall umgehend die Polizei!

[handwritten annotations: sei, worden sei, worden, habe, hätten, gezogen, hätten, gewähnt hätten, seien, werde, entdeckt, habe, worden, seien, werde, Man solle immer darauf achten, Die Bank bitte um, solle, könne, Sie solle im Verdachtsfall]

> *Die Pressestelle der Bank berichtet, dass die Bankbetrüger immer dreister würden. So sei am letzten Wochenende ein Geldautomat des Bankhauses Gold so manipuliert worden, dass ...*

INDIREKTE REDE:
Für die indirekte Rede wird oft der Konjunktiv I gebraucht, besonders in der 3. Pers. Sing. und bei manchen Verben auch in der 1. Person Sing. Der Konjunktiv I wird abgeleitet vom Verbstamm, z.B. gehen – er gehe, kommen – er komme, wissen – ich/er wisse, sein – ich/er sei. Wenn die Form gleich ist wie die beim Indikativ Präsens, wird der Konjunktiv II verwendet. Häufig wird auch die Umschreibung mit „würd-" + Infinitiv eingesetzt.

b Tauschen Sie Ihre Zeitungsmeldungen untereinander aus und korrigieren Sie sie gegenseitig.

Kaufen. Kaufen! Kaufen?

1 Kaufrausch

a Was bedeutet für Sie „Kaufen"? Wann oder was kaufen Sie gern ein, wann oder was nicht?

b Lesen Sie den Text und markieren Sie die Schlüsselwörter, wie im ersten Abschnitt als Beispiel vorgegeben.

Kaufrausch

Kaum ist ein Fest vorbei, steht schon wieder die nächste Shopping-Orgie vor der Tür: Schlussverkauf, Lagerräumung, Rabatte laden ein zur Jagd
5 auf Sonderangebote und Schnäppchen. „Oh, ich kauf mir was, kaufen macht soviel Spaß, ich könnte ständig kaufen gehn, kaufen ist wunderschön …" Schon 1983 machte sich Herbert Grönemeyer in seinem Lied „Kaufen" über die Konsumgesellschaft
10 lustig. Da ist auch heute noch was dran: Ganz Deutschland verfällt phasenweise in einen wahren Kaufrausch – bei Schluss- und Sonderverkäufen oder alljährlich im vorweihnachtlichen Einkaufsmarathon. Kaufen ist in der modernen, konsumo-
15 rientierten Gesellschaft gern gesehen, wenn nicht gar ausdrücklich erwünscht.

Kaufen als Erlebnis

Seinen Anfang nahm das rauschhafte Kaufen zur Zeit des Wirtschaftswunders in den Fünfziger- und
20 Sechzigerjahren. Nach dem Ende des Zweiten Weltkriegs und den langen Hungerjahren füllten sich in Deutschland langsam wieder die Teller. Für viele rückte der Traum vom guten Leben mit steigenden Einkommen in greifbare Nähe. Früher kaum er-
25 schwingliche Luxuswaren wandelten sich nun in Gebrauchsgüter: Kühlschrank und Waschmaschine waren 1965 schon in den meisten deutschen Haushalten vorhanden. Der Konsum entwickelte sich zum Motor der Wirtschaft. Moderne Warenhäuser
30 und Supermärkte prägten jetzt das Stadtbild – das „Einkaufserlebnis" setzte sich durch.

Frust und Belohnung

Konsum spielt seitdem in unserer Gesellschaft eine zentrale Rolle, die durch die Werbung noch über-
35 höht wird: Sie verspricht psychischen Ausgleich und Problemlösung durch Konsum. Wie gefährlich das ist, zeigt das inzwischen weit verbreitete Phänomen der Kaufsucht. Laut Untersuchungen der Universität Stuttgart-Hohenheim sind fünf Prozent der Er-
40 wachsenen „stark" und zwanzig Prozent „deutlich" kaufsuchtgefährdet. Frust-, Belohnungs- oder auch manch überflüssige Schnäppchenkäufe gelten noch als normal – problematisch wird es aber, wenn persönliche Defizite regelmäßig durch Käufe über-
45 wunden werden, der Frustkauf zur Sucht wird.

Ein Teufelskreis

Der unwiderstehliche, stets wiederkehrende Drang, kaufen zu müssen, hat finanzielle wie psychische Konsequenzen. Was mit einem regelmäßig überzogenen Konto beginnt, kann zur Verschuldung
50 führen, die bis in die Hunderttausende geht. Durch das unkontrollierte Kaufen und den Mangel an Selbstdisziplin entstehen zudem Scham und schlechtes Gewissen. Und aus Verzweiflung flüchten sich die Betroffenen wieder in den Kaufrausch –
55 ein Teufelskreis. Denn die während des Kaufens empfundenen euphorischen Glücksgefühle wandeln sich zu Hause schnell in Schuld und Angst: Gekaufte Dinge werden gesammelt, unausgepackt gelagert, versteckt, verschenkt oder weggeworfen. Der
60 Kaufzwang selbst aber ist Symptom für persönliche psychische Defizite, für die Sehnsucht nach Liebe, Zuneigung, Respekt und Beachtung.

Ich kaufe, also bin ich

Kaufen dient immer auch einer Bestätigung des Selbst, ist Symbol für selbstständiges Entscheiden,
65 für Überfluss und intensives Leben. Es ist Ersatz für fehlende Anerkennung in anderen Bereichen des Daseins, bietet emotionale Unterstützung und Schutz vor Minderwertigkeitskomplexen. Betroffene merken von ihrer (Kauf-)Sucht zunächst meist
70 gar nichts oder wollen sich nicht eingestehen, abhängig vom Kaufen – als Ventil für viel tiefer liegende Probleme – zu sein. Den normalen Akt des Kaufens erleben sie nicht als Zwang, sondern als eigenes Bedürfnis. Wenn sie sich ihrer Abhängig-
75 keit bewusst werden und sie bekämpfen wollen, liegt ein schweres Stück Arbeit vor ihnen. Denn das Problematische ist, dass sie nicht wirklich abstinent leben können – auf das Kaufen kann man nämlich nicht verzichten, es gehört zum alltäglichen Leben.
80 In einer Gesellschaft, in der Konsum Prestige und Anerkennung bedeutet, lauern für den Süchtigen überall Gefahren. Es liegt also allein an ihm zu erkennen, was er braucht und was für ihn überflüssig
85 oder sogar schädlich ist.

Schreiben
Sprechen

c Notieren Sie die Schlüsselwörter so, dass Sie mit Ihrer Hilfe den Text mündlich wiedergeben können. Vergleichen Sie gegenseitig Ihre Notizen: Wo haben Sie gleiche, wo haben Sie unterschiedliche Schwerpunkte gesehen?

d Wie ist Ihre Meinung zum Thema „Kaufrausch"? Machen Sie sich auch hierzu Notizen. Die folgenden Fragen können Ihnen helfen.

- Kann Kaufen (un)glücklich machen?
- Ist Einkaufen für Sie eher ein Traum oder eher ein Albtraum?
- Ist Kaufsucht eine Krankheit?
- Wird Konsum in der heutigen Zeit immer wichtiger?
- Werden Emotionen durch Konsum und Besitz verdrängt? *suppress*

Sprechen

→DSH

e Geben Sie den Artikel mündlich wieder. Bilden Sie dazu Kleingruppen.

- Geben Sie den Artikel sowie Ihre Meinung zum Thema anhand Ihrer Notizen wieder. Die Redemittel unten können Ihnen helfen.
- Die anderen Gruppenmitglieder stellen Fragen und formulieren konträre Meinungen.
- Gehen Sie auf die Fragen und Anmerkungen der anderen Gruppenmitglieder ein und begründen und verteidigen Sie Ihre Meinung.

> **Text zusammenfassen:** Der Artikel beschreibt / handelt von … |
> Der Artikel behandelt folgendes Thema: … | Der Artikel
> erörtert folgendes Problem: …
>
> **Meinung wiedergeben:** Ich teile die Aussage des Autors /
> der Autorin (nicht), weil … | Wie / Anders als der Autor /
> die Autorin bin ich der Meinung / vertrete ich die Ansicht, dass …
>
> **auf Anmerkungen reagieren:** Ich verstehe Ihr Argument, aber
> … | Ich bin wie Sie der Ansicht, dass … | Im Gegensatz
> zu Ihnen denke ich, dass … | Da haben Sie Recht, aber … |
> Betrachtet man die Lage wie Sie, dann ergibt sich …

> *TEXTE MÜNDLICH WIEDERGEBEN:*
> *Weitere Redemittel für eine Zusammenfassung finden Sie in Lektion 2, 7, 8 sowie in Mittelpunkt B2, Lektion 6 und 8.*

2 Kaufen macht so viel Spaß!

Sprechen

a Die folgenden Zeilen stammen aus einem Lied. Was assoziieren Sie damit?

- Alles hält ewig, jetzt muss was Neues her.
- Hab' diverse Kredite laufen, oh, was geht's mir gut.
- Ich könnt im Angebot ersaufen.
- Was jetzt meins ist, schon nicht mehr interessiert.

Hören ● 3, 42
Sprechen

b Hören Sie einen Auszug aus dem Lied „Kaufen" von Herbert Grönemeyer. Welche positiven bzw. negativen Seiten des Kaufens beschreibt Grönemeyer?

3 Ein deutscher Superstar

Sprechen
Lesen

a Suchen Sie weitere Informationen über Herbert Grönemeyer. Erstellen Sie ein Porträt von ihm: Was für Musik macht er, welches waren seine größten Hits, was hat er außer Musik noch gemacht etc.?

b Gibt es in Ihrem Heimatland vergleichbare Künstler? Erzählen Sie.

ich bin es gewest ausgeben

10 Sinne

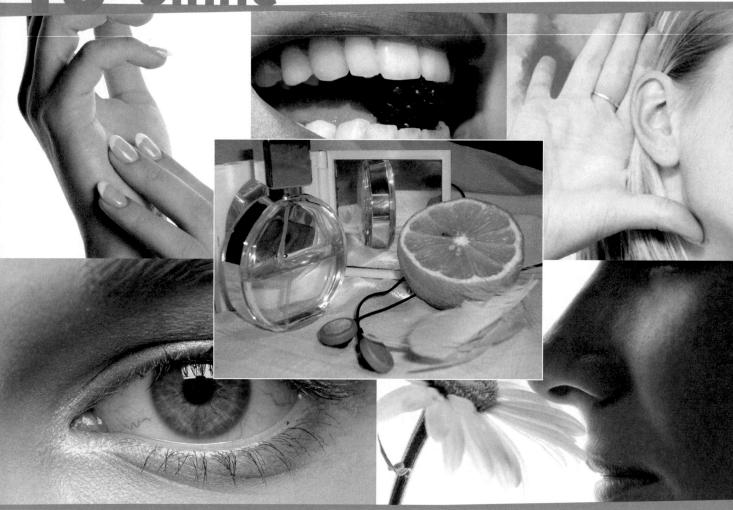

1 Alle Sinne beisammen?

Sprechen

Beschreiben Sie die Collage oben zum Thema „Sinne". Wie würden Sie das Thema illustrieren? Sie können auch selbst Zeichnungen, Fotos oder Collagen erstellen.

2 Ins Reich der Sinne

Hören ● 3, 43-48
Sprechen

Hören Sie die Durchsagen in einem Kaufhaus: Welcher Sinn wird in welcher Durchsage angesprochen?

sehen	hören	riechen	schmecken	fühlen	Übersinnliches

3 Blindenführung

Sprechen

a Erspüren Sie den Raum mit geschlossenen Augen. Gehen Sie dabei wie im Folgenden beschrieben vor.

- Bilden Sie Zweierpaare. Eine / r verbindet sich oder schließt die Augen, der / die andere führt ihn / sie langsam durch den Raum, lässt ihn / sie verschiedene Dinge erfühlen und achtet darauf, dass der / die „Blinde" ihm vertrauen kann.
- Während der Blindenführung soll nicht gesprochen werden.
- Nach fünf Minuten wechseln Sie die Rollen.

b Tauschen Sie im Gespräch Ihre Erfahrungen aus.

- Beschreiben Sie den Weg, den Sie zurückgelegt haben.
- Was haben Sie erlebt?
- Wie haben Sie sich gefühlt?
- Sind dem „Blinden" andere Sinne zu Hilfe gekommen? Wenn ja: welche?

| 116

4 Musik und Hörgeschichten

Hören ● 3, 49-52
Schreiben

Hören Sie eine Geräusch-Collage von vier Musikstücken. Lassen Sie sich von der Musik in eine Phantasiewelt entführen und erfinden Sie eine passende Geschichte.

– Arbeiten Sie zu viert: Hören Sie das erste Musikstück und lassen Sie sich von der Musik zu einer Geschichte inspirieren. Wenn die Musik stoppt, schreibt jeder den Anfang seiner Geschichte auf ein Blatt: Wer ist wo und tut was?
– Geben Sie dann das Blatt an den rechten Nachbarn weiter. Der liest den Text und setzt ihn, nach dem Hören des zweiten Musikstücks, fort. Geben Sie dann den Text wieder weiter und fahren Sie in gleicher Weise nach dem dritten und vierten Musikstück fort. Nach dem vierten Musikstück führt der jeweils Letzte die Geschichte zu einem Ende.
– Lesen Sie sich in Kleingruppen Ihre Texte gegenseitig vor und entscheiden Sie, welche die beste Geschichte ist.
– Lesen Sie die besten Geschichten im Kurs vor.

5 Lärm

Hören ● 3, 53-55

→TestDaF

a Hören Sie ein Interview mit dem Vorstand des Vereins „Initiative Hören", Herrn Professor Konrad Karstens. Lesen Sie zuerst die Fragen und hören Sie dann den Text. Beantworten Sie beim Hören die Fragen in Stichworten.

1. Wie hat sich der Lärmpegel seit den 50er-Jahren entwickelt?
2. Was versteht man unter Lärm?
3. Was sind die größten Lärmverursacher? (3 Infos)
4. Wann ist Lärm gesundheitsschädlich?
5. Welche gesundheitsschädlichen Auswirkungen hat Lärm für Menschen? (3 Infos)
6. Warum haben so viele Jugendliche in Deutschland einen Hörschaden? (2 Infos)
7. Was wird gegen hohe Lärmbelastung getan? (3 Infos)
8. Was schlägt Professor Karstens zur Verringerung der Lärmbelastung vor? (3 Infos)

b Ergänzen Sie jetzt Ihre Stichworte. Hören Sie dann das Interview ein zweites Mal und überprüfen Sie Ihre Notizen.

Sprechen

c Wie empfinden Sie Lärm, wie empfindet man Lärm in Ihrer Heimat? Gibt es kulturelle Unterschiede?

Was Sie in dieser Lektion lernen können:

auch bei schlechter Übertragungsqualität aus Durchsagen Einzelinformationen heraushören

Gespräche über komplexe Themen verstehen, auch wenn Einzelheiten unklar bleiben

Fachtexten aus dem eigenen Gebiet Informationen, Gedanken und Meinungen entnehmen

während eines Vortrags detaillierte Notizen machen, die auch anderen nützen

(im Fernsehen) anspruchsvolle Sendungen wie Nachrichten, Reportagen oder Talkshows verstehen

ohne große Anstrengung zeitgenössische literarische Texte verstehen

komplexe Texte im Detail verstehen, dabei implizit angesprochene Einstellungen und Meinungen erfassen

unter gelegentlicher Zuhilfenahme des Wörterbuchs jegliche Korrespondenz verstehen

in privater Korrespondenz saloppe Umgangssprache, idiomatische Wendungen und Scherze verstehen

Telefongespräche mit deutschen Muttersprachlern führen und auf Anspielungen eingehen

lange, anspruchsvolle Texte mündlich zusammenfassen

Sachverhalte ausführlich beschreiben, dabei Punkte ausführen und die Darstellung abrunden

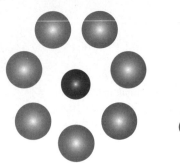

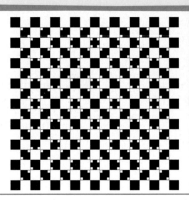

1 Den Augen trauen?

Sprechen

Was sehen Sie? Was stellen die Bilder dar? Was thematisieren sie?

2 Visuelle Wahrnehmung

Lesen

→DSH

a Lesen Sie den Text und überlegen Sie, welches Stichwort zu welchem Abschnitt passt.

A Bedeutung des Auges   **D** Redewendungen   **F** Trugschluss

B Experiment   **E** Sehen ist subjektiv   **G** Evolution

C ohne Zweifel

1 ☐ _____

Wer gerne einen Blick riskiert oder anderen Menschen schöne Augen macht, kann durchaus der Liebe auf den ersten Blick begegnen. Dann kann es passieren, dass uns die Augen übergehen, wir
5 einen Menschen mit den Augen verschlingen und wir schließlich einem geliebten Menschen jeden Wunsch von den Augen ablesen.
Erwischen wir diesen dann beim Tête-à-tête mit einer anderen Person, werden wir vermutlich un-
10 seren Augen nicht trauen und uns werden die Augen aufgehen – oder wir werden noch einmal ein Auge zudrücken. Wir hätten unsere Liebe eben besser wie unseren Augapfel hüten sollen und sie nicht aus den Augen verlieren dürfen.
15 Das sind dann leider trübe Aussichten – die wir vielleicht mit einem weinenden und einem lachenden Auge betrachten. Diese und zahllose weitere Redewendungen spiegeln es wider: Auch die Sprache kommt ohne das Auge nicht aus. Im
20 alltäglichen Leben zeigen Bezeichnungen wie „Sehenswürdigkeit", „Fernsehen", „Aufsehen" etwas „einsehen", „nachsehen", „schwarzsehen" oder „sich vorsehen" die Bandbreite des Begriffs – und die Bedeutung, die wir dem Sehen beimessen.

2 ☐ _____

25 Viele beschreiben unser Auge auch als ein Wunderwerk der Natur. Denn über den Sehsinn erhalten wir rund 80 Prozent aller Informationen aus der Umwelt, die wir im Gehirn verarbeiten. Wir sind in der Lage, ca. 150 Farbtöne aus dem Spektrum des
30 sichtbaren Lichtes zu unterscheiden und zu einer halben Million Farbempfindungen zu kombinieren.

3 ☐ _____

Das Auge ist der wichtigste Sinn des Menschen, daher vertraut er ihm mehr als sämtlichen anderen Wahrnehmungen. Doch wir sehen längst nicht so gut, wie wir glauben. „Die Sicherheit, durch Bilder 35 informiert zu sein, ist ein trügerisches Gefühl", behauptet der Kommunikationswissenschaftler Thomas Knieper von der Universität München: „Wenn Leute zum Beispiel einen Fernsehbericht betrachten, bei dem die Aussagen von Bild und Text ei- 40 nander widersprechen, denken sie, die Bilder seien wahr und die Texte falsch." Und der Psychologe Frank Keil von der amerikanischen Yale Universität kommt zum Schluss: „Es ist ein Grundproblem der Menschen: Wir glauben, was wir sehen." 45

4 ☐ _____

Im Alltag fasst der Mensch Bilder als gesicherte Wirklichkeit auf, während er sich über andere Sinneseindrücke schon mal bei Mitmenschen vergewissern muss: Hat der andere auch das komische Geräusch gehört? Findet die Begleitung beim 50 Abendessen ebenfalls, dass der Weißwein einen komischen Geschmack hat? Gesehenes hingegen zieht der Mensch so gut wie nie in Zweifel.

5 ☐ _____

„Wir sind Augentiere", erklärt Ernst Pöppel, Professor für Medizinische Psychologie an der Universität 55 München: Seit Urzeiten verlassen wir uns auf den Sehsinn, der uns den Tiger im Gebüsch identifizieren ließ, nachdem dort nur ein unbestimmtes Ästeknacken zu hören war – und lange bevor wir das Tier hätten riechen können. Diese Vormacht des 60

Sehsinns drückt sich bis heute darin aus, dass die Hälfte des menschlichen Hirns für die Verarbeitung visueller Reize zuständig ist. Und sie drückt sich im nahezu blinden Vertrauen aus, das der Homo
65 sapiens seiner Sehfähigkeit entgegenbringt.

6 ☐ _____

Dabei ist das, was vom Auge ins Gehirn gelangt, immer nur ein Konstrukt der Wirklichkeit: eingeschränkt durch persönliche Erfahrungen und durch erlerntes Vorwissen. Das Auge vervollständigt in
70 wirrer Umgebung bekannte Strukturen, ergänzt ein paar Fetzen Tigerfell im Gebüsch zur ganzen Raubkatze, den rötlichen Schein im Straßennebel zum Auto des Vordermanns und es ordnet und interpretiert dabei die Realität, wie sich zum Beispiel
75 am Kanisza-Dreieck demonstrieren lässt. „Zudem scheinen Gefühle in starkem Maße zu beeinflussen, was wir sehen", sagt Petra Stoerig vom Institut für experimentelle Psychologie der Universität Düsseldorf. „Ein Mensch, der gerade traurig ist,
80 wird wohl eher Dinge wahrnehmen, die zu diesem Gemütszustand passen – also einen Leichenwagen eher als einen Hochzeitszug. Hier haben wir ein interessantes Feld für weitere Untersuchungen."

7 ☐ _____

So arbeiten Sehsinn und Gehirn mit Vorurteilen, aus denen sie sich die Umgebung zusammenrei- 85 men. Dass sie dabei subjektiv Unbedeutendes ausblenden müssen, haben die US-Psychologen Daniel Simons und Daniel Levin schon vor Jahren in einem verblüffenden Experiment nachgewiesen: Sie schickten einen Forscher mit einem Stadtplan 90 in der Hand auf die Straße. Er sollte Passanten nach dem Weg fragen. Während die Passanten sich über den Stadtplan beugten, liefen zwei Handwerker mit einer Tür zwischen dem Forscher und den Versuchspersonen hindurch. Heimlich wechselte 95 dabei ein Handwerker mit dem Forscher den Platz. Obwohl der Türträger völlig anders aussah als der Forscher und auch andere Kleidung trug, bemerkte jeder zweite Passant das nicht und erklärte den Weg, als ob nichts geschehen wäre. Ein Phänomen, 100 das der Psychologe Heiner Deubel von der Universität München „Schauen ohne zu sehen" nennt. Der Gefragte sieht sein Gegenüber zwar an, nimmt es aber nicht wahr. Übrigens ohne diese selektive Wahrnehmung würden wir wahrscheinlich wegen 105 Reizüberflutung verrückt werden.

Lesen
Sprechen

b Finden Sie im Text vier Fakten und vier Meinungen über den Sehsinn. Tauschen Sie sich in Kleingruppen darüber aus.

3 Was heißt visualisieren?

Lesen
Schreiben

a Lesen Sie die Notizen und formulieren Sie den Text schriftlich aus.

> Mensch = Augentier
> Augen – wichtigstes Sinnesorgan
> über visuellen Sinneskanal, Infos aus unserer Umwelt aufnehmen
> i. d. Pädagogik: visuelle Lerntypen (über visuellen Weg besonders gut lernen)
> Gehirn arbeitet unter Einsatz versch. Sinne – diese ständig in Querverbindungen zueinander
> über Augen → unzählige Sinneseindrücke → Gehirn → daher Neigung zu visualisieren
> visualisieren = etwas bildhaft darstellen.
> unterschiedlich: Was, wo und wie etwas visualisiert wird
> z. B. bei Präsentation: eine Info bildhaft gestalten, zur Veranschaulichung eines Sachverhalts

Hören ○ 4, 1
Lesen

b Hören Sie nun den Beginn eines Vortrags und vergleichen Sie damit Ihren rekonstruierten Text.

– Konnten Sie das Wichtigste anhand der Notizen verstehen?
– Was hätte man weglassen / abkürzen, was noch hinzufügen können?

> NOTIZEN MACHEN:
>
> - In Lektion 3 finden Sie Tipps, wie man am besten Notizen macht.

Hören ○ 4, 2
Schreiben

c Hören Sie nun den zweiten Teil des Vortrags und machen Sie Notizen, die auch anderen zur Rekonstruktion des Textes nützen könnten. Vergleichen Sie anschließend zu zweit Ihre Notizen.

Schreiben

d Machen Sie sich zum Artikel aus Aufgabe 2 Notizen und visualisieren Sie ihn.

10 Riechen

1 Immer der Nase nach

Sprechen

Was bedeuten die folgenden Redewendungen? Benutzen Sie ggf. ein einsprachiges Wörterbuch. Geben Sie Beispiele aus Ihrer Sprache.

die Nase hoch tragen

jemanden an der Nase herumführen

die Nase rümpfen

jemanden nicht riechen können

die Nase vorn haben

die Nase in etwas stecken

den Braten riechen

die Nase voll haben

jemandem auf der Nase herumtanzen

immer der Nase nach

2 Wie wir riechen

Hören ● 4, 3-4

→TELC/DSH

Lesen Sie die Sätze. Welche Informationen fehlen hier? Hören Sie dann die Sendung eines Wissenschaftsmagazins und ergänzen Sie beim Hören die passenden Informationen.

1. Der Duft eines Stoffes setzt sich aus einem Gemisch *aus mehreren 100 verschiedenen Molekülen* zusammen.
2. Meistens genügen schon wenige _____, um einen Duft wahrzunehmen.
3. Unsere Nase kann _____ unterscheiden.
4. Der Geschmackssinn ist _____ wie der Geruchssinn.
5. Jeder Mensch besitzt ungefähr 3 Millionen Riechzellen. Jede dieser Riechzellen ist auf _____.
6. Von den Riechzellen, die in der Nasenhöhle sitzen, werden die Duftstoffe direkt _____.
7. In einer bestimmten Region des Gehirns, dem Mandelkern, erzeugen die Duftinformationen _____, zum Beispiel: _____.
8. Ob wir einen Duft mögen oder nicht, hängt _____ ab, die wir mit dem Duft gemacht haben.
9. Als unangenehm empfinden wir den Geruch von _____.
10. Düfte können im Menschen auch _____.

3 Das Parfum

Lesen
Sprechen

Lesen Sie den Auszug aus dem Roman „Das Parfum" von Patrick Süskind und bearbeiten Sie in Kleingruppen folgende Fragen.

1. Welche Informationen bekommen Sie über die Hauptperson?
2. Welche Fähigkeiten hat Grenouille? Warum wird er als „Wunderkind" bezeichnet (Z. 46 / 47, 50)?
3. Welche Unterschiede gibt es zwischen Grenouilles Welt der Sprache und der des Duftes?
4. Welche Probleme könnte Grenouille als Erwachsener bekommen, wenn er abstrakte Begriffe nicht versteht?
5. Welche Einstellung hat der Autor wohl der Hauptperson gegenüber? Können Sie Ihre Vermutung an einer Textstelle belegen?

Grenouille saß mit ausgestreckten Beinen auf dem Stapel, den Rücken gegen die Schuppenwand gelehnt, er hatte die Augen geschlossen und rührte sich nicht. Er sah nichts, er hörte und spürte nichts. Er roch nur den Duft des Holzes, der um ihn herum aufstieg und sich unter dem Dach wie unter einer Haube fing. Er trank diesen Duft, er ertrank darin, imprägnierte sich damit bis in die letzte innerste Pore, wurde
5 selbst Holz, wie eine hölzerne Puppe, wie ein Pinocchio lag er auf dem Holzstoß, wie tot, bis er, nach langer Zeit, vielleicht nach einer halben Stunde erst, das Wort „Holz" hervorwürgte. Als sei er angefüllt mit Holz bis über beide Ohren, als stünde ihm das Holz schon bis zum Hals, als habe er den Bauch, den Schlund, die

| 120

Nase übervoll von Holz, so kotze er das Wort heraus. Und das brachte ihn zu sich, errettete ihn, kurz bevor die überwältigende Gegenwart des Holzes selbst, sein Duft, ihn zu ersticken drohte. Er rappelte sich auf,
10 rutschte von dem Stapel herunter und wankte wie auf hölzernen Beinen davon. Noch Tage später war er von dem intensiven Geruchserlebnis ganz benommen und brabbelte, wenn die Erinnerung daran zu kräftig in ihm aufstieg, beschwörend „Holz, Holz" vor sich hin.

So lernte er sprechen. Mit Wörtern, die keinen riechenden Gegenstand bezeichneten, mit abstrakten Begriffen also, vor allem ethischer und moralischer Natur, hatte er die größten Schwierigkeiten. Er konnte
15 sie nicht behalten, verwechselte sie, verwendete sie noch als Erwachsener ungern und oft falsch: Recht, Gewissen, Gott, Freude, Verantwortung, Demut, Dankbarkeit usw. – was damit ausgedrückt sein sollte, war und blieb ihm schleierhaft.

Andrerseits hätte die gängige Sprache schon bald nicht mehr ausgereicht, all jene Dinge zu bezeichnen, die er als olfaktorische Begriffe in sich versammelt hatte. Bald roch er nicht mehr bloß Holz, sondern Holz-
20 sorten, Ahornholz, Eichenholz, Kiefernholz, Ulmenholz, Birnbaumholz, altes, junges, morsches, modriges, moosiges Holz, ja sogar einzelne Holzscheite, Holzsplitter und Holzbrösel – und roch sie als so deutlich unterschiedene Gegenstände, wie andre Leute sie nicht mit Augen hätten unterscheiden können. Ähnlich erging es ihm mit anderen Dingen. Dass jenes weiße Getränk, welches Madame Gaillard allmorgendlich ihren Zöglingen verabreichte, durchweg als Milch bezeichnet wurde, wo es doch nach Grenouilles Empfin-
25 den jeden Morgen durchaus anders roch und schmeckte, je nachdem wie warm es war, von welcher Kuh es stammte, was diese Kuh gefressen hatte, wie viel Rahm man ihm belassen hatte und so fort … dass Rauch, dass ein von hundert Einzelduften schillerndes, minuten-, ja sekundenweise sich wandelndes und zu neuer Einheit mischendes Geruchsgebilde wie der Rauch des Feuers nur eben jenen einen Namen „Rauch" besaß … dass Erde, Landschaft, Luft, die von Schritt zu Schritt und von Atemzug zu Atemzug von anderem
30 Geruch erfüllt und damit von andrer Identität beseelt waren, dennoch nur mit jenen drei plumpen Wörtern bezeichnet sein sollten – all diese grotesken Missverhältnisse zwischen dem Reichtum der geruchlich wahrgenommenen Welt und der Armut der Sprache, ließen den Knaben Grenouille am Sinn der Sprache überhaupt zweifeln; und er bequemte sich zu ihrem Gebrauch nur, wenn es der Umgang mit anderen Menschen unbedingt erforderlich machte.

35 Mit sechs Jahren hatte er seine Umgebung olfaktorisch vollständig erfasst. Es gab im Hause der Madame Gaillard keinen Gegenstand, in der nördlichen Rue de Charonne keinen Ort, keinen Menschen, keinen Stein, Baum, Strauch oder Lattenzaun, keinen noch so kleinen Flecken, den er nicht geruchlich kannte, wiedererkannte und mit der jeweiligen Einmaligkeit fest im Gedächtnis verwahrte. Zehntausend, hunderttausend spezifische Eigengerüche hatte er gesammelt und hielt sie zu seiner Verfügung, so deutlich,
40 so beliebig, dass er sich nicht nur ihrer erinnerte, wenn er sie wiederroch, sondern dass er sie tatsächlich roch, wenn er sich ihrer wieder erinnerte; ja, mehr noch, dass er sie sogar in seiner bloßen Phantasie untereinander neu zu kombinieren verstand und dergestalt in sich Gerüche erschuf, die es in der wirklichen Welt gar nicht gab. Es war, als besäße er ein riesiges selbst erlerntes Vokabular von Gerüchen, das ihn befähigte, eine schier beliebig große Menge neuer Geruchssätze zu bilden – und dies in einem Alter, da andere Kinder mit den
45 ihnen mühsam eingetrichterten Wörtern die ersten, zur Beschreibung der Welt höchst unzulänglichen konventionellen Sätze stammelten. Am ehesten war seine Begabung vielleicht der eines musikalischen Wunderkindes vergleichbar, das den Melodien und Harmonien das Alphabet der einzelnen Töne abgelauscht hatte und nun selbst vollkommen neue Melodien und Harmonien komponierte – mit dem Unterschied freilich, dass das Alphabet der Gerüche ungleich größer und differenzierter war als das der Töne, und mit dem Un-
50 terschied ferner, dass sich die schöpferische Tätigkeit des Wunderkinds Grenouille allein in seinem Innern abspielte und von niemandem wahrgenommen werden konnte als nur von ihm selbst.

4 Sprache im Mittelpunkt: Nominalisierung von Verben

Formen und Strukturen S. 170

Ordnen Sie folgende Wörter aus dem Text folgenden Kategorien zur Nominalisierung von Verben zu.

> Duft Erlebnis Geruch Erinnerung Rauch Verantwortung Getränk Empfinden Gebilde Unterschied Gebrauch Verfügung Schritt

! Infinitiv als Nomen: _____

Mit Endungen „-ung", „-nis": _____

Ohne Endung (z. T. auch mit Änderung des Stammvokals): _____

Mit der Vorsilbe „Ge-" (z. T. auch mit Änderung des Stammvokals): _____

10 Schmecken

1 Auf den Geschmack kommen

Sprechen

a Bringen Sie Lebensmittel mit verschiedenen Geschmacksrichtungen in den Unterricht mit und lassen Sie die anderen mit geschlossenen Augen bestimmen, was sie probieren.

b Sprechen Sie im Kurs über folgende Fragen.

- Konnten Sie bei dem Test in Aufgabenteil a alle Lebensmittel bestimmen? Wenn nein, warum?
- Welche Lebensmittel schmeckten Ihnen gut, welche nicht so gut?
- Welche Geschmacksrichtungen gibt es?
- Ist Geschmack angeboren oder erlernt man ihn?
- Ist Geschmack kulturabhängig?
- Verändert der persönliche Geschmack sich im Lauf des Lebens? Wenn ja, wie?
- Welche Körperorgane sind für den Geschmack zuständig?

2 Die Kunst des Schmeckens

Lesen
Sprechen

a Zu welchen der Fragen aus Aufgabe 1 finden Sie Antworten im Brief der Lehrerin Sybille an ihre Kollegin? Vergleichen Sie sie mit Ihren Antworten.

Liebe Maja,

du wolltest doch genauere Informationen über mein letztes Projekt, von dem ich dir neulich ganz kurz erzählt habe. Also es ist wirklich gut gelaufen, und ich kann es dir nur empfehlen. Wie du weißt, hatte ich zum Thema Ernährung einen Euro-Toques-Chefkoch eingeladen, der in
5 meiner Klasse einen Euro-Toques-Geschmacksunterricht durchgeführt hat. Die Schüler waren begeistert und ich auch. Also hier Genaueres:

„Euro-Toques" ist ein europaweiter Zusammenschluss von Chefköchen und Verbrauchern, die sich als Botschafter des guten Geschmacks verstehen und sich für eine gesunde Ernährung mit Genuss und natürlichen Lebensmitteln einsetzen. Spitzenköche, die ausschließlich mit frischen
10 Produkten arbeiten, ohne Verwendung industriell vorgefertigter Speisen, haben es sich zur Aufgabe gemacht, Ess- und Lebenskultur zu erhalten, indem sie z. B. in ganz Deutschland ihren Euro-Toques-Geschmacksunterricht für Schüler anbieten. Das machen die an Grund-, Haupt-, Realschulen und Gymnasien, aber auch an Berufsschulen. Also auch für deine Schüler geeignet. In unserer Unterrichtseinheit wurden den Schülern die verschiedenen Geschmacksrichtungen
15 durch Produktproben vorgestellt. Auf einem Geschmacksparcours sollten sie zeigen, was sie schmecken, und mit einem Lebensmittel wurde eine Blindprobe durchgeführt. Bei diesen Aktivitäten sollen die Geschmacksnerven resensibilisiert werden, indem die Schüler lernen, den Unterschied von industriell gefertigten und natürlich zubereiteten Gerichten zu erschmecken. Es ist ja tatsächlich so, dass viele Kinder das Aroma von Petersilie oder Gurke nicht mehr er-
20 kennen, ja manchmal sogar Probleme haben, die Grundgeschmacksrichtungen zu unterscheiden. Und das ist nicht weiter verwunderlich, da die Lebensmittelindustrie ihre Produkte mit einer ganzen Flut unnatürlicher und zu starker Aromastoffe versetzt.

Der Geschmackssinn kann abstumpfen und degenerieren – oder sich bei Kindern erst gar nicht richtig entwickeln. Wer mit heftig aromatisierter Fertignahrung groß wurde, dem schmeckt ein
25 Apfel irgendwann nicht mehr, er ist von Industrieprodukten abhängig – und das vielleicht sein Leben lang. Ich will nicht jedes Fertigprodukt und Fastfood pauschal als ungesund verdammen, aber die Erzeugnisse sind doch tendenziell zu süß bzw. zu fett. Wer nie differenziert schmecken lernt, kann sich auch nicht gesund ernähren.

Du siehst, ich selbst habe bei diesem Unterricht auch einiges gelernt. Auch, dass wir die meis-
30 ten Vorlieben im Laufe des Lebens lernen. Das, was Menschen schmecken, ist nur zum Teil angeboren. Denn von Natur aus sind wir als Allesfresser darauf programmiert, auch unbekannte Speisen auszuprobieren. Schließlich war Nahrung historisch gesehen immer knapp, und wer nur das Bewährte essen mochte, drohte zu verhungern. Und so fanden auch Chilis, Zitronen und Meerrettich ihren Weg in den Topf.

35 Die Grundaromen schmecken zu können, war im Laufe der Evolution entscheidend für das Überleben. „Süß" verheißt Zucker und damit einen ordentlichen Energieschub. Salz braucht der Körper ebenfalls, während „sauer" und „bitter" Warnsignale sind, die ihn vor schwer verdaulichen oder giftigen Stoffen schützen sollen.

Und noch etwas war interessant für mich: Geschmack ist mehr als nur süß und sauer, salzig und
40 bitter – die Aromen also, die wir mit den Geschmacksknospen auf unserer Zunge erspüren. Das Gehirn wertet vielmehr Wahrnehmungen aller Sinnesorgane aus. Nicht nur das Auge isst mit, sondern auch Tastsinn und Nase. Sogar das Ohr spielt eine Rolle, z. B. wenn wir Cracker knabbern. Mehr noch: Über das hinaus, was der Körper in diesem Augenblick registriert, fließen Erinnerungen, Erfahrungen, Emotionen in das Geschmackserleben ein. Schmecken ist also nicht bloß
45 eine Körperfunktion, es kann sogar eine Kunst sein, die sich schulen und verfeinern lässt. Ich will mich jetzt selbst auch ein bisschen mehr um gesunde Ernährung kümmern. Auf jeden Fall kann ich dir nur empfehlen, auch mal so einen Euro-Toques-Chefkoch einzuladen. Es lohnt sich wirklich. Guck doch mal im Internet unter www.eurotoques.de. Dort findest du nähere Informationen, Angebote und Anmeldeformulare.
50 Sei herzlich gegrüßt – Sybille

Lesen

→TestDaF

b Welche der Informationen steht im Text? Markieren Sie.

1. Mit dem Brief möchte die Absenderin
   a. über gesundes Essen informieren.
   b. ein neues Mitglied für „Euro-Toques" anwerben.
   ✗. über die Arbeit von „Euro-Toques" informieren.

2. „Euro-Toques"
   a. ist ein Markenname mit Garantie für ausschließlich frische Produkte.
   b. ist ein europaweites Programm zur Ausbildung von Spitzenköchen.
   c. möchte den guten Geschmack von Kindern und Jugendlichen fördern.

3. Beim Euro-Toques-Geschmacksunterricht
   a. lernen Schüler den Unterschied zwischen verschiedenen Gerichten.
   b. müssen die Schüler den Geschmack von Petersilie und Gurken erkennen.
   c. hören die Schüler einen Vortrag zur gesunden Ernährung.

4. Künstliche Aromastoffe
   a. sind zu stark für Kinder.
   b. tragen dazu bei, den Geschmackssinn abzustumpfen.
   c. helfen bei der Entwicklung des Geschmackssinns.

5. Aromatisierte Fertignahrung
   a. ist oft zu süß oder zu fett.
   b. schmeckt besser als frisches Obst und Gemüse.
   c. ist genauso gesund wie naturbelassene Lebensmittel.

6. Was uns schmeckt,
   a. ist uns angeboren.
   b. lernen wir im Laufe des Lebens.
   c. ist zum Teil angeboren und zum Teil erlernt.

7. Die Grundaromen zu schmecken,
   a. bedeutet süß, sauer, salzig, bitter und giftig unterscheiden zu können.
   b. war in der Geschichte des Menschen für sein Überleben wichtig.
   c. ist uns Menschen angeboren.

8. Ob uns etwas schmeckt,
   a. hängt von der Anzahl unserer Geschmacksknospen auf der Zunge ab.
   b. hängt unter anderem auch von den Gefühlen ab, die wir beim Essen haben.
   c. hängt davon ab, wie anspruchsvoll es zubereitet wurde.

Lesen
Sprechen

c Erkundigen Sie sich nach dem Angebot von Euro-Toques im Internet. Würden Sie gern an einer Veranstaltung von Euro-Toques teilnehmen? Warum ?/ Warum nicht?

10 Fühlen

A B C D

B (Diagramm): Haar — Hydrolipidschicht — Hornschicht — **Oberhaut** — **Lederhaut** — Talgdrüse — Schweißdrüse — **Unterhaut** — Haarwurzel — Haarmuskel

E F G H

Sprechen

1 Berühren, tasten, fühlen

Was verbinden Sie mit den Bildern? Tauschen Sie sich in Kleingruppen aus.

2 Tastsinn

Hören ⊙ 4, 5
Schreiben

a Hören Sie den Anfang eines Telefongesprächs und notieren Sie Antworten auf die Fragen: Wer?, Was?, Warum?

Hören ⊙ 4, 6-8
→GI

b Lesen Sie Sonjas Fragen und hören Sie den Rest des Telefongesprächs. Beantworten Sie die Fragen in Stichworten.

1. Oberfläche und Gewicht der menschlichen Haut: _1,5 bis 2 m² / bis zu 10 kg_
2. Funktionen der Haut: _____
3. Woraus besteht die Haut? _____
4. Besondere spezialisierte Zellen: _____
5. Ihre genaue Aufgabe: _____
6. Wie viele? _____
7. Ihre Verteilung auf dem Körper: _____
8. Bedeutung von Tastsinn: _____
9. Bedeutung von Hautkontakt bei Kindern: _____
10. Bedeutung von Hautkontakt bei Erwachsenen: _____

3 Ja, hm, ach!

Sprechen
Schreiben

a Sammeln Sie in Kleingruppen zu folgenden Rubriken Redemittel und Interjektionen, mit deren Hilfe Sie auf Äußerungen eines Gesprächspartners eingehen können.

- zustimmen
- widersprechen
- Interesse signalisieren
- Gespräch in Gang halten
- nachfragen
- Gefühle äußern

> **ZUSTIMMEN / WIDERSPRECHEN:**
> Einige Redemittel finden Sie auch in Mittelpunkt B2, Lektion 8.

Hören ⊙ 4, 6-8
Schreiben

b Hören Sie das Telefongespräch aus Aufgabe 2 noch einmal und notieren Sie, welche Äußerungsmöglichkeiten die beiden Gesprächspartner benutzen.

4 Tasterfahrungen – der Feuerlauf

Lesen
Schreiben

a Lesen Sie die E-Mail und notieren Sie zu den folgenden Bereichen Stichworte.

1. Ziel: *Grenzen überschreiten*
2. Gründe: _____
3. Technik: _____
4. Vorbereitung: _____

5. Durchführung: _____
6. Gefühle vor dem Lauf: _____
7. Gefühle nach dem Lauf: _____
8. ursprüngliche Erwartung: _____

Hi Mike,

ich bin immer noch ganz aus dem Häuschen. Du wirst sagen, das war wieder eine meiner Schnaps-
ideen und ich soll die Finger von so was lassen. Neugierig geworden?
Also angefangen hat's mit der Annonce: „Es gibt Dinge die sind unmöglich – Tu sie! Laufe über 700 bis
5   900 Grad glühend heiße Kohlen! Entfessle Deine verborgenen Kräfte und überschreite Deine Grenzen!
Der Feuerlauf ist mehr als nur ein Kick. Wir aktivieren mit dem Lauf über die Glut Ressourcen, die in
jedem von uns stecken."
Mit nackten Sohlen über glühende Kohlen: Krass! Das wollte ich ausprobieren. Wie soll das gehen?
Wie lassen sich Schmerzen überwinden? Ich hatte schon darüber gelesen. Es ist im Prinzip
10 ungefährlich, wenn man nicht gerade hinfällt oder stehen bleibt. Entscheidend ist die Kontaktdauer mit
der heißen Substanz. Und die Erwartungshaltung, denn die bestimmt auch das Schmerzempfinden.
Wenn du Angst vor Schmerzen hast, wirst du diese auch erleben: Wer starke Schmerzen erwartet, wird
diese besonders intensiv erleben. Unser Gehirn kann den Schmerz formen – diese Fähigkeit wird bei
Feuerlaufseminaren trainiert.
15 Tja, und jetzt liege ich mit verkohlten Füßen im Krankenhaus ... ☺
Nee, kurz gesagt: Ich war dort, hab' mitgemacht und bin mit heiler Haut davongekommen – im
wahrsten Sinne des Wortes. Ich weiß schon: Es hätte auch ins Auge gehen können – aber ich hab's
geschafft, und zwar mit links.
Bevor es aufs Feuer ging, lernten wir gezielt Entspannungsübungen, um die Konzentration zu schulen.
20 Als es dann aber soweit war, fühlte ich mich doch nicht so wohl in meiner Haut und hatte leicht die
Panik. Aber ich überwand meinen inneren Schweinehund, sagte mir: Augen zu und durch, und setzte
sieben schnelle Schritte über den Kohleteppich. Ich versuchte dabei, an kühles Moos zu denken. Es
knirschte unter meinen Füßen. Es war warm und fühlte sich so ähnlich an wie ein Lauf über einen
Sandstrand. Dann plötzlich stand ich auf dem nassen Handtuch am Ende des Parcours. Ich hatte
25 wieder Boden unter den Füßen.
Alles war sehr schnell gegangen. Ich war fast etwas enttäuscht. Das war ja alles nur halb so wild.
Nicht, dass ich eine Erleuchtung oder unglaubliche Euphorie erwartet hätte – ein bisschen aufregender
hatte ich mir das große Mysterium aber doch vorgestellt.
Wie auch immer, danach habe ich mich sauwohl gefühlt. Ich hatte keinerlei „Beschädigungen" an den
30 Fußsohlen, ich konnte nur nicht ruhig auf einem Fleck stehen bleiben, hatte ein Gefühl, als würde ich
vor Energie überlaufen. Total abgefahren!
Das musst du auch mal durchziehen. Ich kann's dir nur empfehlen.
Ciao, und meld dich mal! – Lotta

Sprechen

b Erklären Sie die umgangssprachlichen Wendungen im Text mit eigenen Worten.

- aus dem Häuschen sein
- eine Schnapsidee haben
- die Finger von etwas lassen
- Krass!
- mit heiler Haut davonkommen
- etwas kann ins Auge gehen
- etwas mit links schaffen

- sich wohl in seiner Haut fühlen
- Augen zu und durch
- Boden unter den Füßen haben
- etwas ist nur halb so wild
- sich sauwohl fühlen
- Total abgefahren!
- etwas durchziehen

5 Telefongespräche führen

Sprechen

Lotta ruft einen Freund bzw. eine Freundin an, um ihm / ihr vom Feuerlauf zu berichten. Spielen
Sie das Telefongespräch nach, verwenden Sie dabei die Informationen aus der E-Mail oben sowie
viele der in Aufgabe 3 gesammelten Redemittel.

10 Übersinnliches

Sprechen
Lesen

1 Test: Haben Sie einen sechsten Sinn?

a Machen Sie den Test zu zweit. Beantworten Sie sich gegenseitig die Fragen.

1. Haben Sie schon mal Ihre Pläne geändert oder über den Haufen geworfen, weil Sie eine böse Vorahnung hatten? (j) (n)
2. Wachen Sie in der Regel auf, bevor der Wecker klingelt? (j) (n)
3. Haben Sie jemals von etwas geträumt, das später wahr wurde? (j) (n)
4. Haben Sie schon mal jemanden kennen gelernt und geglaubt, Sie würden ihn schon kennen? (j) (n)
5. Fällt es Ihnen leicht, Entscheidungen zu treffen? (j) (n)
6. Glauben Sie an die Liebe auf den ersten Blick? (j) (n)
7. Wissen Sie, was Sie zum Geburtstag bekommen, bevor Sie die Geschenke auspacken? (j) (n)
8. Haben Sie jemals eine Entscheidung aus Gründen getroffen, die Sie nicht erklären können? (j) (n)
9. Sind Sie abergläubisch? (j) (n)
10. Spüren Sie schlechte Nachrichten, bevor sie eintreffen? (j) (n)
11. Wenn Sie jemand auffordert, eine Zahl zwischen 1 und 10 zu wählen, liegen Sie dann häufig richtig? (j) (n)
12. Haben Sie oft Glück? (j) (n)

1 bis 4 „ja": Sie vertrauen nur Ihrem Kopf. Lassen Sie sich auch mal von Gefühlen leiten.
5 bis 9 „ja": Sie sind schon auf dem besten Weg! Vertrauen Sie noch mehr Ihrem Bauchgefühl!
ab 10 „ja": Glückwunsch. Sie haben den 6. Sinn!

b Sprechen Sie über den Test. Wie beurteilen Sie ihn? Welche Definition von „6. Sinn" liegt wohl den Fragen zu Grunde?

c Was bedeutet der 6. Sinn für Sie persönlich?

2 Der 6. Sinn

Hören ● 4, 9-10

→ TestDaF

Hören Sie ein Radiointerview zum Thema „Der 6. Sinn" und entscheiden Sie, ob die Aussagen richtig (r) oder falsch (f) sind.

1. Der Interviewer behauptet, dass man in der Forschung davon ausgeht, dass es nur fünf Sinne gibt. r ⨉
2. Herr Lüttkehaus hält elektrische und magnetische Sinne von Tieren für etwas Übernatürliches. r f
3. Herr Lüttkehaus schlägt vor, Fähigkeiten wie Telepathie oder Hellsehen als 7. Sinn zu bezeichnen. r f
4. Herr Lüttkehaus legt dar, dass Tiere über ein Geruchsorgan Lockstoffe, Pheromone, von möglichen Partnern wahrnehmen. r f
5. Laut Frau Görtsch gilt es als sicher, dass Pheromone auch bei der Kontaktaufnahme von Menschen eine wichtige Rolle spielen. r f
6. Frau Görtsch behauptet, Instinkte seien das Gleiche wie Intuition. r f
7. Frau Görtsch sagt, dass jeder Mensch die gleiche Form von Intuition hat. r f
8. Ihrer Meinung nach ist logisches Denken beim Treffen von Entscheidungen wichtiger als Intuition. r f
9. Herr Lüttkehaus hält es für gefährlich, sich nur auf seine Intuition zu verlassen. r f
10. Der Interviewer erläutert, dass US-Forscher einen „sechsten Sinn", eine Art Frühwarnsystem, im Hirn nachgewiesen haben. r f
11. Herr Lüttkehaus spricht davon, dass dieses Frühwarnsystem immer dann aktiv wird, wenn der Mensch vor einer Entscheidung steht. r f

3 Synästhesie

Lesen
Sprechen

Lesen Sie zu zweit je einen Text und geben Sie sich die Informationen gegenseitig ausführlich weiter.

Synästhesie – Vernetzung der Sinne

Als „Synästhesie" bezeichnen Wissenschafter es, wenn die Wahrnehmungen verschiedener Sinnesorgane gekoppelt werden (griech.: syn: zusammen, aisthesis: Empfindung, Wahrnehmung). Für
5 die Vorgänge im Gehirn, die etwa Geschmack und Form, Farbe und Ton als Einheit erscheinen lassen, gibt es unterschiedliche Theorien.
Das Phänomen wird schon seit drei Jahrhunderten beschrieben, aber erst der amerikanische
10 Neurologe Richard Cytowic hat es für die moderne Wissenschaft interessant gemacht. Der Beginn seiner Forschungen war ein Abendessen bei Freunden – und die Begegnung mit Michael Watson, dem Mann, der Formen schmeckt. „Ich
15 war bei meinem neuen Nachbarn zum Abendessen eingeladen. Er hatte ein Huhn gebraten. Als wir uns zu Tisch setzten und zu essen beginnen wollten, sagte er ‚Oh, da sind nicht genug Spitzen auf dem Huhn.' Ich wurde neugierig und fragte nach, und so hat er erzählt, dass Geschmack für 20 ihn etwas ist, was er an den Händen fühlt, als ob er tatsächlich etwas angreifen würde. Er fühlt Gewicht, Material, Form und sogar Temperatur. „Sie haben Synästhesie", sagte ich ihm, und er war glücklich zu hören, dass es einen Namen dafür 25 gab. Er wurde dann zu meinem Mann, der Formen schmeckt."
Unterschiedlichen Schätzungen zufolge ist einer von 25 000 Synästhetiker. Die Anlage zur Synästhesie ist vererbbar, betroffen sind deutlich 30 häufiger Frauen als Männer. Über die verantwortlichen Gene weiß man allerdings noch nichts.

Synästhesie

Bei der häufigsten Form der Synästhesie (griech.: syn: zusammen, aisthesis: Empfindung, Wahrnehmung) werden Gehörtes oder Gesehenes wie z.B. Sprache, Musik oder Geräusche unwillkürlich zu-
5 sammen mit Farben, geometrische Formen oder Farbmustern wahrgenommen. Der primäre Auslöser, also Wahrnehmungen über das Ohr, und die optischen Sekundärempfindungen werden dabei als Einheit erlebt. Die Synästhesien sind außer-
10 dem individuell einzigartig, sie werden von jeder betroffenen Person anders erlebt. Allen gemein ist, dass die synästhetische Wahrnehmung weder kontrollierbar noch willentlich steuerbar ist, und einen meistens das ganze Leben lang unverändert
15 begleitet. Am häufigsten ist das Farbenhören. Ein bestimmter Buchstabe erscheint dabei z.B. immer rot, Musik von Rachmaninow wird z.B. blau gehört.
Forscher vermuten, dass die Verbindung der Wahrnehmungen bei Synästhetikern durch eine 20 direkte Verbindung der betroffenen Hirnareale zustande kommt. Beim Farbenhören wären demnach direkte Nervenverbindungen zwischen dem Hörzentrum und dem entsprechenden Teil des Sehzentrums vorhanden. Diese direkten Ver- 25 bindungen könnten ein Relikt aus der frühen Kindesentwicklung sein. Bei Katzen ist bekannt, dass sie als Neugeborene über solche Querverbindungen im Gehirn verfügen.
Es wäre möglich, dass auch bei Menschen in den 30 ersten Lebensmonaten solche Verbindungen bestehen, dass wir also alle als Synästhetiker geboren werden. Während sich diese Verbindungen jedoch bei den meisten spätestens ab dem sechsten Lebensmonat auflösen, würden sie bei Synästheti- 35 kern ein Leben lang bestehen bleiben, so die Theorie von Simon Barren Cohen und John Harrison von der Cambridge University.

4 Sinnesexperten

Sprechen
Schreiben

a Teilen Sie den Kurs in fünf „Experten"-Gruppen. Jede Gruppe sammelt Material und Informationen zu einem anderen Sinnesorgan und gestaltet ein Plakat, auf dem die wichtigsten Informationen dargestellt sind. Jedes Gruppenmitglied ist nun „Experte" und sollte das jeweilige Plakat gut erklären können.

b Teilen Sie die Gruppen neu auf, so dass sich in jeder Gruppe ein Experte für jedes Sinnesorgan befindet. Die neuen Gruppen gehen nun von Plakat zu Plakat und der jeweilige Experte präsentiert die entsprechenden Informationen.

11 Globalisierung heute

1 Global denken …

Sprechen
Schreiben

a Was fällt Ihnen zum Begriff „Globalisierung" ein?

- Schreiben Sie dazu ein Wort oder einen Gedanken auf eine Karte oder ein Stück Papier und heften Sie die Karten so an die Wand (oder die Tafel), dass ein Assoziogramm zu „Globalisierung" entsteht.
- Sprechen Sie dann im Kurs über Ihre Sammlung, klären Sie die Inhalte sortieren Sie die Karten in Gruppen (Cluster) mit ähnlichen Inhalten.

b Sprechen Sie über die Fotos oben.

- Beschreiben Sie, was Sie sehen.
- Was haben die Fotos mit Globalisierung zu tun?
- Gibt es Aspekte, die in dem Assoziogramm Ihres Kurses noch nicht enthalten sind? Wenn ja, fügen Sie diese dem Assoziogramm hinzu.

c Welche Punkte in dem Assoziogramm finden Sie besonders wichtig? Warum?

> Besonders wichtig finde ich …, weil … | Die größte Bedeutung hat / haben …, denn … | Wenn man … mit … vergleicht, dann … | Wenn man die Entwicklung der letzten Jahre betrachtet, dann … | Ich denke, dass in Zukunft / zukünftig … | Wenn man bedenkt, dass …, dann … | … hat besonderen Einfluss auf …

2 Meine „Globalisierung"

Sprechen

Diskutieren Sie in Kleingruppen die folgenden Fragen und berichten Sie dann im Kurs.

- Vergleichen Sie Ihr Leben mit dem Ihrer Großeltern. Haben die Unterschiede auch mit der Globalisierung zu tun?
- Wo begegnet Ihnen die Globalisierung in Ihrem Alltag?
- Hat die Globalisierung Einfluss auf Ihre Ausbildung, Arbeit und Karriere?
- Hat die Globalisierung etwas damit zu tun, dass Sie Deutsch lernen?

3 Heimat und Zuhause – eine Radiosendung

Hören ◉ 4, 11
Lesen

a Who's who? Ergänzen Sie.

– Lesen Sie zuerst die folgenden „Steckbriefe".
– Hören Sie dann den ersten Teil der folgenden Radiosendung. Es geht um drei Personen mit den Vornamen Ming, Irene und Rudolf: Zwei sprechen mit dem Moderator, die dritte Person wird vom Moderator erwähnt. Ordnen Sie diese Namen den „Steckbriefen" zu.

Studiert zzt. an der FH Ludwigshafen „International Business Management (East Asia)"	Zzt. Manager bei VW in Peking; davor bei einem anderen deutschen Auto-hersteller und einem Autozulieferer an verschiedenen Orten in Deutschland und in Asien	Studiert zzt. an der FH Landshut BWL, Schwerpunkt Bankwirtschaft
Schulausbildung an deutschsprachigen Schulen in Bangkok, Tokio und Shanghai, dort Abitur		Hat zuvor nach dem Abitur eine Lehre bei einer Bank in seiner Heimatstadt absolviert
Fremdsprachen: Englisch, Thailändisch, lernt jetzt Japanisch	Eltern: Li Gang, Beamter, und Ma Lin, Germanistikprofessorin, beide in Peking	Fremdsprache: Englisch
Eltern: Moritz Villiger, Manager aus der Schweiz, Malie Villiger, Ärztin, Thailänderin		Eltern: Reinhold Bichler, Lehrer, und Martina Bichler, Bibliothekarin, beide Deutsche

Hören ◉ 4, 11
Schreiben

b Hören Sie den ersten Teil der Radiosendung noch einmal. Notieren Sie Alter und berufliche Stationen der anfangs erwähnten Person.

Hören ◉ 4, 12-13
Schreiben

c Hören Sie den Rest der Sendung. Was sind die Hauptfragen, die in der Sendung diskutiert werden?

Hören ◉ 4, 12-13
Schreiben

d Ordnen Sie die folgenden Aussagen Irene oder Rudolf zu. Welche passen zu keinem von beiden?

1. Ich würde nicht gern alle paar Jahre Arbeitsplatz, Ort und Land wechseln. _keiner_
2. Ein Zuhause kann umziehen, die Heimat nicht. _____
3. Ich habe keine Heimat. _____
4. Meine Heimat ist mir zu eng. _____
5. Heimat ist für mich definiert durch Vertrautheit und ein Zugehörigkeits- und Sicherheitsgefühl. _____
6. Es ist mir zwar schwergefallen, immer wieder umzuziehen, aber ich habe dann doch jedesmal neue Freunde gefunden. _____
7. Mobiles Leben bietet mehr Chancen, verschiedene interessante Menschen kennen zu lernen, und vergrößert damit die Auswahl passender Freunde. _____
8. Ich bin kontaktfreudig und habe Menschenkenntnis. _____
9. Ich habe z. B. Freunde in Südafrika, Brasilien und China. _____
10. Ich würde gern in meiner kleinen Heimatstadt Arbeit finden und dort bleiben. _____
11. Mobilität und Flexibilität sind heute Voraussetzungen für Chancen auf dem Arbeitsmarkt. ____
12. In Kleinstädten ist das Arbeitsplatzangebot sehr schlecht. _____

Sprechen

e Welche Meinung teilen Sie eher, die von Robert oder die von Irene? Wie sollte man heute leben?

Was Sie in dieser Lektion lernen können:

Radiosendungen verstehen, auch wenn nicht Standardsprache gesprochen wird

in langen, komplexen allgemeinen Texten und Sachtexten rasch wichtige Einzelinformationen finden

inhaltlich und sprachlich komplexe Vorlesungen, Reden und Berichte verstehen

im Fach- und Interessengebiet ein klar gegliedertes Referat halten, dabei auf Fragen der Zuhörer eingehen

komplexe Sachverhalte klar und detailliert darstellen

als Vortragender in Veranstaltungen angemessen auf Äußerungen anderer eingehen

die meisten Vorträge, Diskussionen und Debatten relativ leicht verstehen

Argumente aus verschiedenen Quellen in einem Text aufgreifen und gegeneinander abwägen

öffentliche Ankündigungen machen, dabei durch Intonation Wichtiges hervorheben

Diskussion oder Besprechung leiten, dabei Gespräch eröffnen, moderieren und zum Abschluss bringen

komplexes Thema gut strukturiert vortragen, den eigenen Standpunkt darstellen und sinnvoll untermauern

1 Karriere international

a Überfliegen Sie den folgenden Text. Aus welcher Quelle stammt er?

- Artikel aus einer Zeitschrift für Manager
- Auszug aus einem Buch über Karriereplanung
- Artikel aus einer Tageszeitung, Beilage „Karriere und Beruf"
- Auszug aus einer Broschüre einer Arbeitsvermittlungsagentur

1 _____

Ein Schlagwort, dem man in Wirtschaft, Politik, Kultur und Gesellschaft immer häufiger begegnet, ist das der „Globalisierung". Es suggeriert mit weiteren Begriffen wie z. B. dem des „Global Village", dass dem Arbeitssuchenden die ganze Welt
5 zu Füßen liegt und ihm nicht nur eine wachsende Flut international verfügbarer Waren, sondern auch geografisch unbegrenzte Karrieremöglichkeiten zur Verfügung stehen. Doch in dieser Welt tatsächlich Fuß zu fassen, ist nicht immer so einfach. Immer mehr Unternehmen – und keineswegs bloß die
10 „Global Players" – setzen bei Bewerberinnen und Bewerbern nicht nur geografische und geistige Mobilität voraus. Gesucht werden immer häufiger Arbeitskräfte mit Auslandserfahrung und Fremdsprachenkenntnissen, die im Konkurrenzkampf um Absatzmärkte bestehen können. Deshalb ist unter dem Aspekt
15 der Karriereplanung und der „Beschäftigungsfähigkeit" eine kürzere oder längere Tätigkeit in einem oder mehreren fremden Ländern dem Marktwert sehr zuträglich. Sie zeigt einem potentiellen Arbeitgeber nämlich, dass der Stellenbewerber flexibel, anpassungsfähig und zupackend ist und häufig auch
20 ein gesundes Maß an emotionaler Intelligenz mitbringt.

2 _____

Eine internationale Unternehmensberatung gibt dem zukünftigen Top-Manager daher den Rat, schon als junge Nachwuchsführungskraft „darauf zu achten, dass er (oder sie) zur richtigen Zeit im eigenen Unternehmen ein markantes Inte-
25 resse an entsprechenden Weiterbildungs- bzw. Entsendungsprogrammen zeigt und diese auch in geeigneten Zeitabständen mit hoher Mobilitätsbereitschaft wahrnimmt. Die interessanten internationalen Suchmandate, die uns anvertraut werden, enthalten, neben allen fachlichen Anforderungen, immer
30 diese drei Zielkomponenten: die Fähigkeit, drei Sprachen zu beherrschen, eine mehrjährige internationale Erfahrung nachzuweisen und bereitwillige Flexibilität für den internationalen Einsatz zu zeigen."[1]

3 _____

Dabei findet ein neues Karrieremuster immer mehr Verbrei-
35 tung. Früher war es üblich, dass Ambitionierte zu (vorzugsweise multinationalen) Unternehmen gingen, sich in den Ausbildungsapparat eingliederten und eine vorgezeichnete Karriere machten. Ihr Ziel war das schnelle und konstante Fortkommen innerhalb des Unternehmens, und der Arbeit-
40 geber tat sein Bestes, um sie zu halten. Inzwischen spiegelt sich die durch die Globalisierung gewaltig gewachsene Mobilität und „Heimatlosigkeit" des Kapitals, das sich in immer kürzeren Investitionszyklen bewegt, auch in einer veränderten Karriereplanung der jungen Generation von Führungskräften: Sie
45 gehen größere Risiken ein, wollen Abwechslung, folgen nicht der Tradition, lange Zeit bei der gleichen Firma zu bleiben, und suchen neue Herausforderungen einschließlich internationaler Arbeitsplätze. Entsprechend finden auch seitwärts gerichtete Karriereschritte und Erfahrungen mit verschiedenen
50 Industrieformen bei den Unternehmen wesentlich mehr Anerkennung als in der Vergangenheit. So zeigen Untersuchungen, dass immer mehr führende Manager internationale Erfahrung haben. 45% der Führungskräfte mit hohem Einkommen haben im Lauf ihrer Karriere im Ausland gearbeitet, während es
55 unter den Führungskräften gleichen Alters mit relativ niedrigem Einkommen nur 16% waren.

4 _____

Allerdings ist internationale Erfahrung nicht immer erfolgreiche Erfahrung. 10 bis 20% der Auslandseinsätze werden vorzeitig abgebrochen, 30% zeitigen nicht die erwarteten Er-
60 folge. So stellt sich für Unternehmen die Frage, welche Kompetenzen oder vielleicht sogar Veranlagungen einen Menschen besonders für die internationale Herausforderung rüsten. Eine Untersuchung mit Personalleitern in 83 international operierenden Unternehmen mit Standort Deutschland erbrachte, dass sie neben fachlicher Brillanz vor allem nach „weichen"
65 Faktoren wie sozialer Kompetenz, Anpassungsfähigkeit, Sprachfähigkeit, Offenheit gegenüber anderen Denkweisen, Flexibilität, Mobilität, Team- und Führungsfähigkeit, Fähigkeit, mit Stress umzugehen, und Selbstständigkeit Ausschau halten. Erfolgreich international tätige Führungskräfte schei-
70 nen in der Lage zu sein, sich mit Urteilen zurückzuhalten und Bewertungen zu relativieren. Sie wissen, dass manche Dinge nicht objektivierbar sind und jenseits aller Rationalität liegen. Ihre Situationsanalyse konzentriert sich deswegen auf die Frage, welche Handlungen erforderlich sind, und verschwendet
75 keine Zeit mit der Überlegung, warum die Dinge nicht so sind wie daheim. Sie sind somit fähig, mit Ungewissheit oder Mehrdeutigkeit umzugehen.

[1] Winterfeldt, D. v.: Auslandserfahrung ist die Basis künftiger Karrieren, in: Frankfurter Allgemeine Zeitung, 24.01.2000, S. 34

Lesen

P ✓

→DSH

b Ordnen Sie den vier Abschnitten des Textes jeweils eine der folgenden Überschriften zu.

A Auf seine Ambitionen richtig aufmerksam machen

C Internationale Erfahrung immer wichtiger

B Was den internationalen Manager ausmacht

D Neuartige berufliche Laufbahnen

Lesen
Schreiben

c Suchen Sie die folgenden Informationen im Text und notieren Sie Stichworte.

1. Welche Pluspunkte sieht ein Arbeitgeber bei einem Bewerber mit Auslandserfahrung?
2. Was sollen junge Nachwuchsführungskräfte in ihrem Unternehmen besonders beachten?
3. Welche Veränderung hat die Globalisierung in Bezug auf die Karrieremuster von Führungskräften bewirkt?

d Welche Anforderungen muss man nach Meinung des Karriere-Ratgebers außer einer sehr guten fachlichen Qualifikation erfüllen, wenn man in der globalisierten Wirtschaft eine erfolgreiche Karriere machen will? Sammeln Sie alle Angaben im Text in einer Liste.

> *Anforderungen:*
> *– geografische und geistige Mobilität*
> *– ...*

Sprechen

e Klären Sie in Kleingruppen, wer die Anforderungen für die globale Karriere erfüllt.

1. Erläutern Sie die internationalen Karrierechancen von Rudolf und Irene (S. 129). Beziehen Sie sich dabei auf die in Aufgabenteil 1d erstellte Anforderungsliste.
2. Erklären Sie, welche der Anforderungen Ming (S. 129) erfüllt. Stellen Sie zudem Vermutungen an, welchen Anforderungen er darüber hinaus auch noch entsprechen dürfte. Vergleichen Sie dafür Ihre Liste mit den Schlüsselqualifikationen bzw. Kompetenzen, die in Lektion 3, S. 36, beschrieben werden.

f Welche Rolle spielen oder spielten die erwähnten Anforderungen für Sie persönlich?

2 Sprache im Mittelpunkt: Nomen-Verb-Verbindungen

Formen und
Strukturen
S. 166

a Im Text finden sich einige Nomen-Verb-Verbindungen. Ergänzen Sie die passenden Verben. Beachten Sie: Zweimal handelt es sich um Redewendungen, nicht um Nomen-Verb-Verbindungen. Welche sind das?

1. zur Verfügung _stehen_
2. Fuß _____
3. einen Rat _____
4. Verbreitung _____
5. Karriere _____
6. Risiken _____
7. Anerkennung _____
8. zu Füßen _____
9. eine Frage _____
10. Ausschau _____
11. in der Lage _____

b Dasselbe kann man meist auch mit einfachen Verben ausdrücken. Ordnen Sie den folgenden Verben bzw. Verbformen die Nomen-Verb-Verbindungen aus Aufgabenteil a zu.

A raten _3_
B suchen _____
C bereit stehen _____
D riskieren _____
E können _____
F aufsteigen _____
G fragen _____
H anerkannt werden _____
I sich verbreiten _____

1 Globalisierung – ein Vortrag

Hören 4, 14
Sprechen

a Betrachten Sie das Foto rechts und hören Sie die Einleitung eines Vortrags. Bei welcher Veranstaltung dürfte der Vortrag gehalten werden?

1. Informationsveranstaltung der Wirtschaftskammer Niederösterreich mit dem Titel „Chancen und Risiken der Globalisierung für die mittelständischen Unternehmen Österreichs"
2. Gewerkschaftliche Bildungsveranstaltung mit dem Titel „Globalisierung und Kapitalismusgeschichte"
3. Hochschulseminar mit dem Titel „Internationale Politik und Weltwirtschaft im Zeitalter der sogenannten Globalisierung"
4. Impulsvortrag eines Lehrers im Fach „Politik" mit dem Titel „Globalisierung – Realität und Mythos"

Hören 4, 14
Schreiben

b Hören Sie die Einleitung noch einmal: Gute Vorträge beginnen mit einem Überblick über Inhalt und Aufbau des Vortrags.

– Klären Sie zuerst die Wörter im Schüttelkasten.
– Hören Sie dann die Einleitung noch einmal und notieren Sie in Stichworten die Punkte, über die der Vortragende sprechen möchte, und die weiterreichende Frage für das Seminar. Verwenden Sie dabei die Wörter im Schüttelkasten.

> Gliederung:
>
> 1. Begriff der Globalisierung genau definieren
> 2.
>   a.
>   b.
> 3.
> weiterreichende Frage:

> internationale Verflechtung   ~~Begriff~~   Informations- und Kommunikationstechnologien
> transnationale Konzerne   Finanzmärkte   internationale politische Beziehungen
> Transportkosten   qualitativer Sprung   Entwicklung   ~~definieren~~   weltweite Warenströme

2 Schaubilder helfen

Lesen
Sprechen

Betrachten Sie in Kleingruppen die Schaubilder A bis C und klären Sie den Wortschatz. Fassen Sie die Hauptaussage der Grafiken jeweils in wenigen Sätzen zusammen.

A

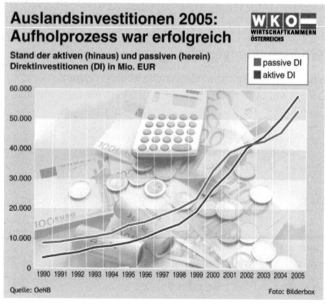

B

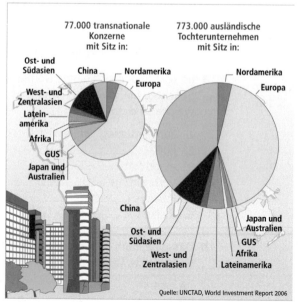

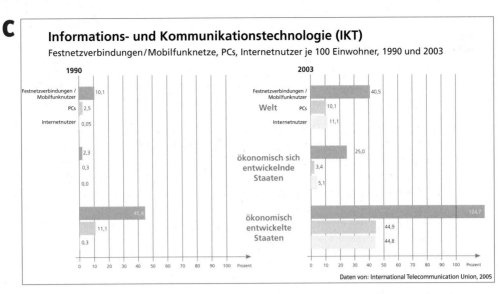

C **Informations- und Kommunikationstechnologie (IKT)**
Festnetzverbindungen/Mobilfunknetze, PCs, Internetnutzer je 100 Einwohner, 1990 und 2003

Daten von: International Telecommunication Union, 2005

3 Ich möchte Globalisierung definieren als ...

Hören 4, 15-19
Schreiben

a Hören Sie nun die Fortsetzung des Vortrags.

- Notieren Sie, in welcher Reihenfolge der Vortragende die Schaubilder verwendet und zu welchen in der Einleitung genannten Gliederungspunkten er sie jeweils heranzieht.
- Markieren Sie in den Schaubildern, auf welche Informationen der Vortragende besonders hinweist.

Schaubild	Gliederungspunkt
1. C	
2.	
3.	

Hören 4, 15-19
→TestDaF / DSH

b Lesen Sie zunächst die Fragen 1 bis 8. Hören Sie dann den Vortrag noch einmal und notieren Sie beim Hören in Stichworten Antworten zu den Fragen.

1. Wie definiert der Vortrag die Globalisierung?
2. Der Prozess der internationalen Verflechtung läuft nach Aussage des Vortrags schon seit vielen hundert Jahren. Warum findet der Vortragende es dennoch sinnvoll, den „Modebegriff" Globalisierung auch wissenschaftlich zu verwenden?
3. Woran zeigt sich die dramatische Entwicklung der IKT besonders deutlich?
4. Was bedeutete die rasante Entwicklung der IKT für die Veränderung der Finanzmärkte?
5. Welche Folgen hatten Währungsspekulationen 1997 und 1998 in Thailand und anderen Ländern der Region?
6. Welche zusätzliche Information über das Schaubild B hinaus gibt der Vortrag über die „Global Players"?
7. Welche Informationen nennt der Vortrag in Bezug auf die Transportkosten?
8. In welchem Verhältnis stehen Globalisierung und Transportkosten zueinander?

> *1. weltweite Verflechtung, vor*
> *allem wirtschaftlich; Länder*
> *immer abhängiger voneinander*
> *2.*

Sprechen

c Überlegen Sie, wie sich die Situation in den nächsten zehn Jahren entwickeln könnte. Gehen Sie dabei unter anderem auf folgende Punkte ein.

- Weitere Entwicklung der Informations- und Kommunikationstechnologie
- Entwicklungen bei den „Global Players"
- Veränderung der Rolle von Ländern wie China oder Indien

11   Folgen der Globalisierung

1 Endlose Wege

Lesen
Sprechen

a Lesen Sie den folgenden Text und das Schaubild und überlegen Sie gemeinsam, was beide miteinander zu tun haben. Finden Sie dann eine Überschrift für den Text.

Da, die muss es sein! Coole Jacke. 59,90 € sind zwar nicht von Pappe, aber – diese Jacke muss es sein. Sie wird einige Zeit ein hoffentlich guter Freund sein. Aber sollte man bei Freunden nicht wissen, woher sie kommen? Auf
5 dem Schild im Kragen steht „Made in Philippines" und „100 % Baumwolle". Das sind die einzigen Hinweise auf die Reise, die das teure Stück Stoff hinter sich hat.
Der Reiseweg kann gut und gern 50 000 km weit gewesen sein, das ist mehr als einmal um die ganze Erde. Spielen
10 wir ein Beispiel durch: Der Weg fängt mit der Baumwolle an, die zum Beispiel in Indien angebaut wird. Die transportgerecht gepressten Baumwollfasern kommen dann in die Türkei (4 800 km), wo sie zu Garn gesponnen werden. Anschließend wird das Garn zum Färben nach China ver-
15 schifft (bereits 15 000 km Weg), um schließlich in Polen

(28 000 km) gewoben zu werden, weil man das dort angeblich am besten und preisgünstigsten kann. Während dieser Prozesse wird das Material auch einer intensiven chemischen Behandlung unterzogen, schließlich soll der
20 Stoff reißfest und Schmutz abweisend sein. Dieser Prozess ist so intensiv, dass Chemierückstände am Ende bis zu 30 % des Gewichts eines Kleidungsstücks ausmachen können! Zusammen mit Reißverschlüssen aus europäischer Produktion geht die Reise dann auf die Philippinen
25 (42 000 km), wo der Stoff geschnitten und die Jacke genäht wird. Nach einem weiteren Transport mit Schiff und Lastwagen landet die verkaufsfertige Jacke nach insgesamt ca. 55 000 km Weg in Deutschland im Kaufhaus. Und dann muss nur noch ein Käufer kommen.

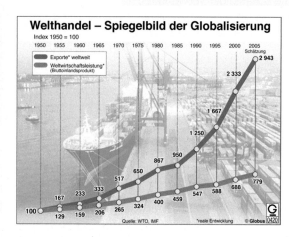

Welthandel – Spiegelbild der Globalisierung
Index 1950 = 100
1950 1955 1960 1965 1970 1975 1980 1985 1990 1995 2000 2005
Schätzung
● Exporte* weltweit
● Weltwirtschaftsleistung* (Bruttoinlandsprodukt)
Quelle: WTO, IMF   *reale Entwicklung   © Globus 0420

b Beschreiben Sie die Grafik, indem Sie folgende Punkte kommentieren.

1. Überschrift und die zwei Linien
2. Ausgangspunkt der Linien
3. Unterschiede zwischen beiden Linien (steiler / flacher Anstieg, …), Besonderheiten
4. Anstieg von Exporten und Wirtschaftsleistung – Beispiel: „1970 betrug der Umfang der Exporte im Vergleich zu 1950 mehr als das Fünffache."
5. Interpretieren Sie die Zahlen: Warum stieg die Zahl der Exporte soviel mehr als die Zahl der produzierten Waren? Stellen Sie dabei einen Bezug zum Text in Aufgabenteil a her.

2 Sprache im Mittelpunkt: Zusammengesetzte Adjektive

Formen und
Strukturen
S. 174

Suchen Sie im Text in Aufgabe 1 drei weitere zusammengesetzte Adjektive und erklären Sie unter Verwendung ihrer Bestandteile ihre Bedeutung.

preisgünstig → zu einem günstigen Preis

3 Kurzreferat: Die Bedeutung des Gütertransports für die Globalisierung

Lesen
Schreiben

a Ordnen Sie die (unvollständigen) Teile A bis E eines kurzen Referats den folgenden Gliederungspunkten zu. Und geben Sie – soweit möglich – die Quellen der verwendeten Informationen an: Schaubild „Welthandel", Text über Jacke, Vortrag von S. 132/133 (letzter Teil).

Abschnitt	Aufbau / Leitpunkte	Informationsquelle
E	Einleitung und Überblick	*keine Quelle*
___	Leitpunkt 1	
___	Leitpunkt 2	
___	Leitpunkt 3	
___	Abschluss	

A Die Zunahme der weltweiten Transporte zeigt sich auch in der Statistik über die Zunahme der Exporte im Vergleich zur Entwicklung der Weltwirtschaftsleistung. Das ist hier in diesem Schaubild dargestellt. Sie sehen, dass die [1] … von 1950 bis 2005 auf fast das Achtfache zugenommen hat. Das heißt, dass 2005 fast achtmal soviel Waren und Dienstleistungen produziert wurden wie [2] … Viel größer ist aber der Anstieg der Exporte. Sie haben sich von [3] … bis [4] … auf knapp das [5] … erhöht. Das liegt unter anderem daran, dass die gleichen Waren oder ihre Vorprodukte mehrfach transportiert und dabei oft exportiert wurden.

B Ich möchte Ihnen das am Entstehungsprozess einer Jacke zeigen. Ihr Weg kann über 50 000 km weit sein, bevor sie [1] … Die Baumwolle für die Jacke wird zum Beispiel in [2] … angebaut. Von dort kommt sie [3] … Dann [4] …

C Abschließend kann man sagen, dass sich diese Entwicklung wohl weiter fortsetzt, falls nicht die Preise für Treibstoffe deutlich steigen oder der Verkehr wegen seiner Umweltschädlichkeit eingeschränkt wird.

E Im Folgenden möchte ich über die Bedeutung des Gütertransports für die Globalisierung sprechen. Dabei möchte ich von den Transportkosten ausgehen, dann als konkretes Beispiel die Entstehung einer bestimmten Ware an verschiedenen Orten der Welt beschreiben und schließlich die Problemstellung mit einer Statistik verallgemeinern.

D Niedrige Transportkosten sind die Grundlage der Globalisierung. So kostet der Transport eines PCs nur noch[1] … Die Kosten für Seefracht und Lufttransport sind von 1930 bis 2000 um [2] … gesunken. Nur bei niedrigen Transportkosten lohnt es sich, Produkte bei ihrer Herstellung immer dorthin zu bringen, wo die Produktionskosten [3] …

b Vervollständigen Sie die Referatsteile in Aufgabenteil a.

c Notieren Sie zu den fünf Teilen des Referats Stichworte und halten Sie das Referat mündlich.

4 Zwischenfragen, Einwände

a Erstellen Sie in Kleingruppen Notizen für ein Kurzreferat.

– Verwenden Sie dazu die nebenstehenden Informationen, zeigen und erklären Sie dabei auch die Grafik unten. (Sie können auch das Referat über den Gütertransport oder andere Informationen dieser Lektion verwenden.)
– Überlegen Sie dann gemeinsam, welche Zwischenfragen, Nachfragen oder Einwände die Zuhörer haben könnten und wie man darauf reagieren kann. Die Redemittel unten können Ihnen dabei helfen.

b Spielen Sie die Situation in Ihrer Gruppe.

Ein Gruppenmitglied hält das Referat, die anderen unterbrechen dabei und greifen in der vorbereiteten Weise ein.

Zuhörer: Sie haben eben gesagt, dass … Das verstehe ich nicht ganz. | Entschuldigung, was bedeutet der Begriff / verstehen Sie unter … | Welche Beweise gibt es denn für …?

Referent/in: Sie meinen hier diesen Punkt? Das ist eigentlich ganz einfach. Sehen Sie hier … | Ach, habe ich das nicht gut erklärt? Also, … bedeutet … | Also, unter … verstehe ich … | Sie meinen, wie man das beweisen kann? Es würde zu weit führen, wenn ich die verschiedenen Studienergebnisse / Indikatoren / Messwerte / … anführen würde. Aber …

Etwa die Hälfte der Sonneneinstrahlung wird von der Erdoberfläche absorbiert und dann (vor allem nachts) als Wärmestrahlung wieder an den Weltraum abgegeben. Von dieser Wärme wird ein Teil durch die Atmosphäre zurückgehalten, was eine dauerhafte Erwärmung der Erde bewirkt. Von diesem natürlichen unterscheidet man einen zusätzlichen, anthropogenen Treibhauseffekt. Während der erstere eine wichtige Bedingung für das Leben auf der Erde ist, die sonst zu kalt wäre, wird der anthropogene Treibhauseffekt vor allem durch vom Menschen zusätzlich in die Atmosphäre entlassene Gase wie CO_2 verursacht, die über eine verstärkte Rückhaltung der Wärmestrahlung in den Weltraum zu einer zusätzlichen Erwärmung der Erdatmosphäre und damit zu einem Klimawandel führen, der Mensch und Natur mit Versteppung und Verwüstung, Überschwemmungen und anderen Katastrophen bedroht. In Deutschland trägt der Personen- und Gütertransport zu den energiebedingten CO_2-Emissionen ca. 19% bei.

So funktioniert der Treibhauseffekt

1 Globales Krisenmanagement

Sprechen
Lesen

a Was fällt Ihnen ein, wenn Sie die Karikatur rechts betrachten?

b Bilden Sie Vierergruppen. Verteilen Sie die folgenden Texte und Schaubilder A bis D in der Gruppe und berichten Sie dann jeweils den anderen kurz den Inhalt und was er mit dem Thema zu tun hat.

c Sagen Sie Ihre Meinung dazu, nehmen Sie auch Bezug auf Ihr Heimatland und diskutieren Sie darüber in Ihrer Gruppe.

d Berichten Sie im Kurs von Ihrer Diskussion.

A

Vollbremsung vorm Klima-GAU

Der Klimawandel kommt und er kommt schneller und heftiger als bisher erwartet. Zu diesem Fazit kommt der Weltklimarat der Vereinten Nationen (UN). Hitzetote, Überschwemmungen, Missernten, Wirbelstürme, tropische Fieberkrankheiten: Milliarden von Menschen werden den Klimawandel zu spüren bekommen, treffen wird er vor allem die Ärmsten, die am wenigsten zu seinen Ursachen beitragen. Diese globale Ungerechtigkeit hat schon jetzt weltweit 20 Millionen sogenannter Klimaflüchtlinge aus ihrer Heimat vertrieben.

Ohne radikales Umsteuern werden sich bis zum Ende des Jahrhunderts lebensfeindliche Wüsten immer weiter ausbreiten und mit dem Regenwald wird die grüne Lunge des Planeten verschwinden. Bangladesch wird man von der Landkarte streichen, weil es im Meer versunken ist. Dieses Szenario bedroht auch zwei Drittel der größten Städte der Welt, darunter New York und Shanghai.

B

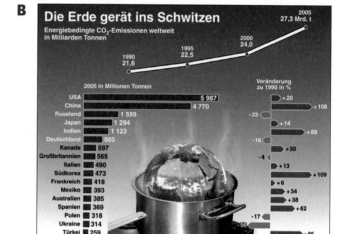

Die Erde gerät ins Schwitzen
Energiebedingte CO_2-Emissionen weltweit in Milliarden Tonnen

C

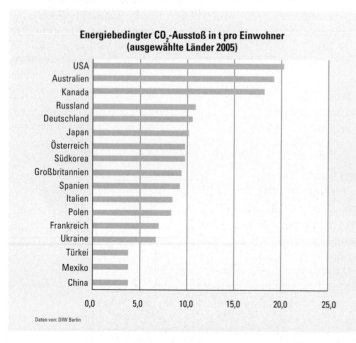

Energiebedingter CO_2-Ausstoß in t pro Einwohner
(ausgewählte Länder 2005)

Daten von: DIW Berlin

D

„Umwelthauptstadt" Freiburg hat Spitzenwerte

Durch eine integrierte Stadt- und Verkehrsplanung hat es Freiburg geschafft, den Autoverkehr auf die Verkehrsmittel Öffentlicher Personennahverkehr (ÖPNV), Fahrrad- und Fußverkehr zu verlagern und den nicht verlagerbaren Autoverkehr so umwelt- und stadtverträglich wie möglich abzuwickeln. Wichtige Bausteine dieser Verkehrspolitik sind der Ausbau des ÖPNV, die Komplettierung des Radverkehrsnetzes, die Bündelung des Autoverkehrs auf stadtverträgliche Trassen, die Verkehrsberuhigung der Wohngebiete und die Beschränkung des Parkraumangebots. Heute sind nur noch rund 32 Prozent der Freiburger Verkehrsteilnehmer im Auto unterwegs, 1982 waren es noch 38 Prozent. Hingegen fahren in Bussen und Bahnen 18 Prozent (1982: 11 Prozent) und mit dem Fahrrad gar 26 Prozent (1982: 15 Prozent). Das sind Werte, die Freiburg zum „leuchtenden Vorbild in Deutschland machen", sagte Reinhold Baier, Verkehrsplaner aus Aachen, der Verkehrsentwicklungspläne für 40 Städte erarbeitet hat. Dass hier etwas Besonderes gelungen ist in einem Sektor, der sonst weltweit von einer ständigen Zunahme des umweltbelastenden Autoverkehrs gekennzeichnet ist, zeigen auch zunehmende Touristen- und Einwohnerzahlen.

2 Was verlangt der Klimaschutz?

Hören ● 4,20
Sprechen

a Hören Sie die Anmoderation einer Podiumsdiskussion.

1. Worum handelt es sich: um die Veranstaltung einer politischen Partei, einer Volkshochschule, einer Umweltschutzorganisation oder einer Universität?
2. Ordnen Sie die beteiligten Personen zu.

1. Dr. Sigrid Bleyer	A Industrie- und Handelskammer	1. ☐
2. Dr. Werner Schmidt	B Redakteur, Moderator	2. ☐
3. Friedemann Pfaff	C Institut für Umweltmanagement	3. ☐
4. Bernd Lutz	D Psychotherapeut und Publizist	4. ☐

3. Mit welcher Fragestellung leitet der Moderator die Veranstaltung ein?

☐ Muss es strengere Gesetze geben?   ☐ Ist Konsumverzicht nötig?

☐ Müssen die Vorgaben für die Industrie verschärft werden?   ☐ Muss das Wirtschaftswachstum gestoppt werden?

Hören ● 4, 21-23
Schreiben

b Hören Sie nun die Diskussion und entscheiden Sie, wer welche Position vertritt. Eine der folgenden Positionen ist nicht vertreten.

1. Bei der drohenden Klimakatastrophe handelt es sich um ein riesiges Problem. Diskussionen über winzige Lösungsbeiträge (z.B. Sparlampen) dienen nur zur Verdrängung. Aber eigentlich geht es um ein Problem der Macht. Nur ein mächtiges Klimaministerium könnte wirklich wirksame Maßnahmen durchsetzen. _____

2. Jeder Einzelne kann mehr tun, um einen Beitrag gegen die Klimakatastrophe zu leisten. Was und wie produziert wird, hängt ja letztlich vom Verbraucher ab. Staatliche Regelungen sind der falsche Weg. _____

3. Die Gefahren des Klimawandels werden maßlos übertrieben. In der Geschichte der Erde hat es immer Klimawechsel gegeben. Es gibt wichtigere Probleme in der Welt: Hunger, Krankheiten, Unterentwicklung. _____

4. Bewusstseinsänderungen sind wichtig und möglich. Dafür gibt es positive Beispiele. Aber gleichzeitig sind staatliche Vorschriften gegenüber den wichtigsten Klimasündern Industrie und Verkehr nötig. _____

Hören ● 4, 21-23
P ✓
→DSH

c Hören Sie die Diskussion noch einmal und notieren Sie Argumente zu den folgenden Diskussionsschwerpunkten.

1. Pro und Contra staatlicher Regelungen
2. Die Größe des Problems im Verhältnis zu vorhandenen Lösungsvorschlägen
3. Von welchen Ländern soll die Rettung des Klimas ausgehen? Warum?
4. Autos und das Statusdenken
5. Bewusstseins- und Verhaltensänderungen

> 1. pro: ohne staatliche Regelung ändert
>   sich nichts, die Wirtschaft hat
>   Selbstverpflichtungen unterschrieben,
>   aber es hat sich nichts geändert
>
> contra: ...

1 Für und wider zum Klimaschutz

Sprechen
Schreiben

a Arbeiten Sie in Kleingruppen. Stellen Sie in Stichworten Informationen und Pro- und Contra-Argumente mit Gründen zu folgenden oder auch anderen Punkten zusammen. Ziehen Sie dazu auch die Informationen von S. 136 / 137 heran.

1. Warum ist Klimaschutz aktueller denn je?
2. Sollen die Industrieländer bei der Reduzierung des CO_2-Ausstoßes eine Vorreiterrolle übernehmen?
3. Sollen die sich entwickelnden Ländern weniger strenge Regeln für die Luftverschmutzung einhalten müssen?
4. Soll der Staat die wichtigsten Luftverschmutzer Industrie und Energiewirtschaft durch bindende Auflagen zur Reduzierung der Treibhausgasemissionen zwingen oder nur versuchen, sie zu Selbstverpflichtungen zu überreden?
5. Sollen die Bürger vom Staat gezwungen werden, ihre Mobilität und ihren Konsum einzuschränken, um das Klima zu schützen?

b Tragen Sie Ihre Ergebnisse im Kurs vor.

2 Erörterung

Schreiben

→TELC

Schreiben Sie eine Erörterung mit dem Titel „Klimaschutz heute". Lesen Sie zur Vorbereitung die Hinweise rechts und benutzen Sie die folgenden Redemittel.

> **STRATEGIEN IN MITTELPUNKT: TIPPS, UM ERÖRTERUNGEN ZU SCHREIBEN:**
>
> _Einleitung:_ Allgemeine und grundlegende Informationen zum Thema (Aufgabe 1, Punkt 1), schließt mit der Fragestellung ab „Wie kann unter heutigen Bedingungen der Klimaschutz schnell und wirksam verbessert werden?"
>
> _Hauptteil:_ Kurze Beschreibung der gegensätzlichen Positionen in den diskutierten Bereichen (Aufgabe 1, Punkt 2–5), jeweils mit abschließender eigener Stellungnahme.
>
> _Schluss:_ Fazit mit Blick auf die Ausgangsfragestellung und zusammenfassende eigene Stellungnahme mit Blick in die Zukunft.

Einleitung: Angesichts dieser Situation stellt sich die (dringende) Frage, … | Diese kurze Beschreibung der heutigen Situation führt zu der Frage, …

Hauptteil: Vor diesem Hintergrund argumentieren / verlangen … | Ihre Gegner lehnen das (entschieden) mit dem Argument ab, dass … | Ihr wichtigstes Argument für / gegen … ist, … | Die andere Seite führt dagegen ins Feld, dass … | Befürworter / Gegner des / der … betonen / weisen darauf hin, dass … | Interessant ist noch der Einwand …, denn er zeigt, dass … | Angesichts der Bedeutung des Klimaschutzes für die Zukunft des Globus bin ich der Ansicht, dass … | Auch wenn …, meine ich doch, dass … | Ich sehe auf beiden Seiten wichtige Argumente. Deshalb …

Schluss: Um abschließend zur Ausgangsfrage zurückzukommen: … | Alles in allem zeigt sich, dass … | Betrachtet man die Argumente und die Kräfteverhältnisse, muss man zum Schluss kommen, dass … | Das ist meiner Ansicht nach (sehr) bedauerlich / erfreulich, denn … | So können wir (nur) hoffen, dass …

> _Weitere Tipps und Redemittel für eine Erörterung finden Sie in Lektion 6 sowie in Mittelpunkt B2, Lektion 3._

3 Sprache im Mittelpunkt: heute → heutig

Formen und
Strukturen
S. 173

Von einigen Adverbien wie „heute" oder „gestern" können unter Verwendung der Nachsilbe „-ig" Adjektive abgeleitet werden. Suchen Sie – evtl. mithilfe eines einsprachigen Wörterbuchs – die Adjektive zu folgenden Adverbien.

1. gestern → die <u>gestrige</u> Tagung
2. bisher → die _____ Diskussion
3. bald → das _____ Wiedersehen
4. dort → die _____ Umweltschäden
5. derzeit → der _____ Klimaschutz
6. morgen → das _____ Treffen
7. jetzt → die _____ Lage
8. hier → die _____ Regelungen

4 Ankündigungen

Hören ● 4, 20
Schreiben

a Hören Sie noch einmal die Begrüßung für die Podiumsdiskussion (S. 137), vervollständigen Sie die folgende Transkription und unterstreichen Sie die Wörter, die der Moderator betont.

Meine Damen und Herren, ich *freue*_____ mich, dass Sie _____ _____ zu unserer Podiumsdiskussion _____ sind, die die Volkshochschule jedes Jahr zu _____ _____ der Gegenwart _____. Ich _____ Sie noch einmal _____ _____ und _____, dass es eine _____ Diskussion _____ – zunächst hier _____ _____ _____ und dann später auch _____ _____.

Lesen
Sprechen

b Lesen Sie den Text laut – mit einer ähnlichen Intonation wie der Moderator – vor.

Sprechen
Schreiben

c Stellen Sie sich vor, dass Sie in einem Seminar den Vortrag mehrerer Kurzreferate moderieren.

– Stellen Sie zu zweit noch einmal einige Themen von Kurzreferaten zusammen, die Sie schon gehört oder gehalten haben (vgl. S. 134/135).
– Bereiten Sie mit Stichworten eine Einleitung und Vorstellung der Referenten für das Seminar vor. Kündigen Sie auch einen Zeitplan an, wann die Referate gehalten werden.
– Betonen Sie alles Wichtige und sprechen Sie laut und deutlich.

5 Ihr Beitrag bitte!

Sprechen
Schreiben

Organisieren Sie im Kurs eine Veranstaltung unter dem Titel „Die Folgen der Globalisierung".

1. Rollen:
  – mehrere sich abwechselnde Moderatoren
  – mehrere „Autoritäten" zu bestimmten Fragen mit entsprechenden Berufen, die auf dem Podium sitzen (etwa: ein / e Vertreter / in der Autoindustrie, ein / e Vertreter / in einer Umweltschutzorganisation, ein / e Politiker / in (der / die es allen Recht machen will), ein / e Vertreter / in der Energieproduzenten, ein / e Wissenschaftler / in usw.)
  – Referenten, die in sehr kurzen Impulsreferaten zusammenfassend Fakten und Meinungen liefern
  – sehr aktive, kritische Zuhörer

2. Inhalte (Referatsthemen, Diskussionspunkte), zum Beispiel:
  – Die Entwicklung der IKT und ihre Bedeutung für die Globalisierung
  – Die neue Mobilität des Geldes im Zeitalter der Globalisierung
  – Die Bedeutung von Transport und Verkehr für Globalisierung und Umwelt
  – Die Erde gerät ins Schwitzen. Wer ist schuld?
  – Die Umwelt-Vorbilder Freiburg und Zürich
  – Darf der Staat Umwelt verpestende Luxuskarossen verbieten?
  – Die Globalisierung und mein Heimatland

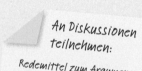

An Diskussionen teilnehmen:
Redemittel zum Argumentieren und Diskutieren finden Sie in Lektion 1 und 3.

3. Ablauf:
  – Die Referenten bereiten ihre Kurzreferate vor. Gleichzeitig bilden die Moderatoren eine Gruppe und bereiten Ankündigungen und Moderationsschritte vor. Die künftigen Zuhörer bilden schließlich mit den „Autoritäten" auf dem Podium Kleingruppen, die arbeitsteilig noch einmal Fakten und Meinungen zu den oben angeführten Themen dieser Lektion zusammenstellen, am besten jeweils mit Pro und Contra.
  – Zu Beginn der Veranstaltung stellt die Moderation Inhalte, Ablauf und Zeitplan vor.
  – Dann werden einige kurze Impulsreferate gehalten. Die Kurzreferate werden jeweils von der Moderation eingeleitet, die die Referenten vorstellt.
  – Schon während der Referate können die Zuhörer mit Erlaubnis der Moderatoren Zwischenfragen stellen.
  – Am Ende der Referate gibt es jeweils eine kurze Diskussion – ca. drei Wortmeldungen.
  – Nach Ende der Input-Phase stellt die Moderation das Podium vor und moderiert die Podiumsdiskussion an. Das Publikum beteiligt sich lebhaft an der Diskussion der „Autoritäten".

12 Wandel

1 Veränderungen allerorten

Sprechen

Überlegen Sie: Welche Fotos gehören zusammen? Was haben diese Fotos mit Wandel zu tun?

2 Ein Ereignis, das alles veränderte

Hören ● 4, 24-29
Schreiben

a Hören Sie die Berichte über besondere Ereignisse im Leben der Personen. Um welche Situation handelt es sich jeweils?

1. _Geburt von ..._

2. _____

3. _____

4. _____

5. _____

6. _____

Sprechen

b Erzählen Sie sich gegenseitig in Kleingruppen von einer Begebenheit, die für Sie oder jemanden, den Sie kennen, eine einschneidende Veränderung bedeutet hat.

Schreiben
Sprechen

c Einigen Sie sich jetzt auf eine Begebenheit, die Sie im Kurs erzählen möchten. Bereiten Sie sich wie folgt vor.

– Notieren Sie die wichtigsten Phasen des Ereignisses.
– Überlegen Sie dann, welchen Aspekt Sie besonders betonen oder näher ausführen möchten.
– Versuchen Sie eine Schlusspointe zu finden, die Ihre Erzählung abrundet.

Einleitung: Ich möchte euch von einem besonderen Ereignis berichten: ... | Was ich euch unbedingt erzählen wollte: ... | Also, was mir letzte Woche passiert ist, das muss ich euch erzählen: ... | Stellt euch vor, was ich erlebt habe / mir passiert ist: ...

Hervorhebung: Das Eigenartigste / Spannendste / Merkwürdigste war, ... | Was mich besonders berührt / beeindruckt / gefreut hat, war ... | Was ich besonders beängstigend / erfreulich fand, war ... |

Das Allermerkwürdigste war: ... | Ich kann immer noch nicht fassen, dass ... | Das war extrem / unglaublich / unvorstellbar: ...

Schlusspointe: Und am Ende ... | Und schließlich ging's so aus: ... | Das Ende vom Lied war: ... | Und stellt euch vor, zum Schluss / jetzt ... | Und ihr werdet es nicht glauben, schließlich ... | Der Clou war: ... | Da kann man nur sagen, ... | Und was lehrt uns das? | Ende gut, alles gut! Wir sind noch einmal davongekommen.

3 Wie sich Werte wandeln

Lesen
Schreiben

a Betrachten Sie die Grafik und ergänzen Sie die Ausdrücke im Schüttelkasten.

> an Bedeutung gewinnen   Wert legen auf + A   weniger Bedeutung einräumen
> die Bedeutung sinkt   ~~als wichtig empfinden~~   zunehmend als wichtig empfinden

Wertewandel im Lebensverlauf
So viel Prozent der Männer und Frauen dieser Altersgruppen
halten für besonders wichtig im Leben

	14 bis 19 Jahre	30 bis 34 Jahre	50 bis 54 Jahre	70 und mehr
Familie, Partnerschaft	53	69	65	55
sichere Zukunft	50	55	52	48
Kinder haben	16	50	50	46
finanzielle Unabhängigkeit	38	49	49	42
Erfolg im Beruf	45	40	33	15

Quelle: VerbraucherAnalyse 2006   Mehrfachnennungen möglich   © Globus 1089

Was man [1] _als wichtig empfindet_, hängt u.a. auch vom Alter ab. Während Jugendliche noch sehr großen [2a] _____ den Erfolg im Beruf [2b] _____, [3] _____ dieses Lebensaspekts in den folgenden Jahren immer mehr. Im Gegenzug [4a] _____ Familie, Partnerschaft und Kinder [4b] _____. Auch eine sichere Zukunft und finanzielle Unabhängigkeit werden mit steigendem Lebensalter [5] _____. Im Alter wird den meisten Aspekten wieder [6] _____, u.a. deshalb, weil für viele Menschen die Gesundheit zum zentralen Wert wird.

Sprechen

b Was ist für Sie persönlich am wichtigsten? Stimmen Ihre Werte mit denen Ihrer Altersgruppe überein?

> Wie in / Anders als in der Grafik spielt für mich … eine große Rolle. | In der Grafik steht, dass …, ich jedoch lege mehr Wert auf … | Wie für meine Altergruppe beschrieben, hat für mich … große Bedeutung. | Für mich ist … nicht besonders wichtig, aber …

4 Wörterwandel

Lesen
Sprechen

a Zu welchen der folgenden Wörter, die mit Veränderung zu tun haben, haben Sie persönlich positive bzw. negative Assoziationen? Warum?

> Erneuerung   Wechsel   Wende   Umstellung   Korrektur   Umsturz   Modifikation
> Neuerung   Reform   Umwandlung   Neuregelung   Neubeginn   Umbau   Mutation
> Revolution   Umschwung   Metamorphose   Übertritt   Ablösung   Neuordnung

eher positiv	eher negativ

b Tauschen Sie sich im Kurs aus und finden Sie Beispiele, die die Bedeutung der Wörter illustrieren.

Was Sie in dieser Lektion lernen können:

Radiosendungen verstehen, auch wenn nicht Standardsprache gesprochen wird

Geschichten erzählen, dabei Exkurse machen, Punkte ausführen und angemessen beenden

längere, anspruchsvolle Texte verstehen und deren Inhalt zusammenfassen

in informellen Diskussionen überzeugend argumentieren und auf Argumente anderer reagieren

inhaltlich und sprachlich komplexe Vorlesungen, Reden und Berichte verstehen

während eines Vortrags detaillierte Notizen machen, die auch anderen nützen

an formellen Diskussionen und Verhandlungen teilnehmen, dabei auf Fragen, Äußerungen eingehen

zu einem komplexen Thema leserfreundliche, gut strukturierte Texte schreiben

zu einem Thema eigene Meinung darstellen, dabei die Argumentation durch Beispiele verdeutlichen

komplexe Texte im Detail verstehen, dabei implizit angesprochene Einstellungen und Meinungen erfassen

komplexe Informationen und Ratschläge verstehen und austauschen

12 Wertewandel

Sprechen

1 Wandel in der Erziehung

Was sagen die Bilder über den Wandel des Erziehungsstils?
Sammeln Sie in Kleingruppen Ideen und tauschen Sie sich
dann im Kurs aus. Die Wörter unten können Ihnen helfen.

> egalitär   partnerschaftlich   fördernd   brutal
> fürsorglich   antiautoritär   gleichberechtigt
> autoritär   streng   locker   demokratisch

2 Veränderungen in der Kindererziehung

Lesen
Sprechen

a Lesen Sie den Auszug aus einer Diplomarbeit zum Thema
„Wertewandel in der Kindererziehung". Welche Ihrer Ideen aus Aufgabe 1 finden Sie dort wieder?

Wertewandel in der Kindererziehung

Schwierigere Elternrolle

In den letzten Jahrzehnten sind die Umgangsformen
zwischen Eltern und Kindern egalitärer geworden, und
gleichzeitig wird die Elternrolle als anspruchsvoller und
5 schwieriger wahrgenommen. Insgesamt ist in der Erziehung ein Rückgang konventioneller Normen der Ein-
ordnung festzustellen; das sind z. B. Disziplin, gute Umgangsformen und Achtung. Auf der anderen Seite nehmen Autonomiewerte wie persönliche Selbstständigkeit,
10 eigene Urteilsfähigkeit und Selbstbewusstsein zu. Die
Tendenz geht zu einer zunehmend partnerschaftlichen
Beziehung zwischen Eltern und Kindern. Es genügt heute
nicht mehr, Forderungen an das Kind zu stellen und diese
durchzusetzen, sondern Erziehung verlangt ein differen-
15 ziertes Austarieren von Fordern und Gewährenlassen, von
Unterstützung und Ermunterung zur Eigenaktivität, von
Schutz und Risiko.

Vom Herrschaftsrecht zum Sorgerecht

Insgesamt hat sich der Autoritarismus zwischen den Ge-
20 nerationen also abgebaut. Das (Vor)Recht des Vaters ist
ersetzt worden durch das Recht der Eltern, und dieses ist
nicht mehr länger „Herrschaftsrecht" sondern „Sorge-
recht". D. h.: Nicht mehr elterliche Gewalt bestimmt das
Verhältnis zum Kind, sondern elterliche Sorge. Diesem
25 rechtlichen Wandel entspricht z. B. die Veränderung im
Verhältnis der Väter zu den Kindern, wie sie in den jüngeren psychologischen und soziologischen Forschungen
beobachtet wird.

Gründe für Geburtenrückgang

30 Laut Erhebungen tendieren viele junge Paare zur Ein-
Kind-Familie, ein anderer nicht unerheblicher Teil zur
Zwei-Kind-Familie. Durchschnittlich bringen bei uns
heute gebärfähige Frauen 1,4 Kinder zur Welt. Daraus
folgt u. a. eine Kinderzahl, die für die gesellschaftliche Re-
35 produktion zu gering ist, außerdem wird so einem Groß-
teil der Kinder die Geschwistererfahrung vorenthalten.

Der Rückgang der Anzahl der Kinder pro Familie wird
auf folgende Aspekte zurückgeführt: Die Trennung von
Arbeitswelt und Familienleben, eine neue Einstellung zur
mütterlichen Erwerbstätigkeit und die Möglichkeiten der   40
Geburtenkontrolle haben zu einem grundlegenden Wandel in der Einstellung zum Kind geführt. Die Erziehung
der Kinder und deren maximale soziale Platzierung stehen im Vordergrund – verbunden mit einer Intimisierung
der Eltern-Kind-Beziehung u. a. eben wegen der geringen   45
Kinderzahl pro Familie. Dies hat Auswirkungen auf die
Gestaltung der innerfamilialen Beziehungen. So beteili-
gen sich heute viele junge Väter an der Betreuung ihrer
Kinder und nehmen aktiv Anteil an deren Sozialisation.

Der Rückgang der Kinderzahlen seit den 60er-Jahren des   50
letzten Jahrhunderts ist auch unter folgender Perspektive
zu sehen: Kinder sind in unserer Gesellschaft nicht mehr
als Arbeitskräfte und auch nicht mehr direkt für die Al-
tersfürsorge notwendig. In den Vordergrund rückt die
Freude, die Kinder bereiten. Diese aber ist im Grunde ge-   55
nommen bereits mit einem Kind gegeben. Mehr Kinder
reduzieren eher den psychischen Gewinn, weil dann die
emotionale Beziehung in ihrer Intensität zurückgenom-
men oder dosiert werden muss, damit keines der Kinder
zu kurz kommt. Die Zunahme des psychischen, nicht-   60
materiellen Wertes von Kindern ist daher ein bedeutsamer
Faktor, der ebenfalls den Rückgang der Geburtenzahlen
zu erklären vermag.

Die Erziehung und Förderung des Kindes durch die Eltern hat natürlich auch einen ökonomischen Aspekt. Die   65
Verwirklichung der Förderungsabsicht kostet viel Geld.
Kinder bedeuten in der modernen Gesellschaft daher
einen nicht unerheblichen Verzicht auf Wohlstand. Da
die privaten Kosten der Erziehung von Kindern ungleich
höher sind als der private wirtschaftliche Nutzen für die   70
Eltern, ist dieser Aspekt ein weiterer Grund, weniger oder
gar keine Kinder zu haben.

Veränderte Stellung des Kindes

Die veränderte Stellung des Kindes zeigt sich auch an der
75 veränderten Funktion, die Kinder heute für die Eltern
erfüllen: Kinder dienen heute stärker als Sinnstifter und
Quelle emotionaler Bedürfnisbefriedigung. Da gleichzeitig von den Eltern ständig Zuwendung und kindgerechte
Umgangsformen erwartet werden und der Druck auf die
80 Eltern gestiegen ist, die Entwicklung des Kindes, seine Fähigkeiten und seine Eigenständigkeit optimal zu fördern
und für möglichst gute Ausbildungschancen des Kindes
zu sorgen, ist die Ehe zu einem primär „kindorientierten
Privatheitstyp" geworden, und der Eigenwert der Paarbe-
85 ziehung ist in den Hintergrund getreten.

In der modernen kindzentrierten Familie tritt dabei ein
strukturelles, schwer lösbares Problem auf. Die Eltern sind
wegen der individuellen Entfaltung des Kindes, wegen seiner Zukunft im allgemeinen Wettbewerb darum bemüht,
90 seine Selbstständigkeit und seinen freien Willen zu fördern. Und gerade die weit verbreitete Einstellung, dass das

Kind zu fördern sei, ebenso in seiner Selbstständigkeit wie
in seiner kognitiven und sozio-emotionalen Entwicklung,
bewirkt tendenziell das Gegenteil: Kinder können sich
kaum noch allein beschäftigen, da sie seit ihrer Säuglings- 95
zeit daran gewöhnt sind, dass ständig jemand zur Verfügung steht, der sich ihnen widmet.

Die Kindererziehung, die auch heute noch vorrangig
Aufgabe der Mutter ist, ist also anspruchsvoller, wider-
sprüchlicher und konfliktreicher geworden. Das Kind 100
darf immer weniger hingenommen werden, so wie es ist,
mit seinen körperlichen und geistigen Eigenheiten, vielleicht auch Mängeln. Es wird vielmehr zum Zielpunkt
vielfältiger Bemühungen. Aufgeklärte Eltern müssen – als
Folge der Verwissenschaftlichung der Erziehung – erheb- 105
liche Informationsarbeit leisten, sich mit möglichen Risiken, Schäden und Entwicklungsproblemen des Kindes
und den ihm jeweils angemessenen Erziehungsmethoden
auseinandersetzen. Das Gebot bestmöglicher Förderung
verlangt also ständigen Einsatz. 110

(Aus: Karin Bumsenberger: Merkmale und Struktur elterlichen Erziehungsverhaltens, 2001)

Sprechen

b Glauben Sie, dass Wandel im Erziehungsstil einen Wertewandel in der Gesellschaft widerspiegelt.
Sprechen Sie darüber im Kurs.

3 Strategien im Mittelpunkt: Zusammenfassung

Lesen
Schreiben

a Lesen Sie zu zweit den Text in Aufgabe 2 noch einmal und fassen Sie den Inhalt in ca. 20 Sätzen
schriftlich zusammen. Bereiten Sie die Zusammenfassung wie folgt vor.

– Schauen Sie sich zunächst die vier Zwischenüberschriften an.
– Unterstreichen Sie dann ca. 20 Schlüsselworte.
– Vergleichen Sie nun Ihre Auswahl mit der Ihres Partners und
  entscheiden Sie sich, welche Schlüsselworte das Wesentliche
  am besten wiedergeben.
– Schreiben Sie schließlich mithilfe der Schlüsselworte eine
  Zusammenfassung, korrigieren Sie sich gegenseitig.

> **ZUSAMMENFASSUNG:**
>
> Weitere Redemittel für eine
> Zusammenfassung finden Sie
> in Lektion 2, 7, 8 und 9 sowie in
> Mittelpunkt B2, Lektion 6 und 8.

Text vorstellen: Bei dem Text handelt es sich um ... aus dem Jahr ... | Der Text ist ein Auszug aus ...

Einleitung: Im Text geht es um das Thema ... | Der Autor / Die Autorin beschäftigt sich mit dem Thema ...

Wesentliche Informationen darstellen: Die Hauptaussage des Textes ist: ... | Es geht vor allem um ... | Zunächst wird ... dargestellt, dann folgt eine Beschreibung ... | Der Autor / Die Autorin stellt dar / führt an / verweist auf ...

Beispiele anführen: Der Autor / Die Autorin zeigt dies am Beispiel von ... | Der Autor / Die Autorin verdeutlicht dies an folgendem Beispiel: ... | Als Beispiel dient / wird herangezogen: ...

Sprechen

b Lesen Sie einige Zusammenfassungen im Kurs vor und vergleichen Sie sie.

Sprechen

→TELC

c „Ein kleiner Klaps schadet doch nichts!" Das Schlagen von Kindern zu Erziehungszwecken ist in
Deutschland seit dem Jahr 2000 verboten. Halten Sie dieses Verbot für berechtigt? Diskutieren Sie
in zwei Gruppen (pro und contra), gehen Sie dabei jeweils auf die Argumente der anderen ein.

12 Lernen im Wandel

1 Wie lernt man am besten?

Die beiden Folien stammen aus einem Vortrag über Lernformen. Was könnte mit diesen Abbildungen gemeint sein? Sammeln Sie im Kurs.

2 Ein Vortrag: Neue Lernformen – neue Lehrkultur

a Hören Sie jetzt den ersten Teil eines Vortrags und beantworten Sie folgende Fragen in Stichworten.

1. Wo findet die Veranstaltung statt? Wer könnten die Zuhörer sein?
2. Wie sieht die Tagesplanung aus?
3. Was sagt die Rednerin über die „klassische" Pädagogik?
4. Was ergibt sich aus den Ergebnissen der Lernforschung?

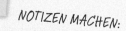

NOTIZEN MACHEN:

Tipps zum Notizen machen finden Sie in Lektion 3.

b Hören Sie jetzt den zweiten Teil des Vortrags und machen Sie Notizen für einen Kollegen, der den Workshop nicht besuchen kann.

1. Annahme von „Belehrbarkeit" des Menschen?

    — Mensch als Container für jederzeit abrufbare Kenntnisse und Fertigkeiten

2. Probleme mit dieser Annahme?

    — _____
    — _____
    — _____
    — _____

3. Konsequenzen aus Annahme von „Lernfähigkeit" des Menschen?

    — _____
    — _____

4. Konsequenzen für die pädagogische Arbeit?

    — _____
    — _____

5. Schlussfolgerung für Planung von Bildungsmaßnahmen?

    — _____
    — _____
    — _____

6. Konsequenzen für die Rolle der Lehrenden?

    — _____

Schreiben

c Schreiben Sie nun nach Ihren Notizen eine E-Mail an Ihren Kollegen, in der Sie den Inhalt des Vortrags kurz zusammenfassen.

Lieber …

Inhalte strukturiert darstellen: In dem Vortrag ging es um … | Lange Zeit ging man von der Annahme aus, dass … | Inzwischen rückt aber … in den Vordergrund. | Dies besagt, dass … | Diese Sicht hat folgende Nachteile / Vorteile: … | Wenn man davon ausgeht, dass …, dann … | Berücksichtigt man …, dann …

Schlussfolgerung wiedergeben: Hieraus ergeben sich folgende Konsequenzen: … | Dies hat zur Folge, dass … | Daraus ergibt sich, dass …

3 Brauchen wir eine neue Lernkultur? – Eine Podiumsdiskussion

Lesen
Sprechen

a Lesen Sie zunächst die folgenden Meinungen. Welcher stimmen Sie eher zu, welcher eher nicht?

Die Lerner können nicht selbst wissen, was sie lernen müssen.

Nur, was man sich selbst aneignet, beherrscht man.

Ohne einen Experten, der lehrt, kann man nichts lernen.

Als Lehrer sollte man nur moderieren, den Stoff müssen sich die Lerner selbst erarbeiten.

Jeder versteht Dinge anders, daher ist es nötig, Raum für individuellen Deutungen zuzulassen.

Wenn die Lerner mitbestimmen was, wann, wo gelernt wird, entsteht nur Chaos.

Als Lehrer ist man Vermittler von Wissen, nicht Entertainer und Sozialpädagoge.

b Neue Lernformen ja oder nein? – Eine Podiumsdiskussion

– Bilden Sie Sechsergruppen und wählen Sie je eine der Rollen unten.
– Sammeln Sie jeweils Argumente, die Sie in der Diskussion anführen können, und notieren Sie sie.
– Führen Sie die Diskussion durch.

AN DISKUSSIONEN TEILNEHMEN:
Redemittel zum Argumentieren und Diskutieren finden Sie in Lektion 1 und 3.

Sie sind Lehrer/in und neugierig auf Neues. Sie sehen Ihre Rolle schon länger eher als Verstärker von Lernprozessen denn als Experte.

Sie sind Sprecher/in der Sprachkursteilnehmer und vertreten hier die Meinung der Lernenden. Die meisten sind von der Idee der neuen Lehrkultur im Sprachunterricht begeistert. Aber es gibt auch einige Personen, die strikt dagegen sind, weil sie fürchten, dass sie so nicht genug lernen.

Sie sind Moderator/in. Sie führen in das Thema ein und leiten die Besprechung.

Sie sind als Lehrer/in absolut gegen solche Formen der Mitbestimmung, weil Sie fürchten, dass dann nur ein Chaos entsteht und letztlich der Lernstoff nicht vermittelt werden kann.

Sie sind Leiter/in einer Sprachschule und wollen, dass die Teilnehmerorientierung im Mittelpunkt der Lehrveranstaltungen steht, sodass Teilnehmer/innen auch mitbestimmen, was wann wo gelernt wird.

Sie sind Beobachter / in und verfolgen die Diskussion. Sie machen sich ggf. Notizen und geben am Ende Feedback. Wie ist alles gelaufen: inhaltlich, sprachlich, Sonstiges?

c Machen Sie jetzt eine Feedback-Runde. Was ist der Person in der Beobachterrolle aufgefallen? Wie haben Sie selbst die Diskussion empfunden?

Hören ● 4, 34
Sprechen

1 Musik im Ohr

Hören Sie einen Auszug aus „Le Sacre du Printemps" von Igor Strawinsky. Versuchen Sie, die Wirkung der Musik auf Sie zu beschreiben. Tauschen Sie sich im Kurs aus.

energiegeladen	sehr laut	zu wenig rhythmisch	(nicht) gut zum Tanzen
kraftvoll	langweilig	(zu) modern	dissonant	mitreißend	(zu) altmodisch

Lesen
Sprechen

2 Rhythm is it! – Ein Film über ein Tanzprojekt mit 250 Kindern und Jugendlichen

a Lesen Sie die folgende Filmkritik und überlegen Sie in Kleingruppen, welche Veränderung dieses Projekt bei den Jugendlichen hervorgerufen haben könnte.

FILME: Rhythm is it!

Ein mitreißender Film über ein faszinierendes Projekt: Sir Simon Rattle, die Berliner Philharmoniker und der Choreograph Royston Maldoom studieren in nur sechs Wochen mit 250 Berliner Schülern aus 25 Nationen und aus unterschiedlichen sozialen Schichten Strawinskys „Le Sacre du Printemps" ein. Die meisten der Kinder und Jugendlichen haben noch keinerlei Erfahrung mit klassischer Musik, doch mit seinem Ansatz „Du wirst sehen, wenn du tanzt, wie du dein Leben ändern kannst" zeigt Maldoom ihnen, welche Kreativität, welche Fähigkeiten und Potentiale in ihnen stecken, die sie gestärkt und selbstbewusster im Leben werden lassen. Am Ende jubeln alle: Wir haben es geschafft!

Während der Probenzeit haben die Regisseure die emotionale Entdeckungsreise von drei sehr unterschiedlichen Charakteren begleitet: Marie (14) ist ohne Orientierung in ihrem jetzigen Leben, hält sich für faul und sieht keine richtige Perspektive. Olayinka (15) ist als Kriegswaise von Nigeria nach Deutschland gekommen und versucht – völlig auf sich allein gestellt – in einem Land, dessen Kultur und Sprache ihm fremd sind, zurechtzukommen. Und Martin (19) kann keine Nähe ertragen und hat Schwierigkeiten, sich auf andere Menschen einzulassen.

Hören ● 4, 35-37
Schreiben

b Hören Sie nun was Marie, Olayinka und Martin zu Beginn der Proben und was am Ende der Probenzeit über sich sagen. Notieren Sie Stichworte und vergleichen Sie die Aussagen mit Ihren Vermutungen aus Aufgabenteil a.

	Marie	Olayinka	Martin
am Anfang			
am Ende			

Lesen
Sprechen

3 Mit Ernst bei der Sache …

Lesen Sie die Kritik auf der nächsten Seite, die an der Methode des Choreographen geübt wurde, und diskutieren Sie sie in Sechsergruppen.

- Bilden Sie zunächst zwei Dreiergruppen, jede Gruppe wählt eine Position (R. Maldoom oder Kritiker).
- Jedes Gruppenmitglied notiert zwei Argumente für die eigene Position und einen Einwand.
- Einigen Sie sich dann in Ihrer Gruppe auf die drei besten Argumente und überlegen Sie sich zu den Einwänden mögliche Gegenargumente
- Diskutieren Sie nun mit der anderen Dreiergruppe. Achten Sie darauf, Ihre Argumente überzeugend einzusetzen, hören Sie gut zu und reagieren Sie auf die Einwände der anderen.

ARGUMENTIEREN:
Redemittel zum Argumentieren finden Sie in Lektion 1.

Bei Royston Maldoom darf nicht gekichert, gequasselt oder gezappelt werden, er verlangt eine unbedingte Hingabe, eine hartnäckige Disziplin: „Warum muss alles immer Spaß machen, Tanz ist eine ernsthafte Sache. Ich hatte immer Freude daran, nach dem Ernst des Tanzes zu suchen!", sagt Maldoom. Kritiker meinen, das sei eine glatte Überforderung. Es gehe doch nicht um Profis. „Es ist der Spaß, der motiviert, nicht die Disziplin", betonen sie. „Maldoom ermutigt sie nicht, sondern entmutigt sie."

4 Versteck dich nicht!

Hören ● 4, 38
Sprechen

Hören Sie den Rap, mit dem der Film „Rhythm is it!" beginnt. Geben Sie anhand des Raptextes wieder, was der Film aussagen möchte. Warum steht dieser Rap am Anfang des Films?

5 Projekte in Ihrer Heimat

Sprechen

Kennen Sie ähnliche Projekte in Ihrer Heimat oder in anderen Ländern? Wenn nicht, recherchieren Sie. Berichten Sie darüber im Kurs.

6 Sprache im Mittelpunkt: Wir haben es geschafft!

Formen und
Strukturen
S. 178

a Finden Sie heraus, welcher Satz 1 bis 14 mit „es" sich auf welche Regel A bis E bezieht. Ein Satz passt zu keiner Regel. Welcher, warum?

1. Am Anfang war es unglaublich schwer, die richtigen Bewegungen hinzukriegen.
2. Aber zum Glück fehlte es uns nicht an Durchhaltevermögen.
3. Manchmal schien es uns unwahrscheinlich, dass wir es jemals schaffen würden.
4. Nach einiger Zeit ging es aber immer besser.
5. Einige Male hagelte es auch kräftige Kritik.
6. Es wurde auch manchmal geweint.
7. Es graute uns dann schon vor der nächsten Stunde.
8. Es war aber auch oft sehr lustig.
9. Es wurde dabei immer ernsthaft trainiert.
10. Es freut uns wirklich, dass wir durchgehalten haben.
11. Es kam endlich der Tag der Aufführung.
12. Als es dunkel wurde, war die Spannung auf dem Höhepunkt.
13. Es waren unglaublich viele Zuschauer da.
14. Am Ende schrieen wir alle so laut, wie wir konnten: „Wir haben es geschafft!"

A „Es" ist bei einigen unpersönlichen Verben / Ausdrücken obligatorisch. Sätze: 2, _____

B „Es" steht als Platzhalter (Korrelat) zum Subjekt. Sätze: _____

C „Es" bezieht sich als Platzhalter (Korrelat) auf dass- und Infinitiv-Sätze.
Sätze: _____

D „Es" steht zusammen mit Adjektiven. Sätze: _____

E Beim unpersönlichen Passiv steht „es" am Satzanfang. Sätze: _____

b Ändern Sie die Wortstellung der Sätze 1 bis 13. Achten Sie darauf, in welchen Sätzen „es" erhalten bleibt und in welchen nicht.

1. Es war am Anfang unglaublich schwer, die richtigen Bewegungen hinzukriegen.
2. Aber an Durchhaltevermögen ...
3. Dass wir ...

12 Zeit im Wandel

Sprechen

1 Zeiterfahrung

Sprechen

a Was fällt Ihnen zum Thema „Zeit" bzw. „Zeiterfahrung" ein? Was verbinden Sie persönlich damit? Gibt es Unterschiede beim Verständnis von Zeit zwischen Ihrer Heimat und den deutschsprachigen Ländern?

Lesen
Sprechen

b Lesen Sie den folgenden Artikel aus einem Wirtschaftsmagazin. Finden Sie dort einige Ihrer Ideen aus Aufgabenteil a wieder? Welche?

Die Beschleunigung der Zeit

In älteren Kulturen wurde die Zeiterfahrung allein durch natürliche Gegebenheiten beeinflusst: Die Einteilung des Tages richtete sich nach dem Lauf der Sonne, der Monat nach dem Auf und Ab des Mondes und das Jahr nach den wechselnden Jahreszeiten. Seit der Erfindung der Elektrizität ist die Abhängigkeit von diesen Zeitgebern weitaus
5 geringer. Denn die Möglichkeit, in der Dunkelheit Licht zu machen, schafft Raum, die gesamten 24 Stunden eines Tages zu nutzen. Die Globalisierung mit ihren weltumspannenden Informations- und Kommunikationssystemen verstärkt noch den Druck, 24 Stunden präsent sein müssen. Schließlich geschehen überall auf der Welt gleichzeitig Dinge, die man verpassen, an deren Entwicklung man
10 nicht teilhaben könnte. Aus der Angst, nicht mithalten zu können, wird immer mehr in immer kürzeren Zeiträumen entwickelt, produziert und auf den Markt geworfen. Die Beschleunigung des Wirtschaftskreislaufs wirkt sich aber nicht nur auf die Arbeitsabläufe, sondern auch auf unser gesamtes Leben aus. Denn um der Unzahl an Verpflichtungen, aber auch an Erwartungen und Wünschen gerecht zu werden, muss möglichst viel in immer kleinere
15 Zeiteinheiten hineingepackt werden. Und so hetzen wir mit dem Sandwich in der Hand, an einem Ohr das Handy, im anderen Musik aus dem MP3-Player, in den Laptop das Protokoll der letzten Besprechung eintippend und in Gedanken schon beim Kinoabend von einem Termin zum nächsten.

2 Leider keine Zeit!

Schreiben

P ✓
→TELC

Schreiben Sie einen Beitrag für eine Lokalzeitung zu dem Thema „Zeit und Zeiterfahrung heute".

Bereiten Sie sich wie folgt vor:
– Sammeln Sie Ideen und Argumente zum Thema.
– Ordnen Sie sie nach Wichtigkeit.
– Bringen Sie sie in eine logische und interessante Reihenfolge und verdeutlichen Sie sie mit Beispielen.
– Nehmen Sie persönlich zu einzelnen Argumenten Stellung (dafür, dagegen) und ziehen Sie am Ende ein Fazit.
Die folgenden Redemittel können Ihnen dabei helfen.

ERÖRTERUNG:

Weitere Redemittel, die bei einer Erörterung bzw. einem Leserbrief helfen, finden Sie in Lektion 6 und 11 sowie in Mittelpunkt B2, Lektion 3 und 11.

Einleitung: Das Thema ... ist von besonderem / allgemeinem Interesse, weil ... | ... ist ein Thema, dass immer wieder kontrovers diskutiert wird. | Bei ... handelt es sich um ein Thema, dass ...

Hauptgedanken hervorheben: (Besonders) wichtig erscheint mir, dass ... | Folgendes möchte ich besonders hervorheben: ... | Besonders betonen möchte ich, dass ... | Ausschlaggebend ist ... | In diesem Zusammenhang möchte ich betonen / hervorheben, dass ...

Mit Beispielen verdeutlichen: Als Beispiel kann ... dienen. | Diesen Gedanken möchte ich anhand folgender Beispiele verdeutlichen: ... | Das Ereignis von ... ist dafür beispielhaft. | Hier lässt sich die Geschichte von ... anführen.

Schluss: Auch wenn vieles dafür / dagegen spricht, halte ich persönlich ... | Eine einheitliche Meinung lässt sich nicht wiedergeben, da ... | Zum Schluss / Abschließend möchte ich sagen / anführen, dass ...

3 Sprache im Mittelpunkt: Verben: mal trennbar, mal nicht-trennbar

Formen und
Strukturen
S. 168

a Lesen Sie die folgenden Sätze. Notieren Sie die Infinitive der unterstrichenen Verben und markieren Sie die betonte Silbe.

1. Der Text ist eine Katastrophe, sowohl inhaltlich wie sprachlich. Er muss <u>umgeschrieben</u> werden. → *umschreiben*

2. Erstens ist er nicht sehr klar: Das Wesentliche ist eher <u>umschrieben</u> als treffsicher formuliert. → _____

3. Zweitens: Wie mit dem Thema „Ausweitung der Arbeitszeit" <u>umgegangen</u> wird, ist auch nicht gerade erfreulich. → _____

4. Warum hat man das nicht <u>umgangen</u>? Das kann doch nur zu Aggressionen führen. → _____

5. Sprachlich ist der Text ebenfalls schlecht: Z. B. <u>widerspricht</u> die Anwendung des Konjunktivs jeder gültigen Regel. → _____

6. Das <u>spiegelt wider</u>, wie schlecht hier gearbeitet wurde. → _____

b Ordnen Sie den Verben in Aufgabenteil a die passende Bedeutung zu.

> behandeln ~~neu schreiben~~ nicht entsprechen indirekt formulieren zeigen vermeiden

> 1. *umschreiben = neu schreiben* _____

Hören 4, 39-44
Sprechen

c Hören Sie nun die Sätze aus Aufgabenteil a. Welcher Teil der unterstrichenen Verben aus Aufgabenteil a ist betont? Vergleichen Sie mit Ihrer Markierung und lesen Sie die Sätze laut.

> *umgeschrieben* _____

4 Paare – trennen oder nicht

Formen und
Strukturen
S. 168

a Lesen Sie die Satzpaare laut und achten Sie dabei auf die Betonung der unterstrichenen Verben. Welche dieser Verben habe eher eine konkrete, welche eher eine übertragene Bedeutung? Markieren Sie mit k (konkret) oder ü (übertragen).

1. **a.** Teresa soll ein Buch über „Leben auf Helgoland" ins Spanische <u>übersetzen</u>. ☐
   b. Zur Vorbereitung wollte sie hinfahren und mit der Fähre zur Insel <u>übersetzen</u>. ☐
2. **a.** Wegen der persönlichen Erfahrung hatte sie sich <u>überlegt</u>, im Frühjahr zu fahren. ☐
   b. Auf der Überfahrt war es aber extrem kalt. Da hätte sie sich besser eine dicke Decke <u>übergelegt</u>. Denn jetzt ist sie krank. ☐
3. **a.** Auf der Rückfahrt wollte sie kurz nach Hamburg. Ich, an ihrer Stelle, hätte die Stadt <u>umfahren</u>. ☐
   b. Und prompt kam sie in einen Riesenstau! Fast hätte sie auf der Autobahn einen herumlaufenden Mann <u>umgefahren</u>. ☐
4. **a.** Er war äußerst wütend und <u>unterstellte</u> ihr sogar böse Absicht! ☐
   b. Endlich in Hamburg angekommen – Regen und kein Schirm. Also <u>unterstellen</u>! ☐
5. **a.** Und so was muss man aus Liebe zum Beruf <u>durchmachen</u>! ☐
   b. Sie will jetzt die Sache mit der Übersetzung noch einmal <u>durchdenken</u>. ☐

b Welche Tendenz lässt sich erkennen? Ergänzen Sie den Satz.

> **!** Die trennbaren Verben haben eher eine _____ Bedeutung, die nicht-trennbaren eher eine _____ Bedeutung.

Lesen
Schreiben

1 Hopla! Das wird ein Leben!

a Lesen Sie den Auszug aus einem Text von Kurt Tucholsky, alias Peter Panter, und notieren Sie in Stichworten, welche Vorsätze dort erwähnt werden.

Neues Leben

Übermorgen fängt ein neues Jahr an – ich werde ein anderer Mensch.

Von übermorgen ab wird das alles ganz anders. Also erst mal muss die Bibliothek aufgeräumt werden – das wollte ich
5 schon lange. Aber jetzt gehts los. Von übermorgen ab mache ich nicht mehr diese kleinen Läpperschulden – eigentlich sind das ja gar keine Schulden, aber ich will das nicht mehr. Und die alten bezahle ich alle ab. Alle. Von übermorgen ab höre ich wieder regelmäßig bildende Vorträge – man tut ja nichts mehr für sich.
10 Ich will wieder jeden Sonntag ins Museum gehen, das kann mir gar nichts schaden. Oder lieber jeden zweiten Sonntag – den anderen Sonntag werden wir Ausflüge machen, man kennt die Mark überhaupt nicht. Ja, und neben die Waschtoilette kommt mir jetzt endlich die Tube mit Vaseline – das macht die raue Haut weich, so oft habe ich das schon gewollt. Übermorgen ist frei – da setze ich mich hin und lerne Rasieren. Diese Abhängigkeit
15 vom Friseur … Außerdem spart man dadurch Geld. Das Geld, was ich mir da spare – davon lege ich eine kleine Kasse an – für die Kinder. Ja. Das ist für die Ausstattung, später. Von übermorgen ab beschäftige ich mich mit Radio – ich werde mir ein Lehrbuch besorgen und mir den Apparat selbst bauen. Die gekauften Apparate … das ist ja nichts. Ja, und wenn ich morgens durch den Tiergarten gehe, da werde ich vorher Karlsbader Salz nehmen – so weit ist es bis zum Geschäft gar nicht …
20 Man kommt eben zu nichts. Das hört jetzt auf.

Denn die Hauptsache ist bei alledem: Man muss sich den Tag richtig einteilen. Ich lege mir ein Büchelchen an, darin schreibe ich alles auf – und dann wird jeden Tag unweigerlich das ganze Programm heruntergearbeitet – unweigerlich. Von morgen ab. Nein, von übermorgen ab. Im nächsten Jahr … Huah – bin ich müde. Aber das wird fein:
25 Kein Bier, keine Süßigkeiten, turnen, früh aufstehen, Karlsbader Salz, durch den Tiergarten gehn, Spanisch lernen, eine ordentliche Bibliothek, Museum, Vorträge, Vaseline auf den Waschtisch, keine Schulden mehr, Rasieren lernen, Radio basteln – Energie! Hopla! Das wird ein Leben!

b Lesen Sie den Text noch einmal und beschreiben Sie den Erzähler. Wie ist er?

„Bibliothek aufräumen – das wollte ich schon lange": Eigentlich würde er gern
ordentlicher sein.

Lesen
Sprechen

c Was wird „zwischen den Zeilen" ausgedrückt? Welche impliziten Einstellungen und Meinungen können Sie erkennen? Was für ein Leben wird das?

2 Neues Leben?

Lesen
Sprechen

Lesen Sie die Texte A, B und C und sprechen Sie in Kleingruppen über folgende Fragen.

1. Was vermuten Sie: Was möchte der Verfasser von Text A an seinem Leben ändern?
2. Wie ist die Einstellung der Verfasser von Text B und C zu Veränderung?
3. Welcher Zusammenhang besteht zwischen den drei Texten?

A
Morgens schweißgebadet erwacht.
Werde ich das schaffen?
Meinen ganzen Mut zusammengenommen.
Dann absichtlich mit links aufgestanden.
Zum Frühstück Mettwurst statt Käse.
Zur Arbeit mit der Bahn statt mit dem Bus.
Fahrstuhl statt Treppe.

Im Büro nicht die Kollegin S. geärgert.
Sondern den Kollegen L.
Fünf Minuten vor der Zeit: Feierabend.
Zum Chinesen – erstmals die Nummer 378.
Abends sehr erschöpft und zufrieden.
Fühlt sich gut an, mein neues Leben.

B

02.01.2007 15:30 Uhr

Der neue Mensch:

flexibel, mobil, allzeit veränderungsbereit. Spannende neue Perspektiven, wunderbare Ausblicke, doch wo bleibt der Überblick? Zeitmanagementkurs belegen? Einmal innehalten, sich zurückziehen, zur Besinnung kommen, nachdenken, wieder Fuß fassen, durchblicken? Stabilität, um Neuerung zu genießen, …

C

Wo kämen wir hin,

wenn alle sagten,

wo kämen wir hin,

und niemand ginge,

um einmal zu schauen,

wohin man käme,

wenn man ginge.

(Kurt Marti, Namenszug mit Mond.
Gedichte © 1996 Nagel & Kimche
im Carl Hauser Verlag, München)

Es könnte sein, dass … | Es kann nicht sein, dass … | Er / Sie mag … | Er / Sie dürfte … haben / sein. | Vermutlich … | (Höchst) wahrscheinlich … | … scheint … zu sein | Es muss so sein, dass … | Es scheint so / sieht so aus, als ob … | Ich habe den Eindruck, dass … | Mir scheint … | Er / Sie wird wohl …

3 Mein Sprachlernweg: Stationen und Ausblicke

Schreiben
Sprechen

a Reflektieren Sie über Ihren bisherigen und den weiteren Lernprozess. Vielleicht schauen Sie sich auch noch einmal Ihre Eintragungen in den Minichecks im Arbeitsbuch an.

Mit welchen Bereichen Ihrer Sprachkompetenz im Deutschen sind Sie zufrieden / weniger zufrieden? Versuchen Sie zu bestimmen, was genau Sie in jedem Bereich schon gut oder weniger gut können, z. B. wie in den folgenden Sätzen beschrieben:

– Ich verstehe längere Redebeiträge gut, selbst wenn sie nicht so klar strukturiert sind. Aber ich habe manchmal Probleme, wenn mehrere Leute miteinander diskutieren und dabei sehr umgangssprachlich sprechen.

– Ich kann lange, komplexe Sachtexte und literarische Texte in der Regel gut verstehen.

– Ich kann mich relativ fließend und spontan ausdrücken und dabei auch auf andere eingehen.

– Ich habe keine Schwierigkeiten, einen Sachverhalt mündlich ausführlich und angemessen gegliedert darzustellen.

– Beim Schreiben habe ich manchmal noch Schwierigkeiten, die richtige Stilebene zu treffen.

1. Fertigkeiten:

   a. Hören: _____

   b. Lesen: _____

   c. an Gesprächen teilnehmen: _____

   d. zusammenhängend sprechen: _____

   e. Schreiben: _____

2. Wie zufrieden sind Sie insgesamt mit Ihren Lernfortschritten: _____

3. In welchen Bereichen möchten Sie sich noch verbessern: _____

4. Erfahrungen:

   a. Persönliche Leistungen, mit denen Sie (sehr) zufrieden sind: _____

   b. Welche Lernerfahrungen waren für Sie besonders wichtig oder anregend: _____

   c. Interessante interkulturelle Erfahrungen: _____

   d. Anregungen aus Bereichen wie Kunst, Musik, Literatur etc.: _____

5. Was sind Ihre nächsten Ziele? Wozu und wie wollen Sie weiterlernen:

   a. Ich lerne

     ☐ für das Studium   ☐ für Beruf und Arbeit   ☐ zum Vergnügen   ☐ _____

   b. Weiterlernen würde ich gern

     ☐ in einem Sprachkurs   ☐ durch einen Auslandsaufenthalt

     ☐ im Tandemverfahren   ☐

b Schreiben Sie Ihre Antworten auf ein großes Blatt Papier. Hängen Sie dann alle Papiere im Kurs auf, gehen Sie herum und beantworten Sie sich gegenseitig Fragen zu Ihren Lernwegen. Versuchen Sie dabei auch, sich Ratschläge zu geben.

Vielleicht könntest du … | Wie wäre es, wenn …? | Was hältst du von dem Vorschlag, …? | Wenn ich du wäre, würde ich … | An deiner Stelle würde ich, … | Ich habe die Erfahrung gemacht, dass … | Eine gute Methode ist, … | Mein Rat wäre: … | Hast du schon mal überlegt, ob …? | Ich finde, du solltest …

RATSCHLÄGE:

Weitere Redemittel, um Ratschläge zu erteilen, finden Sie in Lektion 4.

Referenzgrammatik

Hinweis

Diese Referenzgrammatik stellt zusammenfassend diejenigen Phänomene dar, die in den Lektionen behandelt werden. Dabei wird weniger Wert auf linguistische Vollständigkeit als auf Lernorientierung gelegt.

Die Grammatik beginnt mit Satzstrukturen (Abschnitt 1) und vertieft einige bereits in B2 behandelte Themen wie Aufforderungssätze, irreale Folgesätze und indirekte Rede. In den beiden Unterabschnitten zur Nominalisierung von Sätzen (1.4 und 1.5) geht es um die Gegenüberstellung von stilistischen Varianten in verschiedenen Textsorten. In Abschnitt 2 werden Mittel der Textverbindung und Textkohärenz aufgegriffen. Die Abschnitte 3 und 4 gehen auf verbale und nominale Gruppen und deren Form und Funktion in Texten ein, während die Abschnitte 5 bis 8 sich mit einzelnen Wortarten und deren semantischen und syntaktischen Besonderheiten beschäftigen.

Inhalt

Abkürzungen

N / Nom.	= Nominativ		**m**	= maskulin
A / Akk.	= Akkusativ		**n**	= neutrum
D / Dat.	= Dativ		**f**	= feminin
G / Gen.	= Genitiv		**Pl**	= Plural

1 Satzstrukturen

1.1 Aufforderungssätze

B2, Abschnitt 2.8
Imperativ

Im Deutschen kann man auf verschiedene Weisen Aufforderungen ausdrücken. Sie unterscheiden sich in der syntaktischen Form und in ihrem Stil, das heißt, in der Höflichkeit.

Syntaktische Form	Stil
Imperativ: • Komm her! Lauf nicht so schnell! Lies den Satz vor! Sei ruhig! • Kommt her! Lauft nicht so schnell! Lest den Satz vor! Seid ruhig! • Kommen Sie her! Laufen Sie nicht so schnell! Lesen Sie den Satz vor! Seien Sie ruhig!	*sehr direkt, nicht sehr höflich*
Imperativ von „wir": • Gehen wir! • Fangen wir schon mal an!	*neutraler Ton*
Imperativ mit „bitte" und / oder „mal" bzw. „doch": • Komm mal bitte her! Lauf doch nicht so schnell! Sei bitte mal ruhig! • Kommt bitte mal her! Lauft bitte nicht so schnell! Seid doch mal ruhig! • Kommen Sie bitte mal her! Laufen Sie doch bitte nicht so schnell! Seien Sie doch bitte mal ruhig!	*höflich, „bitte" und die Modalpartikeln „mal" und „doch" machen die Aufforderung in der gesprochenen Sprache freundlicher*
Infinitiv: • Bitte nicht rauchen! • Einsteigen bitte! • Die Zutaten mischen und in eine Schüssel geben. *(in Rezepten)*	*direkter, neutraler Ton*
Partizip II: • Aufgepasst! • Hiergeblieben! • Still gestanden!	*Befehlston: manchmal zu Kindern, typisch für das Militär*
Indikativ Präsens (oder manchmal Futur): • Du kommst jetzt sofort her! • Ihr kommt jetzt sofort her! • Du wirst jetzt machen, was ich dir sage! • Haben Sie den Bericht immer noch nicht fertig? Sie machen das jetzt aber als Erstes!	*Befehlston: zu Kindern oder (seltener) zwischen Erwachsenen in einem hierarchischen Verhältnis, z. B. Chef zum Angestellten*
Indikativ Präsens von Modalverben in Fragen: • Kannst du (bitte) das Fenster öffnen? • Könnt ihr (bitte) den Tisch decken? • Können Sie (bitte) Herrn Schneider schreiben und …	*freundliche, indirekte Aufforderung*
Umschreibung mit „werden" in Position 1 und „wohl": • Wirst du wohl herkommen! • Werdet ihr wohl ruhig sein!	*drohender Befehlston: zu Kindern*
Umschreibungen mit „sollen": • Du sollst jetzt sofort aufräumen! • Ihr sollt nach Hause gehen.	*Befehlston: zu Kindern, besonders als Wiederholung eines Imperativs*
Umschreibungen mit „wollen" oder „lassen" + „wir" / „uns": • Lass(t) uns das morgen noch mal diskutieren! *(„lassen" in Position 1)* • Wir wollen darüber morgen noch mal diskutieren.	*neutral, Ersatzform für die 1. Person Plural (wir)*
Konjunktiv I + „man": • Man nehme ein Pfund Mehl, drei Eier, … • Man vergleiche die obigen Aussagen mit …	*neutral, auf bestimmte Textsorten beschränkt, z. B. Rezepte oder Anweisungen*
Konjunktiv II in Fragen: • **würde + Infinitiv:** Würdest du das (bitte) noch einmal wiederholen? • **wäre + nett / freundlich, … zu + Infinitiv:** Wären Sie (bitte) so freundlich, mir den Koffer auf die Gepäckablage zu heben? • **Modalverb + Infinitiv:** Entschuldigung, könnten Sie mir (bitte mal) helfen? Dürfte ich Sie bitten, mir den Weg zum Bahnhof zu erklären?	*sehr höfliche und vorsichtige Bitte, noch verstärkt durch „bitte" und „mal"*

Konjunktiv II in „wenn"-Sätzen (wenn + Infinitiv + würde): • Wenn Sie jetzt (bitte) hier unterschreiben würden. • Wenn Sie mir jetzt (bitte) folgen würden.	*extrem höfliche und vorsichtige Bitte, noch verstärkt durch „bitte" und „mal"*
Konjunktiv II von „sollen" + Infinitiv: • Du solltest zum Arzt gehen. • Ihr solltet nicht zu spät losfahren. • Sie sollten auch das Kleingedruckte genau lesen.	*höflich, neutral, wie ein Ratschlag*

1.2 Irreale Folgesätze

B2, Abschnitt 3.9
Konsekutive Nebensätze

Eine Folge kann mit einem konsekutiven Nebensatz angegeben werden:
• Mark verdient mittlerweile so / derartig gut, dass er sich ein größeres Auto leisten kann.
• Mark hat mittlerweile solch ein gutes Gehalt, dass er sich ein größeres Auto leisten kann.
• Mark verdient mittlerweile sehr gut, sodass er sich ein größeres Auto leisten kann.
• Helga war zu müde, als dass sie sich noch konzentrieren konnte.

Wenn die Folge nicht realisiert wird / wurde, kann mit zu ..., als dass ... eine irreale Folge ausgedrückt werden. Der Nebensatz steht dann im Konjunktiv II:

Gegenwart:
• Das Gehalt ist zu niedrig, als dass der Job für ihn in Frage käme. *(Konjunktiv II)*
• Marks Gehalt ist zu niedrig, als dass er sich ein neues Auto leisten könnte. *(Konjunktiv II des Modalverbs)*
• Das Thema ist zu abgegriffen, als dass diese Diskussion mich berühren würde. *(Infinitiv + würde)*
• Das Ergebnis der Prüfung ist zu schlecht, als dass er an der Universität angenommen würde. *(Passiv: Partizip II + würde)*
• Die Anforderungen sind zu hoch, als dass er angenommen werden könnte. *(Passiv mit Modalverb: Partizip II + werden + Konjunktiv II des Modalverbs)*

Vergangenheit:
• Das Gehalt war zu niedrig, als dass der Job für ihn in Frage gekommen wäre. *(Partizip II + hätte / wäre)*
• Marks Gehalt war damals zu niedrig, als dass er sich ein neues Auto hätte leisten können. *(hätte + Infinitv des Verbs + Infinitiv des Modalverbs)*
• Das Thema war zu abgegriffen, als dass diese Diskussion mich berührt hätte. *(Partizip II + hätte / wäre)*
• Das Ergebnis der Prüfung war zu schlecht, als dass er an der Universität angenommen worden wäre. *(Passiv: Partizip II + worden + wäre)*
• Die Anforderungen waren zu hoch, als dass er hätte angenommen werden können. *(Passiv mit Modalverb: hätte + Partizip II + Infinitiv von werden + Infinitiv des Modalverbs)*

1.3 Indirekte Rede

B2, Abschnitt 4.9
Konjunktiv I: Indirekte Rede

Für die indirekte Rede, d. h. für die Wiedergabe einer Äußerung, die andere in direkter Rede gemacht haben, wird in schriftlichen Texten oft der Konjunktiv I benutzt. Damit distanziert man sich gleichzeitig von dem Gesagten.

Gegenwart (Aktiv: Konjunktiv I des Verbs; Passiv: werde + Partizip II):
• Der Pressesprecher sagt: „Die Bundeskanzlerin **fährt** noch dieses Jahr zum Staatsbesuch in die USA. Sie **weiß** allerdings noch nicht genau, wann sie vom Präsidenten **empfangen wird**."
  → In der Zeitung steht: Der Pressesprecher teilt(e) mit, die Bundeskanzlerin fahre noch dieses Jahr zum Staatsbesuch in die USA. Sie wisse allerdings noch nicht genau, wann sie vom Präsidenten empfangen werde.

Vergangenheit (Aktiv: sei / habe + Partizip II; Passiv: sei + Partizip II + worden):
• Der Bankdirektor sagt: „Letztes Wochenende **wurde** ein Geldautomat von einem Betrüger **manipuliert**. Der Betrüger **erbeutete** mehr als 10 000 Euro."
  → In der Zeitung steht: Der Bankdirektor teilt(e) mit, letzte Woche sei ein Geldautomat von einem Betrüger manipuliert worden. Der Betrüger habe mehr als 10 000 Euro erbeutet.

Zukunft (Aktiv: werde + Infinitiv; Passiv: werde + Partizip II + werden):
- Der Filmagent sagt: „Sandra Bullock **wird** noch in diesem Jahr nach Berlin **kommen** und in einer Talkshow **interviewt werden**."
  → In der Zeitung steht: Der Filmagent von Sandra Bullock berichtet(e), sie werde noch in diesem Jahr nach Berlin kommen und in einer Talkshow interviewt werden.

Hinweise:
Meist wird der Konjunktiv I nur für die 3. Singular und seltener auch für die 1. Person Singular benutzt (er mache, sie gehe; ich / er sei, wisse, solle, müsse, …). Wenn die Formen des Konjunktivs I mit denen des Indikativs identisch sind, z.B. bei der 3. Person Plural, benutzt man den Konjunktiv II:
- Der Bankdirektor teilt(e) mit, die Betrüger hätten mehr als 10000 Euro erbeutet. *(„hätten erbeutet" statt „haben erbeutet")*

In der Umgangssprache wird statt des Konjunktiv I häufig die Form „würde" + Infinitiv benutzt:
- Er sagte, sein Chef würde die Aufgaben nicht gut verteilen.

Die Subjunktion „dass" kann in der indirekten Rede wegfallen:
- Sie sagte, dass sie morgen komme.
  → Sie sagte, sie komme morgen / sie werde morgen kommen.

Auch die Redeeinleitung kann im Kontext wegfallen. Der Konjunktiv I ist an sich ein Zeichen für die indirekte Rede:
- Der Minister unterrichtete die Presse von seiner bevorstehenden Reise. Er werde noch in der nächsten Woche nach Asien fahren.

Indirekte Fragen werden mit „ob" oder einem Fragepronomen eingeleitet:
- Er fragte uns, ob wir wüssten, wann das Konzert anfange / anfängt.
- Der Schüler wurde am Eingang der Disco gefragt, wie alt er sei / ist.

Aufforderungen in indirekter Rede werden mit Modalverben wiedergegeben:
- Herr Schmitz: „Buchen Sie mir bitte einen Flug für nächste Woche! Und Herr Müller soll mich im Büro anrufen."
  → Herr Schmitz bat die Sekretärin, sie solle ihm einen Flug für die nächste Woche buchen. Sie solle außerdem Herrn Müller bestellen, er möchte ihn im Büro anrufen.

Personalpronomen und Possessivpronomen ändern sich beim Wechsel von direkter zu indirekter Rede:
- Herr X bittet Herrn Y: „Rufen Sie mich morgen an!"
  → Herr X bittet Herrn Y, dass er ihn am nächsten Tag anrufen solle.
- Peter sagt: „Ich kann heute Abend nicht kommen."
  → Peter sagte, er könne am Abend nicht kommen.
- Moderatorin: „Das ist natürlich nur meine persönliche Meinung. Wie ist denn Ihre Meinung dazu?"
  → Die Moderatorin betonte, das sei natürlich nur ihre persönliche Meinung. Sie fragte den Wissenschaftler, wie seine Meinung dazu sei.

Auch Zeit- und Ortsangaben müssen oft angeglichen werden:
- Am Dienstag sagt meine Freundin: „Ich konnte gestern nicht kommen."
  → Eine Woche später erzähle ich: Meine Freundin sagte, sie habe am Tag vorher / am Montag nicht kommen können.
- Polizist zum Autofahrer: „Hier dürfen Sie nicht parken."
  → Der Polizist wies darauf hin, dass der Autofahrer an dieser Stelle nicht parken dürfe.

Häufige Angleichungen:

• morgen → am nächsten Tag	• morgen früh → am nächsten Morgen
• gestern → am Tag vorher	• gestern früh → am vorherigen Morgen
• heute Abend → am Abend, an demselben Abend	• hier → an dieser Stelle
• morgen Abend → am nächsten Abend	• dort → an jener Stelle

1.4 Nominalisierung von Infinitivsätzen und dass-Sätzen

Nominalisierung:

Infinitiv- und dass-Sätze kann man oft auch durch einen nominalen Ausdruck ersetzen. Dadurch entsteht ein „nominaler Stil", der einen Sachverhalt kürzer und prägnanter wiedergibt. Diesen Stil findet man besonders in offiziellen schriftlichen oder wissenschaftlichen Texten.

Bei der Nominalisierung wird das konjugierte Verb des dass-Satzes bzw. der Infinitiv des Infinitivsatzes in ein Nomen umgewandelt:
* Es hat sich gelohnt, dass große Summen in diese Projekte investiert worden sind.
  Es hat sich gelohnt, große Summen in diese Projekte zu investieren.
  → Die Investition von großen Summen in diese Projekte hat sich gelohnt.

Abschnitt 4.2
Nomen aus Verben

Typische Nominalisierungen von Verben:

• zuhören → das Zuhören	*Infinitiv als Nomen*
• überprüfen → die Überprüfung	*Nomen auf -ung (immer feminin)*
• investieren → die Investition	*Nomen auf -ion (Fremdwörter)*
• verzichten → der Verzicht	*Nomen ohne Endung (meist maskulin)*
• sich auseinandersetzen → die Auseinander-setzung	*einfaches Nomen aus einem reflexiven Verb*

Das **Subjekt / Objekt** des dass-Satzes bzw. das **Objekt** des Infinitivsatzes werden durch einen **Genitiv oder eine Konstruktion mit „von" + Dativ** an das Nomen angeschlossen:
* Es hat sich gelohnt, dass man große Summen in diese Projekte investiert hat.
  Es hat sich gelohnt, dass große Summen in diese Projekte investiert worden sind.
  Es hat sich gelohnt, große Summen in diese Projekte zu investieren.
  → Die Investition großer Summen in diese Projekte hat sich gelohnt.
  → Die Investition von großen Summen in diese Projekte hat sich gelohnt.

Wenn das Verb im Nebensatz **reflexiv** ist, fällt das Reflexivpronomen im Nomen weg:
* Der Autor möchte den Leser auffordern, dass er sich mit dem Thema auseinandersetzt.
  Der Autor möchte den Leser auffordern, sich mit dem Thema auseinanderzusetzen.
  → Der Autor möchte zur Auseinandersetzung mit dem Thema auffordern.

Verbalisierung:

Umgekehrt kann man ein (von einem Verb abgeleitetes) Nomen oft in einen dass-Satz oder einen Infinitivsatz umwandeln:
* Der Autor möchte zur Überprüfung unserer Wünsche anregen.
  → Der Autor möchte (uns) dazu anregen, dass wir unsere Wünsche überprüfen.
  → Der Autor möchte (uns) dazu anregen, unsere Wünsche zu überprüfen.

Bei dieser Umwandlung wird der Genitiv nach dem Nomen zu einem Objekt / Subjekt im dass-Satz bzw. im Infinitivsatz:
* Der Autor möchte zur Überprüfung unserer Wünsche anregen.
  → Der Autor möchte (uns) dazu anregen, dass wir unsere Wünsche überprüfen.
  → Der Autor möchte (uns) dazu anregen, unsere Wünsche zu überprüfen.
* Die Buchhaltung fordert die Rückstellung der Zahlung.
  → Die Buchhaltung fordert, dass die Zahlung zurückgestellt wird.
  → Die Buchhaltung fordert, die Zahlung zurückzustellen.

dass-Satz oder Infinitivsatz?

1. Wenn das Subjekt des Haupt- und des Nebensatzes identisch ist, kann man außer einem dass-Satz auch einen Infinitivsatz verwenden:
   * Der alte Mann bedauerte die Verschwendung seines zweiten Wunsches.
     → Der alte Mann bedauerte, dass er seinen zweiten Wunsch verschwendet hatte.
     → Der alte Mann bedauerte, seinen zweiten Wunsch verschwendet zu haben.
2. Wenn das Objekt im Hauptsatz und das Subjekt im Nebensatz identisch sind, kann man außer einem dass-Satz auch einen Infinitivsatz verwenden:
   * Der Autor möchte uns zur Überprüfung unserer Wünsche anregen.
     → Der Autor möchte uns dazu anregen, dass wir unsere Wünsche überprüfen.
     → Der Autor möchte uns dazu anregen, unsere Wünsche zu überprüfen.

3. Auch wenn das Objekt im Hauptsatz implizit ist, d.h. wenn der Leser es aus dem Kontext schließen kann, kann man einen Infinitivsatz bilden:
   - Der Autor fordert (uns) zur Auseinandersetzung mit dem Thema auf.
     - → Der Autor fordert (uns) dazu auf, dass wir uns mit dem Thema auseinandersetzen.
     - → Der Autor fordert (uns) dazu auf, uns mit dem Thema auseinanderzusetzen.

1.5 Nominalisierung von anderen Haupt- und Nebensätzen

Eine weitere Form des „nominalen Stils" ist die Ersetzung von Haupt- und Nebensätzen durch eine Präposition + Nomen. Auch hier ist die nominale Konstruktion die kürzere Form, die man vor allem in offiziellen schriftlichen oder in wissenschaftlichen Texten findet.
Achtung: Die Ausdrücke innerhalb der jeweiligen Bedeutungskategorien (kausal, konzessiv usw.) sind oft **nicht** synonym einsetzbar. Sie müssen je nach Kontext ausgewählt werden.

Bedeutung	Nominale Konstruktionen Präposition + Nomen	Verbale Konstruktionen (Sätze) Sätze mit Konjunktionen Nebensätze mit Subjunktionen Adverbien (in Pos. 1 oder Mittelfeld)
Grund *(kausal)*	aufgrund + G dank + G / D wegen + G / D (*auch nachgestellt:* der schlechten Kommunikation wegen) halber + G (*nachgestellt:* der Einfachheit halber …)	denn da, weil deshalb, daher, darum, deswegen aus diesem Grund, nämlich
	• Aufgrund seiner bescheidenen Kenntnisse konnte er den wirklichen Wert des Bildes nicht beurteilen.	• Da er nur bescheidene Kenntnisse besaß, konnte er den wirklichen Wert des Bildes nicht beurteilen.
Gegengrund *(konzessiv)*	trotz + G / D ungeachtet + G entgegen + D	zwar … aber … obwohl, obgleich, obschon, obzwar trotzdem, dennoch, gleichwohl
	• Ungeachtet der Gefahr wollten sie auf den Gipfel steigen.	• Obwohl sie die Gefahr kannten, wollten sie auf den Gipfel steigen. • Sie kannten die Gefahr. Dennoch wollten sie auf den Gipfel steigen.
Gegensatz *(adversativ)*	anders als im Gegensatz zu + D wider + A (*selten*)	aber, sondern, zwar … aber während; es sei denn (, dass) dagegen, jedoch, doch, hingegen
	• Im Gegensatz zu anderen kann Mrugalla seine Fälschungen gut verkaufen.	• Während andere ihre Fälschungen nicht verkaufen können, kann Mrugalla das sehr gut.
Alternative	(an)statt + G / D anstelle + G anstelle von + D außer + D	entweder … oder wohingegen (an)statt zu, (an)statt dass außer dass, außer wenn, außer … zu stattdessen
	• Statt langer Klagen über ihren Zustand hat sie versucht, die wenigen Vorteile hervorzuheben.	• Anstatt ihren Zustand (lange) zu beklagen, hat sie versucht, die wenigen Vorteile hervorzuheben.
Art und Weise *(modal)*	durch + A mit + D	dadurch, dass; indem insofern als, insoweit als; wobei ohne dass, ohne zu
	• Durch das Experiment haben die Wissenschaftler bewiesen, dass …	• Indem sie ein Experiment durchführten, haben die Wissenschaftler bewiesen, dass …

Folge (konsekutiv)	infolge + G infolge von + D zu + D (zu seiner Freude)	so ... dass, sodass folglich, infolgedessen, also
	• Infolge der langwierigen und teuren Prozesse hat der Angeklagte sein Eigentum verloren.	• Die Prozesse waren so langwierig und teuer, dass der Angeklagte sein Eigentum verloren hat.
Zeit (gleichzeitig)	binnen + G / D innerhalb + G während + G / D	während, solange, als, (immer) wenn, sooft währenddessen, gleichzeitig
	• Während der Straßenbauarbeiten konnte man die Geschäfte nur schlecht erreichen.	• Während die Straße neu asphaltiert wurde, konnte man die Geschäfte nur schlecht erreichen.
Zeit (vorzeitig)	nach + D seit + D	nachdem, als, sobald seit(dem) dann, daraufhin
	• Nach der Betrachtung des Bildes war ich völlig überrascht.	• Nachdem ich das Bild betrachtet hatte, war ich völlig überrascht.
Zeit (nachzeitig)	bis zu + D vor + D	bis, bevor, ehe
	• Bis zu der Nachfrage durch den Abgeordneten hatte das Parlament nie etwas von dem Vorfall gehört.	• Bis der Abgeordnete nach dem Vorfall fragte, hatte das Parlament nie etwas davon gehört.
Bedingung (konditional)	unter der Voraussetzung + G bei + D *prerequisite* im Falle + G	wenn, falls, sofern wenn auch, wenngleich angenommen (, dass), unter der Voraussetzung (, dass), unter der Bedingung (, dass), vorausgesetzt (, dass), für den Fall (, dass), gesetzt den Fall (, dass), im Falle (, dass)
	• Der Bericht wurde unter der Voraussetzung der strengen Geheimhaltung ausgeteilt.	• Der Bericht wurde unter der Voraussetzung ausgeteilt, dass er streng geheim gehalten würde.
Ziel, Zweck (final)	für + A zu + D zwecks + G um ... willen + G	damit um ... zu
	• Um einer schnellen Beendigung der Sitzung willen haben alle Teilnehmer zugestimmt.	• Um die Sitzung schnell zu Ende zu bringen, haben alle Teilnehmer zugestimmt.

B2, Abschnitt 7.4
Präpositional-
pronomen

In ähnlicher Weise kann man Verben mit festen Präpositionen entweder in nominalen oder verbalen Ausdrücken gebrauchen:

Verben mit fester Präpo- sition	abhängen von + D es geht um + A ...	das hängt davon ab, wie / wann / ob ... es geht darum, wie / wann / ob ... ...
	• Das hängt von seiner Entscheidung ab. • In dem Vortrag geht es um die langfristigen Auswirkungen der Globalisierung.	• Das hängt davon ab, wie er sich entscheidet. • In dem Vortrag geht es darum, wie sich die Globalisierung langfristig auswirken wird.

2 Mittel der Textverbindung: Konnektoren

Ein Text erhält seine Kohärenz (d.h. seinen logischen Zusammenhang) durch sprachliche Mittel, die die einzelnen Sätze logisch miteinander verbinden. Diese sprachlichen Mittel können verschiedenartige Wörter sein, wie zum Beispiel Verbindungsadverbien, Konjunktionen oder Subjunktionen. Aber auch Pronomen, Demonstrativa oder Ordnungszahlen stellen diese Verbindungen innerhalb eines Textes her.

2.1 Verbindungsadverbien (also, demgegenüber, ...)

B2, Abschnitt 3.1
Konnektoren

Verbindungsadverbien verbinden Hauptsätze bzw. Satzteile logisch miteinander.

Verbindungsadverb	Beispiel	Bedeutung
also daher, folglich demnach mithin infolgedessen	• Wir wollen die Rubrik „über uns" in möglichst unbürokratischem Stil, also z.B. nicht im Nominalstil, schreiben.	*logischer Schluss aus etwas, was man vorher gesagt hat; oft im Sinne von „das heißt"*
demgegenüber	• Im Internet werden vielerorts Daten gesammelt, aber sie sind nicht zielgruppenspezifisch. Demgegenüber bietet die New-in-town-Datenbank eine optimale Grundlage für moderne Marketingstrategien.	*im Sinne von „im Gegensatz dazu"*
vielmehr dagegen, hingegen indessen	• Nicht die Masse an Informationen, die das Internet bietet, ist wichtig, vielmehr die auf die einzelnen Personen zugeschnittenen Inhalte und Angebote.	*drückt einen Gegensatz aus*
hier	• Sie haben eben von den erhöhten Preisen gesprochen. Entschuldigen Sie, wenn ich hier mal kurz unterbreche.	*im Sinne von „an dieser Stelle"*
und zwar	• Die Kommunen wollen die Parkgebühren erhöhen, und zwar um mehr als 25 Prozent.	*spezifiziert etwas, was gerade erwähnt wurde*

2.2 Konjunktionen (beziehungsweise, es sei denn, ...)

B2, Abschnitt 3.2
Hauptsatz – Hauptsatz

Konjunktionen verbinden Hauptsätze oder Satzteile miteinander.

Konjunktion	Beispiel	Bedeutung
beziehungsweise respektive	• Man hat die Möglichkeit, passende Freizeitaktivitäten zu finden beziehungsweise selbst anzubieten.	*gibt eine Alternative an*
es sei denn, (dass)	• Ich komme morgen früh, es sei denn, der Verkehr ist sehr stark. • Ich komme morgen früh, es sei denn, dass der Verkehr sehr stark ist.	*leitet einen konditionalen Satz ein*

2.3 Subjunktionen (außer dass, wie ... auch, ...)

B2, Abschnitt 3.3
Hauptsatz – Nebensatz

Subjunktionen leiten Nebensätze ein.

Subjunktion	Beispiel	Bedeutung
außer dass	• Er organisierte das Vereinsleben sehr effektiv, außer dass er manchmal wichtige Termine vergaß.	*Der Nebensatz schränkt die Aussage des Hauptsatzes ein.*
je nachdem, ob / wie / was / wofür / ...	• Je nachdem, wofür man sich interessiert, hat man die Möglichkeit, passende Freizeitaktivitäten zu finden.	*im Sinne von „das kommt darauf an"*
nur dass	• Der Kunde folgt im Idealfall einer Strategie, nur dass ihm das Gefühl vermittelt wird, er entscheide aus freien Stücken.	*Der Nebensatz schränkt die Aussage des Hauptsatzes ein.*

auch wenn selbst wenn wenn … auch	• Auch wenn wir alle etwas Geld spenden, können wir seine Operation nicht bezahlen. • Wenn wir auch alle Geld spenden, können wir seine Operation nicht bezahlen.	*konditional; die Partikeln „auch" und „selbst" geben darüberhinaus eine konzessive Bedeutung (= „obwohl")*
wie / wer / was / wem / wo / wohin / wann / … auch	• Wie sie das auch rechtfertigt, es ist auf jeden Fall falsch zu lügen. • Wo auch immer er arbeitet, er bewältigt seine Aufgaben mit Erfolg.	*Egal wie, wo, wer …, es gilt die Aussage des Hauptsatzes.*

2.4 Textkohärenz: Rückbezug durch Pronomen

Personalpronomen „er, es, sie":

Durch Personalpronomen kann in Texten auf bestimmte Personen bzw. Sachen zurückverwiesen werden:

- Der Autor hat seinen neuesten Roman fertig gestellt. Nun signiert er ihn auf einer Lesereise durch die Republik.

Demonstrativartikel und Demonstrativpronomen „dies-; der, die, das; solch- / solch ein":

Rückbezug auf eine bestimmte Person / auf eine bestimmte Sache im Text, auf die man speziell hinweisen will. Die Person / Sache wird mit dem Demonstrativartikel oder Demonstrativpronomen noch einmal erwähnt.

Demonstrativpronomen **„dies-":**

- Er nannte einige Erfindungen und spekulierte darüber, wie es wäre, wenn es diese nicht gäbe.

„Dieses" kann verkürzt werden zu „dies". Es bezieht sich dann auf die ganze Aussage davor:
- Beflügelt von den Erfolgen der Mondlandung, war sich die NASA sicher, dass man schon bald den ersten Schritt auf den Mars wagen würde. Dies war zwar zunächst technisch nicht machbar, aber seit Anbruch des neuen Jahrtausends sind die Pläne, Astronauten zum Mars zu schicken, in greifbare Nähe gerückt.

B2, Abschnitt 7.2
Artikelwörter als Pronomen

Demonstrativpronomen in Form des bestimmten Artikels **„der, das, die":**

- Kennst du das neue Buch von Doris Dörrie? – Nein, das kenne ich noch nicht.
- Das ist mein Wagen und der meines Bruders.
- Das ist die Meinung derer, die selbst noch nicht in dieser Situation waren.

Abschnitt 7.3
Demonstrativartikel und -pronomen

Demonstrativpronomen **„solch- / solch ein":**
- Die Ergebnisse der Forschung auf dem Gebiet der Künstlichen Intelligenz sind nicht immer leicht als solche zu erkennen. *(= von dieser Art)*
- Wenn man an die Vorgänge in der Industrialisierung im 18. und 19. Jahrhundert denkt, spricht man häufig von der industriellen Revolution. Solch eine Bezeichnung kann irreführende Vorstellungen wachrufen.

B2, Abschnitt 7.3
Indefinitpronomen

Indefinitpronomen „einige, alle, jeder, niemand":

Rückbezug auf eine oder mehrere Personen (oder Gegenstände), die nicht identifizierbar sind:
- Das Publikum war von dem Roman begeistert. Zwar haben einige kritische Fragen dazu gestellt, aber alle haben am Ende lange geklatscht.

B2, Abschnitt 7.4
Präpositional-
pronomen

Präpositionalpronomen „darüber, darauf, damit, . . .":

- Im Wintersemester hörte er sich eine Reihe von Vorlesungen zur deutschen Romantik an und

  notierte sich jeweils, was er Neues darüber erfahren hatte. *(= über das Thema)*
- Vergleichen Sie Ihren eigenen Vorschlag mit den Vorschlägen der Gruppenmitglieder und begründen Sie Ihren Standpunkt. Gehen Sie dabei auch auf die Äußerungen Ihres jeweiligen Gesprächspartners ein.

3 Verbale Gruppen

3.1 Modalverben: Objektiver und subjektiver Gebrauch

B2, Abschnitt 4.1-4.2
Modalverben

Mit Modalverben kann eine persönliche Meinung zu einer Aussage ausgedrückt werden. Es handelt sich dann um den „subjektiven Gebrauch" von Modalverben:

- Er will das bis nächsten Montag beenden können. *(= Er behauptet, dass er das kann.)*

Die Modalverben im objektiven und subjektiven Gebrauch unterscheiden sich nicht nur in ihrer Bedeutung, sondern auch in den Formen:

Unterschiede im Gebrauch von Indikativ und Konjunktiv:

objektiv	Bedeutung	subjektiv	Bedeutung
• Es ist zwölf Uhr, sie kann also schon da sein. • Nina konnte gut Französisch (sprechen).	*= das ist eine (objektive) Möglichkeit* *= sie hatte die Fähigkeit*	• Sie könnte schon da sein. • Sie kann schon gestern gekommen sein.	*Sprechermeinung: das ist möglich*
„können" im objektiven Gebrauch im Indikativ + Infinitiv		*„können" im subjektiven Gebrauch meist im Konjunktiv II, „können" im Indikativ meist nur in der Vergangenheit*	
• Thomas darf heute allein ins Kino gehen. • Lisa durfte nicht ins Kino gehen.	*= er hat die Erlaubnis* *= sie hatte nicht die Erlaubnis*	• Er dürfte genug Geld haben, um das Auto zu bezahlen. • Sie dürfte schon nach Hause gegangen sein.	*Sprechermeinung: das ist sehr wahrscheinlich*
„dürfen" im objektiven Gebrauch im Indikativ + Infinitiv		*„dürfen" im subjektiven Gebrauch immer im Konjunktiv II*	
• Frank muss heute noch ins Büro (gehen). • Sophie musste gestern ihre Projektarbeit abgeben.	*= es ist / war notwendig*	• Ruf Doris doch mal an. Sie muss / müsste um diese Zeit zu Hause sein. • Es ist spät, sie muss / müsste bereits angekommen sein.	*Sprechermeinung: es ist sehr wahrscheinlich, fast sicher*
„müssen" im objektiven Gebrauch im Indikativ + Infinitiv		*„müssen" in subjektiver Bedeutung sowohl im Indikativ als auch im Konjunktiv II*	
• Anton meint, du sollst noch deine E-Mails lesen. …, du solltest noch deine E-Mails lesen. • Zuerst sollte ich das machen, aber dann …	*= ein Dritter empfiehlt etwas* *= ich wurde aufgefordert*	• Hast du gehört? Maria soll krank sein. • Kathrin soll einen argentinischen Mann geheiratet haben.	*Sprechermeinung: das habe ich von Dritten gehört*
„sollen" in objektiver Bedeutung im Indikativ oder Konjunktiv II (höflicher) + Infinitiv		*„sollen" in subjektiver Bedeutung nur im Indikativ*	

• Andrea will das heute noch machen. • Victoria wollte letzte Woche kommen.	= sie hat / hatte die Absicht	• Alex will krank gewesen sein.	Sprechermeinung: man erzählt, dass jemand etwas behauptet
„wollen" in objektiver Bedeutung im Indikativ + Infinitiv		„wollen" in subjektiver Bedeutung nur im Indikativ und meist in der Vergangenheit	
• Ich möchte dich zu meinem Geburtstag einladen.	= ich habe den Wunsch	• Silke mag ja Recht haben, aber sie war nicht sehr höflich. • Lutz mag ein guter Chef gewesen sein, aber …	Sprechermeinung: es ist möglich, aber …
„möchte" ist ursprünglich eine Konjunktiv-Form von mögen, heute hat sie Präsens-Bedeutung		„mögen" in subjektiver Bedeutung nur im Indikativ	
(keine Form)		• Er wird wohl heute noch kommen. • So wird es wohl gewesen sein.	Sprechermeinung: ich vermute, dass es so ist / war
		modales „werden" kommt nur in subjektiver Bedeutung im Indikativ vor, meist mit der Partikel „wohl"	

Unterschiede in der Bildung der Vergangenheit:

• Nina konnte gut Fremdsprachen lernen.	= sie hatte die Fähigkeit	• Du hast Recht, so kann es gewesen sein.	= es ist möglich, dass es so war
• Es hat so kommen müssen.	= es war notwendig, dass es so kam	• So muss es gewesen sein.	= ich halte es für sicher, dass es so war
• Das hätte er schon längst tun sollen.	= es wäre notwendig gewesen	• So hätte es gewesen sein müssen, wenn …	= ich halte es für sicher, dass es so gewesen wäre, wenn …
Objektiver Gebrauch in der Vergangenheit: Das Modalverb kann im Präteritum, Perfekt oder Konjunktiv II der Vergangenheit stehen, das Vollverb steht immer im Infinitiv.		Subjektiver Gebrauch in der Vergangenheit: Das Modalverb steht im Präsens oder auch im Konjunktiv II der Vergangenheit, das Vollverb steht immer im Infinitiv Perfekt.	

3.2 Futur I und Futur II

Die Funktion des Futurs besteht darin, **etwas vorherzusagen**:
• Im Jahr 2050 wird jeder dritte Deutsche älter als 60 Jahre sein.

Futur I: Das Ereignis findet in der Zukunft statt (Form: werden + Infinitiv):
• Die Wissenschaftlerin wird morgen früh auf dem Flughafen Köln-Bonn ankommen.

Futur II: Das Ereignis ist in der Zukunft schon abgeschlossen (Form: werden + Partizip II + Infinitiv von sein oder haben):
• Sie wird dann sicher schon im Flugzeug ihre Rede vorbereitet haben.
• Bei ihrer Ankunft wird sie insgesamt 20 Stunden unterwegs gewesen sein.

In der Umgangssprache benutzt man häufig für das Futur I das Präsens und für das Futur II das Perfekt mit einer temporalen Angabe:
• Dein Bruder kommt morgen, das hat er versprochen.
• Morgen Abend habe ich die Präsentation ausgearbeitet, darauf können Sie sich verlassen.

Das Futur kann auch zum Ausdruck einer **Absicht** oder einer **Aufforderung** benutzt werden:
• Ich werde das Manuskript am Ende der Woche abgeben.
• Du wirst jetzt sofort dein Zimmer aufräumen.

Das Futur kann auch eingesetzt werden, um eine **Vermutung** auszudrücken. Zur Verdeutlichung werden in diesem Fall oft Adverbien der Wahrscheinlichkeit benutzt:
• Luise wird jetzt sicher schon in Frankfurt sein.
• Sie wird die Informationen wahrscheinlich schon weitergegeben haben.

3.3 Passiv

3.3.1 Perspektivenwechsel: Aktiv – Passiv

B2, Abschnitt 4.8
Passiv

Das **Passiv** wird vor allem dann benutzt, wenn die Handlung selbst im Mittelpunkt steht und der Handelnde weniger oder gar nicht wichtig ist:
- *Aktiv*: Die Firma baute das Hochhaus.
- *Passiv*: Das Hochhaus wurde gebaut. (*egal von wem*)

Beim Aktiv ist das Subjekt des Satzes das „Agens" (der Handelnde) und das Akkusativ-Objekt das „Patiens" der Handlung (der, dem etwas getan wird):
- *Aktiv*: Männer unterbrechen Frauen häufig.

             (Agens)   (Patiens)

- *Passiv*: Frauen werden von Männern häufig unterbrochen.
Beim Passiv ist das Subjekt des Satzes das „Patiens" der Handlung.

Das „Agens" der Handlung kann aber auch ausgedrückt werden, und zwar mithilfe der Präpositionen **„von"** oder (seltener) **„durch"**:

• Frauen werden häufig unterbrochen.	*Wichtig ist, dass unterbrochen wird.*
• Frauen werden von Männern häufig unterbrochen.	*Wichtig ist, dass unterbrochen wird, aber auch, dass Männer dies tun (Agens).*
• Tom wurde durch den starken Verkehr aufgehalten.	*Wichtig ist, dass Tom aufgehalten wurde, aber auch wodurch (Agens).*
• Im Fremdsprachenunterricht sollte ein ausreichendes Repertoire an Euphemismen vermittelt werden.	*Wichtig ist das Vermitteln, aber auch, was vermittelt wird, nämlich ein ausreichendes Repertoire (Patiens).*

In deutschen Sätzen steht das Wichtigste meist gegen Ende des Satzes.

3.3.2 Unpersönliches Passiv („Subjektloses Passiv")

B2, Abschnitt 4.8
Passiv

Beim sogenannten **unpersönlichen Passiv** sind weder „Agens" noch „Patiens" wichtig. Nur die Handlung steht im Mittelpunkt. Das unpersönliche Passiv kann von transitiven und von intransitiven Verben gebildet werden:

• **Es** wurde heftig über den Plan diskutiert.	*„es" nimmt die Stelle des Subjekts ein.*
• Heutzutage wird in Restaurants kaum noch geraucht. • Im Vorfeld wurde sehr viel über die Maßnahme diskutiert.	*Position 1 ist besetzt → Der Satz hat kein Subjekt.*
• **Es** wird viel gelacht. • Künftig wird mehr gearbeitet. • In vielen Betrieben wurde gestreikt. • In bestimmten Situationen kann über Tabuthemen kommuniziert werden.	*Unpersönliches Passiv ist auch bei intransitiven Verben möglich.*
• Ab sofort wird gespart!	*Unpersönliches Passiv wird häufig für Befehle benutzt.*

3.3.3 Passiv mit Modalverb im Nebensatz

B2, Abschnitt 4.8
Passiv

Passiv mit Modalverb:
- In bestimmten Situationen kann auch über tabuisierte Handlungen kommuniziert werden.

        konjugiertes Modalverb   Partizip II des Verbs   Infinitiv von werden

Passiv mit Modalverb im **Nebensatz, Präsens**:
- Mit dem Begriff „Tabudiskurs" meinen wir, dass in bestimmten Situationen durchaus über tabuisierte Handlungen kommuniziert werden kann.

        Partizip II des Verbs   Infinitiv von werden   konjugiertes Modalverb im Präsens

Passiv mit Modalverb im **Nebensatz, Präteritum**:
- Er hatte nicht bemerkt, dass die Situation ironisch kommentiert werden sollte.

Partizip II des Verbs   Infinitiv von werden   konjugiertes Modalverb im Präteritum

Passiv mit Modalverb im **Nebensatz, Konjunktiv II Gegenwart**:
- Er behauptete, dass das von niemandem besser gesagt werden könnte.

Partizip II des Verbs   Infinitiv von werden   konjugiertes Modalverb im Konjunktiv II

Passiv mit Modalverb im **Nebensatz, Konjunktiv II Vergangenheit**:
- Er behauptete, dass das nicht besser hätte gesagt werden können.

Konjunktiv II von haben   Partizip II des Verbs   Infinitiv von werden   Infinitiv des Modalverbs

3.4 Partizipialkonstruktionen

3.4.1 Das Partizip als Adjektiv (der vorliegende Vertrag)

B2, Abschnitt 5.2
Partizipien als
Adjektive

Sowohl das Partizip I (**vorliegen** → **vorliegend**) als auch das Partizip II (**festlegen** → **festgelegt**) können als Adjektive benutzt werden und vor einem Nomen stehen. Die Partizipien erhalten dann die Adjektivendungen:
- Der vorliegende Vertrag wird heute von beiden Seiten unterschrieben.
- Die Angestellte akzeptiert die festgelegte Vergütung. *stipulated compensation.*

Die Partizipien können durch Ergänzungen und Angaben erweitert werden:
- **Der** allen schon seit Monaten **vorliegende Vertrag** wird heute von beiden Seiten unterschrieben.
- Die Angestellte akzeptiert **die** von der Firma in einem Zusatzvertrag **festgelegte Vergütung**.

Erweiterte Partizipien kommen vor allem in offiziellen schriftlichen oder wissenschaftlichen Texten vor. Im mündlichen Gebrauch werden sie eher durch Relativsätze ausgedrückt. Dabei drückt das Partizip I eine Gleichzeitigkeit aus; der entsprechende Relativsatz steht im Aktiv:
- **Der** allen schon seit Monaten **vorliegende Vertrag** wird heute von beiden Seiten unterschrieben.
  → **Der Vertrag**, der allen schon seit Monaten vorliegt, wird heute von beiden Seiten unterschrieben.

Das Partizip II drückt eine vorher schon abgeschlossene Handlung bzw. ein Ergebnis aus. Wenn es sich um ein transitives Verb handelt, steht der Relativsatz oft im Passiv:
- Die Angestellte akzeptiert **die** von der Firma in einem Zusatzvertrag festgelegte **Vergütung**.
  → Die Angestellte akzeptiert **die Vergütung**, die in einem Zusatzvertrag von der Firma festgelegt wurde.
  → *aber auch*: Die Angestellte akzeptiert **die Vergütung**, die die Firma in einem Zusatzvertrag festgelegt hat.

3.4.2 Das Partizip I mit „zu" (ein zu lösendes Problem)

Die Konstruktion **„zu" + Partizip I** hat eine modale Bedeutung und drückt aus, dass etwas getan werden **muss** oder (je nach Kontext) **kann**. Der Inhalt kann auch durch Relativsätze ausgedrückt werden:
- Das ist ein schwer zu lösendes Problem.
  → Das ist ein Problem, das nur schwer gelöst werden kann.
  → Das ist ein Problem, das man nur schwer lösen kann.
  → Das ist ein Problem, das nur schwer zu lösen ist.
  → Das ist ein Problem, das nur schwer lösbar ist.
- Das ist die Liste mit den zu lesenden Texten.
  → Das ist die Liste mit den Texten, die gelesen werden müssen.
  → Das ist die Liste mit den Texten, die man lesen muss.
  → Das ist die Liste mit den Texten, die zu lesen sind.

3.4.3 Das Partizip als reduzierter Nebensatz (In Koblenz angekommen ...)

Ein erweitertes Partizip kann in schriftlichen Texten auch einen adverbialen Nebensatz ersetzen. Die Partizipialkonstruktionen sollen den Text so kompakter machen:
- Den Schildern folgend, fand sie den Weg schnell.
  → Indem sie den Schildern folgte, fand sie den Weg schnell.
- In Koblenz angekommen, ging sie gleich zum Einwohnermeldeamt.
  → Als sie in Koblenz angekommen war, ging sie gleich zum Einwohnermeldeamt.
  (intransitives Verb: Nebensatz im Aktiv)
- Von ihrer Familie verstoßen, sah sie keinen Ausweg mehr und ging ins Ausland.
  → Weil sie von ihrer Familie verstoßen worden war, sah sie keinen Ausweg mehr und ging ins Ausland.
  → Weil ihre Familie sie verstoßen hatte, sah sie keinen Ausweg mehr und ging ins Ausland.
  (transitives Verb: Nebensatz im Passiv oder Aktiv)

3.5 Nomen-Verb-Verbindungen

In Nomen-Verb-Verbindungen hat das Nomen die Hauptbedeutung, während die ursprüngliche Bedeutung des Verbs abgeschwächt ist. Oft können diese Verbindungen durch ein einfaches Verb ausgedrückt werden. Nomen-Verb-Verbindungen sind Teil eines „nominalen Stils" und kommen vor allem in offiziellen schriftlichen oder wissenschaftlichen Texten vor. Einige typische Beispiele sind:

bringen:
- zur Sprache bringen (= besprechen): Der neue Minister brachte die Probleme sofort zur Sprache.
- in Verbindung bringen (= verbinden): Seine Anwesenheit wurde nicht mit dem Überfall in Verbindung gebracht.
- in Kontakt bringen: Man sollte alle Beteiligten an dem Projekt frühzeitig in Kontakt bringen.
- zu Ende bringen (= beenden): Er wollte die Diskussion um Personalpolitik erfolgreich zu Ende bringen.

kommen:
- zur Sprache kommen (= besprochen werden): Das Problem kam gleich bei der ersten Sitzung zur Sprache.
- in Verbindung kommen: Alle Untergruppen kamen nach und nach in Verbindung.
- in Kontakt kommen: Alle Beteiligten an dem Projekt kamen frühzeitig in Kontakt.
- zu Ende kommen (= beendet werden): Mit der ersten Ernte ist das Agrarprojekt erfolgreich zu Ende gekommen.

nehmen:
- Verlauf nehmen (= verlaufen): Das Gespräch nahm einen positiven Verlauf.
- in Anspruch nehmen (= beanspruchen): Die Lösung des Problems nahm mehr Zeit in Anspruch als vorgesehen.
- eine (gute / schlechte) Entwicklung nehmen (= sich entwickeln): Das Jugendförderungsprojekt hat eine gute Entwicklung genommen.

stellen:
- eine Frage stellen (= fragen): Zu dem von Ihnen angesprochenen Thema möchte ich folgende Frage stellen.
- zur Diskussion stellen (= diskutieren): Der Antrag auf Mitgliedschaft wurde in der folgenden Sitzung zur Diskussion gestellt.
- zur Verfügung stellen (= geben): Alle Mittel, die er für die Untersuchungen brauchte, wurden dem Forscher von der Universität zur Verfügung gestellt.

Einige Nomen, die häufig in Nomen-Verb-Verbindungen auftreten:

• (den) Kontakt • (eine) Verbindung	abbrechen, aufnehmen, aufrecht erhalten, haben, herstellen, knüpfen, pflegen, suchen
• in Kontakt • in Verbindung	bleiben, treten, kommen, bringen
• Beziehungen	abbrechen, aufnehmen, aufrecht erhalten, haben, pflegen
• sich in Verbindung	setzen
• zur Verfügung	haben, stellen, stehen

3.6 Wortbildung: Semantik von nicht-trennbaren Präfixen (be-, zer-, ...)

Verben können mithilfe der Präfixe **be-, ent-, er-, ver-, miss-**und **zer-** aus anderen Verben, Nomen und Adjektiven gebildet werden. Diese Präfixe sind nicht-trennbar und immer unbetont. Die Präfixe haben häufig folgende Bedeutungen:

be- macht ein intransitives Verb bzw. ein Verb mit Präposition transitiv:
* Sie antwortete auf alle Fragen. → Sie beantwortete alle Fragen.
* Er hat im Skirennen gesiegt. → Er hat alle Konkurrenten im Skirennen besiegt.

be- + Nomen: man versieht Person oder eine Sache mit etwas:
* Die Polizei benachrichtigte die Familie sofort von dem Unfall.
* Der Boden muss regelmäßig bewässert werden, sonst sterben die Pflanzen.

be- + Adjektiv: etwas bewirken, diese Eigenschaft geben:
* Die Luft wird erhitzt, befeuchtet und durch einen Feinfilter geblasen.
* Befreien Sie Ihre Seele!
* Nun beruhigen Sie sich doch, es wird ja alles gut werden.

ent- + Verb: weggehen, etwas wegnehmen:
* Die Katze ist vorige Woche entlaufen, wir haben sie seitdem nicht wieder gesehen.
* Mit einem kräftigen Ruck entriss er ihr das Papier.

ent- + Nomen oder Adjektiv: etwas wegnehmen, „wegmachen":
* Die schlechte Zensur hat die Schülerin entmutigt, weiter Französisch zu lernen. (= *den Mut nehmen*)
* Grüner Tee entgiftet den Körper. (= *Gift wegnehmen*)
* Die Großmutter entwirrt das Wollknäuel. (= *das wirre Knäuel ordnen, d.h. die Knoten beseitigen*)

er- + Verb: eine Handlung zu einem Ende, Ziel bringen:
* Sie hat die Liste mithilfe des Computers in wenigen Stunden erstellt.
* Er hat das verletzte Pferd erschossen, damit es nicht weiter leiden musste.

er- + Verb oder Nomen: etwas durch eine Handlung erreichen:
* Der Angestellte hat sich seine Kenntnisse durch viele Überstunden erarbeitet.
* Die Forscher konnten die Ursachen für das häufige Auftauchen von Krebs nicht ergründen.

er- + Adjektiv: Veränderung des Zustands:
* Er ist mit 42 Jahren ganz erblindet.
* Manche Menschen erröten, wenn sie verlegen sind.

ver- + Verb: etwas ändern, etwas zu Ende bringen:
* Eine Klimaanlage verbraucht sehr viel Strom. (= *etwas zu Ende brauchen*)
* Der neu gefallene Schnee verdeckte die Spuren der Tiere. (= *ganz bedecken*)
* Die Überschüsse wurden an alle Mitglieder verteilt. (= *alles aufteilen*)

ver- + Verb: etwas falsch machen:
* Vor lauter Aufregung hat sie die Suppe versalzen.
* In der neuen Stadt verfahre ich mich oft.

ver- + Verb: das Gegenteil ausdrücken:
* Bei eBay kann man Sachen sowohl kaufen als auch verkaufen.
* Nach zehn Jahren in Kanada hatte sie zwar sehr gut Englisch gelernt, aber dafür ihr Deutsch verlernt.

ver- + Nomen: Bedeutung des Nomens als Tätigkeit:
* Er ist gleich am ersten Tag beim Skifahren verunglückt. (= *ein Unglück haben*)
* Die Hexe verflucht ihre Gegner. (= *einen Fluch aussprechen*)

ver- + Nomen: mit etwas versehen:
* Der Restaurator vergoldete den Rahmen vom Gemälde.
* Er versiegelte den Brief mit seinem Familiensiegel.

ver- + Adjektiv: Zustandsveränderung:
* Die Proteste gegen die Studiengebühren sind mittlerweile verstummt. (= *stumm werden*)
* Der ganze Vorgang kann durch Maschinen wesentlich vereinfacht werden. (= *einfach machen*)

miss- + Verb: Gegenteil der ursprünglichen Bedeutung:
- Die ersten Versuche glückten dem Forscher, aber dann missglückte ihm ein wichtiges Experiment.
- Der Chef vertraute dem neuen Kollegen sehr, seine Kollegen hingegen misstrauten ihm.

zer- + Verb: kaputt machen, in Stücke teilen:
- Die Hunde haben die Schuhe total zerbissen. *(= in kleine Stücke beißen)*
- Für Bananenquark muss man die Bananen zuerst zerdrücken.

3.7 Wortbildung: Präfixe – trennbar und nicht-trennbar

Eine kleine Gruppe von Präfixen kann entweder trennbar oder nicht-trennbar sein. Die trennbaren Präfixe werden betont, die nicht-trennbaren werden nicht betont.

durch-:

Immer trennbar sind z. B.: durchblicken, durchfallen, durchführen, durchhalten, durchkommen, durchkriechen, durchmachen, durchrosten, durchsehen
→ Wörtliche Bedeutung von „durch":
- Der Leiter führte das Projekt auf seine individuelle Art durch.
- Nun habe ich den Text schon zum vierten Mal durchgesehen und immer noch sind Fehler drin. *(ge- im Partizip II zwischen Präfix und Verb)*

Nie trennbar sind z. B.: durchdenken, durchleben, durchlöchern
→ Wörtliche Bedeutung von „durch":
- Er durchdachte das ganze Problem noch einmal genau.
- Der ganze Plan war gut durchdacht. *(kein ge- im Partizip II)*

Einige Verben können **sowohl trennbar als auch nicht-trennbar** sein, z. B.: durchbrechen, durchdringen, durchfahren, durchlaufen, durchreisen, durchschauen, durchsetzen
→ Bedeutung bei den trennbaren: wörtlich im Sinne von „durch"
→ Bedeutung bei den nicht-trennbaren: meist figurativ, transitive Verben:
- Der Junge brach das Spielzeug mit viel Kraft durch.
- Die Soldaten durchbrachen den Schutzwall des Feindes. *(= eher figurative Bedeutung)*

Achtung: Wenn das Verb transitiv ist, wird das Perfekt mit „haben" gebildet. Ein intransitives Verb der Bewegung wird (wie immer) mit „sein" gebildet.
- Er hat während seiner Ferien das ganze Land durchfahren.
- Er ist auf dem Weg nach Frankreich durch Deutschland durchgefahren.

über-:

Immer trennbar sind z. B.: überhängen, überkippen, überkochen
→ Wörtliche Bedeutung: im Sinne von „über":
- Die Suppe kochte nach einigen Minuten über und beschmutzte den ganzen Herd.

Eine große Anzahl von Verben sind **nie trennbar**, z. B.: überarbeiten, überfordern, überdenken, überprüfen, übertreiben, überfallen
→ Verschiedene Bedeutungen:
- Am Abend überarbeitete er den ganzen Bericht noch einmal.
- In seiner Erzählung hat er mal wieder seinen Mut stark übertrieben.

Viele Verben können **sowohl trennbar als auch nicht-trennbar** sein, z. B.: überfahren, überführen, übergehen, überhören, überlaufen, überlegen, übersehen, übersetzen, überspringen, übertreten, überziehen
→ Bedeutung bei den trennbaren: wörtlich im Sinne von „über"
→ Bedeutung bei den nicht-trennbaren: meist figurativ:
- Das Boot setzte zweimal am Tag zur Insel über.
- Der Journalist übersetzte einige seiner Texte selbst ins Englische.
- Es ist sehr kalt. Zieh dir was Warmes über!
- Wegen einer großen Autoreparatur hat Familie Schmidt ihr Konto überzogen.

um-:

Immer trennbar sind z. B.: sich umblicken, umbringen, umdrehen, umfallen, umschalten, umsteigen
→ Bedeutung: Richtungswechsel, Zustandsveränderung:
- Der Besucher blickte sich hilfesuchend auf dem Bahnhof um.
- Der Dichter hat sich wegen einer sehr unglücklichen Liebe umgebracht.

Nie trennbar sind z. B.: umarmen, umgeben, umringen, umsegeln, umzingeln
→ Bedeutung: „um herum":
- Er umarmte seine Freundin jedes Mal, wenn er sie traf.
- John hat schon zweimal die ganze Welt umsegelt.

Viele Verben können **sowohl trennbar als auch nicht-trennbar** sein, z. B.: umbauen, umfahren, umfassen, umgehen, umreißen, umschreiben, umstellen
→ Bedeutung bei den trennbaren: Richtungswechsel oder Zustandsveränderung
→ Bedeutung bei den nicht-trennbaren: „um herum":
- Wegen der Bauarbeiten in der Schillerstraße werden die Autofahrer gebeten, dieses Gebiet weiträumig zu umfahren.
- Der Bus hat beim Verlassen der Landstraße einen Fußgänger umgefahren.
- Der Schriftsteller umschrieb den abstrakten Begriff mit einem Bild. (= anders ausdrücken)
- Am Abend schrieb er dann den ganzen Text wieder um. (= neu schreiben)

unter-:

Viele Verben sind **immer trennbar**, z. B.: unterbringen, untergehen, unterkommen
→ Wörtliche und bildliche Bedeutung: im Sinne von „unter":
- Die Titanic ging innerhalb weniger Stunden unter.
- Bis er eine eigene Wohnung fand, kam er bei einem Freund unter.

Nie trennbar sind z. B.: unterbieten, unterschätzen, unterschreiten
→ Bedeutung: im Sinne von „nicht genug":
- Er unterschätzte die Entfernung bis zur nächsten Stadt gewaltig.
- Der Autofahrer hat aus übertriebener Vorsicht die zulässige Mindestgeschwindigkeit auf der Autobahn um einiges unterschritten.

Ebenfalls nicht-trennbar sind z. B.: unterdrücken, unterschreiben, unterstützen
→ Bedeutung: im Sinne von „unter":
- Der Diktator unterdrückte jegliche Kritik.
- Bitte unterschreiben Sie auf der gestrichelten Linie.

Andere nicht-trennbare sind, z. B.: unterbleiben, unterbrechen, unterlassen, unterlaufen, unterrichten, untersagen, untersuchen
→ Bedeutung: figurativ, nicht mehr die ursprüngliche Bedeutung von „unter":
- Unterbrechen Sie mich bitte nicht ständig!
- Der Arzt hat die Blutwerte mehrmals untersucht und nichts gefunden.

Eine große Gruppe von Verben mit unter- können **sowohl trennbar als auch nicht-trennbar** sein, z. B.: unterbinden, untergraben, unterhalten, unterlegen, unterschieben, unterschlagen, unterstellen, unterziehen
→ Bedeutung bei den trennbaren: im Sinne von „unter"
→ Bedeutung bei den nicht-trennbaren: meist figurativ:
- Viele Monate lang stellte er sein Auto in ihrer Garage unter.
- Der Richter unterstellte dem Zeugen, nicht die Wahrheit gesagt zu haben.

voll-:

Viele Verben sind **immer trennbar**, z. B.: vollstopfen, vollschreiben, volltanken
→ Wörtliche Bedeutung: im Sinne von „voll":
- Bevor sie auf die Wanderung gingen, stopften sie ihre Rucksäcke mit Vorräten voll.
- Hast du schon das ganze Heft vollgeschrieben oder hast du noch ein paar Seiten frei?

Nie trennbar sind z. B.: vollbringen, vollenden, vollführen, vollstrecken, vollziehen
→ Bedeutung: im Sinne von „zu Ende führen, durchführen, schaffen", meist formaler Stil:
- Mozart hat sein letztes Werk nie vollendet.
- Das Todesurteil wurde wegen wiederholter Einsprüche nicht vollstreckt.

wider-:

Nur zwei Verben sind **trennbar**: widerhallen, widerspiegeln
→ Wörtliche Bedeutung, im Sinne von „zurück":
• Das Fenster spiegelte die ganze Landschaft wider.

Nie trennbar sind z. B.: widerlegen, widersprechen, widerstehen
→ Bedeutung: im Sinne von „gegen":
• Er widerlegte ihre Theorie in allen Punkten.
• Sie hat allen seinen Argumenten vehement widersprochen.

wieder-:

Normalerweise **trennbar**, z. B.: wiederkommen, wiedersehen
→ Bedeutung: im Sinne von „noch einmal":
• Gleich nach dem Krieg wanderte er aus und ist nie wiedergekommen.
• Nach diesem konfliktreichen Gespräch sahen sie sich nie wieder.

Nur ein Verb ist **nicht-trennbar**: wiederholen
→ Bedeutung: im Sinne von „noch einmal", figurativ:
• Wiederholen Sie doch bitte mal den letzten Satz!

4 Nominale Gruppen

4.1 Das Genitivattribut

Der Genitiv wird meist als Attribut zu einem Nomen in schriftlichen Texten benutzt, wenn ein nominaler Stil bevorzugt wird.

nominal	verbal
• Die Organisation des Netzwerks durch die Ehemaligen	• Die Ehemaligen organisieren das Netzwerk.
Das Genitiv-Attribut kann entweder einen Passiv-Bezug oder einen Aktiv-Bezug zu dem Nomen haben:	
• Die Ausbildung der Studenten	• Die Studenten werden ausgebildet. *(Passiv)*
• Die Arbeit der Studenten	• Die Studenten machen die Arbeit. *(Aktiv)*

Mit **„durch"** kann ein Agens angeschlossen werden:
• Die Ausbildung der Studenten durch die Universität / durch gute Professoren

Manchmal wird statt des Genitiv-Attributs auch ein Attribut mit **„von" + Dativ** benutzt, und zwar immer dann, wenn es sich um ein Nomen ohne Artikel handelt:
• Geld wird verschwendet. → Die Verschwendung von Geld
• Studenten werden ausgebildet. → Die Ausbildung von Studenten
• Netzwerke werden aufgebaut. → Der Aufbau von Netzwerken

Auch in der Umgangssprache wird statt des Genitivs oft **„von" + Dativ** benutzt, besonders wenn es sich um einen Besitz handelt:
• das Haus meines Vaters → das Haus von meinem Vater

4.2 Wortbildung: Nomen aus Verben

Verb	→ Nomen	Kommentar
• sehen	das Sehen	*das + Infinitiv*
• reiten	das Reiten	*das Nomen drückt die Handlung aus*
• verbreiten	die Verbreitung	*feminin mit Endung „-ung"*
• beschreiben	die Beschreibung	*das Nomen drückt einen Prozess aus*

• schreien	der Schrei	*maskulin und ohne Endung,*
• schreiten	der Schritt	*manchmal Änderung des Vokals*
• küssen	der Kuss	*das Nomen drückt die Handlung aus*
• riechen	der Geruch	
• duften	der Duft	
• tun	das Getue	*neutrum; „Ge...e"*
• laufen	das Gelaufe	*drückt aus, dass einen die Handlung stört*
• suchen	die Suche	*feminin mit Endung „-e"*
• reisen	die Reise	*das Nomen drückt eine andauernde Handlung aus*
• pflegen	die Pflege	
• lehren	der Lehrer	*maskulin mit Endung „-er" oder „-e"*
• laufen	der Läufer	*das Nomen bezeichnet den Handelnden*
• erben	der Erbe	
• wecken	der Wecker	*maskulin mit Endung „-er"*
• bohren	der Bohrer	*das Nomen bezeichnet ein Instrument*
• graben	der Graben	*oft mit Vorsilbe „Ge-" und / oder Endung „-e", „-nis"*
• unterscheiden	der Unterschied	*oft mit Änderung des Vokals*
• malen	das Gemälde	*das Nomen bezeichnet ein Ergebnis*
• trinken	das Getränk	
• erzeugen	das Erzeugnis	
• vorsitzen	der Vorsitzende	*aus dem Partizip I oder II des Verbs entstanden;*
	den Vorsitzenden	*Nomen wird wie ein Adjektiv dekliniert*
	dem Vorsitzenden	
	des Vorsitzenden	
• hören	das Gehörte	
	das Gehörte	
	dem Gehörten	
	des Gehörten	

4.3 Wortbildung: Nomen aus Adjektiven (der Deutsche)

Man kann Adjektive und Partizipien als Nomen verwenden. Sie behalten auch als Nomen ihre Adjektiv-Endungen:

m	n	f
der Angestellte – ein Angestellter	das Beste – mein Bestes	die Bekannte – eine Bekannte

- *Personen:* der / die Deutsche, der / die Arbeitslose, der / die Jugendliche; *ebenso:* der Beamte / die Beamtin
- *Abstrakte Konzepte:* das Gute, das Schöne, das Neueste, das Beste; Alles Gute!
- *Partizip I:* der / die Studierende, der / die Reisende, der / die Anwesende
- *Partizip II:* der / die Angestellte, der / die Vorgesetzte, der / die Behinderte, der / die Bekannte

Nach „viel", „wenig", „etwas", „nichts" steht das nominalisierte Adjektiv immer im Neutrum mit -s:
- etwas Besonderes, nichts Neues, viel Bekanntes, wenig Aufregendes

4.4 Wortbildung: Nomen aus Adjektiven (die Gründlichkeit)

Adjektiv	→ Nomen	Kommentar
• gleich	→ die Gleichheit	*abstraktes Nomen, feminin*
• schön	→ die Schönheit	*größte Gruppe, besonders bei*
• neu	→ die Neuheit	*einsilbigen Adjektiven und Partizipien*
• vertraut	→ die Vertrautheit	

• haltbar • mager • fähig • gründlich • langsam	→ die Haltbarkeit → die Magerkeit → die Fähigkeit → die Gründlichkeit → die Langsamkeit	*abstraktes Nomen, feminin* *besonders bei Adjektiven auf* *-bar, -er, -ig, -lich, -sam*
• glaubhaft • arbeitslos • geschwind • genau	→ die Glaubhaftigkeit → die Arbeitslosigkeit → die Geschwindigkeit → die Genauigkeit	*abstraktes Nomen, feminin* *besonders bei Adjektiven auf* *-haft und -los*
• finster • geheim	→ die Finsternis → das Geheimnis	*abstraktes Nomen, feminin* *oder neutrum*
• lang • tief • nah • warm	→ die Länge → die Tiefe → die Nähe → die Wärme	*abstraktes Nomen, feminin*
• flexibel • originell	→ die Flexibilität → die Originalität	*internationales Nomen, feminin*
• kompliziert • konstruiert	→ die Komplikation → die Konstruktion	*internationales Nomen, feminin*
• selbstbewusst • pflichtbewusst	→ das Selbstbewusstsein → das Pflichtbewusstsein	*abstraktes Nomen, neutrum*

4.5 Wortbildung: Das Genus von internationalen Nomen

Das Genus von internationalen Nomen weist gewisse Regelmäßigkeiten auf:

m		n		f	
-ant → der Demonstrant		-e → das Interesse		-ation → die Deklination	
-är → der Funktionär		-et → das Ticket		-anz → die Toleranz	
-e → der Experte		-ett → das Kabinett		-e → die Branche	
-ent → der Absolvent		-il → das Ventil		-enz → die Kompetenz	
-et → der Athlet		-ing → das Marketing		-ie → die Psychologie	
-er → der Rekorder		-ment → das Management		-ik → die Physik	
-eur → der Masseur		-o → das Tempo		-ion → die Diskussion	
-ist → der Artist		-um → das Publikum		-tät → die Universität	
-or → der Agitator				-tion → die Reaktion	
-us → der Zyklus				-ur → die Kultur	

Nomen mit der Endung „-e" können sowohl maskulin, neutral oder feminin sein. Die Zuweisung des Artikels geschieht meist analog zu dem entsprechenden Wort im Deutschen oder dem Herkunftswort:

• die Branche (= *la branche*) und wie andere deutsche Wörter auf „-e": „die Blume", „die Bühne" *(fast 90% aller Nomen auf -e sind feminin)*
• der Experte: wie „der Erbe", „der Schütze" *(= männliche Person)*
• das Interesse: wie „das Image", „das Prestige", „das Regime" *(= Ausnahmen)*

Neuere, oft technische, internationale Wörter (vor allem englische), die ins Deutsche aufgenommen werden, erhalten häufig den Artikel des entsprechenden Wortes im Deutschen, z. B.:

• der Job   ← der Beruf
• der Lift   ← der Aufzug
• das Internet ← das Netz
• das Girl   ← das Mädchen

• die Box   ← die Büchse
• die Gang   ← die Bande
• das Handy ← das Telefon

Einsilbige Wörter sind oft maskulin, z. B.: der Hit, der Look, der Chip, der Trend
Ausnahmen, z. B.: das Team, das Match, das Steak

5 Adjektive

5.1 Absoluter Komparativ (eine längere Strecke)

Der Komparativ von Adjektiven wird mit dem Suffix „-er" gebildet:
- schön → schöner; mutig → mutiger; alt → älter; hoch → höher

In einigen Fällen drückt der Komparativ keinen expliziten Vergleich aus, sondern signalisiert, dass diese Eigenschaft in ziemlich hohem Maße vorhanden ist. Diese „absoluten Komparative" werden meist als Attribute zu einem Nomen benutzt:
- Sie mussten eine längere Strecke im Schnee zurücklegen. (= eine ziemlich lange Strecke)
- Ich habe seit längerer Zeit nichts mehr von ihr gehört. (= seit ziemlich langer Zeit)
- Auf höherer Ebene wurde beschlossen, dass ein neues Kongresszentrum gebaut wird. (= auf ziemlich hoher politischer Ebene)
- Zum besseren Verständnis möchte ich die Ergebnisse grafisch darstellen. (= damit man etwas gut / nicht schlecht versteht)
- Bei größeren Problemen wenden Sie sich bitte an meine Vertretung. (= nicht bei kleinen Problemen)
- Umgangssprache: Kommen Sie öfter hierher? (= Kommen Sie ziemlich oft hierher?)

Manchmal wird mit dem absoluten Komparativ auch ein impliziter Vergleich ausgedrückt:
- Dann haben wir eine viel tiefere geistige Verbindung, für die man keine Worte braucht. (= die Verbindung ist tiefer als normalerweise)

In einigen Fällen ist der absolute Komparativ auch eine Steigerungsform seines Gegenteils:
- In dem Café saß eine ältere Frau. (= keine junge Frau, aber nicht älter als eine alte Frau)
- Ottawa ist eine größere Stadt mit vielen kulturellen Angeboten. (= keine kleine Stadt, aber auch keine wirklich große)

5.2 Wortbildung: Adjektive aus Adverbien (heute → heutiger)

Mit dem Suffix „-ig" können aus einigen Adverbien Adjektive abgeleitet werden. Mit diesen Adjektiven kann man einen Sachverhalt kürzer und stilistisch gehobener ausdrücken:

Adverb	Adjektiv
dort: • Maisanbau ist im Norden Kanadas wegen des Klimas, das dort herrscht, nicht möglich.	dortig: • Maisanbau ist im Norden Kanadas aufgrund des dortigen Klimas nicht möglich.
ehemals: • Der ASA-Alumni-Bereich richtet sich an Personen, die ehemals Teilnehmer von ASA waren.	ehemalig: • Der ASA-Alumni-Bereich richtet sich an ehemalige ASA-Teilnehmer.
hier: • Wie Funde bezeugen, war die Gegend hier keltisches und römisches Gebiet.	hiesig: • Wie Funde bezeugen, war die hiesige Gegend keltisches und römisches Gebiet.
heute: • Wie kann der Klimaschutz unter den Bedingungen, wie sie heute herrschen, wirksam verbessert werden?	heutig: • Wie kann der Klimaschutz unter heutigen Bedingungen wirksam verbessert werden?
sonst: • Wir möchten das Jubiläum wie in den Jahren sonst mit allen Kollegen feiern. • Machen Sie alle wichtigen Angaben zu Ihrer Person: Abschluss, Berufserfahrung, Fertigkeiten, die für die Stelle sonst wichtig sein könnten.	sonstig: • Wir möchten das Firmenjubiläum wie in den sonstigen Jahren mit allen Kollegen feiern. • Machen Sie alle wichtigen Angaben zu Ihrer Person: Abschluss, Berufserfahrung, sonstige für die Stelle wichtige Fertigkeiten. (= weitere, andere)

Ebenso: bald → baldig, bisher → bisherig, derzeit → derzeitig, gestern → gestrig, jetzt → jetzig, morgen → morgig

5.3 Wortbildung: Komposita (-bereit, -bedürftig, ...)

Adjektive können als Komposita aus einem Nomen (manchmal auch aus einem Verb) und einem Adjektiv zusammengesetzt werden. Häufig wird ein Fugenelement eingeschoben:
- hilfsbereit, handlungsfähig, schokoladenbraun

Die Beziehung zwischen Adjektiv und Nomen kann auf verschiedene Weise paraphrasiert werden:

Elemente	Zusammengesetztes Adjektiv	Paraphrase
• die Bewegung + arm	→ bewegungsarm	= arm an Bewegung (= *hat wenig Bewegung*)
• die Hilfe + bedürftig	→ hilfsbedürftig	= bedürftig der Hilfe (= *bedarf der Hilfe*)
• die Hilfe + bereit	→ hilfsbereit	= bereit zur Hilfe
• die Handlung + fähig	→ handlungsfähig	= fähig zur Handlung / zu handeln
• die Realität + fern	→ realitätsfern	= fern der Realität
• der Verkauf + fertig	→ verkaufsfertig	= fertig zum Verkauf
• der Transport + gerecht	→ transportgerecht	= gerecht für den Transport (= *passend für den Transport*)
• der Schadstoff + frei	→ schadstofffrei	= frei von Schadstoffen
• reißen + fest	→ reißfest	= so fest, dass es nicht reißt
• der Preis + günstig	→ preisgünstig	= zu einem günstigen Preis
• die Luft + leer	→ luftleer	= leer mit Bezug auf Luft (= *ohne Luft*)
• die Gewohnheit + mäßig	→ gewohnheitsmäßig	= gemäß der Gewohnheit
• das Blut + rot	→ blutrot	= so rot wie Blut

- Die Einwohner der Insel waren zu Fremden immer hilfsbereit und ausgesprochen freundlich.
- Nach dem langen Aufenthalt im Krankenhaus war meine Mutter noch sehr hilfsbedürftig.

6 Präpositionen

6.1 Präpositionen mit Dativ (entsprechend, zufolge, ...)

B2, Abschnitt 8
Präpositionen

Die folgenden Präpositionen mit lokaler oder temporaler Bedeutung werden sehr häufig gebraucht: **ab, aus, außer, bei, gegenüber, mit, nach, seit, von, zu**:
- Er wohnt jetzt in Bayern, aber er kommt aus dem Ruhrgebiet.
- Hans wohnt immer noch bei seinen Eltern, obwohl er schon 28 ist.
- Sie parkt ihren Wagen immer gegenüber dem Eingang. (*oder:* dem Eingang gegenüber)
- Gehst du heute auch zu dem (zum) Geburtstagsfest von Inge?

Weniger häufig und eher in offiziellen schriftlichen oder wissenschaftlichen Texten zu finden sind:

Präposition	Bedeutung	Beispiel
aus	*aufgrund von*	• Ich weiß das aus langer Erfahrung.
bei	*im Falle, dass; falls*	• Bei Regen findet das Turnier in der Halle statt.
	zu der Gelegenheit von	• Bei seiner Ankunft waren alle Familienmitglieder im Wohnzimmer versammelt.
binnen	*im Laufe (von)*	• Alle Materialien müssen binnen einem Monat zurückgegeben werden. (*in sehr formaler Sprache auch mit Genitiv:* binnen eines Monats)
dank	*mithilfe von*	• Dank dem Einfluss seines Bruders hat er die Stelle bekommen. (*auch mit Genitiv möglich:* Dank des Einflusses)
entgegen	*im Gegensatz zu*	• Entgegen allen Erwartungen hat er die Stelle bekommen. (*auch nachgestellt:* Allen Erwartungen entgegen hat er ...)
entsprechend	*in Übereinstimmung mit*	• Er hat alles unseren Wünschen entsprechend in die Wege geleitet. (*auch vorgestellt:* entsprechend unseren Wünschen)
fern	*weit weg von*	• Sie ließen sich fern der Heimat nieder. (*Umgangssprache:* fern von der Heimat)

gegenüber	in Bezug auf	• Sein Verhalten seinen Vorgesetzten gegenüber war sehr unhöflich.
gemäß	in Übereinstimmung mit	• Er hat alles unseren Wünschen gemäß in die Wege geleitet. (*auch vorgestellt*: gemäß unseren Wünschen)
laut	so wie … sagt	• Laut dem Rektor der Universität sollen die Studiengebühren erhöht werden. (*auch mit Genitiv möglich*: Laut des Rektors)
mitsamt	zusammen mit	• Er wanderte mitsamt seiner ganzen Familie nach Kanada aus.
nach	wie … sagt / sagen, wenn man … betrachtet	• Nach Ansicht der Kunden ist das Produkt von niedriger Qualität. (*bei einigen Nomen auch nachgestellt möglich*: meiner Meinung nach, allem Anschein nach, diesem Bericht nach)
nahe	in kurzer Entfernung von	• Sie schlugen ihre Zelte nahe dem Wald auf.
nebst	zusätzlich zu	• Er lernte die Regeln nebst allen Ausnahmen auswendig.
zu	Zweck, Absicht	• Zur Erholung fährt er an die See.
zufolge	in Übereinstimmung mit	• Dem Mietvertrag zufolge muss der Vermieter seinen Eigenbedarf nachweisen. (*nachgestellt*)
zuliebe	zu jemandes Gunsten, für	• Er hat alles seiner Frau zuliebe getan. (*nachgestellt*)
zuwider	gegen	• Bei dem Kauf des Hauses handelte er den Wünschen seiner Frau zuwider. (*nachgestellt*)

„außer" und „bis" können mit anderen Präpositionen verbunden werden:
• außer bei Regen, bis zum Ende

6.2 Präpositionen mit Genitiv (angesichts, oberhalb, …)

B2, Abschnitt 8
Präpositionen

Einige Präpositionen mit Genitiv werden häufig gebraucht: **statt, trotz, während, wegen**.
In der Umgangssprache werden diese Präpositionen oft mit Dativ benutzt:
• Trotz dem Regen haben wir den Ausflug wie geplant gemacht.

Einige Genitivpräpositionen drücken eine lokale Beziehung aus: **außerhalb, innerhalb, oberhalb, unterhalb, diesseits, jenseits, beiderseits, abseits, unweit**.

Diese Präpositionen werden oft mit **„von" + Dativ** verwendet:
• Die Schneelawine kam oberhalb des Bergrestaurants zum Stillstand.
• Die Schneelawine kam oberhalb von dem Bergrestaurant zum Stillstand.

Folgende Präpositionen mit Genitiv findet man vor allem in offiziellen schriftlichen oder wissenschaftlichen Texten:

Präposition	Bedeutung	Beispiel
angesichts	in Anbetracht (von)	• Angesichts des Kinderelends organisierten die Ärzte sofort Hilfe.
anhand	mit Unterstützung (von), unter Berücksichtigung (von)	• Ich möchte das anhand einiger Beispiele zeigen.
anlässlich	bei der Gelegenheit	• Anlässlich seines Firmenjubiläums lud er die Kollegen zu einer Feier ein.
anstelle	statt	• Anstelle eines Ingenieurs nahm man einen Techniker.
aufgrund	wegen	• Aufgrund seiner schlechten Noten erhielt er keinen Studienplatz.
bezüglich	mit Bezug auf	• Bezüglich Ihrer Anfrage müssen wir Ihnen leider mitteilen, dass …
binnen	im Laufe (von)	• Die Hilfe kam binnen kürzester Zeit.
dank	mithilfe (von)	• Dank des Engagements von Ehrenamtlichen spart der Staat viel Geld.

eingedenk	in Erinnerung an	• Eingedenk des Ideals von Heinemann hat das THW stets neue Wege beschritten.
hinsichtlich	was … betrifft, im Hinblick auf	• Hinsichtlich Ihrer Anfrage kann ich Ihnen bestätigen, dass …
infolge	in der Folge (von)	• Infolge der neuen Steuergesetze werden Kinderreiche stärker begünstigt.
inmitten	im Bereich (von), in der Mitte (von)	• Inmitten moderner Hochhäuser steht ein kleines Fachwerkhaus.
innerhalb	temporal: in einem bestimmten Zeitraum	• Begleichen Sie bitte die beiliegende Rechnung innerhalb einer Woche.
laut	wie … sagt / sagen	• Das Mitbringen von Radios ist laut Gartenordnung nicht statthaft.
mangels	in Ermangelung (von)	• Mangels finanzieller Unterstützung mussten sie das Umweltschutzprojekt einstellen.
mithilfe	mit Unterstützung (von), mithilfe (von)	• Lösen Sie die Aufgabe mithilfe der Wörter im Schüttelkasten.
mittels	mithilfe (von)	• Die Organisation finanziert sich mittels privater Spenden.
um … willen	wegen	• Um des lieben Friedens willen gab er in dem Streit nach.
ungeachtet	ohne Berücksichtigung (von)	• Alle können ungeachtet ihrer Nationalität Mitglied werden.
zugunsten	zu seinem / ihrem Vorteil, für	• Es handelt sich um eine Sammlung zugunsten der Erdbebenopfer.
zwecks	zum Zwecke (von)	• Zwecks besserer Ausnutzung der finanziellen Mittel erstellte er einen genauen Arbeitsplan.

7 Artikelwörter und Pronomen

7.1 Indefinitartikel (alle, jeder, mancher, …)

Indefinitartikel sind Artikelwörter, das heißt, sie stehen immer vor einem Nomen. Sie drücken aus, dass man das entsprechende Nomen nicht genau identifizieren kann:
• Manche Teenager spielen täglich mehr als vier Stunden am Computer. (Es wird nicht gesagt, welche und wie viele Teenager das sind.)

Einige dieser Indefinitartikel folgen der Deklination des bestimmten Artikels, andere der Deklination des unbestimmten Artikels.

B2, Abschnitt 7.1
Artikelwörter

Indefinitartikel mit Deklination des bestimmten Artikels → immer mit Signalendung (r, s, e, n, m): jeder, mancher; alle (Pl.), irgendwelche (Pl.), manche (Pl.):

	m	n	f	Pl
Nom.	mancher Mann	manches Haus	manche Frau	manche Leute
Akk.	manchen Mann	manches Haus	manche Frau	manche Leute
Dat.	manchem Mann	manchem Haus	mancher Frau	manchen Leuten
Gen.	manches Mannes	manches Hauses	mancher Frau	mancher Leute

Statt „mancher Mann" hört man auch oft „manch ein Mann". Dies sind zwei Varianten ohne Bedeutungsunterschied. Der Plural ist für beide Formen „manche Männer".
• Dieser Roman ist sicher manch einem Leser bekannt.

B2, Abschnitt 5.1
Adjektivdeklination

Die Adjektivdeklination nach diesen Indefinitartikeln ist wie nach bestimmten Artikeln:

	m	n	f
Nom.	mancher reiche Mann	manches alte Haus	manche mutige Frau
Akk.	manchen reichen Mann	manches alte Haus	manche mutige Frau
Dat.	manchem reichen Mann	manchem alten Haus	mancher mutigen Frau
Gen.	manches reichen Mannes	manches alten Hauses	mancher mutigen Frau

	Pl
Nom.	manch**e** / all**e** / irgendwelch**e** interessanten Leute
Akk.	manch**e** / all**e** / irgendwelch**e** interessanten Leute
Dat.	manch**en** / all**en** / irgendwelch**en** interessanten Leuten
Gen.	manch**er** / all**er** / irgendwelch**er** interessanten Leute

- Die Hauptsache ist, er beendet sein Studium. Alle anderen Probleme lassen sich leicht lösen.
- Wie war die Party? Habt ihr dort irgendwelche interessanten Leute getroffen?
- Ich treffe auf den Ausstellungen manche interessante Leute. (*Adjektivdeklination nach manch- im Plural oft wie nach Nullartikel*)
- Manch**es** alte Haus wurde für den U-Bahn-Bau abgerissen. (*Oder mit der Kurzform von „manch"*: Manch alt**es** Haus wurde abgerissen.)

B2, Abschnitt 7.1
Artikelwörter

Indefinitartikel mit Deklination des unbestimmten Artikels → nicht immer mit Signalendung: kein, irgendein, manch ein:

	m	n	f	Pl
Nom.	irgendein Mann	irgendein Haus	irgendein**e** Frau	mehrer**e** Leute
Akk.	irgendein**en** Mann	irgendein Haus	irgendein**e** Frau	mehrer**e** Leute
Dat.	irgendein**em** Mann	irgendein**em** Haus	irgendein**er** Frau	mehrer**en** Leuten
Gen.	irgendein**es** Mannes	irgendein**es** Hauses	irgendein**er** Frau	mehrer**er** Leute

- Sie wollte nicht einfach irgendeinen Beruf ergreifen, sondern ihrer speziellen Neigung folgen.

B2, Abschnitt 5.1
Adjektivdeklination

Die Adjektivdeklination nach diesen Indefinitartikeln im Singular ist wie nach unbestimmten Artikeln:

	m	n	f
Nom.	irgendein reich**er** Mann	irgendein alt**es** Haus	irgendein**e** mutige Frau
Akk.	irgendein**en** reichen Mann	irgendein alt**es** Haus	irgendein**e** mutige Frau
Dat.	irgendein**em** reichen Mann	irgendein**em** alten Haus	irgendein**er** mutigen Frau
Gen.	irgendein**es** reichen Mannes	irgendein**es** alten Hauses	irgendein**er** mutigen Frau

- Angeblich wohnt dort irgendein prominenter Schauspieler.

Die Adjektivdeklination nach **mehrere, einige** ist wie bei Nomen ohne Artikel:

	Pl
Nom.	mehrer**e** interessante Leute
Akk.	mehrer**e** interessante Leute
Dat.	mehrer**en** interessanten Leuten
Gen.	mehrer**er** interessanter Leute

7.2 Indefinitartikel als Pronomen (jeder, manch ein- / mancher, ...)

B2, Abschnitt 7.2
Artikelwörter als
Pronomen

Wenn die Indefinitartikel „irgendein", „jeder", „mancher", „einige", „alle", „irgendwelche", als Pronomen verwendet werden, erhalten sie die Signalendungen (r, s, e, n, m):

	m	n	f
Nom.	manch**er** / manch ein**er**	manch**es** / manch ein**s**	manch**e** / manch ein**e**
Akk.	manch**en** / manch ein**en**	manch**es** / manch ein**s**	manch**e** / manch ein**e**
Dat.	manch**em** / manch ein**em**	manch**em** / manch ein**em**	manch**er** / manch ein**er**
Gen.	–	–	–

	Pl
Nom.	manch**e** / all**e**
Akk.	manch**e** / all**e**
Dat	manch**en** / all**en**
Gen.	manch**er** / all**er**

- Manche Spielerinnen waren bereit, auch persönliche Fragen zu beantworten, aber manchen war dies unangenehm. Manch eine brach deshalb das Spiel frühzeitig ab, worüber sich mancher / manch einer ärgerte.

7.3 Demonstrativartikel und -pronomen (solch- / solch ein-)

Der **Demonstrativartikel** „solch-" / „ein- solch-" / „solch ein-" bezieht sich auf die Art einer Person oder Sache. Er wird dekliniert wie ein Adjektiv:

- Eine solche Entwicklung hat es lange nicht gegeben.
- *Alternativ mit derselben Bedeutung:* Solch eine Entwicklung hat es lange nicht gegeben. *(Hier wird „solch" nicht dekliniert.)*
- *Plural:* Ich wünsche mir solche Schüler! Mit solchen Schülern kann man gut arbeiten.

In der Umgangssprache benutzt man im Singular nur „ein- solch-" / „solch ein-". In offiziellen schriftlichen oder wissenschaftlichen Texten findet man jedoch auch „solch-", das wie der Demonstrativartikel dekliniert wird (außer Gen. Sg. m. / n.: dort wie nach bestimmten Artikel):

- Bei solchem Wetter blieben sie meist im Hause.
- Die Konsequenzen solchen Verhaltens wurden schnell offenkundig.

Als **Demonstrativpronomen** bezieht sich „solch-" / „ein- solch-" / „solch ein-" auf Personen oder Sachen, die vorher schon erwähnt wurden. In derselben Bedeutung wird häufig auch „so ein-" benutzt:

- Dieser Laptop gefällt mir. Ich möchte auch einen solchen / solch einen / so einen haben.
- Das Auto wird elektrisch betrieben. Ein solches / Solch eins / So eins habe ich noch nie gesehen.
- Diese Stifte gefallen mir. Ich möchte auch solche haben.

Wenn man sich auf den im Satz vorher geschilderten Sachverhalt beziehen möchte, benutzt man „so etwas":

- Das Auto wird elektrisch betrieben. So etwas habe ich noch nie gesehen.
- In diesem Januar hatten wir mehrmals 20° C. So etwas hat es noch nie gegeben.

„solch-" im Singular und ohne „ein-" wird meist nur nach „als" benutzt:

- Mich interessiert der Fall als solcher. *(= der Fall an sich)*

Nach dem Pronomen „solch-" kann auch ein Attribut mit Präposition stehen:

- Außer diesen Laptops gibt es auch noch solche mit Wireless LAN.

Als Alternative zu „solch-" wird oft „ein- derartig" / „derartig-" benutzt:

- Er fuhr mit einer derartigen Geschwindigkeit / mit derartiger Geschwindigkeit, dass er den Wagen auf dem Glatteis nicht mehr kontrollieren konnte.

7.4 Das Pronomen „es"

Das Pronomen „es" kann sich als Personalpronomen auf ein neutrales Nomen beziehen, das schon im Text erwähnt wurde:

- Das Haus hat uns gut gefallen. Es hat auch nicht so viel gekostet, wie wir befürchtet hatten.

Darüberhinaus hat „es" auch noch andere syntaktische Funktionen.

1. als Korrelat (Platzhalter) im Satz:

- Es kamen viele Gäste. (*statt:* Viele Gäste kamen.)
- Es hängt ein Bild an der Wand. (*statt:* Ein Bild hängt an der Wand.)

Funktion: Das Wichtige im Satz (hier das Subjekt!) soll weiter hinten in den Satz verschoben und damit hervorgehoben werden. Das Korrelat „es" steht auf Position 1. Damit ist das Subjekt in diesen Sätzen doppelt vorhanden. Das Verb richtet sich nicht nach dem Korrelat, sondern nach dem „eigentlichen" Subjekt:

- Es fehlte am Ende nur noch eine Aufgabe.
- Es fehlten am Ende nur noch ein paar Aufgaben.

Das Korrelat „es" steht besonders häufig bei Verben ohne Objekt (z. B. sein, kommen, gehen):

- Es waren Hirten auf dem Felde.
- Es herrschte ein großes Durcheinander.

Das Korrelat „es" kann sich auf dass-Sätze und Infinitiv-Sätze beziehen:

- Es macht mich sehr traurig, dass du so unzufrieden bist.
- Es gefällt mir, dass du immer das Frühstück machst.
- Es ist schön, gemeinsam zu frühstücken.

Das Korrelat „es" fällt weg, wenn der Subjektsatz vorn steht:

- Dass du immer das Frühstück machst, gefällt mir.
- Gemeinsam zu frühstücken, ist schön.

2. als grammatisches Subjekt = unpersönliche Konstruktionen:
In solchen Sätzen ist das grammatische Subjekt „es", aber das logische Subjekt ist „ihm", „mich" usw.:
- Es graut ihm. / Es friert mich.
- Es gefällt mir hier.

Wenn das logische Subjekt im Vorfeld steht, kann das Pronomen „es" wegfallen:
- Ihm graut vor ihr. / Mich friert.
- Hier gefällt es mir.

3. bei Witterungsverben:
Bei Witterungsverben gibt es kein logisches Subjekt. Das „es" kann daher nicht weggelassen werden:
- Es regnet. Es schneit. Es blitzt und donnert.
- Draußen dämmert es schon.

4. bei einigen unpersönlichen Verben / Ausdrücken (z. B. es heißt, es geht um, es fehlt an):
- Es heißt, er hat früher in Amerika gewohnt.
- Morgen ist eine Konferenz. Es geht um eine peinliche Angelegenheit.

Auch hier kann das „es" nicht weggelassen werden:
- Er hat früher in Amerika gewohnt, heißt es.

5. bei Ausdrücken mit Adjektiven:
- Es war wieder einmal sehr gemütlich bei dir.
- Am Anfang war es noch leicht, aber dann fingen die Schwierigkeiten an.

6. beim unpersönlichen Passiv:
- Es wurde gestern auf dem Fest viel gelacht.
- Es wurde sehr viel über die Maßnahme diskutiert.

Wenn die Position 1 besetzt ist, fällt „es" weg:
- Im Vorfeld wurde sehr viel über die Maßnahme diskutiert.

8 Modalpartikeln

B2, Abschnitt 9
Modalpartikeln

Modalpartikeln sind ein Phänomen der mündlichen Kommunikation. Es sind kurze Wörter, mit denen Sprecher ihre (oft emotionale) Einstellung ausdrücken. Manche Modalpartikeln können je nach Kontext verschiedene Bedeutungen haben.

Zum Vergleich: Funktion von „aber" als Konjunktion:
- Sie möchte ins Kino, aber er will lieber zu Hause bleiben. *(Gegensatz)*
und von „aber" als Modalpartikel in einem Ausruf:
- Das ist aber schwer! *(Kommunikative Bedeutung: Überraschung über eine Tatsache.)*

Modalpartikeln stehen im Mittelfeld. Sie sind immer unbetont:
- Wenn ich bloß / nur wieder gesund wäre! *(Kommunikative Bedeutung: Intensivierung)*

Modalpartikel	Neutraler Satz	Satz mit Modalpartikel
aber	• Das ist schwer.	• Das ist aber schwer! *(in Ausrufen: Erstaunen, Überraschung)*
	• Ruf mich heute noch an!	• Ruf mich aber heute noch an! *(in Aufforderungen: Ungeduld, Intensivierung)*
auch	• Kann ich mich darauf verlassen?	• Kann ich mich auch darauf verlassen? *(in Entscheidungsfragen: Bitte um Bestätigung)*
	• Wie konnte er das vergessen?	• Wie konnte er das auch vergessen? *(in W-Fragen oder Ausrufen: negative Einstellung)*
	• Er gab die Hoffnung auf. Was sollte er machen?	• Er gab die Hoffnung auf. Was sollte er auch machen? *(in W-Fragen: negativ-rhetorisch)*
bloß	• Wenn ich wieder gesund wäre!	• Wenn ich bloß / nur wieder gesund wäre! *(in Wunschsätzen: Intensivierung)*
	• Was hast du dir dabei gedacht?	• Was hast du dir bloß / nur dabei gedacht? *(in Fragen: starkes Erstaunen, Ratlosigkeit)*

	• Hör auf damit!	• Hör bloß / nur auf damit! *(in Aufforderungen: Drohung)*
denn	• Wie geht es dir heute?	• Wie geht es dir denn heute? *(in Fragen: Interesse, Freundlichkeit)*
	• Was sind Sie von Beruf?	• Was sind Sie denn von Beruf? *(in Fragen: Genaueres Nachfragen)*
	• Hast du keine Uhr?	• Hast du denn keine Uhr? *(in Ja/Nein-Fragen: Ungläubigkeit)*
doch	• Schlaf ruhig aus. Heute ist Sonntag.	• Schlaf ruhig aus. Heute ist doch Sonntag. *(Sprecher erinnert Hörer an eine Tatsache.)*
	• Erklären Sie das bitte noch einmal!	• Erklären Sie das doch bitte noch einmal! *(in Aufforderungen: Intensivierung)*
	• Kommen Sie morgen vorbei!	• Kommen Sie doch morgen vorbei! *(in Aufforderungen: freundlich, ermutigend)*
	• Wer war das?	• Wer war das doch (gleich)? *(in W-Fragen: Bitte um Wiederholung einer Information)*
eben	• Teenager sind so.	• Teenager sind eben / halt so. *(in Aussagen: Resignation: „Da kann man nichts machen.")*
eh	• Er hat nie Zeit.	• Er hat eh / ohnehin / sowieso nie Zeit. *(in Aussagen: Das ist eine Tatsache unabhängig von der Situation. „ohnehin" ist formaler als „sowieso"/„eh")*
eigentlich	• Du, was ist Peter von Beruf?	• Du, was ist Peter eigentlich von Beruf? *(in Fragen: beiläufige, lockere Nachfrage; oft Frage nach einem neuen Aspekt)*
	• Er ist sehr fleißig.	• Er ist eigentlich sehr fleißig. *(in Aussagen: das ist der Fall, obwohl es nicht so aussieht)*
einfach	• Ich habe keine Lust mehr.	• Ich habe einfach keine Lust mehr. *(in Aussagen: Verstärkung)*
	• Mach es noch einmal, es klappt sicher.	• Mach es einfach noch einmal, es klappt sicher. *(in Aufforderungen: Ermutigung: „Das ist ganz einfach.")*
etwa	• Bist du schon fertig?	• Bist du etwa schon fertig? *(in Fragen: unerwartete Tatsache)*
	• Hast du das noch nicht gemacht?	• Hast du das etwa noch nicht gemacht? *(in Fragen: Unzufriedenheit; erwartet negative Antwort)*
gleich	• Wie war Ihre Adresse?	• Wie war Ihre Adresse (doch) gleich? *(in W-Fragen: Bitte um wiederholte Auskunft)*
halt		*vergleiche „eben"*
ja	• Hey, Paul, du bist schon da!	Hey, Paul, du bist ja schon da! *(in Ausrufen: Überraschung; nicht erwartete Tatsache)*
	• Peter sieht sehr glücklich aus. – Ja, ich weiß, er hat gerade geheiratet.	• Ja, ich weiß, er hat ja gerade geheiratet. *(in Aussagen: bekannte Tatsache)*
	• Ich komme schon.	• Ich komme ja schon! *(in Ausrufen: bekannte Tatsache; Ungeduld)*
mal	• Räum dein Zimmer auf!	• Räum mal dein Zimmer auf! *(in Aufforderungen: freundlich, abgeschwächt)*
	• Kannst du mir helfen?	• Kannst du mir mal helfen? *(in Aufforderungsfragen: freundlich, abgeschwächt)*
nun mal	• Du hast dein Zimmer nicht aufgeräumt, also gibt es auch keinen Nachtisch.	• Du hast nun mal dein Zimmer nicht aufgeräumt, also gibt es auch keinen Nachtisch. *(in Aussagen: unabänderliche Tatsache)*
nur		*vergleiche „bloß"*

ohnehin		*vergleiche „eh"*
ruhig	• Du kannst zu uns kommen.	• Du kannst ruhig zu uns kommen. *(in Aussagen, oft mit Modalverb: Beruhigung)*
	• Komm zu uns!	• Komm ruhig zu uns! *(in Aufforderungen: Beruhigung)*
schon	• Du wirst sehen, wohin das führt.	• Du wirst schon sehen, wohin das führt. *(in Aussagen mit Futur: Drohung, Warnung)*
	• Fang an!	• Fang schon an! *(in Aufforderungen: Ungeduld)*
sowieso		*vergleiche „eh"*
vielleicht	• Das war schön!	• Das war vielleicht schön! *(in Ausrufen: Verstärkung)*
	• Du siehst schlecht aus!	• Du siehst vielleicht schlecht aus! *(in Ausrufen: Erstaunen)*
wohl	• Wer hat das getan?	• Wer hat das wohl getan? *(in Fragen: Vermutung, Unsicherheit)*
	• Er kommt um 8.00 Uhr.	• Er kommt wohl um 8.00 Uhr. *(in Aussagen: Vermutung)*
Oft werden Modal-partikeln kombiniert.	• Das ist eine Unverschämtheit! • Kommen Sie morgen vorbei!	• Das ist aber auch eine Unverschämtheit! *(starkes Erstaunen)* • Kommen Sie doch morgen ruhig mal vorbei! *(in Aufforderungen: Abschwächung, freundlicher)*

Quellen

Bildquellen

Umschlagfoto: Getty Images (Werner Dietrich), München; iStockphoto (Kevin Russ), Calgary, Alberta
AKG, Berlin: 21.2 (akg-images/Wilhelm-Lehmbruck Museum/VG Bild-Kunst, Bonn 2007); 92.4 (Erich Lessing); 140.5 • Alamy Images RM, Abingdon, Oxon: 32.3 (SuperStock); 92.3 (vario/Baumgarten); 99 (TNT Magazine); 140.4 (Interfoto) • Amnesty International, Bonn: 52.4 • Auer Grafikdienst, Wien: 132.2 • Avenue Images GmbH, Hamburg: 68.4 (StockDisc); 68.5 (Banana Stock); 68.6 (Image Source); 74.3 (Image Source/RF) • Bastei-Verlag/Gustav H.Lübbe, Bergisch Gladbach: 85.2 • Bilderberg, Hamburg: 12 (Horacek) • BoomtownMedia, Berlin: 146; 147.1–2 • Bundesagentur für Arbeit, Nürnberg: 32.1 • Bundesnetzwerk Bürgerschaftliches Engagement, Berlin: 44.1–3 (kom-stuttgart) • Bundeszentrale für politische Bildung, Bonn: 133 • CCC, www.c5.net, Pfaffenhofen a. d. Ilm: 136.1 (Haitzinger) • Chiemgauer e.V., Rosenheim: 106.2; 107 • Commerzbank, Frankfurt: 108.1 • Corbis, Düsseldorf: 55.6 (Rune Hellstad); 128.4 (Atlantide Phototravel/Cozzi) • Corel Corporation: 106.3 • Deutsche Bahn AG, Frankfurt am Main: 140.3 (Schmid) • Deutscher Caritasverband e.V., Freiburg: 52.3 • Deutsches Rotes Kreuz, Berlin: 52.6 • Diakonie: 52.2 • Dr. Scheller Cosmetics, Eislingen: 80.3 • Dreamstime, Brentwood, TN: 32.6 (Pawelpaciorek); 64.4 (Vgstudio); 74.1 (Steve Luker); 92.1 (RF/Mdilsiz); 92.6 (RF/ Francis Black); 116.5 (Andrejs Pidjass); 124.6 (Tomasz Markowski); 124.8 (Milan Jurkovic) • ensch media, Trier: 26.1 (Theater Trier/Silvia Günther) • Fotolia LLC, New York: 9 (Kaljikovic); 13.1 (EastWest Imaging); 74.4 (Eric Simard); 74.5 (Anna Chelnokova); 92.5 (RF/ Klaus Eppele); 92.8 (RF/Chrnielewski); 106.1 (Stefan Ataman); 116.2 (Frédéric Massard); 122.2 (Raths); 140.1 (Albrektsen); 140.2 (Thomas Müller) • Fotosearch RF, Waukesha, WI: 142.1 (Digital Vision) • Geldgeschichtliche Sammlung, Köln: 104.6 • Getty Images, München: 8.1 (Karan Kapoor); 128.2 (YOSHIKAZU TSUNO); 128.3 (Laurence Griffiths) • Getty Images RF, München: 32.4 (MIXA) • Gewinn-Sparverein der Volksbanken, Stuttgart: 80.2 • GLOBUS Infografik, Hamburg: 134; 136.2; 141 • Greenpeace, Hamburg: 52.7 • Hartmann, Robert, Düsseldorf: 26.3 • Hennig, Karsten, Oldenburg: 128.5 • images.de digital photo GmbH, Berlin: 115 (Giribas) • Imago Stock & People, Berlin: 55.1 (UPI); 55.2 (Xinhua); 55.4 (UPI); 55.5 (Horst Rudel) • iStockphoto, Calgary, Alberta: 13.3 (Pogson); 20.2 (RF/ Abel Leao); 32.2 (Dean Sanderson); 64.3 (Soubrette); 68.3 (Satu Knape); 92.2 (RF/Alex Slobodkin); 95 (RF); 104.1 (Holländer); 104.2 (ZE14361); 104.3 (Gagne); 104.4 (travelling-light.net); 116.3 (Cristian Ardelean); 116.4 (Filippova Olga); 122.1 (adlife marketing); 128.1 (Keith Barlow); 131 (Diederich); 132.1 (Murko); 140.8 (Zveiger) • JupiterImages, Tucson, AZ: 20.7 (RF/photos.com) • Jupiterimages GmbH, Ottobrunn/München: 8.2; 13.2; 64.1–2 (photos.com) • Jürgen Christ, Köln: 124.5 • Keystone, Hamburg: 20.1 (DiAgentur); 86 (Caro, Kaiser) • Klett-Archiv, Stuttgart: 20.8 (Pepa Korte); 29.1–2 (Luis Borda); 68.2 (Marco Polo/Naudin); 116.6 (Renate Köhl-Kuhn); 124.2; 142.2 (Ernst Klett Verlag, Stuttgart, aus: Wilhelm Busch, koloriert von Axel von Criegern) • Kohl PR & Partner, Bonn: 80.1 (Verband der Teigwarenhersteller und Hartweisenmühlen Dt. e.V) • Koser, Manfred, Maristengymnasium, Fürstenzell: 102.1–4 • laif, Köln: 20.3 (TCS); 20.6 (Volz); 55.7 (contrastoCristofari) • LBBW: 108.2 • Münchner Tafel e. V., München: 50 (Maurizio Gambarini) • Museum Morsbroich, Leverkusen: 26.2 (Museum Morsbroich, Leverkusen und VG Bild-Kunst, Bonn 2008) • Museum Sammlung Prinzhorn, Heidelberg: 24 • www.new-in-town.de: 10 • Peter Hammer Verlag, Wuppertal: 132.3 • Peter Peitsch/peitschphoto.com, Hamburg:18 (peitschphoto.com) • Picture-Alliance, Frankfurt: 150 (akg-images) • Plan: 52.8 • Robert Bosch GmbH, Stuttgart: 54.1 • Schulz von Thun, Prof. Dr. F., Hamburg: 57 • Service Civil International (SCI): 52.1 • shutterstock, New York, NY: 46.1 (RF/ Rob Marmion); 46.2 (RF/Yuri Arcurs); 46.3 (RF/ Petrovich); 46.4 (RF/Amy Myers); 68.1 (Ramona Heim); 74.2 (Yuri Arcurs); 91 (RF/Matka Wariatka); 92.7 (RF/Vladimir Melnik); 106.5 (Vladimir Mucibabic); 116.1 (Valua Vitaly); 124.1 (Marcin Balcerzak); 124.3 (Vladimir Melnik); 124.4 (iofoto); 128.6 (Luisa Fernanda Gonzalez); 140.6 (Paeli) • Statistisches Bundesamt, Wiesbaden: 70 (Grafische Darstellung: Bundesinstitut für Bevölkerungsforschung, Wiesbaden); 71 (Datenquelle: Vereinte Nationen, The 1998 Revision; Grafische Darstellung: Bundesinstitut für Bevölkerungsforschung, Wiesbaden) • STOCK4B, München: 32.5 (Urban Zintel) • Tages-Anzeiger, Zürich: 135 • turmdersinne gGmbH, Nürnberg: 124.7 • ullstein bild, Berlin: 20.4 (Lebrecht Music & Arts); 20.5 (Winkler); 21.1 (Probst); 23 (Messerschmidt); 85.1; 88 (Imagno); 140.7 (TopFoto) • UNICEF: 52.5 • Visum, Hamburg: 33 (Gregor Schlaeger) • VolmeTALER, Hagen – Altenhagen: 106.6 • Waldviertler Regionalwährung, Heidenreichstein: 106.4 • Wegst, Rolf K., Buseck: 28.1–2 • Wikimedia Foundation Inc., St. Petersburg FL: 54.2 (Public Domain); 55.3 (Public Domain); 118.1; 118.2 (GFDL); 118.3 (Anton (rp) 2005, GNU-FDL)

Textquellen

S. 10/11: Netzgebundenes Marketing © Personal Interface GmbH (new-in-town GmbH), Wiesbaden • S. 12: Tönissteiner Kreis © Tönissteiner Kreis e.V., Berlin • Xing © XING AG, Hamburg • ASA © InWEnt Internationale Weiterbildung und Entwicklung GmbH, Berlin • S. 14: Computerspiele schulen kognitive Fähigkeiten © dpa, Hamburg • S. 18/19: Sven Regner, Neue Vahr Süd © Eichborn AG, Frankfurt a.M., 2004, Auszüge aus S. 41–46 • S. 20: Kunst, aus: Der Brockhaus multimedial © Bibliographisches Institut & Brockhaus AG, Mannheim • S. 23: Texte über Museen © www.berlin.de/orte/museum • S. 24: Sammlung Prinzhorn © Universitätsklinikum Heidelberg, Sammlung Prinzhorn, Heidelberg • S. 28: Bruno Paoletti, Informationen aus: Gesa Cordes, Mensch mit wichtigen Anliegen. Bruno Paoletti, in: Marburgs Stadtbuch, Marburg 2002, S. 110–113 • S. 30: Lebenskunst ist … © Stefan F. Gross, Süddeutsche Zeitung, München • S. 44: Texte zu Fotos © www.engagement-macht-stark.de • S. 46: Ein Freiwilliges soziales Jahr ist für mich wie … © Bundesministerium für Familie, Senioren, Frauen und Jugend, Berlin • S. 48: Die Kraft des Gemeinsinns © Jens Schröder, GEO 12/2005, Gruner + Jahr AG, Hamburg (ergänzt um die Zahlen von 2007, www.tafel.de/pdf/Tafelumfrage-2007.pdf, www.tafel.de, www.bmfsfj.de) • S. 52: SOS-Kinderdorf © SOS-Kinderdörfer weltweit, Hermann-Gmeiner-Fonds Deutschland e.V., München, www.sos-kinderdoerfer.de

• Ärzte ohne Grenzen © Ärzte ohne Grenzen e.V., Berlin • S. 53: BUND © Bund für Umwelt und Naturschutz Deutschland (BUNDmagazin + www.bund.net) • Technisches Hilfswerk © Bundesanstalt Technisches Hilfswerk (THW), Bonn • S. 57: Auf dem Ohr bin ich taub © Prof. Dr. Friedemann Schulz von Thun, Hamburg • S. 59: Tabudiskurs © Prof. Dr. Hartmut Schröder, Frankfurt/Oder • S. 68: Alles unter einem Dach © Stefanie Meinecke, Stuttgart • S. 70: 2050: Länger leben, weniger Geburten © Westdeutscher Rundfunk, Planet Wissen, Köln • S. 72: Eine Frage des Alters © Susanne Gaschke, ZEIT, 1.3.2007 • S. 75: Text links © www.senioren-pass.de • Text rechts © Ralph Kohkemper, Kölnische Rundschau, 6.1.2007 • S. 78: Warnung © Jenny Joseph, www.poemhunter.com/poem/warning, Übersetzung von Autor • S. 83: Statements von Ferres, Schuhbeck, Noelle-Neumann, Neumeier © Evangelischer Pressedienst (epd), Frankfurt • S. 84: Unterhaltungsliteratur, nach: Gero von Wilpert, Sachwörterbuch der Literatur, 8. Auflage 2001, Alfred Kröner Verlag, Stuttgart • S. 86/87: Größeres Glück hatten die Deutschen in ihrer Geschichte nie, nach: Bundestagspräsident Norbert Lammert beim Festakt zum Tag der Deutschen Einheit am 3.10.2007 • S. 88/89: Das Märchen vom Glück © Erich Kästner, Der täglich Kram. Chansons und Prosa. 1945–1948, Atrium Verlag AG, Affoltern • S. 94/95: Industrielle Revolution © Prof. Dr. Willi Strzelewicz (Dr. Lisl Strzelewicz, Hannover) • S. 96: Atlantropa © Westdeutscher Rundfunk, Köln • Besiedlung Mars © Westdeutscher Rundfunk, Köln • S. 97 Second Life © Götz Hamann, Jens Uehlecke, DIE ZEIT 4.1.2007 • S. 98: Künstliche Intelligenz © openPR, Schleswig • S. 100: Text links © Andreas Sentker, DIE ZEIT • S. 100/101: Stammzellen, nach: Westdeutscher Rundfunk, Köln, und Deutsches Referenzzentrum für Ethik in den Biowissenschaften, Bonn • S. 102/103: Teufelsbesen oder gnadenlose Betten © Thomas Röbke, Hamburg, DIE ZEIT (ergänzt um die Zahlen von 2007 von Manfred Koser) • S. 105: Lied von der belebenden Wirkung des Geldes, aus: Bertolt Brecht, Werke. Große kommentierte Berliner und Frankfurter Ausgabe, Band 14, Gedichte 4 © Suhrkamp Verlag Frankfurt am Main 1993, S. 209 • S. 114: Kaufrausch © Ulrike Wolf, www.lexi-tv.de • S. 118/119: Visuelle Wahrnehmung © Tina Baier, Süddeutsche Zeitung, München • S. 120/121: Patrick Süskind, Das Parfum © 1985 Diogenes Verlag AG Zürich, S. 32–35 • S. 126: Fragebogen 6. Sinn © Florian Dietrich, Monster Worldwide Inc., Saarbrücken • S. 127: Synästhesie – Vernetzung der Sinne und Synästhesie © science.ORF.at • S. 142/143: Wertewandel in der Kindererziehung © Karin Bumsenberger, www.stangl-taller.at • S. 150: Morgens schweißgebadet erwacht © Jens Bergmann und Peter Lau, brand eins Wirtschaftsmagazin 2/2007 • S. 151: Wo kämen wir hin © Kurt Marti: Namenszug mit Mond. Gedichte © Nagel & Kimche im Carl Hanser Verlag, München 1996

Hörtexte

Lek. 2: Beuys-Führung, nach: Hessisches Landesmuseum, Darmstadt und Joseph Beuys: Eine Werkübersicht, Schirmer/Mosel Verlag, München • Yasmina Reza: Kunst © Theater-Verlag Desch, München und Libelle-Verlag, Lengwil • Lunecer, Komponist und Arrangeur: Luis Borda, CD: Histoire du Tango 2006/2007. Luis Borda & Ensemble, Pirouet-Studio • Interview mit Luis Borda © Luis Borda • Lek. 4: Friedensnobelpreis (Begründung des Nobel-Komitees für Preisvergabe an Wangari Maathai) © dpa, Hamburg • Lek. 5: Frauensprache – Männersprache © nach Eichler Pankau, Kommunikation, Institut für Germanistik, Universität Oldenburg • Lek. 7: Vorlesung zum Thema Glück © Jo Reichertz, Universität Essen • Textauszüge aus Hedwig Courths-Mahler: Der Scheingemahl © 1987 Verlagsgruppe Lübbe GmbH & Co. KG, Bergisch Gladbach, Auszüge aus S. 90–93, S. 105 • Lek. 8: Erfindung Glühbirne © Constance Schirra, Südwestrundfunk, Baden-Baden • Erfindung Tempo © Westdeutscher Rundfunk, Köln • Erfindung Rad © www.zdf.de • Erfindung Windrad © dpa, Hamburg • Erfindung Röntgenstrahlen © www.desy.de • Haushaltsroboter © Andreas Grote, DER STANDARD, Printausgabe vom 24.1.2007 • Lek. 9: Lied von der belebenden Wirkung des Geldes, Text: Bertolt Brecht, Komponist und Interpret: Hanns Eisler, CD: Der Brecht und ich. Hanns Eisler in Gesprächen und Liedern, edel Classics GmbH • Demo-Telefonbanking © Deutsche Postbank AG, Bonn • „Kaufen", Musik und Text: Herbert Grönemeyer, CD: Gemischte Gefühle, Intercord Ton GmbH (EMI) • Lek. 10: Peter und der Wolf, Komposition: Prokofiev, Interpretation: The Royal Philharmonic Orchestra, CD: Prokofiev – Saint Saens – Bizet, Centurion Musik Ltd. • Karneval der Tiere, Komposition: Saint Saens, Interpretation: The Royal Philharmonic Orchestra, CD: Prokoviev – Saint Saens – Bizet, Centurion Musik Ltd. • Eine Alpensinfonie, Komposition: Richard Strauss, Interpretation: Berliner Philharmoniker, CD: Eine Alpensinfonie, Polydor International GmbH, Hamburg • Die Moldau, Komposition: Friedrich Smetana, Interpretation: London Symphony Orchestra, CD: Die Moldau / Vitava © Mediaphone / Bernhard Mikulski Schallplatten-Vertriebs-GmbH • Visualisieren © teachSam, Konstanz • Lek. 12: Neue Lernformen – neue Lehrkultur © Karin Dollhausen, Deutsches Institut für Erwachsenenbildung, Bonn • Le sacre du printemps, Komposition: Igor Strawinsky, Interpretation: Berliner Philharmoniker, CD: Rhythm is it!, Berliner Philharmoniker, Boomtown Media • Sprachauszüge aus DVD: Rhythm is it! © BoomtownMedia International, Berlin • Versteck dich nicht, Komposition und Interpretation: Wickeds, CD: Rhythm is it!, Berliner Philharmoniker, Boomtown Medi

Danksagung

Wir danken Herrn Luis Borda für seine Bereitschaft, unsere Fragen zu beantworten. Außerdem danken wir ihm dafür, dass er uns seine Fotos und die CD „Histoire du Tango 2006/2007. Luis Borda & Ensemble" zur Verfügung gestellt hat.
Herrn Manfred Koser danken wir für die neusten Informationen bzgl. des Erfinderkurses am Maristengymnasium in Fürstenzell sowie für die Fotos von Erfindungen.

Trotz intensiver Bemühungen konnten wir nicht alle Rechteinhaber ausfindig machen. Für Hinweise ist der Verlag dankbar.

Erfolg in Sicht:

Ein Konzept für alle Prüfungen!

Von A1 – C1 mit klarer Struktur

In den Übungs- und Testbüchern finden Sie alles, was für die Prüfungen wichtig ist:

- Aufgaben zu den Fertigkeiten Lesen, Hören, Schreiben und Sprechen
- alle prüfungsrelevanten Aufgabentypen
- Modelltests zum Üben

Mit zusätzlichen Audio-CDs zur intensiven Vorbereitung auf den Prüfungsteil Hören.

Mit Erfolg zu telc Deutsch B2/ Zertifikat Deutsch Plus

Übungsbuch
978-3-12-675417-0

Testbuch
978-3-12-675418-7

Audio-CD
978-3-12-675416-3

Mit Erfolg zur DSH

Übungsbuch
978-3-12-675436-1

Testbuch
978-3-12-675435-4

Audio-CD zum Übungsbuch
978-3-12-675438-5

Audio-CD zum Testbuch
978-3-12-675437-8

Mit Erfolg zum Goethe-Zertifikat B2

Übungsbuch
978-3-12-675830-7

Testbuch
978-3-12-675831-4

Audio-CD zum Übungsbuch
978-3-12-675832-1

Audio-CD zum Testbuch
978-3-12-675833-8

Mit Erfolg zum Goethe-Zertifikat C1

Übungsbuch
978-3-12-675834-5

Testbuch
978-3-12-675835-2

Audio-CD zum Übungsbuch
978-3-12-675836-9

Audio-CD zum Testbuch
978-3-12-675837-6

Alle diese Titel erhalten Sie in Ihrer Buchhandlung oder im Internet unter **www.klett.de**

Z33666